湖南师范大学外国语言文学学科

学学半丛书

◎本书为国家社科基金项目“冈察洛夫研究：奥勃洛摩夫性格的文化阐释”（项目编号：12BWW023）的结题成果。
◎本书获得湖南师范大学世界一流建设学科——外国语言文学学科的出版基金资助。

冈察洛夫研究

奥勃洛摩夫性格的文化阐释

湖南师范大学出版社

图书在版编目（CIP）数据

冈察洛夫研究：奥勃洛摩夫性格的文化阐释 / 高荣国著. —长沙：湖南师范大学出版社，2019.12

ISBN 978-7-5648-3726-6

Ⅰ.①冈… Ⅱ.①高… Ⅲ.①奥勃洛摩夫性格—研究 Ⅳ.①I512.074

中国版本图书馆 CIP 数据核字（2019）第 250385 号

冈察洛夫研究：奥勃洛摩夫性格的文化阐释

Gangchaluofu Yanjiu：Aoboluomofu Xingge de Wenhua Chanshi

高荣国 著

◇组稿编辑：李 阳
◇责任编辑：李红霞 江洪波
◇责任校对：罗雨蕾
◇出版发行：湖南师范大学出版社
地址/长沙市岳麓山 邮编/410081
电话/0731-88873071 88873070 传真/0731-88872636
网址/http://press.hunnu.edu.cn
◇经销：新华书店
◇印刷：湖南雅嘉彩色印刷有限公司
◇开本：710 mm×1000 mm 1/16
◇印张：18.75
◇字数：350 千字
◇版次：2019 年 12 月第 1 版
◇印次：2019 年 12 月第 1 次印刷
◇书号：ISBN 978-7-5648-3726-6
◇定价：68.00 元

序 言

伊凡·亚历山大罗维奇·冈察洛夫是举世闻名且深受读者喜爱的俄罗斯古典作家之一。其长篇小说《奥勃洛摩夫》自问世之日起，到2020年已有161个年头了。一直以来，它不仅得到了普通读者的广泛眷顾，而且也吸引了国内外职业语文学家的普遍关注。这部长篇小说于1859年刊登在《祖国纪事》杂志第1～4期上，同年9月以单行本形式出版。冈察洛夫本人曾指出，他的长篇小说，“尤其是《奥勃洛摩夫》和《悬崖》之间，有着密不可分的与合乎逻辑的联系，这种联系，就像这两部作品所反映的俄罗斯生活各个时期一样，水乳交融”。正如作家所说，他在《奥勃洛摩夫》中描绘的是一幅“酣睡”的画面，“接下来，”冈察洛夫在提到《悬崖》时指出，“在《奥勃洛摩夫》的背后……，接踵而来的、第三幅远景，在我面前展现开来：这是一幅觉醒的画面。”很有必要提出这样一件重要的事实，即《奥勃洛摩夫》在其所处的时代是十分幸运的。“……它问世一个月之后，就碰到了集非凡的评论者和严谨的阐释者于一身的杜勃罗留波夫，而且小说作者本人……也很赞同杜勃罗留波夫的评论文章《什么是奥勃洛摩夫性格》。”——1979年插图版《奥勃洛摩夫》的前言作者和作品注解人斯科沃尼科夫（В. Сквозников）提出了这一看法。尤其值得注意的是，长期以来，中国文化、文学和学术界对奥勃洛摩夫性格的分析，主要是以19世纪50—60年代之交的杰出文学批评家、诗人和政论家尼古拉·亚历山大德罗维奇·杜勃罗留波夫的观点为基本原则来进行的。为此，《奥勃洛摩夫研究：奥勃洛摩夫性格的文化阐释》一书专辟一章，对杜勃罗留波夫提出的虽具初创意义，但却并不十分全面的批评性观点进行了重新解读，同时还对俄罗斯及其国外的奥勃洛摩夫和奥勃洛摩夫性格阐释者的其他研究成果进行了分析。

无论是从现代跨文化诉求、伊利亚·伊里奇形象的媒介意义来看，还是从对人物现象学本质的不竭兴趣来看，中华人民共和国湖南师范大学俄罗斯文学教授高荣国的专著《奥勃洛摩夫研究：奥勃洛摩夫性格的文化阐释》不仅是一部切合当下现实、同时具有实践意义的著作，而且还是一部在文学学发展之现代阶段对如何领悟和理解冈察洛夫话语等系列重大问题进行解答的著述。如何刻画人物的内心生活，如何描述潜存在其性格中的社会文化、民族、社会政治、宗教特质——这依然是一个重要的学术难题。为了解决上述及其他方面的文化难题，高荣国构建了一个特殊的、具有创新性的体系，以此来分析奥勃洛摩夫的艺术文化属性和特征，从而避免了形象解读中的片面性和理解上的模糊性。专著作者对小说主人公的行为特征、个人命运、内在复杂性及差异性（就其所有典型性而言），以及主人公同外部世界的错综复杂关系的系统性分析，使得我们可以从整体上对俄罗斯生活的深远过程有一个严肃和独特的把握。这些过程，指向的是具体框架内人的活动范围，也为社会制度、经济空间、个体的心理和生理状态等烙下了特殊的民族印记。

高荣国提出的研究方法——并非孤立地选取某一部、俄罗斯国内外读者都十分熟悉的文本为例，机械地揭示“俄罗斯世界”的秘密和“俄罗斯心灵”的奥妙，而是从文本的主题一形象、引证一联想、典故引用、理性概念等层面，对长篇小说《奥勃洛摩夫》的作者冈察洛夫之艺术宗旨进行了深刻把握。这正如 T. B. 瓦舍金娜（T. B. Ващекина）所说的那样，只有善于深入到“艺术文本的思想一艺术本质中去，异语读者才有可能感受得到文学作品所体现的民族之精神道德文化水准”。

无论是在冈察洛夫的祖国，还是在中国，出现了一系列研究《奥勃洛摩夫》的优秀学术成果，高荣国的著作完全可以归入此列。在探究其他研究者的经验时，由于我们还不够熟悉或者完全不了解他们的成果，我们不可避免地与他们那些探讨冈察洛夫艺术世界的不同观点发生碰撞，但这些观点却让我们看到了长篇小说研究的大好前景。

高荣国教授的专著《奥勃洛摩夫研究：奥勃洛摩夫性格的文化阐释》系一部整体研究之作，它拓展了长篇小说《奥勃洛摩夫》艺术特性研究的原始范畴，推动人们对经典作家创作中的系列概念问题进行更为深入研究，这其中也包括跨文化交际层面的问题。

伊琳娜·斯米尔诺娃　伊琳娜·马尔莎洛娃

（伊琳娜·斯米尔诺娃：俄罗斯乌里扬诺夫斯克州功勋文化工作者、冈察洛夫历史纪念馆馆长；伊琳娜·马尔莎洛娃：语文学副博士、冈察洛夫历史纪念馆学术研究工作处主任秘书）

Предисловие

Иван Александрович Гончаров—один из самых известных в мире и любимых читателями русских классиков. Огромнуюдолю внимания не только простых почитателей творчества писателя, но и российских и зарубежных филологов-профессионалов по-прежнему привлекает именно роман « Обломов », со дня выхода в свет которого в 2020 году исполнился 161 год. Роман был опубликован в № 1—4 журнала « Отечественные записки » за 1859 год, а в сентябре этого же года вышел отдельным изданием. Сам Гончаров отмечал, что его романы, « особенно *Обломов* и *Обрыв*, тесно и последовательно связаны между собою, как связаны отразившиеся в них, как в капле воды, периоды русской жизни ». По словам писателя, в « Обломове » он изобразил картину « Сна », «... далее, —отмечал Гончаров, подразумевая « Обрыв », —за обломовским хребтом <...>, мне открывалась дальнейшая, третья перспектива: это картина Пробуждения ». Нельзя не отметить значительный факт: роману « Обломов » в своё время весьма повезло. «... через месяц после появления он нашел не просто толкового рецензента, но и серьезного интерпретатора в лице Добролюбова, причем сам автор <...>согласился со статьей Добролюбова “ Что такое обломовщина?” », —констатирует составитель вступительной статьи и примечаний к иллюстрированному изданию « Обломова » 1979 года В. Сквозников. Особенно примечательно, что продолжительное время анализ характера Обломова в культурном, литературном, научном сообществе Китая в основном опирался именно на точку зрения видного литературного критика рубежа 1850-х и 1860-х годов, поэта и публициста Николая Александровича Добролюбова. Переосмыслению данной критической концепции как исходной, но далеко неполной в настоящей книге посвящена одна из глав, где также обозреваются результаты прочих исследований в России и за рубежом, интерпретирующих Обломова и обломовщину.

Монография «Исследование Гончарова: культурная интерпретация Обломовщины» профессора русской литературы Хунаньского педагогического университета Китайской Народной Республики Гао Жунго в свете современной межкультурной востребованности, интермедиальной значимости образа Ильи Ильича и неиссякаемого интереса к феноменологической сущности героя представляется не только актуальной, но и необходимой в практическом смысле, решающей важные проблемы восприятия и понимания гончаровского дискурса на современном этапе развития литературоведения. Описание внутренней жизни героя, потенциально заложенных в его характере социокультурных, национальных, общественно-политических, религиозных особенностей—по-прежнему большая научная проблема. Разрешая эти и другие культурологические сложности, Гао Жунго выстраивает собственную, новаторскую систему анализа художественных и культурных атрибутов и характеристик Обломова, минуя односторонние трактовки и неточности в осмыслении образа. Систематически выстроенный исследователем анализ поведенческих особенностей, судьбы героя, его внутренней сложности и неоднородности (при всей типичности), непростого взаимодействия с внешним миром приводит к серьёзному и оригинальному пониманию глубинных процессов русской жизни в целом. Процессов, направляющих сферы жизнедеятельности человека в конкретное русло, накладывающих особый национальный отпечаток на общественные институты, экономическое пространство, психологическое и физиологическое состояние личности и т. д.

Предложенный Гао Жунго исследовательский метод—отнюдь не механическое препарирование загадок «русского мира» и тайн «русской души» на примере отдельно взятого и хорошо знакомого как отечественному, так и иностранному читателю текста. Это глубоко проникновенное постижение художественной задачи И. А. Гончарова как создателя романа «Обломов» на мотивно-образном, цитатно-реминисцентном, аллюзийном, концептуальном уровнях текста. Ибо, по мнению Т. В. Ващекиной, умение проникать «в идейно-художественную сущность художественного текста дает возможность иноязычному читателю ощутить уровень духовной нравственной культуры народа, воплощенной в произведениях художественной литературы».

К числу несомненных достоинств монографии Гао Жунго можно отнести перечень исследовательских работ, посвящённых проблематике «Обломова» и выполненных как на родине И. А. Гончарова, так и в Китае. Изучая опыт других исследователей, с работами которых мы были недостаточно знакомы или вовсе не имели о них представления, мы неизбежно столкнёмся с разносторонними взглядами на гончаровский художественный мир, позволяющими нам увидеть перспективы изучения романа.

Монография «Исследование Гончарова: культурная интерпретация Обломовщины» профессора русской литературы Гао Жунго представляет собой целостное исследование, развивающее оригинальный аспект анализа художественного своеобразия романа «Обломов», дающее импульс к дальнейшему осмыслению ряда концептуальных проблем творчества классика в том числе в аспекте межкультурной коммуникации.

Заслуженный работник культуры Ульяновской области,
заведующая Историко-мемориальным центром-музеем И. А. Гончарова,

Кандидат филологический наук,
заведующая сектором научно-исследовательской работы
Историко-мемориального центра-музея И. А. Гончарова

目 录

绪　论

从世界文学发展的角度来看，俄罗斯文学的历史并不长。然而，俄罗斯文学凭借独特的价值取向、审美意蕴、文化品格和诗学形态，在世界文学之版图形成了一片令人仰止的高原地带，在俄罗斯文学高原的形成过程中，19世纪的俄罗斯文学发挥了极为重要的作用。在灿若群星的19世纪俄罗斯作家中，伊凡·亚历山大德罗维奇·冈察洛夫（Иван Александрович Гончаров，1812—1891）凭借其长篇小说《奥勃洛摩夫》（*Обломов*，1859）在世界文坛占据一席之地，[①] 作家刻画的小说同名主人公奥勃洛摩夫成为世界文坛的经典形象，这一形象所体现的“奥勃洛摩夫性格”成为世界文坛具有文化符号意义的典型性格。

在很长一段时间里，国内外学界对奥勃洛摩夫性格的研究，都是从社会学阐释的角度来进行的。“腐朽没落的地主”“寄生虫”“缺乏实际生活能力”“精神萎靡”“思想麻木”“躺卧的‘死尸’”几乎成为奥勃洛摩夫性格的固有标签。无怪乎，列宁在批评革命队伍中的“奥勃洛摩夫性格”时，把它看作是同人民的革命主动性完全敌对的、消极和守旧的因素。他说：“所有非党的工农群众，都会跟着共产党的先进队伍去反对这种敌人，反对这种紊乱现象和奥勃洛摩夫习气。在这方面不能有任何动摇。”[②] 上个世纪40—50年代，国内很多社会有识之士将“奥勃洛摩夫性格”视为阻碍中国社会发展的因素加以批评，这种观点至今依然在我国占据主导地位。

从社会学角度看，人们将文学人物的典型性格当作褒贬社会现象的武器的做法是可以理解和接受的。应该说，这也是文学形象或性格流存于世的意

---

① 国内对于冈察洛夫及其作品，以及作品中的人名、地名译法并不统一，为保证译名的一致性，本书作者在写作过程中对此进行了统一。不过，在引用学术论文或专著中的文字时，为保持引文的原汁原味，本书遵照“名从原译”的直接引用，必要时采用文中加注或脚注形式加以说明。

② 引自：徐玉琴．“奥勃洛摩夫性格”及其他［J］. 俄罗斯文艺，1982（3）：82.

义之一。然而，从文学学的角度来看，研究者超越文本和时代背景对人物性格的过度解读，不仅影响读者对作品的阅读与接受，还会造成对文学形象的误读。

纵观中俄两国近一个半世纪以来的《奥勃洛摩夫》研究，研究成果基本上可以分为三类：一类是小说思想价值研究，几乎占据了成果总数的半壁江山；一类是小说艺术研究，数量大概占了30%；最后是其他方面的研究，内容包括小说创作史、小说的意义及其影响研究。虽然这三类研究成果都曾涉及文化研究，但从文学的文化研究层面来看，已有的研究成果在系统性和指向性方面还有待进一步完善和加强，这一点在奥勃洛摩夫性格研究方面显得尤为突出。因此，本书在总结、梳理前人研究成果的基础上，力求考察奥勃洛摩夫性格与俄罗斯文化之间的内在关系，从文化的角度审视奥勃洛摩夫性格的生成机制和文化特质。本书旨在从文化阐释的视角解读奥勃洛摩夫性格的文化内涵，修正国内外现有研究中的误读现象，为我们深入观察当前俄罗斯思想界的走向，处理传统与现代之冲突问题提供借鉴。

迄今为止，人们对于“文化”的定义似乎尚未定论。据说，“文化”是世界上拥有定义最多的概念之一。从哲学意义上来看，文化就是在历史上一定的物质生产方式的基础上发生和发展的社会精神生活形式的总和。我们认为，这里的“文化”接近于“文明”，它偏重的是人类的精神层面的东西，本书书名中的“文化阐释”，就是基于这一标准来展开的。本书的研究内容主要包括六个部分，它们以文化为参照，主线则是奥勃洛摩夫性格的文化阐释，其逻辑关系如下：

“冈察洛夫的文学创作及其《奥勃洛摩夫》研究史论”是学术史综述，主要从三个方面进行分析。首先是冈察洛夫文学创作历程介绍，此节主要以时间顺序进行介绍，从早期的诗歌和中篇小说创作，到中期的长篇小说创作，再到后期的文论及其回忆录创作，全面介绍了冈察洛夫的文学创作过程。其次是介绍俄罗斯和中国的《奥勃洛摩夫》研究现状，主要以历时的方式展开。除了列举不同时期的研究成果之外，重点对国内外代表性研究成果进行评述，总结它们的优点与不足。我们认为，这一部分的分析为我们的研究提供了依据和切入点，同时也提供了学术基础和拓展空间。

“奥勃洛摩夫性格塑造的原委”部分首先介绍的是冈察洛夫的文学典型观。作为一名作家兼文论家，冈察洛夫的典型“距离说”“继承性”和文学创作中的“直觉”不仅在文论界独树一帜，而且对于奥勃洛摩夫性格的刻画具有纲领性的作用。因此，探讨冈察洛夫的文学典型观对于揭示奥勃洛摩夫性格的刻画原委具有十分重要的意义。我们以冈察洛夫的小说创作为主线，以第一篇长篇小说《平凡的故事》（*Обыкновенная история*，1847）为节点，将奥勃洛摩夫性格的形成阶段分为“雏形”和“定型”两个阶段，在具体分析过程中，将冈察洛夫的典型观以及他对奥勃洛摩夫性格的关注有机融入论证之中。我们认为，这部分内容其实是从作家本人的角度分析了他对奥勃洛摩夫性格的态度。

“文学批评语境下的奥勃洛摩夫性格”部分主要从文学批评的角度分析奥勃洛摩夫性格。首先，我们的分析主要以《奥勃洛摩夫》发表当年最有代表性且尖锐对立的两篇评论文章为坐标来进行分析，一篇是《什么是奥勃洛摩夫性格?》，它的作者是革命民主主义派评论家杜勃罗留波夫，另一篇是《〈奥勃洛摩夫〉：冈察洛夫的长篇小说（两卷本，1859 年）》，其作者是自由主义和纯艺术派代表人物德鲁日宁。接下来，我们将杜勃罗留波夫与德鲁日宁的观点进行比较，并得出结论：即在 18 世纪中期俄罗斯社会斗争如火如荼的时期，这两篇文章在奥勃洛摩夫性格的分析上虽然得出了不同的结论，但它们却都从各自的角度对这一性格进行了社会学和民族心理学层面的阐释。

“奥勃洛摩夫性格的空间书写”主要从三种文化空间类型，即“庄园文化”（奥勃洛摩夫田庄）、“都市文化”（彼得堡）和“精神归宿”（母亲的怀抱）三方面进行。在奥勃洛摩夫性格形成过程中，“庄园文化”是它成长的土壤，是“田园诗式”生活的代名词，是这一文化环境决定了奥勃洛摩夫性格的特质和命运。“都市文化”是检验奥勃洛摩夫性格的“试金石”，奥勃洛摩夫就是在彼得堡遭遇了人生中的“滑铁卢”，他因为无法适应这里的生活而“无望地逃离”了都市彼得堡。这部分的最后，我们以“母爱”为主题阐释了奥勃洛摩夫性格的精神归宿，探讨了俄罗斯文明与西欧文明之间的关系。纵观国内外的《奥勃洛摩夫》研究成果可以发现，我们的研究是独树一帜的，这是国内外文学研究界首次尝试从文化空间中的“庄园文化”“都市文化”“精神文化”三个维度阐释奥勃洛摩夫性格的文化空间特征。

“奥勃洛摩夫性格中的俄罗斯民族特质”主要从奥勃洛摩夫性格的民族属性、民间文学来源及其与俄罗斯“多余人”之间的关系三个方面，深入探讨了奥勃洛摩夫性格中的俄罗斯民族特质。我们认为，任何一种文学典型性格，它首先是民族的，其次才是世界的。文学典型的民族特质，自然受各种因素的制约，而它所在民族自身的特点决定了它的基本特征。同时，文学典型的文学性，又决定了它与其前的民间文学（主要以克雷洛夫寓言中的“懒汉”为例），以及同时代的文学典型［即“多余人”，特别是赫尔岑《谁之罪?》

（*Кто виноват*，1846）中的别里托夫〕有着不可分割的联系。我们认为，奥勃洛摩夫性格固然继承了俄罗斯民间文学中的某些性格类型，同时也是俄罗斯民族性格某一特征的反映，但它与同时代的“多余人”所代表的性格类型有着本质的区别：“多余人”是“永恒的流浪者”，终生在寻找心理的避难所，他们是农奴制改革前夕的“垮掉一代”。奥勃洛摩夫则是“世俗的”，内心就像一潭死水且从不忏悔，这类人物似乎永远存在于我们中间。

“奥勃洛摩夫性格中的俄罗斯民族宗教意识”是本书的重点和难点之一。长期以来，由于《奥勃洛摩夫》中的主人公缺乏陀思妥耶夫斯基、托尔斯泰笔下的人物那种激烈的宗教冲突和忏悔意识，很多研究者甚至将冈察洛夫视为无神论者，进而导致他们忽视了《奥勃洛摩夫》所体现出来的宗教意识。诚然，与《罪与罚》（*Преступление и наказание*，1866）、《卡拉马佐夫兄弟》（*Братъя карамазовы*，1879—1880）和《复活》（*Воскресение*，1899）等作品相比，《奥勃洛摩夫》的宗教色彩是淡薄的、隐秘的，但是，这并不代表冈察洛夫是无神论者，更不能说明奥勃洛摩夫性格本身缺乏宗教因素。总体来看，无论在苏联，还是在中国，由于受意识形态的影响，研究者们往往有意忽视或者排斥从宗教的角度探讨《奥勃洛摩夫》中的宗教问题。基于此，本章以冈察洛夫的宗教观为切入点，分别分析了《奥勃洛摩夫》的宗教主题、爱情情节中的宗教象征及其小说对《圣经》文本的阐释。我们认为，宗教作为文化的重要内容之一，对于揭示奥勃洛摩夫性格的宗教特征和小说的主题具有十分重要的作用。通过分析，我们指出，《奥勃洛摩夫》作为一部具有俄罗斯特点的长篇小说，其东正教特点也是十分鲜明的。而读者和研究者之所以无法直接、明显地感受到这一点，恰恰是冈察洛夫客观化写作方式的体现。

本书的学术价值和应用价值在于：首先，凸显文化阐释，扭转了国内外现有奥勃洛摩夫性格研究成果长期以来重社会批评、美学批评而轻文化批评、宗教批评的研究倾向。其次，重视文本细读，将文本作为文学研究的基础和依据，对于扭转文学研究中的重外部研究而忽视文本细读倾向，使文学研究回归本体提供借鉴。再次，创造性运用“文化空间”理论，跳出文学社会研究的固有模式，这一研究方法为研究奥勃洛摩夫性格的演变轨迹提供了新的视角。最后，可以满足高校和研究机构外国文学研究者及其他外国文学爱好者的研究需要。同时，本成果也可以作为高校比较文学与世界文学专业的学生进行专业学习和论文撰写的参考书目。

我们认为，本专著所使用的文化阐释方法，对于促进国内研究者自觉从研究方法上探求俄罗斯文学的经典意义提供了新的思路，也可以为我国读者

“重读”俄罗斯文学经典提供新的途径。长期以来，俄罗斯文学给人的印象是说教色彩浓厚、主题思想过于深奥，这在某种程度上影响了我国读者对俄罗斯文学的阅读兴趣。本书从文化角度对《奥勃洛摩夫》进行阐释，可以为读者理解俄罗斯文学的文化特质和思想精髓提供新的视角，还可以提升读者的阅读兴趣。我们相信，这不仅对中国的本国文学研究具有一定的借鉴意义，同时也可以为俄罗斯的《奥勃洛摩夫》研究提供中国视角。

第一章 冈察洛夫的文学创作及《奥勃洛摩夫》研究史论

第一节 冈察洛夫的文学创作

关于俄罗斯批判现实主义作家冈察洛夫的文学创作，莫斯科大学语文学系教授、俄罗斯知名冈察洛夫研究专家 В. А. 聂德茨维茨基（В. А. Недзвецкий）在《19 世纪俄罗斯文学史》中指出：

> 屠格涅夫、Д. В. 格里戈罗维奇（Д. В. Григорович）、皮谢姆斯基将自己的艺术天赋花在了长篇小说和其他文学体裁作品的创作上，但和他们相比，冈察洛夫则在自己的文学创作的初始阶段就对长篇小说情有独钟。他早期所创作的中篇小说和特写，不仅包含了其未来长篇小说“三部曲”形象和主题的萌芽，而且也在结构上为长篇小说做好了准备。他在 70 年代末至 80 年代初期创作的特写《文学晚会》《在故乡》《旧时的仆人》又与长篇小说《奥勃洛摩夫》《悬崖》有着紧密、内在的联系。而他的环球旅行游记《巴拉达号三桅战舰》在对生活的理解、阐释方面及其表现手法上又与他的长篇小说有着必然的联系。①

聂德茨维茨基的这一观点，对于我们理解冈察洛夫文学创作历程，特别是作家对奥勃洛摩夫性格关注的持续性具有十分重要的指导意义。由此，我们可以看出，小说家冈察洛夫的文学创作脉络十分清晰，意图十分明确，而且其创作主题、体裁也几乎是一脉相承。这在奥勃洛摩夫性格的刻画方面表

① Недзвецкий В. А. Иван Александрович Гончаров ［А］. Аношкина В. Н.， Громова Л. Д. История русской литературы XIX века. 40-60-е гг. （2-е издание）［М］. М.，2001：297.

现得尤为突出。因此，为全面把握冈察洛夫刻画奥勃洛摩夫性格的过程、意图及其文化背景，有必要以《奥勃洛摩夫》为基点，对冈察洛夫文学创作的整体脉络、过程及其研究现状进行梳理，进而对其文学创作意图及其背景加以总体把握。

一、诗歌及中短篇小说创作

冈察洛夫于1812年6月6日（俄历）出生在辛比尔斯克市（现为乌里扬诺夫斯克市），他在这里生活了10年。按照冈察洛夫的回忆，生活在这里的人们似乎不需要什么思想，只需在浑浑噩噩中过日子就行了。这里的人们几乎是两耳不闻窗外事，他们的理想生活就是懒洋洋地过日子，打着哈欠，在啃面包和空闲中打发日子。

在这样的环境中生活，母亲及其他家人对他的照顾和培养都是奥勃洛摩夫式的。E. A. 索洛维约夫（E. A. Соловьев）在《冈察洛夫的生平与文学创作》中对这一类型的教育提出自己的看法：

> 这种教育必定能健全体魄，活跃思维，丰富想象力，但是要对他提出发展意向、主动性和进取性的要求，那完全是枉费心机。生活过于美满、安宁和平静如水，未来的生活道路必然一帆风顺，太平的省城死水一潭的生活使他麻木不仁。家里的粮仓和冷藏室里堆满粮食、山珍海味和鸡鸭鱼肉，丰衣足食的生活过得舒适而又无忧无虑，使得这个养尊处优的小男孩带着幻想的眼光，在糖果、故事和书本里的旅行中觉得自己是最幸福的人了。
>
> 农奴制和农奴制环境，对冈察洛夫并不像对屠格涅夫或赫尔岑那样在脑子里深深扎了根。他不论在童年或少年时代都不知道这是怎么回事，以后也完全以无动于衷的态度对待它。在他的心头没有产生和滋长一点儿的否定情感：他心安理得地认为自己是天生的富贵命，根本不给自己提出令人不安的权利问题，他毕生心安理得地运用自己的特权和优越地位。没有人会促使他产生怀疑、不满和抗议……①

很明显，E. A. 索洛维约夫所描写的成长环境及其对冈察洛夫个性的影

① ［俄］M. A. 普罗托波波夫. 别林斯基，杜勃罗留波夫，皮萨列夫，冈察洛夫［C］. 翁本泽，译. 郑州：海燕出版社，2005：299.

响，与冈察洛夫《奥勃洛摩夫》第一部第 9 章“奥勃洛摩夫的梦”所刻画的小奥勃洛摩夫成长的环境及其影响是吻合的。我们完全可以认为，索洛维约夫在这里实际上是将奥勃洛摩夫视为冈察洛夫的替身。由此可见，冈察洛夫孩提时代的成长环境对于其文学创作有着多么大的影响。

在霍万斯卡娅公爵夫人庄园寄宿学校学习期间，以及在莫斯科商业学校度过的 8 年中学生活中，冈察洛夫都阅读了大量的文学作品，这对于培养其文学感受能力奠定了坚实的基础。1831 年 8 月，冈察洛夫考入莫斯科大学语文学系。三年大学时光对冈察洛夫的文学观、美学观和道德观的形成产生了重要影响，特别是他的美学老师 Н. И. 纳杰日金（Н. И. Надеждин）发挥了十分重要的作用。纳杰日金是一位学者型的文学批评家，在俄罗斯，他最早从理论上系统探讨和论证了现实主义文学必将替代古典主义和浪漫主义文学的问题，并把德国古典主义哲学和古典美学的基本观念引入俄罗斯文学批评界，为俄罗斯的现实主义文学批评奠定了哲学和美学基础。① 应该说，纳杰日金的现实主义文学观对冈察洛夫的文学创作产生了深远的影响，冈察洛夫曾多次提到纳杰日金的这一影响：“纳杰日金使科学和艺术、生活靠得更近，他驱除了因循守旧习气和经院哲学，从而让大学生们的头脑更加清醒。总之，他为我们带来了批判性的、正确的文学观。此外，他所提出的真、善、美、进步等先进思想，在道德上也给予大学生们以很大的影响。”②

1832 年 10 月，冈察洛夫翻译的法国浪漫主义作家欧仁·苏的长篇小说《阿达·居勒》（俄文译名为《*Атар-Гюль*》）第 5 卷中的两章译文，在纳杰日金担任主编的《望远镜》杂志第 15 期刊登。虽然此次发表的仅仅是译文片段，但对年轻的大学生冈察洛夫来说却具有十分重要的意义，标志着他从一开始就对文学，特别是长篇小说给予了高度重视。

冈察洛夫的文学创作是从诗歌创作开始的，这与他于 1835 年 5 月结识画家 В. Н. 迈科夫（В. Н. Майков）一家有着很大的关系。1835—1836 年间，他在“迈科夫沙龙”手抄本杂志《雪花》发表了《致友人的信之片断》（*Отрывок из письма к другу*）、《悲伤与欢乐》（*Тоска и радость*）、《抒情曲》（*Романс*）、《宁静不再》（*Утраченный покой*）4 首诗歌。另外，他还创作了 7 首诗歌，它们分别是《爱情不再》（*Утраченная любовь*）、《愁眉苦脸的受难人》

---

① 参见：Постнов О. Г. Эстетика И. А. Гончарова［М］. Новосибирск，1997：62-66.

② Рыбасов А. П. И. А. Гончаров［М］. М.，1957：55. 作者在对此书原文进行翻译时，参考了黑龙江人民出版社 1987 年版的《冈察洛夫传》（译者为吴开霞、孙厚惠），在此向两位译者的辛勤劳动表示感谢。

（*Страдалец с пасмурным челом*）、《爱情令人迷醉的一刹那》（*Волшебный миг любви*）、《炽烈的激情》（*Пламенная страсть*）、《不怀好意的缄默》（*Коварное молчание*）、《恶魔 》（*Демон злой*）、《呼啸的深渊》（*Диговающая пучина*），但这些诗歌并未发表。冈察洛夫一生创作的诗歌就是这 11 首，这和当时很多作家相比，其诗歌的数量少得可怜。而且，有些诗歌尽管发表了，但在当时的俄罗斯文坛并未产生什么影响。而且，很明显冈察洛夫在其文学活动的最初阶段，就已经把创作重心放在了散文创作上。1997 年，俄罗斯科学院俄罗斯文学研究所编纂的《冈察洛夫全集》（共 20 卷）第 1 卷收录了在《雪花》杂志上发表过的 4 首诗歌。①

如果我们从冈察洛夫诗歌创作的角度来看“迈科夫文学沙龙”对其的影响，那么我们可以看出，这种影响对于他的现实主义文学创作是十分有益的。А. П. 雷巴索夫（А. П. Рыбасов）在这个问题上的看法可以印证这一点：他认为，“迈科夫文学沙龙”对冈察洛夫的影响“主要不是在思想上，而是形式上，因此我们在冈察洛夫的诗歌中不难发现他对普希金韵调的模仿。尽管这些诗歌读起来稍显‘慷慨激昂’，但其内容上却不乏真诚之处。诗人在诗中努力抒发自己内心的激情和感受，而不是无病呻吟和矫揉造作。他的诗一反当时传统的感伤抒情诗的忧郁情调，所以在他的诗歌中听不到绝望的哀怨，其诗歌中理想同现实冲突的痛苦是暂时的。而且，其诗歌中忧郁的沉思往往以对未来满怀信心的瞩望以及对忧郁与生活之关系的把握而告终”。②

Л. М. 洛特曼（Л. М. Лотман）也曾就此问题提出了与雷巴索夫相类似的观点，他认为，“冈察洛夫在 30 年代是带着自己业已形成的独特文学观加入迈科夫家的文学沙龙，在 30 年代初期，他曾热衷于浪漫主义，但到了 30 年代后半期，他已经能真正做到以批判的观点来看待浪漫主义的世界观和文学风格，还极力以认真的态度去深入领会、思考俄罗斯以及西方文学中的典范之作。此外，他还翻译了歌德和席勒的散文，并对古希腊罗马艺术的研究者和诠释者温克尔曼发生了兴趣。不过，他心目中最高的典范和研究得最为仔细的是普希金的作品……冈察洛夫的许多观点是独一无二的，我们只要对他在与迈科夫文学沙龙关系最密切时期的文学创作以及他对作品题材的探索稍加关注就可以看出，冈察洛夫对浪漫主义的狂热和感伤主义的多愁善感是

---

① 参见：Гончаров И. А. Полное собрание сочинений и писем в двадцати томах. Том. 1 [Z]. СПб.，1997：21-25.

② Рыбасов А. П. И. А. Гончаров [M]. М.，1957：96.

持讽刺态度的，当时迈科夫文学沙龙中的许多成员似乎并未进行过类似的探索”。①

到了19世纪30年代末期，冈察洛夫的文学创作开始进入散文创作阶段。应该说，他的这一转向是符合19世纪30年代中期至40年代初的俄罗斯文学发展的大趋势的。在19世纪30年代中后期的俄罗斯文坛，散文创作开始受到重视，冈察洛夫也顺应了这个潮流。中篇小说《尼姆佛多拉·伊万诺芙娜》(*Нимфодора Ивановна*)、《癫痫》(*Лихая болесть*)、《因祸得福》(*Счстливая ошибка*)，包括1842年创作的特写《伊凡·萨维奇·波德扎布林》(*Иван Савич Поджабрин*)(1848年发表)都是冈察洛夫早期文学创作的代表之作。

在冈察洛夫早期的文学创作中，特写《伊凡·萨维奇·波德扎布林》占据了十分重要的地位。这部特写基本上是按照俄罗斯自然派创作手法写成的，它因此被视为冈察洛夫走上批判现实主义道路的标志。总体来看，冈察洛夫早期作品的数量并不多，但他的文学才华却得到一些作家的关注。例如，陀思妥耶夫斯基在1846年写给他哥哥的一封信中曾说，在19世纪40年代早期的俄罗斯作家中，“其中一些人是我的竞争对手。他们当中特别引人注目的是赫尔岑(伊斯坎德)和冈察洛夫，第一个人已经发表作品，第二个人刚开始，没有在任何地方发表过东西。但他们受到大家的极度称赞”。②

1843年，冈察洛夫开始创作一篇名为《老人们》(*Старики*)的作品，这是作家长篇小说创作的第一次尝试。《老人们》主要描写了一对老年地主夫妇的生活经历，这对夫妇在乡下生活十分孤独，后来，一位到乡下寻求自由和幸福的青年贵族闯入了他们的生活，在这位青年的感染下，老人们的生活变得丰富多彩，美满幸福。冈察洛夫在作品即将完成时突然意识到，这部小说反映的主题与果戈理的《旧式地主》、普希金的《高加索俘虏》有太多的相似，认为这部小说没有生命力，因此决定毁弃它。其实，我们从索洛尼岑写给冈察洛夫的信中可以得知，这部作品还是有很多可取之处的。索洛尼岑在1843年11月29日致冈察洛夫的一封信中说：“尊敬的伊万·亚历山大德罗维奇，如果您只是因为懒惰和胡乱怀疑自己的能力而停止这部已经有了精彩开头的长篇小说的写作，那么您在上帝和人类面前都是有罪的。您写的东西，已经表明了您具有卓越的才华。”1844年3月6日，他在给冈察洛夫的另外

---

① Прийма Ф. Я., Пруцков Н. И. История русской литературы в 4 томах. Т. 3 [M]. Л., 1982: 161.

② 彭克巽. 陀思妥耶夫斯基小说艺术研究[M]. 北京：北京大学出版社，2006：55-56.

一封信里写道："最后，我要来谈谈您目前这部小说的主题。如果在俄罗斯已经有了一幅普通家庭生活的精彩图画（《旧式地主》），那么它也丝毫不会妨碍有另外一幅和它一样精彩的图画出现。更何况，您小说里的人物和果戈理的迥然不同，所以这是两部完全不同的作品，不能把它们放在一起加以比较。您打算把两个在乡下孤独生活的人描写成因为友谊而变得更好的想法真是好极了。如果您能做到这一点，那么您的小说将是一部非常好的作品。"① 然而，冈察洛夫没有接受索洛尼岑的建议，最终还是决定放弃这部小说的写作。

二、长篇小说三部曲创作

1847 年，长篇小说《平凡的故事》在《现代人》杂志第 3、4 期连载。这部作品主要讲述了外省贵族青年亚历山大在彼得堡进行"打拼"的故事：亚历山大在来彼得堡之前，一直生活在乡下。故乡闭塞的环境、母亲的溺爱，使这位过惯了养尊处优生活的富贵少爷并不明白生活的意义，也不理解世俗生活的现实准则，而是成天沉浸在美好的幻想之中。然而世道在变，年轻的亚历山大并不满足于乡下的枯燥生活，于是他决定到彼得堡去追求功名。在彼得堡，叔叔彼得的"冷漠"、恋人的背叛、官场的勾心斗角、世态的炎凉，打破了他对亲情、友情和爱情的幻想。面对现实的挫折，亚历山大不得不接受叔叔的人生哲学，变得"聪明""稳健"了。此后，亚历山大在仕途上平步青云，在商场上叱咤风云，在爱情上更是春风得意，娶了一个富家姑娘。总之，无论是在事业上，还是在爱情方面，他都赶超了叔叔。不过，亚历山大为此也付出了很多的精力，不到 30 岁就开始谢顶。因此，叔叔警告他千万不要步自己的后尘：这样下去，不仅自己的身心受损，而且也会伤及家庭。

В. Г. 别林斯基（В. Г. Белинский）对《平凡的故事》给予了高度评价，1847 年 3 月 17 日，他在写给 В. П. 鲍特金（В. П. Боткин）的信中说："冈察洛夫的小说在彼得堡赢得了热烈的喝彩——获得了惊人的成功！到处都是一片赞扬声……的确，这是一个了不起的天才。我觉得，他的特点，或者说个性没有丝毫经院气息，他并不追求华丽辞藻，也不卖弄文采，但俄罗斯的天才作家们从来就没有像冈察洛夫这样做过。……我相信你会非常喜欢这部小说的。它一定会给社会带来巨大的益处！它对浪漫主义、耽于幻想、感伤情调和外省作风而言是一个可怕的打击！"② Л. Н. 托尔斯泰（Л. Н. Толстой）

---

① Рыбасов А. П. И. А. Гончаров [М]. М., 1957: 111-112.

② Рыбасов А. П. И. А. Гончаров [М]. М., 1957: 131.

则对这部小说的主题给予了肯定，他在1856年12月7日写给朋友的一封信中说："请您读完这部迷人的作品吧。从中您可以学会生活。你将看到对待生活和爱情的形形色色的观点，你可以不赞成其中的任何一个观点，可是，你自己的观点会因此而变得更加明智、更为清晰。"①

1848年，《现代人》第11—12期登载了冈察洛夫的《京城朋友致外省求婚者的信》（*Письма столичного друга к провинциальному жениху*）。

1848年，冈察洛夫开始构思长篇小说《奥勃洛摩夫》的创作。1849年3月，《奥勃洛摩夫》的"序曲"——特写《奥勃洛摩夫的梦》（*Сон Обломова*）发表在由H. A. 涅克拉索夫（H. A. Некраов）主编的《现代人》杂志副刊《文学专辑》上。1849年夏，冈察洛夫回到辛比尔斯克继续写作《奥勃洛摩夫》，期间萌生了创作长篇小说《悬崖》（*Обрыв*）的念头。

1851年，由于《奥勃洛摩夫》的创作进展不顺，再加上对社会现实的不满以及情场失意等原因的使然，冈察洛夫特别希望改变一下自己的现状。1852年，在好友A. B. 尼基坚科（A. B. Никитенко）的推荐下，冈察洛夫以舰长秘书的身份随巴拉达号三桅战舰作环球旅行。旅行历时两年有余，这虽然在某种程度上耽误了《奥勃洛摩夫》的创作，但旅行经历对他后期文学创作，特别对于《奥勃洛摩夫》和《悬崖》的创作产生了重要影响。1858年5月，游记《巴拉达号三桅战舰》（*Фрегат《Паллада》*）单行本（两卷）出版，由于该游记极富文学性，主题思想一致，语言优美、轻快，它被聂德茨维茨基称为"长篇地理小说"。②

1856年2月，冈察洛夫担任彼得堡书刊检查委员会审查官，繁忙的公务耽误了《奥勃洛摩夫》的创作，直到1858年底才得以完成。冈察洛夫将《奥勃洛摩夫》交给了带有自由主义倾向的杂志《祖国纪事》，1859年，该杂志第1至4期连续刊登了这部长篇小说，同年，《奥勃洛摩夫》单行本出版。

《奥勃洛摩夫》是冈察洛夫长篇小说中的代表之作，在俄罗斯乃至世界文坛占有重要的一席之地。小说十分全面地描绘了地主知识分子奥勃洛摩夫的一生，故事引人警醒，令人深思：奥勃洛摩夫从小在故乡奥勃洛摩夫田庄长大，闭塞、落后、丰衣足食的地主寄生生活，使他形成了单纯、善良、耽于幻想、懒惰的性格。大学毕业后，他到彼得堡求职，但由于懒惰和不满官场

---

① ［俄］Л. Н. 托尔斯泰．托尔斯泰和俄罗斯作家通信选［C］. 甘雨泽，译．上海：上海译文出版社，1986：309.

② Недзвецкий В. А. Романы И. А. Гончарова（2-е издание）［M］. М.，2000：41-59.

的不良习气，辞职在家，整天在沙发上躺卧，很少出门。为了让奥勃洛摩夫摆脱这种无聊的生活，他的好友、具有实干精神的资本家施托尔茨介绍他认识了美丽、善良和具有精神追求的贵族小姐奥丽加，希望借助爱情的力量来"唤醒"奥勃洛摩夫，让他去从事有实际意义的工作。然而，奥勃洛摩夫在爱情面前依然选择了逃避，与他的新房东、能给他母亲般照顾的寡妇普舍尼琴娜结婚生子。由于他的懒惰和不好动，最后因肥胖中风而过早离开了人世。

《奥勃洛摩夫》出版后，立即得到读者和文学评论界的关注。A. B. 德鲁日宁（А. В. Дружинин）在一篇评论文中指出："可以毫不夸张地说，此时此刻在俄罗斯，甚至在最小、最偏僻、甚至最不知名的小城里，大家都阅读《奥勃洛摩夫》，都在赞扬《奥勃洛摩夫》，都在讨论《奥勃洛摩夫》。"① 屠格涅夫（И. С. Тургенев）甚至不无夸张地说："即使只剩下最后一个俄罗斯人时，他都会记得《奥勃洛摩夫》。"② 虽然当时俄罗斯评论界批评这部小说的人也不少，但这并不影响小说主人公奥勃洛摩夫成为世界文坛不朽的艺术形象，这部作品也随之进入世界经典长篇小说之列。

冈察洛夫长篇小说三部曲的最后一部《悬崖》的创作历经近 20 年的时间。小说描写的是贵族青年赖斯基的爱情和事业经历：彼得堡的贵族青年赖斯基因追求表妹索菲娅失败和艺术创作进展缓慢，于是他离开彼得堡来到马利诺夫卡庄园散心并从事文学创作。在马利诺夫卡，有他的两个远房表妹。姐姐韦拉冷艳、娇美、神秘，妹妹玛尔芬卡青春活泼、天真无邪。赖斯基先是对玛尔芬卡动心，但玛尔芬卡爱的是与她同样单纯的少年维肯季耶夫。失望的赖斯基移情韦拉，遭到韦拉的拒绝。受好奇心和妒忌心理的驱使，赖斯基于是跟踪韦拉，结果发现韦拉爱的是满脑子新思想、吊儿郎当并受政府监视的流放犯伏洛霍夫。伏洛霍夫是一名虚无主义者，他不相信男女之间会有永恒的爱情，因此将自己与韦拉的爱情当成是逢场作戏而已。具有独立精神的韦拉看到了她与伏洛霍夫之间不可调和的矛盾，在祖母塔季扬娜的帮助下，摆脱了伏洛霍夫的纠缠，最后爱上一直深爱着她的地主资本家图申。心灰意冷的赖斯基，独自躲进他曾经"扑腾"多年而毫无建树的艺术象牙塔里，继续自己的创作。经历了这一次情感危机的赖斯基最后终于领悟了人生的真谛，于是开始游历意大利、法国、瑞士等国，加强艺术修养，并立志为俄罗斯的

① Дружнин А. В.《Обломов》. Роман И. А. Гончарова. Два тома. СПб.，1859［A］. Отрадин М. В. Роман И. А. Гончарова《Обломов》в русской критике (Сборник статей)［Z］. Л.，1991：111.

② Гончаров И. А. Необыкновенная история // Гончаров И. А. Собрание сочинений в 8 томах. Т. 7［Z］. М.，1980：358.

社会进步贡献才华和青春。

三、文学评论及回忆录创作

《悬崖》出版以后，冈察洛夫把主要精力放在文学评论和回忆录的写作上。它们是 1870 年发表的《长篇小说〈悬崖〉的序言》（*Предисловие к роману* 《*Обрыв*》），1872 年发表的文学评论文《万般苦恼》（*Мильон терзаний*）。1874 年，冈察洛夫完成了纪念别林斯基的文章《记别林斯基的为人》（*Заметки о личности Белинского*），还创作了一篇纪念 А. Н. 奥斯特洛夫斯基（А. Н. Островский）的文章《为评论奥斯特洛夫斯基的文章而准备的材料》（*Материалы, заготовляемые для критической статьи об Островском*）和评论 И. Н. 克拉姆斯科伊（И. Н. Крамской）的文章《评克拉姆斯科伊先生的〈荒原中的耶稣〉》（《*Христос*》*в пустыне. Картина г. Крамского*）。这一年，他还在《呼声报》上刊登了一篇评述 В. 维列夏金（В. Верщагин）画作的文章。1875 年，《〈哈姆雷特〉又在俄罗斯舞台上公演》（*Опять*《*Гамлет*》*на русской сцене*）发表，1876 年《长篇小说〈悬崖〉的意图、任务和思想》（*Намерения, задачи и идеи романа*《*Обрыв*》）发表。1877 年，冈察洛夫完成了文学随笔《文学晚会》（*Литературный вечер*），1878 年，完成自传体回忆录《不平凡的故事》（*Необыкновенная история*，1924 年发表）。1879 年，冈察洛夫完成了著名的文学评论文《迟做总比不做好》（*Лучше поздно, чем никогда*）。

在冈察洛夫 19 世纪 70 年代创作的这些文学评论文中，很大一部分是为了回应俄罗斯评论界对其作品的指责而作，特别是《迟做总比不做好》一文，既是其文学美学观的阐述，也是其长篇小说创作思想和创作经验的总结。冈察洛夫在这篇文章中所提出的“非自觉创作方式”“典型的距离观”等文学观受到了国内外文学评论界的广泛关注。

1887 年，冈察洛夫的回忆录《大学生活回忆》（*Из универстетских воспоминаний*）在《欧洲导报》第 4 期发表，1888 年，特写《在故乡》（*На родине*）在《欧洲导报》第 1、2 期发表，同年，名为《旧时的仆人》（*Слуги старого века*）的系列随笔分别在《大地》杂志第 1、2 期和第 18 期上发表。1889 年 9 月，俄罗斯出版了《20 位俄罗斯经典作家传记》，冈察洛夫的传记被收入其中，同年，随笔《意志的毁灭》（*Нарушение воли*）发表，彼得堡出版社在原 8 卷本全集的基础上出版了 12 卷本的《冈察洛夫全集》。1891 年 1 月，《在东西伯利亚》（*По Восточной Сибири*）发表，这是冈察洛夫文学生涯中发表的最后一篇作品。1891 年 7 月，冈察洛夫卧病在床，但他仍然以口授的方式创作随笔《鱼汤》(*Уха*)、《彼得堡的五月》(*Май месяц в Петербурге*)、《变化无常的命运》(*Превратность судьбы*)。1891 年 9 月 27 日，冈察洛夫与世长辞。冈察洛夫平凡而伟大的一生，正如 А. Ф. 柯尼（А. Ф. Кони）在回忆录里所总结的那样："伊凡·亚历山大德罗维奇·冈察洛夫和我们一道经历了常人无法避免的平凡的故事后，他与世长辞了，他的朋友们在这个陡峭的河岸边为他选择了这块地方，《奥勃洛摩夫》的作者如今就长眠在这里……长眠在这悬崖边上。"①

第二节 俄罗斯的《奥勃洛摩夫》研究

客观地说，尽管冈察洛夫在俄罗斯和世界文坛占据了十分重要的位置，但与同时代的俄罗斯长篇小说"三驾马车"屠格涅夫、托尔斯泰、陀思妥耶夫斯基相比，其文学影响力与上述三位作家还是有一定的差距。因此，无论在俄罗斯，还是在俄罗斯以外的国家，有关冈察洛夫的研究成果与"三驾马车"相比少了很多。然而，大浪淘沙，时间是检验文学作品最好的标尺，冈察洛夫的文学作品直到今天依然被世界各国的读者所喜欢，这充分说明其作品强大的生命力。例如，英国哲学家、观念史学家和政治理论家以赛亚·伯林在其《俄国思想家》一书中认为冈察洛夫是"垂名史册"的俄罗斯作家，他与屠格涅夫、涅克拉索夫、巴纳耶夫、皮谢姆斯基、费特等同属俄罗斯 19 世纪"才气非常""天赋最高"的作家之列。② 冈察洛夫的代表作《奥勃洛摩夫》在俄罗斯文学界影响力持续至今。2009 年 10 月 12—14 日，为纪念这部作品问世 150 周年，俄罗斯科学院俄罗斯文学研究所（普希金之家）举办了一次国际学术研讨会。为某一部作品问世纪念年举办国际学术研讨会，一方面说明俄罗斯文学界对本国文学的高度重视，同时也说明该作品在俄罗斯的影响力。至今，在作家的祖国俄罗斯，他的三部长篇小说和游记《巴拉达号三桅战舰》每隔一段时间就会重印出版，这说明俄罗斯人民还是十分喜欢他的作品的。而且，世界各国的文学研究者也一直在持续关注冈察洛夫，发表

---

① Рыбасов А. П. И. А. Гончаров [М]. М.，1957：362.

② 详见：[英] 以赛亚·伯林．俄国思想家 [M]. 彭淮栋，译．南京：译林出版社，2011：139-284.

了一系列研究成果。

2012年是冈察洛夫200周年诞辰，普京总统亲自发布总统令，拨付资金在冈察洛夫的故乡乌里扬诺夫斯克市举办国际学术研讨会。俄罗斯科学院俄罗斯文学研究所（普希金之家）为纪念作家的200周年生日，组织编写了《奥勃洛摩夫：常态与变化》（Обломов. Константы и переменные，2011年出版）论文集，登载了27篇国内外冈察洛夫研究专家的《奥勃洛摩夫》研究成果。此外，该研究所还编撰了《冈察洛夫：研究成果索引目录（1832—2011）》（И. А. Гончаров：Библиографический указатель，1832—2011，2015年出版），对俄罗斯及其他世界各国的冈察洛夫研究成果及其作品出版情况进行了统计。虽然该书对俄罗斯以外国家的数据收集还不够齐全，但就笔者来看，书中收集的数据足够我们绘制一幅较为完整的冈察洛夫研究路线图。

一、19世纪的《奥勃洛摩夫》研究

如果说到俄罗斯文学评论界对《奥勃洛摩夫》的研究，最早的成果应该是涅克拉索夫于1849年在由他主持的《现代人》杂志副刊刊登的《奥勃洛摩夫》的序曲《奥勃洛摩夫的梦》。涅克拉索夫指出："在这个片段中完美重现了冈察洛夫的天才文笔，特别是他对俄罗斯风习、自然和各种鲜活的生活画面的细微的描写是十分出色的。"①

1859年，即《奥勃洛摩夫》发表的当年，俄罗斯文学评论界对这部作品加以高度关注。评论界在这一年发表的文章有：Н. 索科洛夫斯基（Н. Соколовский）的《论长篇小说〈奥勃洛摩夫〉》、Н. А. 杜勃罗留波夫（Н. А. Добролюбов）的《什么是奥勃洛摩夫性格?》、Д. И. 皮萨列夫（Д. И. Писарев）的《冈察洛夫的长篇小说〈奥勃洛摩夫〉》、德鲁日宁的《〈奥勃洛摩夫〉：冈察洛夫的长篇小说（两卷本，1859年）》。杜勃罗留波夫从社会学的角度论述了奥勃洛摩夫性格的丑陋本质，以及奥勃洛摩夫这一形象与俄罗斯"多余人"之间的关系。而皮萨列夫在自己的文章中将奥勃洛摩夫性格理解为冷漠和病态的表现，将之视为俄罗斯社会的具体表征。德鲁日宁则从俄罗斯民族心理特征的角度，以更为客观的态度看待奥勃洛摩夫性格，他既看到这一性格的消极面，同时也肯定了他身上的诗意特征。

① Некрасов Н. А.《Сон Обломова》[A]. Отрадин М. В. Роман И. А. Гончарова《Обломов》в русской критике (Сборник статей) [C]. Л., 1991: 24.

特别值得一提的是，为了进一步阐释冈察洛夫的文学创作特征，1861年，皮萨列夫接连发表《皮谢姆斯基、屠格涅夫和冈察洛夫》和《皮谢姆斯基、屠格涅夫和冈察洛夫的中长篇小说和中篇小说中的女性典型》两篇评论文章。这两篇文章都指出奥勃洛摩夫这一形象并非是俄罗斯独有的典型，并认为冈察洛夫文学创作中的客观性是不正常的表现。在他看来，冈察洛夫“是一个自私主义者，他并不想为自己世界观中的那些极端结论承担责任”。①

1860年至20世纪之前，评论界对《奥勃洛摩夫》的研究热情并未消退，发表了一系列评论性文章，其中比较有代表性的有：А. П. 米留可夫（А. П. Милюков）的《俄罗斯人的冷漠和德国人的积极进取》(1860)、Н. Д. 阿赫沙鲁莫夫（Н. Д. Ахшарумов）的《冈察洛夫的长篇小说〈奥勃洛摩夫〉》(1860)、Н. И. 索洛维约夫（Н. И. Соловьев）的《论艺术》(1890)、Д. С. 梅列日科夫斯基（Д. С. Мережковский）的《冈察洛夫》(1890)、М. А. 普罗多波波夫（М. А. Протопопов）的《冈察洛夫》(1891)、Ю. Н. 果沃鲁哈—沃特罗克（Ю. Н. Говоруха-Отрок）的《И. А. 冈察洛夫》(1892)、И. Ф. 安年斯基（И. Ф. Анненский）的《冈察洛夫和他的奥勃洛摩夫》(1892)。

总体来看，19世纪有关《奥勃洛摩夫》的研究文章基本上沿袭了杜勃罗留波夫、德鲁日宁和皮萨列夫的研究思路，讨论的问题依然局限在奥勃洛摩夫性格的特征、民族特性（包括世界性）及其作家人物刻画的艺术手法。这里需要特别指出的是，梅列日科夫斯基将冈察洛夫和普希金加以比较后指出，冈察洛夫总是以极其清醒的态度来看待我们周围的世界，现实在屠格涅夫、陀思妥耶夫斯基、托尔斯泰那里“得到一定的歪曲。而冈察洛夫从未醉心于某一方面，在他的灵魂里，生活是平静明朗的……他的史诗犹如一座大厦，始终被他的对人类生活理性之爱的光辉照耀着”。② 此外，《奥勃洛摩夫》中的象征主义手法和宗教因素也得到了梅列日科夫斯基的关注。

---

① Писарев Д. И. Писемский, Тургенев, Гончаров:（Сочинения А. Ф. Писемского, т. I и II. Сочинения. И. С. Тургенева）[А]. Отрадин М. В. Роман И. А. Гончарова《Обломов》в русской критике (Сборник статей) [С]. Л., 1991: 85.

② Мережковский Д. С. И. А. Гончаров [А]. Отрадин М. В. Роман И. А. Гончарова《Обломов》в русской критике (Сборник статей) [С]. Л., 1991: 175-176.

二、20 世纪的《奥勃洛摩夫》研究

20 世纪是俄罗斯《奥勃洛摩夫》研究的鼎盛期，也是最重要的时期。如果说 19 世纪的《奥勃洛摩夫》研究主要是以学术论文的形式来进行，那么到了 20 世纪，研究形式则更为多样化。

1908 年，文学理论家、语言学家 Д. Н. 奥夫夏尼科—库利科夫斯基（Д. Н. Овсянико-Куликовский）发表了《伊里亚・伊里奇・奥勃洛摩夫》和《奥勃洛摩夫性格和施托尔茨》两篇长文，论述了奥勃洛摩夫形象、奥勃洛摩夫性格的时代性和长久性，认为这一性格特征在俄罗斯将永远存在。1911 年，Р. В. 伊万诺夫—拉祖穆尼克（Р. В. Иванов-Разумник）在他的《俄罗斯社会思想史：19 世纪俄罗斯文学和生活中的个人主义及其庸俗习气》中，专门用了一部分（冈察洛夫的长篇小说《奥勃洛摩夫》）来探讨奥勃洛摩夫性格。文章作者在承认奥勃洛摩夫性格的普遍性的前提下，认为奥勃洛摩夫就是“精神空虚生活”的代名词，他是社会庸俗习气的具体表现。伊万诺夫—拉祖穆尼克认为，“奥勃洛摩夫精神空虚生活的最基本的庸俗化的特征，就是消极，它然后会变成冷漠；走动或者出门对他来说是件困难和无聊的事情；奥勃洛摩夫最自然、最正常的状态就是躺卧”。①

1912 年是冈察洛夫 100 周年诞辰，在俄罗斯，作家的作品大量再版，文学界还发表了数量众多的研究成果。据不完全统计，这一年共发表 295 篇研究成果（含专著、回忆录、传记或文学史著作中的专章）。其中，标题中出现《奥勃洛摩夫》或者“奥勃洛摩夫性格”的专题性研究论文有 18 篇，更多《奥勃洛摩夫》研究则包含在其他研究成果之中。这一年，仅 Е. А. 利亚茨基（Е. А. Ляцкий）一人就发表了 5 篇与冈察洛夫研究相关的成果。②

在 1912 年发表的有关《奥勃洛摩夫》研究的成果中，В. Г. 柯罗连柯（В. Г. Короленко）的《冈察洛夫和“年轻一代”》很有代表性。评论家在这篇文章中既指出了《奥勃洛摩夫》中的象征手法，同时也认为冈察洛夫本人对奥勃洛摩夫性格有一种发自内心的好感。总体来看，20 世纪初期的俄罗斯文学评论家们在冈察洛夫文学遗产的开采方面提出了很多与 19 世纪文学评论

① Иванов-Разумник Р. В. Роман И. А. Гончарова 《Обломов》[A]. Отрадин М. В. Роман И. А. Гончарова《Обломов》в русской критике (Сборник статей)[C]. Л., 1991: 266.

② 它们分别是：1. Гончаров: Жизнь, личность, творчество: Крит.-биогр. очерки. 2. И. А. Гончаров. 3. О творчестве Гончарова. 4. Очерки жизни и творчества Гончарова: Гончаров и Тургенев. 5. По поводу вопроса о субъективности творчества Гончарова: (Письмо в ред.)

家不同的观点，并对冈察洛夫的长篇小说创作进行了另类解读。

1912 年至 1950 年，俄罗斯的《奥勃洛摩夫》研究出现了一个低潮。近 40 年间，《奥勃洛摩夫》的专题研究文章只有 15 篇，其中比较有代表性的文章有 A. 依诺文（A. Иновин）的《冈察洛夫和奥勃洛摩夫》（1916）、Л. Ф. 邦杰列夫（Л. Ф. Пантелеев）的《历史远景中的〈奥勃洛摩夫〉》（1916）、Н. И. 洛扎诺夫（Н. И. Розанов）的《冈察洛夫与奥勃洛摩夫性格》（1916）、Н. К. 彼科萨诺夫（Н. К. Пиксанов）的《奥勃洛摩夫性格》（1927）、В. 别尔佐夫（В. Перцов）的《什么是奥勃洛摩夫性格?》（1931）、Н. Е. 奥西波夫（Н. Е. Осипов）的《奥勃洛摩夫和奥勃洛摩夫性格》（1935）、彼科萨诺夫的《冈察洛夫的〈奥勃洛摩夫〉》（1948）。

上述研究成果，基本上是沿用了杜勃罗留波夫的观点，对《奥勃洛摩夫》及奥勃洛摩夫性格进行了解读，在研究方法和结论方面并未得出什么新的发现。不过，奥西波夫倒是在研究方面另辟蹊径，为我们探究奥勃洛摩夫性格提供了新的视角和思路。奥西波夫是俄罗斯神经学家、心理医生和精神疗法医师，1918 年他离开俄罗斯，旅居乌克兰、土耳其、捷克等国。在国外流亡期间，奥西波夫一直在宣扬俄罗斯文化，他撰写的长文《奥勃洛摩夫和奥勃洛摩夫性格》就是其中的代表作之一。奥西波夫首先列举了奥勃洛摩夫的种种表现，然后从精神病理学的角度分析了奥勃洛摩夫性格的成因。他以弗洛伊德提出的“力比多”（性欲）概念为基点，绘制了人的性格特征示意图，接下来绘制了奥勃洛摩夫的家族图谱和其个人情绪波动曲线，以此说明人物的性格变化路径。在文章的后半部分，奥西波夫将奥勃洛摩夫与施托尔茨进行了比较。他最后指出，施托尔茨与奥勃洛摩夫是直接对立的，但这种对立是父与子的对立。作者指出：“奥勃洛摩夫对施托尔茨的态度是摇摆不定的，他既像儿子喜欢父亲一样喜欢他，可与此同时又害怕他的不满和指责：‘卑鄙的塔兰季耶夫有一次称施托尔茨是可怜的奥勃洛摩夫的强劲对手，这也并非毫无道理。’”①

20 世纪 50 年代以后，冈察洛夫的长篇小说，特别是《奥勃洛摩夫》成为研究者们关注的对象。研究视角也发生了较大的改变，比如 А. Г. 采依特林（А. Г. Цейтлин）和 Н. И. 普鲁茨科夫（Н. И. Пруцков ）的研究不仅扭转了 20 世纪 50 年代以前文学批评中的历史和社会学派批评家将冈察洛夫长

---

① Осипов Н. Е. Обломов и обломовщина［А］. Мастер русского романа И. А. Гончаров в литературной критике русского зарубежья：сборник документов и материалов［С］. М.，2012：230-231.

篇小说庸俗化的趋势，而且也拓展了研究的范围和路径。20 世纪 70 年代以后，俄罗斯的《奥勃洛摩夫》研究进一步深化，特别是 80 年代后期到 20 世纪末，形成了一个小高潮，可以这样说，俄罗斯很多有分量的《奥勃洛摩夫》研究成果绝大部分都是在这一时期问世的。

据统计，从 1950 年到 1999 年，俄罗斯共发表《奥勃洛摩夫》研究专题成果 128 篇（部）。整体来看，这些成果体现了如下特点：一是冈察洛夫的艺术手法得到高度重视。在这一方面，В. И. 梅利尼克（В. И. Мельник）的《〈奥勃洛摩夫〉中的哲学主题》（1982）和《〈奥勃洛摩夫〉中的古希腊罗马艺术》（1983），Е. И. 利亚普希金娜（Е. И. Ляпушкина）的《〈奥勃洛摩夫〉中的田园诗时空》（1989）、《〈奥勃洛摩夫的梦〉中的神话》（1996），И. В. 贝尔科夫（И. В. Пырков）的《冈察洛夫的长篇小说〈奥勃洛摩夫〉：结构节律特点》（1998）及其一些专著的章节是其中的代表之作。二是一批专著和学位论文出现。自 Е. В. 别尔索娃（Е. В. Бершова）于 1954 年第一次以“冈察洛夫的长篇小说《奥勃洛摩夫》”为题撰写了第一篇博士论文之后，以普鲁茨科夫、聂德茨维茨基、В. И. 库列绍夫（В. И. Кулешов）、Е. А. 克拉斯纳谢科娃（Е. А. Краснощекова）、梅利尼克、М. В. 奥特拉金（М. В. Отрадин）、О. Г. 波斯特诺夫（О. Г. Постнов）等为代表的研究者分别以博士论文的形式从不同的角度对《奥勃洛摩夫》进行了深入研究。也正是因为有此作为基础，上述几位学者从此活跃在俄罗斯的冈察洛夫研究领域，组成了冈察洛夫研究专家群。三是随着苏联解体，《奥勃洛摩夫》中的宗教题材（因素）得到重视。在这一方面，比较有代表性的成果有利亚普希金娜的《〈奥勃洛摩夫的梦〉中的神话》（1996），О. 萨达洛娃（О. Шаталова）的《俄罗斯古典文学中的花园形象：以冈察洛夫的〈奥勃洛摩夫〉、契诃夫的戏剧〈樱桃园〉和布宁的〈米佳的爱情〉为例》（1997），В. 德米特里耶夫（В. Дмитриев）的《谁来叫醒奥勃洛摩夫：冈察洛夫长篇小说〈奥勃洛摩夫〉中的‘奥勃洛摩夫性格’和东正教》（1988），М. М. 杜纳耶夫（М. М. Дунаев）的《精神、内心和肉体上的奥勃洛摩夫性格》（1998），梅利尼克的《〈奥勃洛摩夫〉是一部东正教小说》（1998）。四是《奥勃洛摩夫》的世界意义得到肯定。在这一方面，Б. И. 布尔索夫（Б. И. Бурсов）的《俄罗斯经典文学的民族特色和世界意义》（1958），库列绍夫的《长篇小说是时代的象征（〈奥勃洛摩夫〉）》（1981），В. Р. 谢尔宾娜（В. Р. Щербина）主编的《19 世纪俄罗斯文学的世界意义》（1987），以及俄罗斯这一时期出版的文学史著作相应章节，都是这一方面的代表作。

特别值得一提的是，20 纪 60—70 年代，以库列绍夫、梅利尼克为代表的一些研究者尝试将《奥勃洛摩夫》置于欧洲文学语境下进行考察，一些相关的研究成果也开始出现。如库列绍夫的《19 世纪俄罗斯文学和欧洲文学的关系》《莎士比亚和俄罗斯文学》以及 И. 卡塔尔斯基（И. Катарский）的《狄更斯在俄罗斯》等著作，或多或少地涉及了《奥勃洛摩夫》和欧洲文学的关系。而梅利尼克、克拉斯娜谢科娃、聂德茨维茨基等将卢梭、莎士比亚、塞万提斯、歌德、席勒等知名作家笔下的文学形象与《奥勃洛摩夫》主要人物形象进行比较，从而为充分揭示俄罗斯文学与欧洲文学之间的关系提供了范例。

与此同时，在俄罗斯国内，还有一大批研究者将《奥勃洛摩夫》与俄罗斯古典文学之间的关系进行了横向比较。梅利尼克、克拉斯娜谢科娃、聂德茨维茨基、Э. И. 杰妮索娃（Э. И. Денисова）、С. Г. 舍别利（С. Г. Шепель）、В. И. 戈鲁霍夫（В. И. Глухов）、В. П. 卡查林（В. П. Казарин）和 А. И. 祖拉廖娃（А. И. Журавлёва）等人还就 Н. М. 卡拉姆津（Н. М. Карамзин）、А. А. 马尔林斯基（А. А. Марлинский）、А. С. 格里鲍耶多夫（А. С. Грибоедов）、普希金、莱蒙托夫、果戈理等俄罗斯作家的文学创作对冈察洛夫创作《奥勃洛摩夫》的影响等问题进行了研究。

冈察洛夫长篇小说的时间和空间问题自 20 世纪中后期以来逐渐得到了一些学者的重视。不过，冈察洛夫长篇小说的时空问题早在梅列日科夫斯基和 К. К. 阿尔谢尼耶夫（К. К. Арсеньев）的文章中已经提到。随着 М. М. 巴赫金（М. М. Бахтин）小说时空理论的提出，20 世纪中后期的研究者对这一问题产生了浓厚的兴趣，出现了一批有影响力的成果。例如 Е. М. 塔波利斯卡娅（Е. М. Таборисская）的《长篇小说〈奥勃洛摩夫〉中的时间—空间关系》（1970）、《论“人物的空间”概念——以冈察洛夫的长篇小说〈奥勃洛摩夫〉为例》（1974）、《论 19 世纪中期俄罗斯长篇小说中的艺术时间特点》（1976），А. И. 利亚布什金娜（А. И. Ляпушкина）的《冈察洛夫长篇小说〈奥勃洛摩夫〉中的田园诗时空》（1989），Е. Н. 巴拉金娜（Е. Н. Балакина）的《冈察洛夫长篇小说〈奥勃洛摩夫〉中的艺术空间的结构和主题——艺术哲学》（1986 年），奥特拉金的《时间之镜中的〈奥勃洛摩夫〉》（1991）都是其中的代表性作品。

1962 年，普鲁茨科夫发表专著《现实主义作家冈察洛夫的创作手法》（*Мастерство Гончарова-романиста*），该著作的章节主要以冈察洛夫的长篇小说三部曲为单位进行划分。第二章为“奥勃洛摩夫”，副标题为“果戈理传统与俄罗斯50年代后半期长篇小说”，在这一章中，普鲁茨科夫论述了屠格涅夫长篇小说的艺术结构，论述了皮谢姆斯基《一千个农奴》和陀思妥耶夫斯基的《被欺凌与被侮辱的》这两部作品的生活“机制”和小说“机制”，在此基础上分析了奥勃洛摩夫的生活方式以及冈察洛夫再现奥勃洛摩夫命运的特点，并对奥勃洛摩夫性格的特征及其表现手法、长篇小说的艺术结构及奥丽加在作品中的地位等几个问题进行了详细论述。

1962年，苏联科学院出版社出版了两卷本的《俄罗斯长篇小说史》（*История русского романа*），该书第三部分（19世纪50年代至60年代初期的俄罗斯长篇小说）第二章“冈察洛夫的长篇小说：《平凡的故事》《奥勃洛摩夫》”由普鲁茨科夫执笔。在分析《奥勃洛摩夫》时，普鲁茨科夫指出，冈察洛夫为小说中所描写的生活、思维和感受方式给出了一个最好的名称。“长篇小说通过一个言简意赅的、具有象征意义的词汇，即‘奥勃洛摩夫性格’再现了这一名称。当时它传遍了整个俄罗斯，在俄罗斯语言中生根发芽，并作为一个否定性的概念广泛进入俄罗斯的文化、社会思想和自由解放运动中。在冈察洛夫的心里，奥勃洛摩夫性格与农奴制是融合在一起的，同时它还是解释农奴制及其他俄罗斯众多社会生活现象之谜的钥匙，而这些现象又与宗法农奴制及其在人们的思想、情感、行为、热情的反映联系在一起。”①

这里需要指出的是，尽管普鲁茨科夫的研究对于改变俄罗斯文学研究“重思想而轻艺术”之局面做出了一定的贡献，但我们依然可以看到，奥勃洛摩夫性格的内涵和实质依然是他关注的重点。不过，在具体的分析中，当时社会大环境对其分析的影响也是十分明显的，这在某种程度上影响了他对奥勃洛摩夫性格的正确判断和解读。

1971年，美国学者A. 林格斯泰德（А. Лингстад）和S. 林格斯泰德（А. Лингстад）合著的《伊凡·冈察洛夫》出版。他们将《奥勃洛摩夫》与《堂·吉诃德》进行对比后指出，奥勃洛摩夫与扎哈尔之间的关系就像堂·吉诃德与桑丘·班沙之间的关系，因为奥勃洛摩夫和堂·吉诃德都是好高骛远的幻想型人物，而扎哈尔和桑丘·班则是实实在在的小市民和世俗者。在此基础上，A. 林格斯泰德和S. 林格斯泰德将这两类人物进行了对比，指出奥勃洛摩夫在某种程度上是反堂·吉诃德的，因为前者鄙视实际性的工作，

① Пруцков Н. И. Романы Гончарова［A］. История русского романа в двух томах. Т. 1［M］. М.；Л.，1962：537.

无所事事。扎哈尔也“让人联想起他的主人，因为他们是彼此共生的。他是奥勃洛摩夫的畸形双生子，处于社会的最底层”。①

1977 年，A. B. 契切林（A. B. Чичерин）撰写了专著《俄罗斯文学风格史概论：叙事散文和抒情诗》（1985 年再版），该书对冈察洛夫长篇小说三部曲的艺术风格进行了论述。契切林认为，从小说情节的结构特征来看，《平凡的故事》和《巴拉达号三桅战舰》在整体上是一致的。但是，《奥勃洛摩夫》在艺术风格上缺乏这种整体感。在契切林看来，小说第一部第九章《奥勃洛摩夫的梦》的整体感是最强的，但奥勃洛摩夫家来的那几位客人（包括施托尔茨）破坏了这一整体性，使得小说的叙述不连贯。契切林指出，冈察洛夫在《奥勃洛摩夫》中对现实主义和浪漫主义两种创作手法的使用是不自然的。比如，奥勃洛摩夫的“长袍”“便鞋”（现实主义因素），与热恋中的奥丽加所摘下的那枝“丁香花”进行反复、交叉描写的方法，做作的痕迹比较明显。

梅利尼克则致力于冈察洛夫的现实主义创作原则的研究，他的《冈察洛夫的现实主义》（*Реализм И. А. Гончарова*，1985）将冈察洛夫的长篇小说置于俄罗斯文学和欧洲文学的大语境中进行分析。该书第二章“典型与理想”对奥勃洛摩夫与俄罗斯文学中的“多余人”形象进行了区分。梅利尼克对《奥勃洛摩夫》的分析主要是基于社会心理学的角度来进行的，因为在他看来，“在俄罗斯 19 世纪文学发展进程中，冈察洛夫由于在创作中贯穿了社会和心理两个因素，从而成为俄罗斯社会心理小说最典型的代表者之一”。② 梅利尼克认为，奥勃洛摩夫与“多余人”的共性是无所作为，但前者的不作为“是宽泛和具有戏剧性的，他的存在是有特定背景的。这一背景就是尝试从沙发上起身，这一尝试是完全自觉的，后一点是至关重要的。奥勃洛摩夫之前的‘多余人’也与自身做过斗争，但却是轻松和事先预设好的。而在冈察洛夫注意力的中心，是伊里亚·伊里奇试图将自己从‘地主’中解放出来并成为真正的‘人’”。③应该说，梅利尼克的这一观点与 20 世纪 80 年代中后期文学批评的“解冻”是有很大关系的，即“人”或者“人性”开始得到批评家们的广泛关注。我们认为，梅利尼克的分析为我们揭示奥勃洛摩夫性格的实质提供了新的视角。但美中不足的是，梅利尼克由于过分关注《奥勃洛摩夫》中的现实主义因素，而忽视了对冈察洛夫的浪漫主义和象征主义手法的关系

① Lyngstad A., Lyngstad S. Ivan Goncharov [M]. N. Y., Twayne, 1971: 77.

② Мельник В. И. Реализм И. А. Гончарова [M]. Владивосток, 1985: 6.

③ Мельник В. И. Реализм И. А. Гончарова [M]. Владивосток, 1985: 59.

进行说明，而且，在作者的分析过程中有时还缺乏必要的文本分析来作为支撑。

在 20 世纪末，在冈察洛夫研究方面，奥特拉金的《冈察洛夫的小说》（*Проза И. А. Гончарова*，1994）、克拉斯娜谢科娃的《冈察洛夫的创作世界》（*Гончаров. Мир творчества*，1997 出版，2012 年再版）和波斯特诺夫的《冈察洛夫的美学思想》（*Эстетика И. А. Гончарова*，1997）都是其中的代表性著作。例如，《冈察洛夫的小说》以《平凡的故事》和《奥勃洛摩夫》两部作品为例，分析了冈察洛夫长篇小说艺术的形成和发展过程，并从历史哲学的角度探讨了作家的艺术手法。《冈察洛夫的创作世界》以巴赫金的小说体裁观为理论支撑，将冈察洛夫的长篇小说三部曲定位为教育小说。该书从第二章开始，基本上都是以人物的成长经历为线索，分别论述每一部作品的主题和体裁特征。稍嫌不足的是，这部著作由于涉及的内容太多，范围较广，每章下面的小节之间逻辑性不强，缺乏整体感。而《冈察洛夫的美学思想》则以冈察洛夫的长篇小说三部曲为背景，从创作意识、世界观和艺术实践的角度分析了作家的哲学美学观。在具体的分析过程中，《奥勃洛摩夫》是其研究的重点。例如，波斯特诺夫提出，《奥勃洛摩夫》的一个重要主题就是“谁来叫醒奥勃洛摩夫”的问题。“我以为，在冈察洛夫还没有成功地将长篇小说从这个这个死结中解脱出来之前，这个问题让他伤透了脑筋。”①

三、21 世纪的《奥勃洛摩夫》研究

21 世纪初，俄罗斯的《奥勃洛摩夫》研究延续了上世纪末的趋势，冈察洛夫在《奥勃洛摩夫》中所表现出的艺术手法及其宗教问题，继续成为研究者们关注的焦点。据统计，从 2000 年至 2017 年间，在俄罗斯国内，发表了《奥勃洛摩夫》专题论文 373 篇，这比前两个世纪的专题论文数量（共 185 篇）还要多出 188 篇。这充分说明，俄罗斯文学研究界在近 20 年对《奥勃洛摩夫》是十分关注的。

不过，在东西方文化中摇摆、在欧洲与东方之间徘徊了近一个多世纪的俄罗斯民族，经历了“解体阵痛”的十年之后，在新世纪来临之际，似乎更倾向于将俄罗斯传统文化置于世界文化的大背景下，从中吸取力量和经验，为俄罗斯民族和文化寻找新的支撑点。自然，作为传承民族文化基因的俄罗斯文学，成为人们关注的对象。《奥勃洛摩夫》就是在这样的大背景下，被

① Постнов О. Г. Эстетика И. А. Гончарова［M］. Новосибирск，1997：154.

21 世纪的文学研究者们所关注。其中 B. Г. 祖斯曼（B. Г. Зусман）的《冈察洛夫长篇小说〈奥勃洛摩夫〉中的西方的“一意孤行”和东方的“命运服从”观念》（2001），M. B. 米哈伊洛娃（M. B. Михайлова）的《冈察洛夫的男女平等思想：以〈奥勃洛摩夫〉为例》（2003），B. H. 楚巴洛娃（B. H. Чубарова）的《冈察洛夫长篇小说〈奥勃洛摩夫〉哲学问题中的俄罗斯与西方》（2003），Г. H. 叶尔莫连科（Г. H. Ермоленко）的《冈察洛夫长篇小说〈奥勃洛摩夫〉中的俄罗斯与西方》（2007），Л. Л. 叶尔绍娃（Л. Л. Ершова）的《冈察洛夫长篇小说〈奥勃洛摩夫〉中的神话典故引用》（2009），M. B. 斯特罗甘诺夫（M. B. Строганов）的《〈奥勃洛摩夫〉是民间文化的百科全书》（2011），A. Я. 克拉夫楚克（A. Я. Кравчук）的《冈察洛夫长篇小说〈奥勃洛摩夫〉中地狱的神话成分》（2018）等论文就是这一方面的代表作。

在研究专著方面，以下几部著作对《奥勃洛摩夫》进行了深入的研究。

2002 年，梅利尼克的专著《冈察洛夫：思想和文学渊源》（*И. А. Гончаров: духовные и литературные истоки*）出版，这是他对冈察洛夫文学创作源头的最综合性的研究，涉及冈察洛夫长篇小说哲学、美学、宗教观等问题，该专著主要从宗教和文学语境下来研究冈察洛夫的创作。该书从宗教—哲学传统、现代哲学讨论、俄罗斯民间口头文学创作、俄罗斯古代和 18 世纪文学、俄罗斯作家普希金和莱蒙托夫，以及欧洲的古希腊罗马艺术遗产、文艺复兴时代的莎士比亚和启蒙时代的卢梭等关系入手，分别对冈察洛夫和俄罗斯宗教传统、俄罗斯文学及其他欧洲文学之间的关系进行了较为详细的比较，因此它对于把握冈察洛夫与俄罗斯文学创作传统的联系具有十分重要的意义。

2004 年，莫斯科“卫星出版社”出版了匈牙利学者 A · 莫尔纳尔（Ангелика Молнар）的专著《冈察洛夫长篇小说诗学》（*Поэтика романов И. А. Гончарова*），该书对俄罗斯文学研究界中的冈察洛夫研究成果进行了重新认识，全书分为三章，其中第二章题为“奥勃洛摩夫的古语——自我认识的情节和象征性语言的形成过程”，对《奥勃洛摩夫》文本中的话语组织方式以及在此话语中形成的独特的客观性形式，对小说在语义上的革新问题进行了深入探讨。A · 莫尔纳尔还较为详细地分析了冈察洛夫对俄罗斯传统文学标准的探索与创新，这为我们分析冈察洛夫在俄罗斯和世界文学中的独特性奠定了基础。

2008 年，梅利尼克的专著《冈察洛夫和东正教：作家的精神世界》（*Гончаров и Православие. Духовный мир писателя*）出版。梅利尼克在这部著作中，以冈察洛夫的生平与创作为主线，先是分析了冈察洛夫宗教思想的源头、特征和形成过程，接下来以作家文学创作中的几个阶段为分期，详细探讨了每部作品中的宗教因素及其在小说中的作用。该书第十二章专门分析了《奥勃洛摩夫》中的宗教因素，不仅提供了翔实的资料，而且论证有力。可以这样说，《冈察洛夫和东正教：作家的精神世界》颠覆了我们以前对《奥勃洛摩夫》的认识。在我们普通读者眼里，因为无论是从小说主人公的命运来看，还是从人物在宗教方面的探索来看，它都与宗教的联系不太紧密。然而，梅利尼克看到了小说背后隐藏着的宗教因素。

第三节　中国的《奥勃洛摩夫》研究

在中俄文化交流史上，冈察洛夫与中国的关系的确有些特殊：他是最早到访中国的俄罗斯作家，1853 年，其访问日本时，曾途经我国香港和上海，其游记《巴拉达号三桅战舰》记录了他在中国的见闻，游记中不仅有香港、上海两地风土人情的描写，而且对中国人民遭受西方列强的欺凌表示了同情，这些记叙对于我们了解外国人眼中的中国及中国形象有重要的史料价值，它们也可以成为我们中国人认识自己的历史、自己的文化的一个极佳的参照物。

在我国，最早翻译《奥勃洛摩夫》的是方逸之（1939 年），他当时翻译的只是该作的片段，1944 年，国内出版了齐蜀夫的全译本。到目前为止，我国出版的《奥勃洛摩夫》译本（包括重译、再版、改写）共有 29 种。

然而，中国的冈察洛夫研究与冈察洛夫在中俄文化交流方面所做的贡献很不相称，我们认为其中的原因主要有以下几个：首先，“冈察洛夫作为一位俄罗斯经典作家之地位，几乎完全仰仗其三部小说中的第二部，即《奥勃洛摩夫》。另外两部小说的水准要低得多”。[①] 因此，作品的数量及其影响力自然会影响到研究者们的兴趣和成果数量。其次，他曾担任过沙皇政府的书刊审查官，其作品主题与当时占据评论界霸主地位的革命民主主义派格格不入。再次，他的人生经历平淡无奇。这几个因素决定了在很长一段时间里，冈察洛夫在俄罗斯乃至世界文坛的地位与享有“三驾马车”美誉的屠格涅夫、托

① ［俄］Д.С. 米尔斯基．俄国文学史（上卷）［M］．刘文飞，译．北京：人民出版社，2013：248.

尔斯泰、陀思妥耶夫斯基有较大差距，这也决定了中国冈察洛夫研究成果的数量、深度及水准与研究上述作家的成果相差甚远。

不过，百花齐放的文坛也有一枝独秀的时候，文学也并非单凭数量来论英雄，而且，某些特定时代所谓的“低水准作品”随着时间的推移，也有可能重新得到人们的肯定。例如，1997 年，俄罗斯科学院俄罗斯文学研究所出版 20 卷本的《冈察洛夫全集》，2003 年，在俄罗斯联邦教育部编纂出版的“祖国经典文学作品丛书（100 卷)”中，冈察洛夫的 3 部长篇小说和 1 部游记入选。由此可见，冈察洛夫的文学遗产在苏联解体后得到了俄罗斯社会的认可。事实上，冈察洛夫思考的“俄罗斯向何处去”问题，也是今天俄罗斯面临的困惑之一。普京总统在《千年之交的俄罗斯》中倡导的“俄罗斯思想”“强国意识”“爱国主义”等都可以从冈察洛夫的作品中找到相应的原型。特别值得一提的是，近十余年来，俄罗斯科学院、高尔基世界文学研究所以及部分大学组织的“俄罗斯的保守派”(1997 年)、“文学、文化、哲学和美学中的保守主义与传统主义”(1998 年)、“俄罗斯与世界的保守主义：过去与现在”(2001 年)、“19 世纪俄罗斯文学与社会思想中的俄罗斯保守主义”(2003 年）等问题的研究证明，19 世纪保守派作家、思想家的社会主张正日益被深受“东、西方之争”困扰的俄罗斯人们认同。例如，有俄罗斯学者指出：“我实在难以苟同那些认为俄罗斯的未来仅仅取决于革命民主主义制度、取决于共产主义革命者所从事的事业的那些观点。……对于俄罗斯社会发展的前景问题，冈察洛夫有自己的独特视角，这使得他按自己的方式来看待社会、道德本质与各种典型之间的关系。”①

为此，很有必要从历时的角度梳理我国冈察洛夫研究的脉络与路径，并探讨不同时代、不同历史时期国内外政治、社会、思想与文化语境对冈察洛夫研究的影响及其误读产生的原因，为我国研究者重新审视、深度挖掘冈察洛夫的文学遗产提供新的角度与思路，为冈察洛夫研究史论提供中国数据和观点。

一、“五四运动”前的《奥勃洛摩夫》研究

1897 年 6 月出版的《时务报》第 31 册登载了一篇由日文转译的文章，

---

① Сердюкова О. И. Гочаров-романист (Учебно-методическое пособие для студентов пединститутов и учителей-словесников). [M]. Самара，1994：3.

题目为“论俄人之性质”。该文在谈及“俄人之好饮酒”特点时说：“俄人自讬言云，昔邬那尔美路皇，设立国教，谓俄人之饮酒为至乐，故后世善守其俗。俄国文豪江且路福尝叹息云，邬那尔美路皇一言，竟误后代，使俄人深中此毒矣。岂不然哉。”① 文中所提到的“江且路福”就是冈察洛夫，这是他的名字第一次在中国出现。

1903 年，上海广智书局出版了日本学者山本利喜雄撰写的《俄罗斯史》（译者为麦鼎华）。山本利喜雄在论及 19 世纪中期的俄罗斯文学时，将冈察洛夫与普希金、莱蒙托夫、果戈理等视为当时俄罗斯“文学界中之首屈一指者”，称他们各自用不同风格的语言“描写官吏社会、地主社会等之实况”。② 这是冈察洛夫（书中译名为“孔查鲁辅”）的名字第二次在中国出现，也是中国读者第一次从文学的角度“认识了”冈察洛夫。

不过，《论俄人之性质》对冈察洛夫的介绍只是片言只语，其目的是介绍俄罗斯社会和民族性格，《俄罗斯史》对其的介绍也大抵如此，并非纯文学意义上的译介，而且介绍全都译自日本。这里需要指出的是，由于在冈察洛夫的长篇小说三部曲中，《奥勃洛摩夫》是其中的代表作，因此，日本学者对俄罗斯人性格特征以及冈察洛夫研究得出的结论，基本上是依据《奥勃洛摩夫》得出的。总体来看，“五四”前的中国没有原创性的冈察洛夫研究和《奥勃洛摩夫》成果出现。

不过，中国经由日本对俄罗斯文学的介绍，为“五四”之后的中国俄罗斯文学研究热提供了众多方便。随着“五四”运动的兴起，“走俄国的道路”一时成了很多进步人士的自觉选择，俄罗斯文学随之成为中国有识之士了解俄罗斯的窗口，因为“在中国这样黑暗悲惨的社会里，人都想在生活的现状里开辟一条新的道路，听着俄罗斯旧社会崩溃的声浪，真是空谷足音，不由得心动。因此大家都来讨论研究俄罗斯。于是俄罗斯文学就成了中国文学家的目标”。③ “五四”时期的“俄国文学热”为后来俄罗斯文学大举“入侵”中国奠定了坚实的基础，也开启了中俄文学以及中俄文化交流与合作的大门。

二、20 世纪 20—30 年代的《奥勃洛摩夫》研究

1919 年，田汉在长篇论文《俄罗斯文学思潮之一瞥》中首次对冈察洛夫

① 陈建华 . 20 世纪中俄文学关系［M］. 上海：学林出版社，1998：20.

② ［日］山本利喜雄 . 俄罗斯史（卷下）［M］. 麦鼎华，译 . 上海：广智书局，1903：71.

③ 汪剑钊 . 中俄文字之交——俄苏文学与 20 世纪中国新文学［M］. 桂林：漓江出版社，1999：28.

的作品进行了分析。田汉认为，“《阿蒲乐莫夫》一篇与社会之教训，又至伟大，则其描写国民性之妙也。此篇假阿蒲乐莫夫气质‘oblomolsichia’一文嗣后言 oblomolism 则等于俄国国民最大弱点之代用语”。① 田汉此文曾受到毛泽东的称赞，毛泽东在 1919 年 9 月 5 日给黎锦熙的一封信中曾说，《俄罗斯文学思潮之一瞥》“可谓近数年来不多见的大文章”。②

在田汉的文章中，使用了“oblomolsichia”和“ oblomolism”两个英语词汇。从构词法的角度来看，“oblomolsichia”应该是俄语名词“обломовщина”的英语音译，一般译为“奥勃洛摩夫性格”。“oblomolism”则是“обломовизм”的音译，我们将它暂译成“奥勃洛摩夫主义”。我们在翻阅 1982 年版《奥热科夫词典》和 1995 年出版的《从名称到名词》（От названий к именам）这两部词典后发现，像“обломовщина”这类从文学作品人物名字演变过来的专用名词（如：“маниловщина”“хлестаковщина”“карамазовщина”“каратаевщина”“ноздревщина”“чичиковщина”），大都专指生活中某些特定的负面现象，或者指代俄罗斯民族性格中某些负面特征③，而“обломовизм”并未被上述两部词典收录。我们对以“-изм”结尾的名词（如：“ленинизм”“марксизм”“социализм”“капитализм”“коммунизм”等）的解释进行归纳后发现，这类词主要有“学说、主义、理论”（учение）、“制度”（строй）或“意识形态”（формация）三个基本解释。④ 换言之，“oblomolism”可以译成“奥勃洛摩夫学说”或者“奥勃洛摩夫主义”。

为了进一步弄清“обломовизм”的意思，我们查阅了俄罗斯的网站，发现 А. В. Тополянский 和 В. И. Бородулин 在其 2010 年合著的医学词典《临床实践中的症状和征兆：名祖词典及手册》（*Синдромы и симптомы в клинической практике：эпонимический словарь справочник*）将“обломовизм”作为精神疾病学术语收录其中。该词典指出，这一术语是意大利心理学家 A. Masciocchi 于 1957 年提出，其病症的典型症状是“意志薄弱、漠不关心、

① 田汉．俄罗斯文学思潮之一瞥［J］．民铎，1919（1）：119.

② 毛泽东早期文稿［M］．2 版．长沙：湖南人民出版社，2008：404.

③ 文中所列词条的解释详见 Л. А. Введенская 和 Н. П. Колесников 合著的词典《От названий к именам》，该书 1995 年由俄罗斯 Ростов-на-Дону 出版社出版。

④ 详见 С. И. Ожегов 主编的词典《Словарь русского языка》，该书 1982 年由俄罗斯 Русский язык 出版社出版。

懒惰、无为和寄生倾向”。[①] 因此，我们也可以将“обломовизм”翻译成“奥勃洛摩夫病症”。

由此可见，在《俄罗斯文学思潮之一瞥》发表的当年，俄罗斯并未出现“обломовизм”一词，现在这个词只是作为医学术语使用。因此，田汉在文中用“oblomolsichia”来说明“oblomolism”的逻辑关系并不成立。事实上，自从杜勃罗留波夫的评论文章《什么是奥勃洛摩夫性格?》（Что такое обломовщина?）发表后，俄罗斯人一直将“обломовщина”视为其国民性中“懒惰、消极、无为”特征的代名词，这也许是俄罗斯通用字典没有收录“обломовизм”的重要原因。

1921 年 6 月 21 日出版的《民国日报》刊登了 P 生的《奥勃洛摩夫主义》一文，虽然这篇文章基本上重复了杜勃罗留波夫的观点，但它对于我国读者了解冈察洛夫却具有重要的意义，毕竟这是我国第一篇系统介绍冈察洛夫的文章。今天我们无法考证 P 生是否考虑过“oblomolsichia”和“oblomolism”之间的区别，但笔者认为，他之所以使用“奥勃洛摩夫主义”，肯定受到“oblomolism”一词的影响。

1924 年，郑振铎主编的《俄国文学史略》出版。在郑振铎看来，“龚察洛夫与屠格涅夫同时，他的作品虽远不如屠格涅夫多，但他在文坛上势力却很大……龚察洛夫的三部作品，有大部分且是自叙传，不过因为他善于隐藏，所以读者不觉得而已”。[②] 郑振铎认为，《奥勃洛摩夫》是“龚察洛夫最重要的著作……是一部完全俄国的作品，所以俄国人能完全地鉴赏它，同时又是普遍地诉于全人类的，所以别国的人也能读之而感动”。[③] 此外，郑振铎还针对冈察洛夫文学创作中的客观性问题提出了自己的看法，他认为，“许多人说，龚察洛夫是一个纯客观的作家，实则一个好的作家，固然决不把他自己的一切情感，借书中人尽量写出，而在别的方面，也决无纯客观的作家”。[④] 郑振铎对冈察洛夫的论述，基本上是沿袭 19 世纪 70—90 年代革命民主主义批评家的观点，并着重强调了冈察洛夫作品思想的批判性、小说人物性格的普适性以及小说创作中的客观性。郑振铎对冈察洛夫文学创作中的客观性的

① 详见：Тополянский А. В.，Бородулин В. И. Синдромы и симптомы в клинической практике: эпонимический словарь справочник [Z]. М.，2010. 引自：http://vocabulary.ru/dictionary/891/word/oblomovizm#a5

② 郑振铎 . 俄国文学史略 [M]. 上海：商务印书馆，1933：42.

③ 郑振铎 . 俄国文学史略 [M]. 上海：商务印书馆，1933：43.

④ 郑振铎 . 俄国文学史略 [M]. 上海：商务印书馆，1933：42.

分析，在当时的确是难得之见。

1927年，由蒋光慈主编的《俄国文学》出版，该书收录了瞿秋白撰写的《俄国文学史》。瞿秋白在论述冈察洛夫时写道："龚察罗夫亦和杜格涅夫一样，是农奴解放前的俄罗斯社会之写生家。他的传奇小说《平常的故事》，《阿蒲洛莫夫》，《悬崖》描画当时的俄国农村，和这种农村制度的旧派人物。然而龚察罗夫所描写的青年却不得劲。不过他的才亦在于客观的形容，而且非常细腻精致。"① 然后，瞿秋白从对"多余的人"的分析入手，将《奥勃洛摩夫》与屠格涅夫的小说进行了比较："从杜格涅夫和龚察罗夫的小说，我们可以看得出当时俄国知识界的通病，就是所谓'多余的人'。'多余的人'大概都不能实践，只会空谈，其实这些人的确是很好的公民，是想要做而不能做的英雄。这亦是过渡时代青黄不接时期的当然的现象。"②

客观地说，瞿秋白对冈察洛夫的分析是比较中肯的，特别是他对俄罗斯文学中"多余人"形象的分析是十分客观和精准的。不过，在俄罗斯文学"多余人"形象的分析上，他依然倾向于将奥勃洛摩夫归入"多余人"之列。直到上个世纪末，国内还有学者认为奥勃洛摩夫是"躺卧不起的废物"，他思考的东西"是那么幼稚可笑，不着边际"，他是"被生活扭曲的'怪胎'，不仅意志薄弱，思想也成了'畸形儿'"，所以他是一具"'无用'的'活尸'"。③ 事实上，俄罗斯已经有学者对奥勃洛摩夫性格进行了新的解读，例如谢布雷金娜提出，奥勃洛摩夫"是一个复杂的、多层次的形象，我们在他身上既可以看到杜勃罗留波夫所说的'时代的征兆'，即贵族阶层的崩溃。同时，他的一生也体现了高尚的道德因素和精神生活的需求"。④ 从这一点上来看，瞿秋白的分析是比较客观和到位的。

1933年，上海亚东图书馆出版了平万主编的《俄国的文学》，该书对《奥勃洛摩夫》的介绍与郑振铎的《俄国文学史略》大致相同。但在分析《悬崖》时，平万将它与《奥勃洛摩夫》进行了比较："这部书的内容固然很丰富，但是因为书中的事实缺少了当时的时代精神和一贯的情节，比较起来，实在远不及《阿蒲洛摩夫》多多了。"⑤ 由此可见，在平万眼里，《奥勃洛摩

---

① 蒋光慈．俄国文学［M］．上海：创造社出版部，1927：181-182.

② 蒋光慈．俄国文学［M］．上海：创造社出版部，1927：182.

③ 张伟．多余人论纲：一种世界性文学现象探讨［M］．北京：东方出版社，1998：158-162.

④ Щеблыкина Л. И. Не три романа, а один（О типологической общности романов И. А. Гончарова）［M］．Пенза，1997：9.

⑤ 平万．俄国的文学［M］．上海：亚东图书馆，1933：118.

夫》是以时代精神和情节上的一致性而见长。

1935年，上海世界书局出版了由方璧等人编著的《西洋文学讲座》。该书《俄国文学》部分由汪倜然撰写，在汪倜然看来，在19世纪中叶的俄罗斯文坛，“托尔斯泰与陀斯妥以夫斯基是被认为是二等作家的，而一等作家的地位是奉与屠格涅夫和龚察洛夫的”。①

20世纪20—30年代是我国冈察洛夫研究的第一个高潮，由于没有可供借鉴的中文译本，这些研究只是停留在介绍层面，主要以杜勃罗留波夫为代表的革命民主主义的观点为参照，忽视了以德鲁日宁为代表的美学派的分析。正是因为这一点，时至20世纪末期，我国尚有研究者将奥勃洛摩夫视为“躺卧不起的废物”“被生活扭曲的怪胎”“无用的活尸”。由此可见，我国20世纪20—30年代的冈察洛夫研究深受苏联的影响，走的是苏联文学批评的老路子。

三、20世纪40年代前后的《奥勃洛摩夫》研究

20世纪40年代，随着苏德战争和太平洋战争的爆发，世界反法西斯统一战线的形成，中国文坛迅速将目光转向正在蓬勃发展的苏联卫国战争文学，一些旧俄时代的优秀典范作品也搭乘中国大规模译介苏维埃文学的“顺风车”进入中国，冈察洛夫长篇小说三部曲也是在这一形势下被翻译成了中文。不过，最先被翻译的并不是他最有代表性的长篇小说《奥勃洛摩夫》（1859），而是三部曲中的最后一部《悬崖》（1869），按理说这部在俄罗斯颇受非议的作品不该受到如此“优待”。但这样的事情还是发生了，这其中除了《悬崖》早于《奥勃洛摩夫》进入中国之外，另一个重要原因是，那时的中国译者由于对俄罗斯文学了解不够，俄语水平还不高，导致他们对俄罗斯名著的甄别能力不强。

陈建华认为，冈察洛夫的《悬崖》“由李林据英译本并参照法文节译本转译，1940年12月由上海文化生活出版社出版，这是冈察洛夫作品中的第一部中译单行本”。② 李林即李尧林，巴金的三哥。1942年11月，桂林文化生活出版社再版该《悬崖》中译本，巴金在该书的题词中写道：“《悬崖》的主题是‘激情’；但在人物描写这方面却和《父与子》相似。……文章流畅得像

---

① 方璧．西洋文学讲座［M］. 上海：上海书店，1990：30.

② 陈建华．20世纪中俄文学关系［M］. 上海：学林出版社，1998：350.

水一般。而在一些动人心魄的篇页中，又含有使人战栗的力量。至于伏尔加河畔优美风景与旧俄地主生活的卓绝的描写那倒是不必提说的了。译笔流畅，且能传达原作风格，堪称名著名译。”[①] 黄裳后来在一篇回忆文章中也提到过李林的译本。他说：

> 李先生平时驱遣寂寞的方法是翻译。译冈查洛夫的《悬崖》。给他以支持和鼓励的是文化生活出版社的朋友和他的旧学生们。译笔的精美使话剧演员在录取考试中朗诵一段译文作为“试卷”。李林译的《悬崖》根据的是一个英译简本，出版于孤岛的上海，是文化生活出版社的“译文丛刊”之一。[②]

《奥勃洛摩夫》的汉译要算方逸之翻译的《奥勃洛摩夫》片段为最早，它刊于1939年的《文学集林》（郑振铎、徐调孚编）。1943年在《艺业》双月刊上，也刊出林产伦翻译的《奥勃洛摩夫》部分章节。1944年桂林远方出版社出版了齐蜀夫译的全译本，译本还附上了杜勃罗留波夫的《什么是奥勃洛摩夫性格?》一文。1949年，《奥勃洛摩夫》由三联书店分上下两册出版。当年，《平凡的故事》也被翻译出版，译者为黄裳，这是冈察洛夫在中国最晚被翻译的长篇小说。

随着冈察洛夫长篇小说三部曲在我国陆续翻译出版，一些有关冈察洛夫研究的论文在我国的外国文学评论界相继出现。在40年代，研究《悬崖》的文章有3篇，分别发表在《现代文艺》《世界文艺季刊》《文潮月刊》上。尽管《奥勃洛摩夫》在我国被翻译的时间晚于《悬崖》，但有关它的研究成果却大大超过后者，共有6篇文章，分别在《山程》《国民新报》《上海正言报》《上海时代报》《新湖北报》《新华日报》发表。特别值得一提的是，杜勃罗留波夫的《什么是奥勃洛摩夫主义?》由上官苇译，连载于1944年4月5—6日的《新华日报》，该报在登载译文时附匿名文章1篇，以唤醒大家对国民党统治下的社会的认识。该文指出，“虽然在不同的时代和国土，一切具体的情况都不相同，但是我们倘认真地回顾一下自己和周围的人，便也未始不能吃惊

---

① 姜德明．巴金书话［M］．北京：北京出版社，1997：298.

② 黄裳．巴金的三哥是我先师，终身未娶［EB/OL］．［2010-10-07］http://www.chinawriter.com.cn/2013/2013-12-03/183700.html.

地发现，这里也有着某种奥勃洛摩夫……”①

随着冈察洛夫长篇小说在我国的翻译出版，20 世纪 40 年代的冈察洛夫研究成果逐渐增多，研究也更为深入。我们发现，很多研究者使用了“奥勃洛摩夫主义”一词，而且这些文章绝大多数都发表在《新华日报》等重要报刊上，我们认为，这是因为他们为了针砭时政，有意将“奥勃洛摩夫性格”提升到“主义”的层面，以突出这一性格的哲学社会意义及其普遍性。1954 年 9 月，吴淳在《文艺报》上发表《奥勃洛摩夫气质》一文，辛未艾于 1962 年 6 月 18 日在《光明日报》上发表了《冈察洛夫和他的〈奥勃洛摩夫〉》，钱谷融于 1957 年发表在《文艺月报》第 5 期上的《论文学是“人学”》一文也涉及了奥勃洛摩夫性格的问题。1955 年 9 月 1 日，《光明日报》副刊《史学》第 64 号发表了丁则良的文章《俄国杰出作家冈察洛夫论中国》，在冈察洛夫诞辰 150 周年之际，戈宝权于 1962 年 4 月在《文学评论》发表了《冈察洛夫和中国》等两篇文章，它们对冈察洛夫的《巴拉达号三桅战舰》中有关中国的论述进行了介绍。

四、中华人民共和国成立后至 20 世纪 80 年代末的《奥勃洛摩夫》研究

中华人民共和国成立后，由于新中国与当时的苏联同属社会主义阵营，因此，曾给予中国新文化运动巨大影响的俄罗斯文学备受中国文化界的青睐。

中华人民共和国成立的前十年，中苏关系进入“蜜月期”，文学界为了响应向苏联学习的号召，开始大量、热情地介绍俄苏文学。随着我国对冈察洛夫作品的译介力度的加大，有关冈察洛夫作品中的人物，特别是探讨奥勃洛摩夫性格的论文大量增多，《文艺报》《光明日报》《文艺月报》《文学评论》等都发表过这方面的文章。

1954 年，上海新文艺出版社出版了由辛未艾翻译的《杜勃罗留波夫选集》(共两卷)，第一卷第 57—129 页刊登了杜勃罗留波夫的《什么是奥勃洛摩夫性格?》。1979 和 1983 年，上海译文出版社将《奥勃洛摩夫》收入《外国文学名著丛书》中出版。《悬崖》1954 年由平明出版社再版，1983 年，上海译文出版社出版了翁文达的译本。

20 世纪 60—70 年代，中苏政治关系恶化，中、苏文学之交进入“冰冻期”，特别是 1964 年以后，几乎“所有的俄苏文学作品均从中国的一切公开

① 张洪榛．冈察洛夫和他的长篇小说［M］. 北京：北京出版社，1986：129-130.

出版物中消失”,[①] 这种状况一直延续到70年代末。

到了80年代，中苏关系开始解冻，俄罗斯经典文学再次受到中国译界的重视，许多名家的作品被重译。冈察洛夫的“三部曲”全部重译出版，游记《巴拉达号三桅战舰》也于1982年被翻译出版。1979年，中国社会科学出版社编写的《外国名作家传》一书登载了由胡湛珍撰写的《冈察洛夫》，1984年，黑龙江人民出版社出版了由宇甫、伯衡主编的《俄苏文学名家》，该书辟“冈察洛夫”专章介绍冈察洛夫的生平与创作。

1982年版《中国大百科全书》(外国文学版）卷一刊登了由张秋华撰写的“冈察洛夫”词条。1982年版《外国文学评论选》(上册）和1984年出版的《杜勃罗留波夫文学论文选》(上海译文出版社）再次刊登了由辛未艾翻译的杜勃罗留波夫的《什么是奥勃洛摩夫性格?》。

20世纪80年代后期，随着中国冈察洛夫研究的进一步深化，冈察洛夫长篇小说艺术研究成果逐渐增多，出现了16篇研究论文。其中有6篇发表在诸如《外国文学评论》《外国文学研究》《光明日报》《新华文摘》《苏联文学》等国内重要杂志或报刊上。在这16篇论文中，有11篇是关于《奥勃洛摩夫》的。它们是：(1)《一个“多余人”的典型——谈谈奥勃洛摩夫这个人物》，张少康，见1979年版《外国文学评论》第1辑。(2)《从〈奥勃洛摩夫〉的艺术特点谈起》，黄海澄，《光明日报》，1980年4月9日。(3)《一个没落地主阶级的典型——评冈察洛夫的〈奥勃洛摩夫〉》，熊玉鹏，见1981年版《世界文学名著选评》。(4)《说情——读长篇小说〈奥勃洛摩夫〉有感》，华亮，《书林》，1982第1期。(5)《冈察洛夫的长篇小说〈奥勃洛摩夫〉》，刁绍华，见1982年版《外国文学名著欣赏》第3辑。(6)《奥勃洛摩夫性格及其他》，徐玉琴，《苏联文学》，1982年第3期。(7)《奥勃洛摩夫的睡衣和其他——浅谈人物服饰的描写》，潘晓生，《泉城》，1984年第8期。(8)《奥勃洛摩夫性格》，舒安娜，《外国文学名著欣赏》，1986年第2期。(9)《从奥勃洛摩夫到阿Q》，田仲济，《新华文摘》，1982年（总第38期）。(10)《论冈察洛夫的长篇小说〈奥勃洛摩夫〉》，(苏）吉尔卡尼诺夫作，蓝泰凯译，《贵州师专学报》(社科版)，1988年第1期。(11)《奥勃洛摩夫性格》，王林，《外国文学研究》，1982年第1期。

此外，在这一时期，黑龙江人民出版社还组织翻译了冈察洛夫的游记《巴拉达号三桅战舰》(叶予译，1984年版）和雷巴索夫撰写的《冈察洛夫

---

① 陈建华.20世纪中俄文学关系［M］.上海：学林出版社，1998：222.

传》（吴开霞、孙开惠译，1987 版）。与此同时，我国 20 世纪两部最为重要的俄罗斯文学史著作，即易漱泉等编著，湖南文艺出版社 1986 出版的《俄国文学史》和曹靖华等编著，人民文学出版社 1989 年出版的《俄国文学史》都辟专章对冈察洛夫的生平和创作进行了介绍。这一时期还出版了两部介绍冈察洛夫生平和创作的著作，它们是张洪榛撰写，北京出版社出版的《冈察洛夫和他的长篇小说》（1986）和金留春撰写，辽宁人民出版社出版的《冈察洛夫》（1988）。

纵观这一时期的冈察洛夫研究，我们可以看到，冈察洛夫的小说艺术开始进入研究者们的视野，开始出现带有传记性的著作；其次是研究者不再使用“奥勃洛摩夫主义”一词，这说明我们对奥勃洛摩夫性格的理解更加客观。但是，由于受国内大环境的影响，我国的冈察洛夫研究走的依然是苏联正统文学批评的老路，很少关注非正统批评家的观点，因此这一时期的研究成果并未提出多少有新意的见解。

五、苏联解体至今的《奥勃洛摩夫》研究

1991 年底，苏联解体，从苏联解体至今，国内对冈察洛夫作品的译介、研究出现了一次小小的高潮，人民文学出版社于 1997 年 5 月出版了由陈馥、郑揆合译的《奥勃洛摩夫》，北京燕山出版社于 2005 年 4 月出版了由李辉凡编选的《冈察洛夫精选集》，该选集收入了由李辉凡翻译的《奥勃洛摩夫》和《平凡的故事》，2005 年，南京译林出版社出版了由严永兴翻译的《悬崖》。

2005 年，华东师范大学比较文学与世界文学专业的丁斯扬撰写了我国第一篇关于中国的冈察洛夫研究的硕士学位论文——《冈察洛夫研究在中国》。该论文对我国的冈察洛夫研究现状进行了条分缕析，考据严谨，并辟专章对我国有关冈察洛夫创作的研究成果进行了集中介绍。近几年来，高荣国在其博士论文的基础上出版了国内第一部冈察洛夫研究专著《冈察洛夫长篇小说艺术研究》，并发表了系列论文。

在苏联解体后的 20 余年时间里，我国的冈察洛夫研究成果达到了一个小的高潮。仅在《奥勃洛摩夫》专题研究方面就发表论文 18 篇，冈察洛夫长篇小说三部曲全部得以重译。此外，这一时期的冈察洛夫研究继续深化，从比较文学的角度，将奥勃洛摩夫与我国文学人物阿 Q，将《奥勃洛摩夫》与《马伯乐》进行比较分析。吴波、高荣国已尝试从新的角度对奥勃洛摩夫性格进行新的阐释，这代表我国研究者已经意识到国内已有研究中的误读现象，并自觉地加以纠正。特别值得一提的是，以高荣国、郝丽娜为代表的研究者

开始对我国的冈察洛夫研究进行了较为详细的述评，这完全可以看做是我国研究界自觉梳理、总结并反思国内冈察洛夫研究的开端。①

纵观国内百余年来的冈察洛夫研究，我们可以发现以下几个特点：一是我们的研究基本上走的是苏联的路子，有新意的研究成果不多。苏联解体后，虽然有研究者尝试从新的角度解读奥勃洛摩夫性格，但依然难以完全摆脱社会批评的拘束，结论很难有突破。其次，我国目前尚无人从宗教、文化角度对《奥勃洛摩夫》进行专门研究，导致冈察洛夫作品中的宗教思想和文化层面的东西没有得到阐释。再次，国内外尚无人从斯拉夫派与西欧派之争的角度分析冈察洛夫对"俄罗斯向何处去"问题的思考。事实上，在 19 世纪中后期的俄罗斯作家中，冈察洛夫对这一问题有自己独特的见解，认为俄罗斯要想走向真正的现代化，就必须将俄罗斯传统思想与西方资本主义文明结合起来。所以有研究者认为，他是俄罗斯"第一个用自己的作品来探讨能具体实现俄罗斯社会进步的社会历史形态问题的作家，也是第一个在自己的作品里通过塑造封建宗法制社会和资本主义社会的典型人物对两种社会制度进行对比的作家"。② 冈察洛夫实际上在西欧派和斯拉夫派之中选择了一条中间路线，这决定了他既没有赞同革命民主主义派的激进思想，也没有走上反动的农奴制道路。最后，国内的研究似乎还没有将冈察洛夫长篇小说三部曲作为整体进行。我们认为，尽管其三部曲时间跨度大、反映的社会问题差异大，但它们的主题是一致的。

综上所述，如果我们在坚持传统研究的基础上，从宗教、文化、语言学乃至俄罗斯西方派与斯拉夫派之争的角度，将冈察洛夫的长篇小说三部曲视为一个整体，对冈察洛夫的文学遗产进行新的阐释和深度开采，那么我国的《奥勃洛摩夫》研究必将更为深入，我们期待更多有独特见解的此类研究成果出现。

---

① 这些论文是：(1) 孙彦波，赵舒云．从〈悬崖〉中看赖斯基的形象 [J]. 克山师专学报，2001 (2)．(2) 冈察洛夫创作思想的再认识 [J]. 锦州师范学院学报，2002 (3)．(3) 奥勃洛摩夫性格新论：自我封闭与独善其身? [J]. 渤海大学学报，2004 (6)．(4) A. 科尔涅耶夫．帕耳纳索斯山上的判决——屠格涅夫与冈察洛夫之间的"剽窃"纠纷 [J]. 林静．译．俄罗斯文艺，1994 (6)．(5) 焦玉莲．批判无价值无意义的生存——萧红《马伯乐》和冈察洛夫的《奥勃洛摩夫》人物形象比较 [J]. 呼兰师专学报，1998 (2)．(6) 许宗元．论冈察洛夫《环球航海游记》及旅游文学 [J]. 北京第二外国语学院学报，2003 (5)．(7) 郝丽娜．论冈察洛夫的人物心理描写 [J]. 湖南教育学院学报，1996 (6).

② Прийма Ф. Я., Пруцков Н. И. История русской литературы в 4 томах. Т. 3 [M]. Л., 1982: 162.

第二章 奥勃洛摩夫性格塑造的由来及过程

第一节 冈察洛夫的文学典型观

文学典型是西方文论的重要概念，也是现实主义文学的基本特征之一。在文学创作中，典型有时指的是作者用典型化方法创造出来的具有独特个性、又能反映一定社会本质的某些方面的艺术形象。因此，俄罗斯文学理论家B. E. 哈利泽夫（B. E. Хализев）在分析19世纪现实主义文学的美学特征时，将典型看成是人物形象的核心概念之一。他说，典型（典型性）"乃是同那些标准化的、失落了个性之多层面性的、体现为某种可重复的模式的物象这一概念相联系的。在该词的此一意义上的'典型'，乃是一种方式——对人加以艺术再现的方式之一。此乃——体现为具有某一种特征的人物，体现具有某一种可重复的人性特征的人物"。[①] 我国学者童庆炳则指出："作为文学形象的高级形态之一，典型是文学话语系统中显出特征的富于魅力的性格。它在叙事性作品中，又称典型人物或典型性格。"[②] 由此可见，文学典型是文学人物形象和某类性格的复合体，因此从某种意义上说，典型是再现人物性格的重要载体。

在俄罗斯，19世纪30到40年代是俄罗斯文学由浪漫主义向现实主义转向的重要阶段，一大批文学理论家，比如纳杰日金、别林斯基、杜勃罗留波夫等人，包括后来的H. Г. 车尔尼雪夫斯基（H. Г. Чернышевский）呼吁俄罗斯文学摆脱对西欧传统文学批评观念和规范的模仿，向现实主义文学靠拢。

---

① ［俄］B. E. 哈利泽夫．文学学导论［M］．周启超，等，译．北京：北京大学出版社，2006：43.

② 童庆炳．文学理论教程［M］．北京：高等教育出版社，1998：185.

他们通过自己的文学批评实践或理论文章，对现实主义文学创作方法的基本概念、范畴和术语体系进行探索和阐释，并对俄罗斯现实主义作家的文学创作给予了坚定的支持。

一、冈察洛夫文学典型观形成的时代背景

冈察洛夫是一位坚定的现实主义作家，他的文学创作，就处在俄罗斯文学界对现实主义文学理论和实践进行大胆探索的阶段。在这一方面，虽然纳杰日金、别林斯基、杜勃罗留波夫对他的文学和美学观的形成产生过重要影响，但他并没有对他们的文学主张加以全盘接受，而是通过自己的文学实践和文学批评，对现实主义创作原则进行了独到的思考和探讨，从而形成了具有冈察洛夫特色的诗学体系。在他的诗学体系中，文学典型问题被提到了前所未有的高度。他把文学典型的塑造看成是自己文学创作的首要任务，把典型性视为衡量艺术真实乃至艺术价值的唯一标准。冈察洛夫对典型和时代、环境之间关系的分析，对典型的类型、精神继承性等问题的探讨，为俄罗斯现实主义文学理论的发展做出了重要贡献。可以这样认为，冈察洛夫一生都在通过自己的文学创作和理论阐述来捍卫现实主义，反对自然主义和“为艺术而艺术”的理论主张。他提出的文学创作中的“直觉性”“距离说”等理论，对今天的文学创作依然具有很强的指导意义。

冈察洛夫的典型人物和典型性格的塑造，深受其典型观的影响。因此，在我们探讨奥勃洛摩夫性格的塑造过程之前，有必要对其典型观进行梳理和分析。克拉斯纳谢科娃曾说过：“要想重新解读冈察洛夫的文学作品，必须要找到一个极其客观的途径去接近作者本人的解释，这些东西可以在其信件和文学评论文章中找到。”① 同样，要想解读冈察洛夫的典型观，也得要遵循克拉斯纳谢科娃提出的这一原则。因此，冈察洛夫的《迟做总比不做好》《长篇小说〈悬崖〉的序言》《长篇小说〈悬崖〉的意图、任务和思想》《万般苦恼》《〈哈姆雷特〉又在俄罗斯舞台公演》《为评论奥斯特洛夫斯基的文章而准备的材料》《不平凡的故事》等文学评论文章，以及冈察洛夫与同时代作家、好友的信件，对于我们的研究具有十分重要的作用。

二、时代性与距离感：冈察洛夫文学典型观的静态特质

通过对上述材料的阅读和梳理，我们发现冈察洛夫的文学典型观主要包

① Краснощекова Е. А. Иван Александрович Гончаров: Мир творчества [М]. СПб., 2012: 11.

括以下几个方面的内容。

冈察洛夫在《迟做总比不做好》中指出："如果形象是典型的，那么它们必然会通过自身（或多或少）反映自己所生活的时代，正因为这样，它们才是典型的。就是说，它们像镜子一样反映出社会生活、风尚和生活方式。"①可以这样认为，冈察洛夫的这一看法是其文学创作的基本原则，他终生都以塑造符合时代精神的人物为己任，这一点在奥勃洛摩夫及奥勃洛摩夫性格的塑造方面表现得尤为突出。冈察洛夫同时指出，虽然典型具有时代性，但真正的典型还是超时代的。他认为，"就以性情乖张的李尔王和堂·吉诃德为例，如果这是两个怪人的肖像，而不是典型，也就是说，他们不是反映过去、现在和未来人类社会中无数类似人物的镜子，那就没有什么意义"。②显然，冈察洛夫将永恒性视为典型的核心要义之一。他在《万般苦恼》一文中，结合自己的典型观，分析了普希金的奥涅金、莱蒙托夫的毕巧林两个人物形象。他认为奥涅金、毕巧林虽然反映了他们的时代，但他们并不是超越时代的典型人物。他在文中指出："尽管普希金很有天才，他的进步的主人公作为他那个时代的代表人物，已经渐渐褪色和成为过去。他的天才创作虽说仍然是艺术的典范和源泉，但这些创作本身亦即将成为历史。我们研究过奥涅金、他的时代和环境，评价并肯定过这个典型的意义。尽管这个典型的创造在文学中仍然是不可磨灭的，可是我们已经找不到这个人物在当前这个时代里的活生生的踪迹。"③同样，毕巧林也不是真正意义上的文学典型，类似于这样的典型，虽然在文坛中为自己争得了一席之地，但很难长久地活在读者的心里。不过，冈察洛夫对 A. C. 格里鲍耶陀夫（A. C. Грибоедов）的喜剧作品《智慧的痛苦》给予了高度肯定，认为"《智慧的痛苦》问世比奥涅金、毕巧林更早，它的生命力超过了它们，它安然越过了果戈理时期，度过了作品问世以来的半个世纪，并且以其不朽的生命力始终活着，并且还要继续活许多时代，

---

① Гончаров И. А. Лучше поздно, чем никогда［A］. Гончаров И. А. Собрание сочинений в 8 томах. Т. 8［Z］. М.，1980：107. 本书采用了张蕙、冯春的译文，该文载：《冈察洛夫、屠格涅夫、陀思妥耶夫斯基、柯罗连科文学论文选》，冯春选编，上海译文出版社 1997 年版，第 44-100 页。在此，笔者对两位译者的辛勤劳动表示感谢，其他引用之处，不再标注。部分地方，笔者根据自己的理解对原译文稍作修改，特此说明。

② Гончаров И. А. Лучше поздно, чем никогда［A］. Гончаров И. А. Собрание сочинений в 8 томах. Т. 8［Z］. М.，1980：142.

③ Гончаров И. А. Мильон терзаний［A］. Гончаров И. А. Собрание сочинений в 8 томах. Т. 8［Z］. М.，1980：18-19.《万般苦恼》被公认是俄罗斯评价格里鲍耶陀夫的喜剧《智慧的痛苦》最优秀的评论文之一，在这篇文学评论中，冈察洛夫在格里鲍耶陀夫喜剧的文学成就方面发表了与普希金截然不同的见解。

永远不会失去自己的活力”。①

冈察洛夫认为，典型塑造（准确地说是文学创作）的前提，就是作家必须要对具体历史条件下已经定型的社会现象加以研究，要写自己亲身经历过或者熟悉的东西。换言之，作家塑造的典型，是自己十分熟悉的、已经定型和经过时间检验的典型，这就是冈察洛夫典型观中的“距离说”。有一个很好的例子，可以说明冈察洛夫是如何坚持他的这一理论的。1879 年，冈察洛夫在《迟做总比不做好》一文中回应有些读者提出的他在晚年为什么不创作符合时代要求的新作品时，他回答说：“我不能，我不会！凡是不是在本人脑子里产生和成熟过的东西，凡是我没有见过、观察过、体验过的东西，我的笔就无能为力。我有（或者说曾经有）领域、自己的土地，就像有自己的故乡、环境、朋友、敌人，还有自己的观察、感受和回忆的世界，所以我只会写我经历过、思考过、感受过，我喜欢过、近距离观察过和了解过的东西，总之，我只能写自己的生活以及与之密不可分的那些东西。”②而且，冈察洛夫认为，由于生活变化太快了，但“创作要求从容不迫地观察已经形成并已经稳定了的生活形式，可是新生活实在太新了，它在酝酿过程中摇摆不定，今天形成，明天就解体，而且它的变异不能以天而只能以小时来进行计算。今天的代表人物和明天的代表人物不一样，他们只能反映在讽刺作品中和轻松的随笔的镜子里，而不能反映在史诗式的作品中”。③ 冈察洛夫认为，典型应该是那些已经成为生活基础的东西，它与新的、正在形成的生活有很大一段距离，难以把握。所以，他认为自己擅长表现旧的生活，而对新生活的刻画则显得无所适从，难以把握。也正因为如此，他多次强调自己“根本不熟悉俄罗斯社会的现代典型”，这一立场使得他创造了已经定型了的生活典型，却无法塑造新生活的艺术形象。“奥勃洛摩夫性格”就是冈察洛夫本着自己的现实主义创作原则塑造出来的定型了的性格类型。其实早在 5 年前，他在 1874 年 2 月 11 日写给陀思妥耶夫斯基的信中就表达过类似的观点。他在信中写道：“现象和人物要经过长期、多次的反复和积淀，他们各方面的相似点随着时间多次出

---

① Гончаров И. А. Мильон терзаний［A］. Гончаров И. А. Собрание сочинений в 8 томах. Т. 8［Z］. М.，1980：19.

② Гончаров И. А. Лучше поздно，чем никогда［A］. Гончаров И. А. Собрание сочинений в 8 томах. Т. 8［Z］. М.，1980：148.

③ Гончаров И. А. Лучше поздно，чем никогда［A］. Гончаров И. А. Собрание сочинений в 8 томах. Т. 8［Z］. М.，1980：115.

现，到最后，逐渐定型、凝固并被观察者所熟悉。”① 三天后（1874 年 2 月 14 日），他在写给陀思妥耶夫斯基的另一封信中又说：“我只有明白了典型的意义之后才懂得，凡是最根本的东西有时需要一代又一代长时间的形成才能定型的。”② 可以看出，冈察洛夫对典型的稳定性的强调，是建立在时间距离基础之上的。由于生活变化太快，他来不及观察新时代和新现象，因此自认为自己已经跟不上时代。同时，他对于当时俄罗斯文坛存在的名目繁多的现实主义创作流派，也颇有微词，认为这些流派违背了现实主义的创作原则。冈察洛夫认为，为了塑造出真正的典型，“艺术家所要做的事就是充分利用时代，尽可能全面地在自己的作品中再现时代所形成的形象以及它固有的、具有时代特色的生活方式”。③ 客观地说，冈察洛夫提出的文学创作之“距离说”原则，对于传统的现实主义创作是有一定的指导意义的。但是，19 世纪 70、80 年代的冈察洛夫之所以大谈特谈自己的“距离说”，这既是冈察洛夫的个性和创作特点决定的，也与后两部小说（特别是《悬崖》）所遭到的众多批评不无关系。事实上，冈察洛夫在其文学作品中，也曾创作过超越时代精神的典型形象。例如，徐玉琴教授在《俄国文学批评史》中分析冈察洛夫的这一主张时指出：

> 冈察洛夫强调对定型生活的描绘和对成熟个性的塑造，能引导艺术家去周密观察社会生活，透彻研究人物性格，也是作家本人塑造出奥勃洛摩夫式成功典型的坚实基础。但他完全排斥对刚刚产生的性格和正在发展中的生活现象的描写，这就忽视了敏锐反映社会现实的作家的社会意义和创作经验，也常同他自己的创作实践和批评实践发生矛盾。例如，冈察洛夫并不否认屠格涅夫笔下的巴扎罗夫形象，他本人塑造的奥丽加也是刚刚产生并预示着未来的新女性。④

三、演变与继承：冈察洛夫文学典型观的动态特质

冈察洛夫在强调典型的时间特质的同时还指出，典型的刻画必须要凸显

① Гончаров И. А. Письма // Гончаров И. А. Собрание сочинений в 8 томах. Т. 8 [Z]. М.，1980：407.

② Гончаров И. А. Письма // Гончаров И. А. Собрание сочинений в 8 томах. Т. 8 [Z]. М.，1980：410.

③ Постнов О. Г. Эстетика И. А. Гончарова [М]. Новосибирск，1997：121.

④ 刘宁．俄国文学批评史 [M]. 上海：上海译文出版社，1999：489.

人物的个性和心理特征，而且人物的个性和心理特征不应受时代和地域限制。冈察洛夫认为，随着时代的变化，典型也需要更新和完善。而典型的哲学内核和实质是要具备全人类意义的，但即便是那些全人类意义的典型，也会随着时代的变化而逐渐失去活力，因此需要对它们加以更新和完善。所以冈察洛夫认为，“具有全人类意义的形象当然会与世长存，但是由于时代的变迁，这些典型会变得让人无法辨认。因此，艺术家有时不得不把那些在漫长的历史时期曾经在形象中表现出的性格和人的普遍天性的基本特征加以更新，赋予他们符合当代特点的新的血肉来代替旧的形象”。① 对于典型与思想之间的关系，冈察洛夫认为，那些靠思想塑造出来的典型不是永恒的。他说：“达尔杜弗当然是永恒的典型，福尔斯塔夫也是永恒的典型，但即使是他们，也仍然和那些跟他们一道代表情欲和恶习的原型一样消失在古代的迷雾之中，几乎失去了活的形象，变成了一种思想，一种特定的概念，一种代表恶行的普通名词，对于我们，他们已不再是活的教训，而只是历史画廊里的一幅肖像而已。”② 我们认为，冈察洛夫的这一主张，是在其客观性创作原则基础上发展起来的。在他看来，真正的形象是靠本身来说话的，思想不应该成为形象的主宰。而要做到这一点，作家就必须信任和研究时代或者环境，不这样做，形象就是干瘪的，是没有血和肉的典型。他以奥斯特洛夫斯基等作家为例，进一步阐述了自己的观点。他说，这些作家的作品之所以获得读者的认可，原因就在于“他们的作品中得到真实表现的环境就是他们出生、受教育、发展的那个环境。这让他们得到了荣光，他们也用不着用诗意的眼睛去到那些没有根据的地方去寻找根据了”。③

冈察洛夫认为，无论是哪个民族的文学，但凡是典型人物，都具有一定的继承性。即任何文学典型，都是在前人的基础上塑造出来的。为此，他通过本国及世界各国文学中的典型来论证自己的观点。他说：“典型的创造有自己特殊的生活，自己的历史，自己的地域和民族志，也许有一日它还会成为历史—哲学研究感兴趣的对象。堂·吉诃德、李尔王、哈姆雷特、麦克白夫人、福尔斯塔夫、唐·璜、达尔杜弗等在后来的一些天才作家的作品中已经

---

① Гончаров И. А. Мильон терзаний [A]. Гончаров И. А. Собрание сочинений в 8 томах. Т. 8 [Z]. М., 1980: 22.

② Гончаров И. А. Мильон терзаний [A]. Гончаров И. А. Собрание сочинений в 8 томах. Т. 8 [Z]. М., 1980: 22.

③ Гончаров И. А. Материалы, заготовляемые для критической статьи об Островском [A]. Гончаров И. А. Собрание сочинений в 8 томах. Т. 8 [Z]. М., 1980: 154.

生下了整整几代类似的同族子孙，他们就像四处飞溅的无数水珠一样。在新的时代还可以发现，诸如乞乞可夫、赫列斯塔科夫、索巴凯维奇、诺兹德廖夫等许多现代的典型原来竟是米特罗方和斯科季宁们枝繁叶茂的家谱树上的一批异种，并且他们又照样繁殖出很多别的异种。在这些丰富的尚未开采的矿场中能发掘出的东西是不会少的。”①冈察洛夫指出，A. C. 格里鲍耶陀夫笔下的恰茨基延续了俄罗斯文学典型的基因，所以这是永恒的、理想的典型人物和性格。因为，如果作家想在作品中塑造新、旧两股势力斗争的代表人物时，那他就绕不过恰茨基，A. C. 格里鲍耶陀夫塑造的恰茨基艺术魅力之所以长盛不衰，就在于他十分完美地体现了新旧斗争的这一永恒主题。以至于“艺术家只要一涉及观念的斗争、一代人与另一代人的交替，文学便再也跳不出格里鲍耶陀夫的魔圈。这类艺术要么创造出一些极端的、不成熟的先进人物的典型，他们只能是勉强暗示未来，因而是短命的，这类人物在我们的生活中和艺术中已经司空见惯；要么创造出恰茨基的变相形象，就像继塞万提斯的堂·吉诃德和莎士比亚的哈姆雷特后出现的和将要出现的无数个相似人物一样”。②所以，作家的任务“不在于发明新的典型（因为具有全人类意义的典型并不多），而在于如何再现这些典型，如何将它们与其周围的生活联系起来，最后才是如何对这些东西加以表现”。③

综上所述，如果仅从典型人物或者性格塑造的角度来分析冈察洛夫的文学典型观，那么我们可以看到，他的典型观对其文学创作，尤其是对奥勃洛摩夫这一具备世界意义的俄罗斯文学形象的塑造发挥了极为重要的作用。特别是19世纪60、70年代，不同文学派别打着现实主义的旗帜，纷纷推出了自己的文学主张。而冈察洛夫作为坚定的批评现实主义作家，他对现实主义的捍卫，为维护俄罗斯文坛现实主义创作原则的地位做出了重要贡献。

---

① Гончаров И. А. Лучше поздно，чем никогда [A]. Гончаров И. А. Собрание сочинений в 8 томах. Т. 8 [Z]. М.，1980：139.

② Гончаров И. А. Мильон терзаний [A]. Гончаров И. А. Собрание сочинений в 8 томах. Т. 8 [Z]. М.，1980：43.

③ Гончаров И. А. Лучше поздно，чем никогда [A]. Гончаров И. А. Собрание сочинений в 8 томах. Т. 8 [Z]. М.，1980：113.

第二节　从《癫痫》到《平凡的故事》：奥勃洛摩夫性格的雏形

任何一部优秀的文学作品，都能为读者提供认识人生和人性的独特视角和方式。冈察洛夫的长篇小说也是如此，例如对“奥勃洛摩夫性格”的揭示就是其长篇小说持续关注的主题之一。美国佐治亚州立大学教授、斯拉夫学学者克拉斯纳谢科娃在其专著《冈察洛夫的创作世界》（*И. А. Гончаров: Мир творчества*）中指出，冈察洛夫的文学遗产是一个整体世界，其所确立的最高立意是“探究‘生活这所学校’里人的成长（或者夭折）现象的真正实质”。① 因此，克拉斯纳谢科娃认为完全可以将冈察洛夫的长篇小说三部曲《平凡的故事》、《奥勃洛摩夫》和《悬崖》视为巴赫金所提出的教育类小说。

苏联宗教学哲学家、文学批评家和政论家 В. В. 洛扎诺夫（В. В. Розанов）在 1916 年谈到《奥勃洛摩夫》在俄罗斯的影响力时就说过这样的话：“继果戈理的《死魂灵》之后，《奥勃洛摩夫》成为俄罗斯第二部带有政治色彩的大型论著，它用无法描述的独特形式，无比准确和可信的材料，在国内发出了忧伤和可怕的声音。”②克拉斯纳谢科娃在《冈察洛夫的创作世界》第三章（《奥勃洛摩夫》：主人公的教育与体验）之开篇也明确指出：“大概，从‘学术专著’的本身意义来看，在俄罗斯的长篇小说中，没有哪一部比《奥勃洛摩夫》更为合适使用这一术语。”③ 虽然克拉斯纳谢科娃的这一观点主要针对的是《奥勃洛摩夫》，但在人物性格塑造方面，同样适用于其他两部小说。

冈察洛夫的长篇小说三部曲主题连贯性强，其中“关于人的成长”问题始终是作者关注的中心。关于自己长篇小说三部曲作品主题的连续性，冈察洛夫说：“我不是把它们当做三部小说，而是一部。他们都由我所经历的俄罗斯生活的一个时代向另一个时代的过渡这根线，这个始终一贯的思想联系着，由这两个时代的现象在我的描述、肖像、场景及细枝末节的反映联系着。”④

---

① Краснощекова Е. А. Иван Александрович Гончаров: Мир творчества [M]. СПб.，2012: 527.

② Розанов В. В. К 25-летию кончины Ив. Алекс. Гончарова (15 сентября 1891 г. -15 сентября 1916 г.) [A]. Розанов В. В. О писательстве и писателях [M]. М.，1995: 648.

③ Краснощекова Е. А. Иван Александрович Гончаров: Мир творчества [M]. СПб.，2012: 233.

④ Гончаров И. А. Лучше поздно, чем никогда [A]. Гончаров И. А. Собрание сочинений в 8 томах. Т. 8 [Z]. М.，1980: 107.

一、故乡印记：奥勃洛摩夫性格的“发源之地”

冈察洛夫自幼性格温和，感情细腻，观察力强。他在回忆录中曾经提及，孩提时代的他喜欢观察周边的人与事，特别对自己的教父特列古鲍夫（Трегубов）的性格特征关注有加。他在观察中发现，在自己的故乡辛比尔斯克（今乌里扬诺夫斯克市），类似于特列古鲍夫等老爷们在文化修养方面大大高于当地一些文化素质较低的地主。但另一方面，他们浑身又浸透着老爷式的无所事事、冷漠和闲散的特性。以特列古鲍夫为代表的这个阶层的生活习性和性格特征，自童年起便异常清晰地印刻在冈察洛夫的脑海里，再后来，这些习俗和性格成了他最重要的创作概括的素材。对此，冈察洛夫回忆说：“我似乎觉得，在我这个非常机灵而敏感的孩子的头脑里，当时对看到的所有这些人物，看到的这种无所用心的生活，看到的慵懒和闲散，便产生了关于‘奥勃洛摩夫性格’的模糊概念。”① 应该说，“奥勃洛摩夫性格”的雏形也就是在其人生的这一阶段形成的。

1831 年 8 月，冈察洛夫考入莫斯科大学语文学系。在莫斯科大学读书期间，大学生冈察洛夫关注的是自己的学业，从不参加大学生的政治生活。在 19 世纪 30 年代，莫斯科大学活跃着一大批热爱自由和革命的年轻大学生。其中 А. И. 赫尔岑（А. И. Герцен）、Н. П. 奥加辽夫（Н. П. Огарёв）、别林斯基便是杰出代表。准确地说，冈察洛夫相信的是“科学的自由”，而不是“思想的自由”。因此，无论是在莫斯科大学的政治风潮，还是他的成长环境，都不可能在年轻的冈察洛夫身上培养起引导他走向反叛俄罗斯农奴制、反叛专制统治的道路。因此，从冈察洛夫的思想倾向来看，他似乎没有“足够的勇气”像 А. И. 赫尔岑、Н. П. 奥加辽夫、别林斯基那样投身社会斗争，而是平和地观察着社会上发生的一切，躲在象牙塔里潜心学习自己感兴趣的语文学。

1834 年 7 月，刚从莫斯科大学语文学系毕业的冈察洛夫回到了故乡辛比尔斯克。在这里，冈察洛夫无时无刻不在感受着童年时代曾经感受过的“奥勃洛摩夫性格”的气息。为了进一步揭示奥勃洛摩夫性格的实质，为了使这一性格变得更为定型，作家需要继续观察其表现形式和内在本质。为此，他

---

① Рыбасов А. П. И. А. Гончаров [M]. M.，1957：16. 本书采用了吴开霞、孙后惠根据此书翻译的译本《冈察洛夫传》，该译本由黑龙江人民出版社 1987 年出版，在此，笔者对两位译者的辛勤劳动表示感谢，其他引用之处，不再标注。部分地方，笔者根据自己的理解对原译文稍作修改，特此说明。

经常在自己生活的城市行走，以加深对这座城市的认识。他发现，多少年来，故乡辛比尔斯克几乎没有什么变化，到处依然是一幅昏睡和萧条的景象。一眼望不到头的栅栏，木质结构的老房子，随着时间的流逝而变得更加灰暗。人行道破烂不堪，铺在人行道上的木板已经短缺破损了，街道上尘土飞扬，空荡而静寂。城里人过着慵懒的生活，整个城市给人的感觉是了无生机。身处这样的环境，冈察洛夫觉得，看着这个寂静的地方，看着放下窗帘和百叶窗的昏睡的窗户，看着坐在家里的人的昏睡神态和在街上偶然碰到的人，不由得自己也要昏昏入睡。据作家回忆，他在故乡休假期间，曾经见到过两个地主，他们的性格也为作家描写奥勃洛摩夫性格提供了素材。冈察洛夫在《在故乡》中写道，他认识三个同岁的老头，都是地主贵族，他们在乡下过着深居简出的生活，其中一位叫 Ф. П. 郭泽列夫（Ф. П. Козрев），另一位叫 А. Г. 卡斯杜林（А. Г. Гастурин），他们是省城地主雅库博夫（Якубов）的朋友。“他们一年来三次省城，为的是参加贵族选举大会，可他们来的目的，并非是为了当选，相反，是为了不当选。”郭泽列夫是“伏尔泰和整个百科全书派的崇拜者，还将自己视为小伏尔泰，认为自己机智、尖刻，就像当时很多伏尔泰的崇拜者一样”。“他总是穿着长袍并且很少离开自己的庄园。”①

而卡斯杜林和雅库博夫呢？冈察洛夫写道：

> 这是一个淳朴、没文化，但很善良，深受大家喜欢的乡下人，嘴上总是吊着一个麻制大烟袋。他肤色黝黑，好像被太阳或者烤烟熏黑了似的。当我向雅库博夫打听他的经营状况、耕种面积、净粮量、粮食产量，甚至打听他的土地面积和收入时：“我不知道，亲爱的朋友，”——他说道，还打了个哈欠，“我的钱都是我那位独眼龙村长带过来的，就这么简单。至于他从我的领地送来多少只土鸡、多少捆棉纱、多少只火鸡、多少种粮食和其他食物，请你去问我的妈妈，我让他给她一个报表，这一方面她比我更清楚。”②

读过《奥勃洛摩夫》的读者在看了上面的文字之后可以知道，奥勃洛摩夫几乎就是他们上述几种特征的合体。也正是因为作家认识这样一些地主和

---

① Гончаров И. А. На родине // Гончаров И. А. Собрание сочинений в 8 томах. Т. 7 [Z]. М.，1980：274-275.

② Гончаров И. А. На родине // Гончаров И. А. Собрание сочинений в 8 томах. Т. 7 [Z]. М.，1980：275-276.

老爷，才为他成功刻画奥勃洛摩夫的形象提供了真实的素材原型。同时这也说明，冈察洛夫在当时已经认识到，在故乡辛比尔斯克，地主家庭中的“纨绔子弟”和闲散无事的老爷比比皆是，整个社会都还充满着一种鄙夷一切劳动和鄙视教育的风气。所以，冈察洛夫觉得，“在当时，斯科季宁和普罗斯塔科夫们、米特罗方努什卡和伊凡努什卡们仍然没有绝迹。奥勃洛摩夫们是他们直接的和亲近的后代”。①

1835 年，冈察洛夫到彼得堡财政部外贸司工作，担任译员。在这里他有机会可以细心地观察具有资产阶级特性的商人典型和习俗，而这对他后来刻画《平凡的故事》中的彼得和《奥勃洛摩夫》中的施托尔茨的典型是很有益处的。

在冈察洛夫的一生中，冈察洛夫还担任了另外三个公职。1856 年 1 月，冈察洛夫担任了俄罗斯文学书刊检察官的职务，1860 年辞职。1862 年，他被任命为内务部官方报纸《北方邮报》的主编，次年 3 月，他被解除主编职务，担任出版事业委员会委员，直至 1868 年 1 月退休。不过，冈察洛夫的出身（出身于小商人之家）与生活、工作经历为其文学创作提供了其他作家无法得到的素材。这正如 Н. К. 皮克萨诺夫（Н. К. Пиксанов）所指出的那样，冈察洛夫所从事的职业“把冈察洛夫带进了一个独特的世界，一个屠格涅夫、格里戈罗维奇、陀思妥耶夫斯基等当代俄罗斯小说家都感到陌生的商业和官僚世界。…… 他无疑是在外贸司首先清晰地认识到俄罗斯资产阶级的作用和成长，这时它已不是旧时外省的商界，而是英国化的、进入了国际交往的京城资产阶级”。② 也有研究者指出，冈察洛夫谨小慎微的性格及其公职虽然阻碍了他走上革命民主主义的道路，“但这既不影响他成为俄罗斯文学创作的领军人物，也不妨碍他死后流芳百世”。③

二、《癫痫》《因祸得福》：奥勃洛摩夫性格的“孕育之地”

冈察洛夫的文学创作是从诗歌开始的，但在这一领域并无突出成就，诗歌创作的数量少得可怜。30 年代末期开始，冈察洛夫开始关注俄罗斯散文的发展，这与 19 世纪 30 年代中期至 40 年代初的俄罗斯文学大环境有着紧密的

① Рыбасов А. П. И. А. Гончаров [М]. М., 1957：16.

② Пиксанов. Н. К. Белинский в борьбе за Гончарова [А]. 《Ученые записки Ленинградского государственного университета》, № 76, вып. 11 [Z]. 1941：58-59.

③ [俄] М. А. 普罗托波波夫. 别林斯基，杜勃罗留波夫，皮萨列夫，冈察洛夫 [C]. 翁本泽，译. 郑州：海燕出版社，2005：355.

联系。因为 19 世纪 30 年代中后期的俄罗斯文坛是小说流行的时代。别林斯基曾形象地描述了小说独霸天下的情况，他说：“今天，整个我们的文学都变成了长篇小说和中篇小说。颂诗、叙事长诗、叙事诗、寓言，甚至所谓，或者更确切点说，从前所谓的浪漫主义长诗，泛滥过、淹没过我们文坛的普希金风的长诗，——这一切，现在都不过是给人提醒那快乐的早已逝去的时代的遗物罢了。长篇小说打倒了一切，吞没了一切，而和它一同来到的中篇小说，却把这一切的痕迹也给铲平了，连长篇小说也恭敬地让开路，让中篇小说走到前面去。”①

的确，冈察洛夫也顺应了这个潮流。他在 1838 年 4 月发表的中篇小说《癫痫》，1839 年 7 月发表的中篇小说《因祸得福》，以幽默的笔调谴责了伪浪漫主义的可笑和无知，表现了贵族老爷在无所事事中虚度年华的主题。应该说，这是冈察洛夫第一次将自己对奥勃洛摩夫性格的观察写进了自己的文学作品之中。冈察洛夫的中篇小说不仅标志着他开始自觉地遵循普希金—果戈理文学传统进行创作，而且，也为其“风俗随笔”和长篇小说的主题奠定了基础。更为重要的是，冈察洛夫将自童年时代就开始关注的奥勃洛摩夫性格纳入其创作范畴，也正是在这两部中篇小说中，奥勃洛摩夫的形象开始在其文学创作中得到刻画，体现了作家对奥勃洛摩夫性格的持续关注。

谴责贵族青年的伪浪漫主义和地主老爷的懒惰，这是中篇小说《癫痫》的主题。小说塑造了懒汉迦热连科的形象，在这一人物身上具有冈察洛夫心爱的人物——奥勃洛摩夫的许多特征。作家为了突出人物的性格特征，为迦热连科设置了一个对照形象——祖罗夫。祖罗夫一家人好动，特别喜欢搬家和从事体育运动。而迦热连科与祖罗夫完全不同，他是个宅男，几乎闭门不出。由此可见，是从中篇小说开始，冈察洛夫在人物设置时就喜欢采用对照的方法来进行人物刻画。而且，这种对照还是全方位的。比如，祖罗夫喜欢游山玩水，满脑子都是田园诗式的浪漫主义幻想和矫揉造作，因此那些最不起眼的风景总是被他描绘成天底下最漂亮的景色。迦热连科呢，除了在家里闭门空想之外，对任何事情都提不起兴趣。他唯一的爱好就是观察人们蚂蚁般的忙碌，并从中寻找人生的虚无。为了凸显这两个人物的差异，作家安排他们在小说的结尾“相遇”。在相互交流的过程中，迦热连科和祖罗夫彼此都发现了对方的优点和自身的不足，但他们谁都不愿也不能改变对方。最后，

① ［俄］В. Г. 别林斯基．文学论文选［M］．满涛，等，译．上海：上海译文出版社，1999：117.

迦热连科养成了懒汉的所有习性，好吃懒做，无所事事，他和奥勃洛摩夫一样，得了中风症，早早离开了人世。

迦热连科的形象主要是从人物的“生理性”表现和纯生活角度两个方面进行刻画的，因此他身上的社会特征不是十分明显。尽管如此，我们也不难看出，迦热连科是奥勃洛摩夫最直接和最早的原型。“奥勃洛摩夫性格”在冈察洛夫的心目中存在已久，《癫痫》应该是作家第一次尝试通过自己的创作来表现他对这一性格的观察，尽管这样的描写缺乏社会特征，但这一性格的内涵与奥勃洛摩夫性格特征依然是一致的。

在中篇小说《因祸得福》中，冈察洛夫塑造了叶戈尔·彼得罗维奇·阿杜耶夫这一人物形象。雷巴索夫指出：“在叶戈尔·阿杜耶夫的身上，同样具有后来在奥勃洛摩夫身上得到更加充分、更加明确表现的特征，尽管还十分概括。”① 作家在这部中篇小说中，将格里鲍耶多夫笔下的恰茨基，普希金笔下的奥涅金、连斯基等人物性格全部集中到阿杜耶夫的身上，这其实是他试图以新的手法来创作浪漫主义者阿杜耶夫的形象。因为冈察洛夫认为，不论是奥涅金、恰茨基还是连斯基，都是某种人物典型特征的真实而鲜明体现。当时，随着现实的变化，这些人物典型也在变化。贵族的革命性出现了危机，贵族的浪漫主义在退化，贵族浪漫主义者典型在失去光彩。恰茨基和奥涅金这一类人物正在退出历史舞台，贵族阶级中不断产生另种类型的浪漫主义者，从而来取代他们，冈察洛夫看到和感觉到的正是贵族生活浪漫主义者典型的这种变化。如果说恰茨基和奥涅金之流在耽于幻想的同时，也曾经尝试去实现自己的那些不切实际的想法的话，那么叶戈尔·阿杜耶夫除了是个热烈的浪漫主义者之外，连那些不切实际的幻想都从未有过，更别说去尝试了。因此，这一人物形象，反映了奥勃洛摩夫性格的基本特征，那就是希望逃离现实社会，心甘情愿在碌碌无为中了却此生。这一特征后来在奥勃洛摩夫身上得到更加充分、更加明确的表述，只不过这时还十分模糊和粗略而已。

不可否认，叶戈尔·阿杜耶夫心中偶尔也会产生一种类似忏悔的情感，然而，他的这种忏悔与恰茨基、奥涅金有着本质上的差异，那就是忏悔的做作与世俗。对此，雷巴索夫认为，在《因祸得福》发表之后的数十年里，“俄罗斯文学中出现了一系列所谓‘忏悔的贵族’。不过，冈察洛夫属于现实主义作家之列，他们从来不对这类人物加以任何理想化。我们在奥勃洛摩夫的性格中可以找到非宗教忏悔的情节，不过，小说作者需要这些情节，绝不是为

① Рыбасов А. П. И. А. Гончаров［M］. M.，1957：104.

了唤起对自己主人公的宽恕，而恰恰相反，是为了表现奥勃洛摩夫的这些浪漫主义激情的虚假、伪善和欺骗性”。[①] 由此可以看出，冈察洛夫在《因祸得福》中就已经为奥勃洛摩夫性格中的浪漫主义特质定下了基调。

三、《平凡的故事》：奥勃洛摩夫性格的“诞生之地”

1847 年，冈察洛夫的第一部长篇小说《平凡的故事》发表，别林斯基高度评价了这部作品的社会意义，当时他并未将之视为“纯客观性”的作品，而是将冈察洛夫视为忠于“果戈理”流派的批判现实主义基本原则的作家，将《平凡的故事》看成是 1847 年俄罗斯文坛和自然派的优秀作品之一。

在 19 世纪中期，浪漫主义，准确地说是俄罗斯社会的贵族生活和领地制度是社会进步批判的主要对象。例如，别林斯基在自己的第一篇文学批评文章《文学的幻想》（1834 年）开篇，就与俄罗斯文学中的浪漫主义习气展开了斗争。在别林斯基眼里，专制制度和封建古风的卫道士，迂腐的爱国者，斯拉夫派分子，农奴主和地主，惯于依靠他人劳动无忧无虑生活的少爷和懒汉，所有这些人都拥护矫揉造作的浪漫主义，把浪漫主义看做是吸引俄罗斯社会和俄罗斯人民离开当代社会现实任务的工具。在别林斯基号召俄罗斯文学界揭露和嘲讽“浪漫主义懒汉们”“终日无所事事或胡作非为的空想家们”的时候，他瞄准的恰恰是这些类似亚历山大·阿杜耶夫这样一些奥勃洛摩夫的兄弟们。

亚历山大·阿杜耶夫与 19 世纪 40 年代的自由派浪漫主义者是有很大的区别的，因为在他的性格之中，没有任何对自由主义的探索，也没有自由浪漫主义精神的展示，更没有人文主义的追求。同样，亚历山大·阿杜耶夫与俄罗斯文坛典型的“多余人”形象奥涅金、毕巧林、别里托夫也是有很大区别的。传统上，“多余人”的精神世界要宽广得多，他们常常以自己大胆而崇高的反叛唤起社会觉醒，只不过，他们在生活中无法为自己的精神力量和追求找到用武之地。因此，普希金、莱蒙托夫和赫尔岑通过这些形象告诉我们，“多余人”无法实现自己的人生理想，这不是他们本人的罪过，而是社会环境束缚了他们的手脚。可以说，这是俄罗斯社会的不幸，也是“多余人”们的不幸。

而亚历山大·阿杜耶夫（包括奥勃洛摩夫），都认为自己是伟大的人，自命为具有强烈批判精神的、不平凡的人。他们的人生理想无法实现，主要是

---

① Рыбасов А. П. И. А. Гончаров [M]. M.，1957：105-106.

成长环境和个性决定的，准确地说是俄罗斯民族身上固有的“奥勃洛摩夫性格”决定的。应该说，亚历山大的悲剧，是俄罗斯宗法制制度的悲剧，是俄罗斯贵族教育的失败，当然更是亚历山大们（或者是奥勃洛摩夫们）的不幸。

冈察洛夫作为一个现实主义艺术家，通过批判老爷式游手好闲的、虚伪的浪漫主义，顺应了时代的要求，表达了自己反农奴制的思想倾向。

《平凡的故事》发表时，俄罗斯文坛尚无“奥勃洛摩夫性格”一说，因此别林斯基在分析这部作品时，自然不可能直接论及这一性格类型。但是，在评论家探讨小说主人公——浪漫主义者亚历山大·阿杜耶夫时，依然涉及人物身上的奥勃洛摩夫性格特征。别林斯基写道：

> 因此他们非常富于幻想，或者喜欢独处，或者喜欢待在他们可以与之谈谈自己的感触、情绪和思想的特选的朋友圈子里，尽管他们的思想是那么少，而他们的感触和感情却是那么丰富。概乎言之，他们的心灵机能是得天独厚的，但是这种机能的活动却是纯粹被动的：其中有些人懂得许多东西，可是没有一个人能够干出、创造出什么名堂来。……在他们身上，在所有智慧能力里面，空想和幻想得到强烈的发展，可是这不是诗人可以利用它来创造的那种幻想，而是促使人重视享受生活幸福的幻想，而不愿享受生活的现实的幸福。①

“沉浸于不切实际的幻想”“与现实脱节的思想”“无所事事”，别林斯基在亚历山大·阿杜耶夫身上所看到的这些特征，我们在后来的奥勃洛摩夫、赖斯基那里都可以看到。为了进一步揭示亚历山大性格中的缺陷，别林斯基继续写道：

> 他们有时也去抓抓科学，但是并不持久：这种枯燥乏味的东西，必须花很多精力钻研，做许多工作，对心灵与想象并无什么哺养价值。剩下来还有艺术；但是选择哪一门艺术呢？建筑、雕塑、绘画和音乐，不花上艰苦的与持久的劳动，任何一个天才都不会有什么成就，而且，对于浪漫气质的人尤其糟糕和难受的是：在开头纯然是物质的和机械的劳

① ［俄］В. Г. 别林斯基．文学论文选［M］．满涛，等，译．上海：上海译文出版社，1999：733.

动。剩下来还有诗歌——他们真是竭尽全力扑上去，但是，尽管还没有干出什么眉目来，却已经在他们的幻想里用诗歌荣誉的火焰般的光环装点着自己了。①

读过冈察洛夫长篇小说三部曲的读者，一定会赞同别林斯基的分析。因为无论是《平凡的故事》的主人公亚历山大、《奥勃洛摩夫》的同名主人公，还是《悬崖》中的赖斯基，都曾向往从事科学或者艺术工作，但没有谁能坐得住冷板凳，或者愿意花费毕生精力去从事某项工作。特别是赖斯基，他几乎尝试过别林斯基在上面提到过的全部“事业”，但最后都是浅尝辄止，没有坚持下来。由此可见，别林斯基对亚历山大这一人物形象的分析是十分到位的，而且无意中也为冈察洛夫继续塑造奥勃洛摩夫性格指明了方向。

别林斯基在整体上肯定了《平凡的故事》的文学成就，但他并不赞同长篇小说的结尾。在他看来，小说的结尾破坏了对年轻的阿杜耶夫描写的真实性：“这样的浪漫主义者永远不会成为一个切实有为的人物。作者有权，与其让他到彼得堡去获得有利可图的美差，娶一个有巨大陪嫁的妻子，还不如迫使他隐居在穷乡僻壤，在冷淡和懒惰中度过一生更好。如果作者能使他成为一个神秘主义者，宗教狂、教派信徒，这就更好。然而更加妥当和更加自然的是，作者让他变成，例如，一个斯拉夫派。这样，阿杜耶夫就会依然忠于自己的天性，继续他的旧的生活，同时还想到，他已经不知道前进得多远了，其实，在实际上，他只不过是把他的幻想的旧旗帜移植到新的土壤而已。”②

我们可以看到，别林斯基对冈察洛夫的第一部长篇小说，或者准确地说是对奥勃洛摩夫性格的评价是中肯的：对阿杜耶夫的特别是他们不愿从事实际性劳动的分析、对小说结尾的解读，无不预示了冈察洛夫后两部小说的基本情节与内容，如奥勃洛摩夫的离群索居、赖斯基对艺术的浅尝辄止，都充分说明了别林斯基作为文学批评家和社会政治家的远见。遗憾的是，别林斯基在《平凡的故事》发表的第二年就与世长辞了，而冈察洛夫也并未及时预感到别林斯基的远见卓识，而是直到在1869年发表的《迟做总比不做好》一文中，才肯定了别林斯基对其作品的解读。事实上，冈察洛夫对别林斯基文学评判认识的滞后，恰恰体现了他在社会思想观方面的局限性。

---

① ［俄］B. Г. 别林斯基．文学论文选［M］. 满涛，等，译．上海：上海译文出版社，1999：735.

② ［俄］B. Г. 别林斯基．文学论文选［M］. 满涛，等，译．上海：上海译文出版社，1999：747.

冈察洛夫用“距离说”来解释对自己作品意义认识的局限性和迟缓性。他在《迟做总比不做好》一文中说：“我只有在完成自己的作品，与它们拉开一段距离和相隔一段时间以后，我才完全明白隐藏在其中的意思和意义——思想。我曾白白地等待过，除我之外，会有人读透字里行间隐藏的意思，并且喜爱上这些形象，把它们连接成一个整体，而且会看出，这个整体究竟要说明什么问题。可是这样的事情没有出现。”①

可是，在冈察洛夫眼里，“只有别林斯基能做到这一点，而且会这样做，可他已经不在了”。② 诚然，冈察洛夫的遗憾，的确表达了其与别林斯基相“识”恨晚之意，但时过境迁，这种遗憾又多少带有一丝言不由衷的色彩，因为此时的冈察洛夫正处于被人误解的阶段。毕竟，他与别林斯基在人物的社会意义认识方面相差甚远。

在 19 世纪 40 年代，冈察洛夫的世界观具有某种中庸的特点，他既不同意别林斯基（西欧派代表人物）的观点，也没有“虚情假意地去支持沙皇政府的专横和严厉措施”。③ 这种中庸的观点无疑会影响到冈察洛夫的文学创作。例如，别林斯基就不止一次地提到过，冈察洛夫的艺术风格缺少主观因素，相比之下，他更喜欢果戈理的风格，因为在果戈理的创作中，可以找到深刻的、贯通一切的、人道的主观性，而它使艺术家成为一个具有炽热的心、讨人喜欢的和精神上自私的人；他从中找到了这样的主观性——它不允许他冷漠无情地成为他所描写的世界的旁观者，不过它要强使他透过自己活的灵魂把外部世界的现象表现出来，并通过此使外部世界的现象具有活的灵魂。因此，别林斯基很担心作为艺术家的冈察洛夫的“客观性”会演变成客观主义，所以他想使他的才能具有更多的公民激情。然而，冈察洛夫却认为，自己在文学上同别林斯基小组联合成一体，不过，在很多方面，也恰恰在某些否定的方面，他和别林斯基小组成员相左，不能和他们苟同。冈察洛夫后来也曾提到，要想与别林斯基的小组亲密无间，那就必须要彻底改变观点，他本人虽然在美学观上为了向他们靠拢，已经有了很多改变，但是“在所有其余事情上他忠实于自己教养的原有原则”。而他所提到的“其余事情”大都属于世界观和社会信仰方面的事情，而信仰的差异使得他和其他人无法亲密无

---

① Гончаров И. А. Лучше поздно, чем никогда [A]. Гончаров И. А. Собрание сочинений в 8 томах. Т. 8 [Z]. М., 1980: 102.

② Гончаров И. А. Лучше поздно, чем никогда [A]. Гончаров И. А. Собрание сочинений в 8 томах. Т. 8 [Z]. М., 1980: 102.

③ Рыбасов А. П. И. А. Гончаров [M]. М., 1957: 126.

间。冈察洛夫在《不平凡的故事》中曾提到他与别林斯基在这些方面的差异，他说："比方说，我在很多方面赞成有关农民自由、采取有力措施对社会和百姓进行启蒙教育的想法，关于任何形式的束缚和限制都有害于发展的观点，等等。但是，我从来没有醉心于那些弄得青年人神魂颠倒的理想的平等、博爱等一类乌托邦思想，更不用说当时已经产生的共产主义思想了。我既不相信唯物主义，也不相信人们喜欢从它那里引申出来的一切，而它似乎是人类未来的美好事物。"①

此外，冈察洛夫也不太与其他作家合群，在别人看来甚至有些脾气古怪。A. Я. 帕纳耶娃（A. Я. Панаева）说："许多人不满意冈察洛夫的矜持性格，并归咎于他的冷漠。"② 屠格涅夫曾宣称："冈察洛夫在本质上是个官吏，他的视野局限于微末的利益，他本性缺少任何激情，他完全满足于自己的狭小天地，他对任何社会问题都不感兴趣，为了证明自己政治上的清白，他甚至回避谈论社会问题。"③ 作家冈察洛夫是喜欢孤独的生活，这倒并非是他对生活持某种冷漠的态度，更不是躲避社会问题，而是因为文学创作的需要。创作需要安静的环境，而对于冈察洛夫来说，他只是需要一个像奥勃洛摩夫所期盼的那种安逸的创作环境，而非有意躲避社会热点问题，这一点我们从作家对《奥勃洛摩夫》的"序曲"——《奥勃洛摩夫梦》主题的解释中可以得到说明。

四、《奥勃洛摩夫的梦》：奥勃洛摩夫性格成长的"摇篮"

1849 年 4 月，《奥勃洛摩夫的梦》发表。冈察洛夫曾多次说过，在《奥勃洛摩夫的梦》中，他已经勾画了他长期关注的奥勃洛摩夫性格的主要内容。他认为，奥勃洛摩夫性格是俄罗斯农奴制、宗法制生活的产物，俄罗斯的落后，原因都可以归结到奥勃洛摩夫性格上。而宗法的、因循守旧的、农奴制的奥勃洛摩夫田庄，不仅是"梦、停滞、裹足不前的死寂生活"的化身，也是奥勃洛摩夫性格产生的根源所在。"正是它决定了奥勃洛摩夫性格的'主要成因'，这就是能够催生因循守旧、漠不关心和懒惰无为现象的生活中的原动力（стихии жизни）。"④

通过上面的分析我们可以看出，屠格涅夫关于冈察洛夫"对任何政治问

① Рыбасов А. П. И. А. Гончаров［M］. M.，1957：126.

② Панаева А. Я. Воспоминания（1824—1870）［Z］. M.，1956：168.

③ Рыбасов А. П. И. А. Гончаров［M］. M.，1957：128.

④ Рыбасов А. П. И. А. Гончаров［M］. M.，1957：150-151.

题都不感兴趣”的指责是不公正的。虽然，冈察洛夫对社会问题的兴趣点与其他革命民主主义派作家有所不同，但这并未意味着他有意躲避社会中的重大问题。不过，这里需要指出，冈察洛夫笔下的奥勃洛摩夫性格，既有社会方面的因素，同时也有民族性格方面的成分。也就是说，奥勃洛摩夫是俄罗斯社会现象和民族性格的结合体。例如，俄罗斯美学批评代表人物德鲁日宁就倾向于将奥勃洛摩夫性格视为俄罗斯民族性格的一部分。

1849 年 6 月，冈察洛夫启程回故乡辛比尔斯克省亲。此时的冈察洛夫，不仅凭借《平凡的故事》享誉俄罗斯文坛，而且在故乡也是声名鹊起。用我们今天的话来说，冈察洛夫的此次省亲可以用“荣归故里”来形容。固然，能回到阔别 14 年的故乡，见到久别的亲人，是件令人欣慰的事情。他享受到了短暂的家庭团聚的欢乐，但是，社会和民族中的“奥勃洛摩夫性格”始终折磨着冈察洛夫的神经。

回乡途中，冈察洛夫途径莫斯科，往昔生气勃勃、诗意极浓的莫斯科，此时在作家眼里是这样一幅景象：“我怎么给你们描写莫斯科呢？她，我的老母亲，静静地在那打着瞌睡。几乎一动不动。”① 而且，莫斯科的空气似乎也处于昏睡之中，显得无精打采。

1849 年 7 月 13 日，在给 В. Н. 迈科夫夫妇的信中，冈察洛夫先是回忆了返乡的短暂快乐，然后写道：“我还好，而往后将是什么，是无处不在的长鞭子——无聊（скука）——开始显示自己的威力，在这里追赶着我：我往何处藏身呢？真有了无聊的预感。噢，上帝，上帝啊！救救我吧，宽恕我吧。”然而，回彼得堡的想法也没有唤起作家的特别欢快的情绪，他说：“我不愿去想，要回到那里去，又要开始步行上班，还要应付日常的苦闷（тоска）和懒惰（лень）。这里的懒惰和彼得堡的懒惰有什么差别……”② 作家就是在这封信中，将“苦闷”比喻为自己“永恒的敌人”。

1849 年 8 月 20 日，冈察洛夫在给 Ю. Д. 叶弗列莫娃（Ю. Д. Ефремова）的信中又谈到了这种感觉，他写道：“我真的感觉到在头顶上我的永恒的长鞭子——无聊——的响声：你只要一看它，它定会呼呼作响。”③ 可是，该怎么办呢？此时的冈察洛夫，似乎并未找到摆脱无聊的途径。

---

① Гончаров И. А. Письма // Гончаров И. А. Собрание сочинений в 8 томах. Т. 8 [Z]. М., 1980: 197.

② Гончаров И. А. Письма // Гончаров И. А. Собрание сочинений в 8 томах. Т. 8 [Z]. М., 1980: 199.

③ Рыбасов А. П. И. А. Гончаров [M]. М., 1957: 160.

从冈察洛夫给朋友的信中我们可以解读这样一些信息，“无聊”（скука）、“苦闷”（тоска）、“懒惰”（лень）应该是其精神状态的主要特征或者表现。事实上，这些心理表现也是奥勃洛摩夫性格的主要特征，文学上取得巨大成就的冈察洛夫为何在此时此地出现这样的精神危机呢？关于这一问题，我们可以从雷巴索夫的《冈察洛夫传》中找到答案。

19世纪40年代末期的冈察洛夫，作为一个小小的公务员，只能靠微薄的薪水维持自己的生活。但是，作为一名作家，且成长于外省贵族生活圈的他，又不得不经常出入诸如迈科夫家庭这样的贵族圈子和文艺沙龙。社会地位等同于普通的平民知识分子的冈察洛夫，身处上层社会之中，却又不得不遵守贵族阶层的传统礼节，其中的落差多少会让冈察洛夫的内心感到有些痛苦。可以这样说，此时的冈察洛夫对自己的生活境况是不满意的。也正因为如此，冈察洛夫在贵族圈子里给人的感觉是矜持、内向，还显得有些过分的庄重，以至于大家给他取了个“懒汉”的外号。按照雷巴索夫的说法，“看来当时在他的性格里已经出现了后来某些人认为的奥勃洛摩夫的特征——外表冷漠、不愿动”。① 虽然雷巴索夫用冈察洛夫的好友柯尼的回忆录有意绕过了这一点，但俄罗斯文学界依然有很多人将冈察洛夫与奥勃洛摩夫的形象联系起来。例如，米尔斯基在其《俄国文学史》是这样描述冈察洛夫与奥勃洛摩夫之间的关系的。米尔斯基说：“他钟爱其悠闲，眷恋其习惯，与其小说主人公奥勃洛莫夫有诸多相似。”②

当然，冈察洛夫在19世纪40年代末的心理状态与俄罗斯当时的社会环境也有着重要的联系。对于这一时期的俄罗斯社会现状，冈察洛夫在一篇文章中写道：“年轻的一代没有赶上和没有看到过去的生活方式和旧日的生活，因此不了解旧日的苦难，不了解它称之为无望的烦恼——‘不满’，而从这烦恼中又遇见不到出路。”③ 我们认为，冈察洛夫的这一段表白，十分清楚地表达了他作为时代年轻人感到的困惑，就像奥涅金、毕巧林、别里托夫一样，在新旧时代交替时期，无法找到摆脱困惑的出口。可以想象，这对于长期思考俄罗斯社会现实问题——奥勃洛摩夫性格形成原因的冈察洛夫来说，又何尝不是如此？

在文学创作上，冈察洛夫属于“慢热型”作家，用“十年磨一剑”来形

---

① Рыбасов А. П. И. А. Гончаров [M]. M.，1957：159.

② [俄] Д. С. 米尔斯基. 俄国文学史（上卷）[M]. 刘文飞，译. 北京：人民出版社，2013：247.

③ Рыбасов А. П. И. А. Гончаров [M]. M.，1957：159.

容一点都不为过，其中《悬崖》创作过程长达 20 年。由于创作时间拉得过长，而社会变化太快，作家有时不免有跟不上时代的失落感。1849 年，俄罗斯沙皇政府加大了对国内一切进步力量的压制，所有进步刊物都遭到了迫害。4 月，《奥勃洛摩夫的梦》发表，这是一部带有强烈的反农奴制色彩的特写，受到了以布尔加林为代表的书刊检察机关的注意。冈察洛夫之所以发表《奥勃洛摩夫的梦》，应该是将其作为创作构思反农奴制小说的“投石问路”之作。然而，在强大的社会专制政权面前，谨小慎微的个性、小公务员的身份、对社会斗争的漠不关心，以及他目前所处的经济状况，决定了冈察洛夫不可能继续按照原来的构思，准确地说是按照《奥勃洛摩夫的梦》的主题继续创作下去。应该说，这种状况是即将步入而立之年的冈察洛夫始料未及的。因此，冈察洛夫在故乡写给好友的信件中，字里行间流露出的尽是“无聊”、“苦闷”和“懒惰”情绪。当然，根据雷巴索夫的研究，冈察洛夫在这一期间的感情生活很不顺利，这在某种程度上也导致了他生发了对现实生活的不满情绪。

1849 年 9 月 25 日，冈察洛夫在给 A. A. 克拉耶夫斯基（A. A. Краевский）的信中痛苦地说：“来到这里后，我以为，无人打扰和空余时间可以给我机会继续创作那部已经开了头，你也熟悉的作品。真要如此，也许，可以继续写下去。可是，当我仔细阅读我写的东西时，我发现，这一切都到了极限，我写的也不对路，一部分需要修改，另一部分要删掉，一句话，这部作品毫无用处。”① 处于烦恼中的冈察洛夫似乎很难找到创作上的出路，改弦易辙也许不失为一种比较好的创作上的折中办法。当然，此时的冈察洛夫正处于彷徨阶段，是无法意识到自己的这一转变的。

但是，关于这一转变，我们可以在冈察洛夫的《迟做总比不做好》中找到一些解释。1869 年 11 月，冈察洛夫是这样回忆在辛比尔斯克的作品创作的：

> 我旧日的熟人成群结队地向我涌来，我看到了尚未消失的传统的风尚，同时也看到了新的萌芽，新和旧的混合物。花园、伏尔加河、伏尔加河畔的悬崖、故乡的空气、童年的回忆——这一切都深深地印入我的脑海，几乎使我完不成《奥勃洛摩夫》，这部小说我已经写完第一部，其余的还只是腹稿。我离开这里时有了一部新的小说，他在我的头脑中，

① Гончаров И. А. Письма // Гончаров И. А. Собрание сочинений в 8 томах. Т. 8 [Z]. М., 1980: 201.

在随意写在纸片上的提纲中，随我周游世界，随便遇到什么人，我都要和他谈起，大声朗读给他听，我为自己储存的东西而兴奋。①

如果仔细分析冈察洛夫写于 20 年后的这段话，我们可以得出以下几个方面的结论。

我们从冈察洛夫给好友的信件中可以得知，回到阔别 14 年的故乡，冈察洛夫除了享受到家庭温情之外，更多的是“苦闷”和“无聊”。可从上面引文中给我们的感觉并非如此，作家似乎一反《奥勃洛摩夫的梦》中的反农奴制主题，将孕育了奥勃洛摩夫性格的生活环境因素“旧日的熟人”“传统的风尚”“花园”“伏尔加河”“伏尔加河畔的悬崖”“故乡的空气”“童年的回忆”视为值得珍视的故土情结，这些东西让他兴奋、欣喜，以至于影响到其完成《奥勃洛摩夫》，那他反复提及的“苦闷”和“无聊”又从何而来？

事实上，虽然《悬崖》招致了俄罗斯文学批评界的众多批评，但其对俄罗斯宗法制生活的描写还是得到了一些人的肯定。例如米尔斯基就认为，“可以说，《悬崖》中的一切均不成功，构成例外的只有以作者童年回忆为基础勾勒出的那幅宗法制的、专断却又善良的祖母形象以及她的生活场景，她住在伏尔加岸边‘悬崖’上方的一座城市里，在近乎乡村的阔大庄园中过着既阔绰又节俭的生活”。② 由此可见，回乡省亲期间的冈察洛夫已经下定决心调整《奥勃洛摩夫的梦》的艺术构思，将反农奴制的期望值调低，以顺应当时俄罗斯沙皇政府的文化高压政策。

关于这一点，我们可以从冈察洛夫 1888 年 10 月 27 日写给 B. B. 斯塔索夫（B. B. Стасов）的信中找到根据。他说，《奥勃洛摩夫》构思于 1846 年，但是“整个构思，当然，在出版时发生了根本性的改变，你从文本无数次修订和更改中可以看到这一点”。③

笔者认为，这样的“改弦易辙”对于身为作家的冈察洛夫来说是痛苦的，而这，也许就是他“无聊”、“苦闷”和“懒惰”的根源所在。同时，这也是《奥勃洛摩夫》的写作进展缓慢，困难重重的主要原因。这也使得冈察洛夫忧

① Гончаров И. А. Лучше поздно，чем никогда ［A］. Гончаров И. А. Собрание сочинений в 8 томах. Т. 8 ［Z］. М.，1980：106.

② ［俄］Д. С. 米尔斯基 . 俄国文学史（上卷）［M］. 刘文飞，译 . 北京：人民出版社，2013：249.

③ Гончаров И. А. Письма // Гончаров И. А. Собрание сочинений в 8 томах. Т. 8 ［Z］. М.，1980：485.

心忡忡，以至于他怀疑自己丧失了任何写作能力。

不过，这里需要指出的是，尽管冈察洛夫调整了《奥勃洛摩夫》既定的创作计划和作品主题，但他始终没有放弃过对奥勃洛摩夫性格的关注。哪怕是在环球旅行期间，他都没有忘记过自己的这一使命。

按照雷巴索夫的说法，“向往鼓舞人心的创造性劳动，‘认识到在白白地消磨精力和才能’，渴望改变环境和以新奇的印象充实自己——这些就是冈察洛夫 1852 年决定搭乘‘巴拉达号’三桅战舰进行环球旅行的主要原因”。[①]

但我们认为，冈察洛夫和当时许多俄罗斯知识分子一样，敏锐地感觉到，在 19 世纪中期的俄罗斯，进步作家正逐渐失去赖以生存的土壤，因此按《奥勃洛摩夫的梦》的主题继续创作《奥勃洛摩夫》几乎没有可能。而塑造奥勃洛摩夫性格是冈察洛夫毕生追求的目标，如果能有机会到国外走走，也许可以为继续自己的创作找到更好的途径。同时，再加上感情生活的不顺利，以及年轻时对海上生活的向往，他便决定参加俄罗斯海军的环球旅行。

第三节　从《巴拉达号三桅战舰》到《悬崖》：奥勃洛摩夫性格的定型

1852 年 10 月至 1855 年 2 月的环球旅行是冈察洛夫生活与创作中的插曲，在他搭乘战舰“巴拉达号”环球旅行期间，冈察洛夫以一个俄罗斯现实主义作家敏锐的目光审视旅行途中所看到的一切，并将所见所闻所想通过游记《巴拉达号三桅战舰》展现在世人面前。在这部游记中，冈察洛夫以细腻的笔触，以兼容普希金、果戈理传统于一身的独特风格，创造并形成了自己游记的新格调，那就是在描写旅途中的喜怒哀乐、异国风情时，始终站在一个俄罗斯作家和俄罗斯思想家的角度反思自己的祖国。其中，对奥勃洛摩夫性格的反思就是其中的一项重要内容。就这样，《奥勃洛摩夫》的构思也随着作家漂洋过海，伴随着旅途见闻的不断丰富，这部作品的构思也逐步变得明朗、清晰。

一、《巴拉达号三桅战舰》：奥勃洛摩夫性格在“异乡”

评论界曾多次指出，尽管冈察洛夫的游记《巴拉达号三桅战舰》描写的

---

① Рыбасов А. П. И. А. Гончаров [М]. М., 1957: 173.

是环球旅行期间的所见所闻，但游记依然是一部有着统一主题和整体性的文学作品。其原因十分简单，游记的作者是一位文学家。1978 年版《巴拉达号三桅战舰》注释人 К. И. 久尼金（К. И. Тюнькин）认为，“未来《旅行札记》的构想、艺术目的，从一开始，也就是从冈察洛夫决定动身参加环球旅行的那一刻，就决定了的（也许，他决定这样做，目的就是为了实现自己的艺术构想）”。而“《旅行札记》的思想是从另外一个构思，即那部关于奥勃洛摩夫和‘奥勃洛摩夫性格’的长篇小说的构思中衍生出来的，后者是冈察洛夫全部创作的中心之作。所以冈察洛夫生平中的重要事件——环球旅行——实际上就是这部著名长篇小说创作史中的一个阶段”。①

为了说明自己的观点，久尼金引用了冈察洛夫写给 В. В. 斯塔索夫（В. В. Стасов）的信中的一段话：“写完第一部分后，我将它丢在一边，直到 1857 年都没去碰它。在此期间，我环游了世界，当时我将《奥勃洛摩夫》的第一部分随身带着，但我并未写，而是在脑海中对它进行加工，并同时构思我的另外一部长篇小说，这就是《悬崖》，我的这部作品于 1849 年在伏尔加出生，当时我正在那里度夏。”②

这里有一个疑问，冈察洛夫为何放下已经完成了第一部分的《奥勃洛摩夫》的写作（其中《奥勃洛摩夫梦》已经获得巨大成功），而是将创作重心放到游记和《悬崖》的创作上？

实际上，冈察洛夫并未放弃原先的计划，他全身心投入游记的创作，其实是在化解《奥勃洛摩夫》创作中碰到的困难，用游记来为自己的创作上的改弦易辙进行试验。这样，他既继续了自己长期关注的奥勃洛摩夫性格之主题，同时又给了自己缓冲创作不利条件的时间。事实上，他的尝试是成功的，其游记（《巴拉达号三桅战舰》中的内容于 1855 年以信件的形式陆续在俄罗斯发表，1858 年出版了单行本）因为贯穿了奥勃洛摩夫性格的主题而得到了社会和文学评论界的一致好评。1856 年 1 月，作家冈察洛夫顺利成为了俄罗斯沙皇政府的文学首席书刊检察官。笔者在这里很愿意做一个大胆的猜想：假使冈察洛夫继续沿着《奥勃洛摩夫的梦》中的构思对俄罗斯农奴制进行无情的揭示，假使他没有写作出像《巴拉达号三桅战舰》那样一部具有较浓厚爱国主义精神的游记，如果再加上他没有“出色地完成既定的公务”，环球旅

① Гончаров И. А. Письма // Гончаров И. А. Собрание сочинений в 8 томах. Т. 8 [Z]. М.，1980：504.

② Гончаров И. А. Письма // Гончаров И. А. Собрание сочинений в 8 томах. Т. 8 [Z]. М.，1980：485.

行回国的冈察洛夫也许依然是财政部外贸司的一位小公务员而已。而冈察洛夫正是在俄罗斯沙皇政府的文学首席书刊检察官这个岗位上工作，受到了杜勃罗留波夫、涅克拉索夫、屠格涅夫、赫尔岑等众多进步作家的嘲讽和攻击。

但猜想归猜想，冈察洛夫的环球旅行为我们呈现了一个不同于早期构思的奥勃洛摩夫，从文学创作的角度来看，这也许是俄罗斯文学中的一件幸事。因为，奥勃洛摩夫随着他的主人在环球旅行之后，的确带有了某些普世的特征，同时又未失俄罗斯民族的根本特性。

在环球旅行期间，冈察洛夫的头脑装着奥勃洛摩夫及奥勃洛摩夫性格。在旅行过程中，他看见、观察、了解了很多东西，但奥勃洛摩夫性格依然影响着他的感受。为此，冈察洛夫写道："旅游的必然结果，其实就是把他国同俄罗斯进行比较，我们已经在自己的土地上深深地扎根，因此不论我到什么地方，呆上多久，我的脚上总是脱不了故乡奥勃洛摩夫卡的泥土，这泥土用多少海水也冲不掉。"①

由此可见，奥勃洛摩夫的形象一直萦绕在冈察洛夫的心头。

在起航之初，冈察洛夫是这样确定已经动笔的《奥勃洛摩夫》与尚未动笔的《旅途特写》之间的关系："我有信心在某个时候以"奥勃洛摩夫的旅行"为题写出一章来，我要在这一章极力表现的是：亲自爬到箱子里去，了解哪些东西放在哪里，照顾行李，而且思念俄罗斯母亲时每小时要经历十次绝望，还要照顾菲利普等等对于一个俄罗斯人来说意味着什么。这一切发生在我和大家身上，我有时在想，谁都不可能在这种困境中有所作为。"②

从这里我们也可以看出，冈察洛夫不仅将自己比作奥勃洛摩夫，而且将"嫌麻烦"视为俄罗斯人固有的性格特征。冈察洛夫在这里的确有自嘲的意味，但作为一名出身于俄罗斯这一特定的民族、社会和文化环境的俄罗斯旅行者，身上具有这样的特征也并不奇怪。毕竟，环球航海旅行前的冈察洛夫过的是养尊处优式的贵族生活，他是不用为这些事情操心的。按照冈察洛夫的构思，上述特征在自身或者奥勃洛摩夫身上都不同程度地存在着，而这种特征，其实就是传统的、十分顽固和"奥勃洛摩夫式"的文化类型的象征和产物。可以说，这种性格既是冈察洛夫本人性格的体现，同时也是他认识社会生活的手段之一。

---

① Гончаров И. А. Фрегат "Паллада" // Гончаров И. А. Собрание сочинений в 8 томах. Т. 2 [Z]. М., 1978: 70.

② Гончаров И. А. Письма // Гончаров И. А. Собрание сочинений в 8 томах. Т. 8 [Z]. М., 1980: 485.

冈察洛夫在谈论海上生活时的艰难时，将这种生活与陆地上的不幸生活进行了比较："接踵而来的将是海上航行的颠沛流离和惊恐不安。它们会使我望而却步吗？难道陆地上就没有危险，或者危险更少吗？果真如此，陆地上的人为什么还会怨声沸腾，牢骚满腹呢？是的，那里确实没有触礁沉船的灾难和狂风巨浪的颠簸，可是在同'亲人'接触时，在那些明争暗斗的角逐场里，会有多少烦恼使你天天如坐针毡呢？生活啊，它对谁，在什么地方曾经善良宽厚过?!"① 他在给朋友的一封信中写道："我求求您以后别再提这些了。我真的想把彼得堡社交界的种种嘴脸，干干净净地忘掉。我离开那里的部分原因，就是想摆脱那种单调无味的生活，谁知这种生活却像影子一样，时时跟着我。"②如果我们将冈察洛夫的这段感慨与奥勃洛摩夫在沙发上接见来访朋友所发表的不满进行比较的话，我们可以看出，奥勃洛摩夫与他的塑造者在很多地方有着共同的见解。

冈察洛夫在写到自己的勤务兵法捷耶夫时，也不忘在他身上贴上了奥勃洛摩夫性格的标签。面对勤务兵常有的冷漠表情，冈察洛夫写道：

> 这就是平常所说的冷漠，是不折不扣意义上的冷漠。他，这位法捷耶夫——还有那些成千上万的法捷耶夫们——总是以这种冷漠的表情看待新到的美丽河岸、陌生的森林和人群。总而言之，无论什么事都不会搅动他的恬淡寡欲，只有一件事情可以打破这份闲散，那就是让他恪尽职守——去上班，或者去牺牲，如果有这个需要的话。我稍微看一眼就可以断定，这种冷漠——就是恬淡寡欲或者安闲自得的孪生兄弟，另一个法捷耶夫一定也是这种表情，只不过他在岸上，攀着绳索，腰里别着斧头，爬到教堂尖顶上去做事，或者手持画笔，坐在用绳子固定的小木板上，晃晃荡荡地，吊在四层楼的高空画画，绳子在晃动，他有时背朝马路，有时背朝房屋。请您注意一下他的脸：他有危险感吗？没有。他只注意一件事：当绳子晃动时用脚抵住墙角，以免磕着膝盖。在他下面还有第三个法捷耶夫，他手里拽着绳子，并不关心上面的人怎么样了：

---

① Гончаров И. А. Фрегат "Паллада" // Гончаров И. А. Собрание сочинений в 8 томах. Т. 2 [Z]. М., 1978: 39.

② Гончаров И. А. Фрегат "Паллада" // Гончаров И. А. Собрание сочинений в 8 томах. Т. 2 [Z]. М., 1978: 41.

他一直打着哈欠，只顾自己，还在那里东张西望。①

从上面这段描写我们可以看出，这个代表着成千上万个俄罗斯人的“法捷耶夫”，其固有的特征是对一切都“漠不关心”，不愿从事实际工作、工作时无精打采、喜欢过平静的生活，而这些，恰恰是奥勃洛摩夫最主要的特征。

当巴拉达号驶抵马德拉岛附近时，冈察洛夫想起了俄罗斯作家鲍特金曾经待过的地方。他写道：“或者到格列纳达去一趟也行，享乐至上的伊壁鸠鲁主义者鲍特金就是在那里实现了一次聪明和优雅的旅行，他在那里尽情享受了西班牙的蓝天、空气、美女和橙子的甜美，——要是能到那里去生活一段时间，在夹竹桃和白杨树的庇荫下躺一躺，将俄罗斯的慵懒和西班牙的闲散结合在一起，看看到底会发生什么。”②

这是冈察洛夫海上航行最为艰难时所发表的一段感想，在这里，我感觉作者本人几乎就是奥勃洛摩夫附体，因为我们在《奥勃洛摩夫》中可以经常见到奥勃洛摩夫的遐想：阳光、沙滩、美女，还有他最喜欢的闲散生活。因此，从这里我们也可以看出，《奥勃洛摩夫》的创作者同他笔下的主人公一样，对这种悠闲、惬意的生活有着同样的期盼。

1853 年 2 月，巴拉达号抵达佛得角群岛，在对岸边的小城街道进行描写时，冈察洛夫将这里与俄罗斯的小县城进行了比较。“街道的景象同我国夏季的外省县城极其相似。在烈日当空酷热难耐的正午，难得看到一个成年人，只有几个光着头的小孩，若无其事地在街上奔跑，他们的喧闹打破了这里的寂静。其他一切都在昏睡或者干脆在偷懒。偶尔有一张表情呆滞的脸从窗口探出来瞧瞧，马上就缩到窗户后面去了。”③

可以毫不夸张地说，这里所描写的非洲小国城市（其实也是俄罗斯县城）景象，在冈察洛夫的长篇小说三部曲中是十分常见和经典的场景。一般来说，小说主人公在失意时回到故乡后，其眼中的故乡基本上就是这一幅景象，相信那些对熟悉冈察洛夫小说的读者，对此情此景一定不会觉得陌生。

冈察洛夫在给朋友的信中抱怨说：“我接连从一个地方给您写信，我想您

---

① Гончаров И. А. Фрегат “Паллада” // Гончаров И. А. Собрание сочинений в 8 томах. Т. 2 [Z]. М.，1978：82.

② Гончаров И. А. Фрегат “Паллада” // Гончаров И. А. Собрание сочинений в 8 томах. Т. 2 [Z]. М.，1978：88.

③ Гончаров И. А. Фрегат “Паллада” // Гончаров И. А. Собрание сочинений в 8 томах. Т. 2 [Z]. М.，1978：114.

会觉得枯燥的。有什么办法！我是命中注定，不仅自己成为懒人，而且凡是同我接触的，都会染上懒惰习气。懒惰，毒化着周围的气氛，使事情停滞不前。”① 对于这种习气，刚刚参加远航不久的冈察洛夫直接认为，巴拉达号上的生活，其实就是俄罗斯社会的缩影。他说：“我现在简直不敢说我们在英国了，我们一直待在三桅战舰上，我们有五百个人，这是俄罗斯一隅。”②

为了进一步描写“俄罗斯的一隅”，冈察洛夫在游记中刻画了一个具有实干精神的奥勃洛摩夫的形象（实际上这是奥勃洛摩夫和施托尔茨的合体）：“我看到，在远离此地的故乡，有一间宽敞的房间。房间里有一个人，身下垫着三层羽毛褥子，正在酣然大睡。他双手扯着被角，蒙头大睡，但是无孔不入的苍蝇，却成堆成堆地停在他的腮边、颈间。”③ 而且他也有一个为他穿袜子、洗脸的仆人。（读过《奥勃洛摩夫》的读者都可以想象得到，这里描写的就是奥勃洛摩夫。）可是，这个“奥勃洛摩夫”却是一个精明的实业家，以至于他的仆人不得不说：“这哪是老爷，记性比庄稼人都好！看人家邻村的老爷，什么都记不清……”④ 所以这个“奥勃洛摩夫”马上变成了施托尔茨，他带他的客人“去的地方是谷场、田地、磨坊和草场。漫游的距离相当于三个英国城区，外加交易所。主人的足迹踏遍各个角落。虽然庄稼才刚刚破土，可是他已经在盘算秋后的收入了，该给近卫军里的儿子寄去多少，该给在女子学院读书的女儿付出多少学费，等等”。⑤ 可当作家赋予这个“奥勃洛摩夫”以务实的实干精神的同时，并没有将他理想化，而是将他在环球旅行中所看到的资本主义社会的冷漠和无情加以表现：“不论是懒惰还是繁忙，没有谁会想到穷苦人，想到慈善事业，也没有谁具备对别人关怀备至的热心肠……”⑥ 我们从冈察洛夫这段话中可以看出，这个“奥勃洛摩夫”自然无法成为其理想人物的代表者。

---

① Гончаров И. А. Фрегат “Паллада” // Гончаров И. А. Собрание сочинений в 8 томах. Т. 2 [Z]. М., 1978: 57.

② Гончаров И. А. Фрегат “Паллада” // Гончаров И. А. Собрание сочинений в 8 томах. Т. 2 [Z]. М., 1978: 58.

③ Гончаров И. А. Фрегат “Паллада” // Гончаров И. А. Собрание сочинений в 8 томах. Т. 2 [Z]. М., 1978: 65.

④ Гончаров И. А. Фрегат “Паллада” // Гончаров И. А. Собрание сочинений в 8 томах. Т. 2 [Z]. М., 1978: 67.

⑤ Гончаров И. А. Фрегат “Паллада” // Гончаров И. А. Собрание сочинений в 8 томах. Т. 2 [Z]. М., 1978: 68.

⑥ Гончаров И. А. Фрегат “Паллада” // Гончаров И. А. Собрание сочинений в 8 томах. Т. 2 [Z]. М., 1978: 68.

1854 年 8 月底，冈察洛夫完成海上航行，从阿扬港登陆，准备横穿西伯利亚，回到彼得堡。在经历了近两年的海上漂泊生活后，此时的冈察洛夫的心情是愉快的。作家将西伯利亚那些农民开垦原始荒地、开发广阔边疆自然资源的顽强劳动称为丰功伟绩。在冈察洛夫看来，西伯利亚农民在发展农牧业上之所以取得成功，是因为“西伯利亚从未有过地主，看不到农奴制的痕迹。这是西伯利亚风貌最显著的特点”。① 在整个西伯利亚期间，作家长期关注的奥勃洛摩夫的形象逐渐消失，满眼所见的是能改变俄罗斯落后状态的“英雄”，他似乎在这里找到了寻觅已久的理想人物。

> 尽管冬季漫长，奇寒难耐，可这偏僻之地的生活却照常进行。我现在是一种化学反应和历史演变过程的目击者了。通过这个过程，荒原正在变作闹区，野蛮人正在开化，宗教和文明正在同愚昧搏斗，唤醒生命的活力。土壤本身正在改变，奇寒正在缓解，大地正在释放温暖和培育植物……人们会问，谁是这里水陆的泰坦神？谁在改变这里的土壤和气候？泰坦神极多，不胜枚举，大家都参与其事了。参与这一大实验的有贵族、神职人员、商人、移民，——人人都在从事劳动，不倦地工作。有朝一日，这片曾经荒凉黑暗、湮没无闻的土地，将会变为丰产、开化、人烟稠密的新区，屹立在目瞪口呆的人类面前。到了它有权要求公认和平等权利的时候，历史将要回过头来追溯根源：是谁建造了这座大厦。当然，它不会得到详尽的答案，如同是谁在沙漠中建造了金字塔，至今仍得不到答案一样。但历史将会告知后人，正是那些在世界的一个角落里呼吁取缔贩运黑奴，在另一个角落里教导阿留申人和虾夷人生活和祈祷的人们，缔造、设计了西伯利亚，正是他们使西伯利亚获得了人烟和文明。现在他们正要把造物主遗失的一颗种子，培育成丰硕的果实，归还给造物主。②

在看到雅库茨克省的雅库特人对西伯利亚的开发成果之后，冈察洛夫一改往日对俄罗斯的消极态度，对当地人的劳动大加赞叹。他写道：

---

① Гончаров И. А. Фрегат “Паллада” // Гончаров И. А. Собрание сочинений в 8 томах. Т. 2 [Z]. М.，1978：414.

② Гончаров И. А. Фрегат “Паллада” // Гончаров И. А. Собрание сочинений в 8 томах. Т. 2 [Z]. М.，1978：381.

有谁能够想到，他们那朴实无华、表面似乎异常平静的生活，比起任何航行途中的动荡和艰辛，都毫不逊色呢？我看到，他们的生活绝不是静止不动和了无生气的，全然不似普通的外省生活；我看到，在本地的各类活动中，有大量的功绩未被发现。换了别的地方，早该连篇累牍，大造舆论了，可这里却谦逊地缄口不语。①

为了印证自己的观感，冈察洛夫写到了这里的传教士如何克服艰难险阻深入西伯利亚腹地进行传教，他们如何帮助雅库特人编写语法、编制字典以帮助他们学习读写，他们如何将圣经翻译成雅库特语和通古斯语。此外，冈察洛夫还写到一些普通俄罗斯人的探险，他写道：

您已经知道，过去和现在都有人接近过北极，在北冰洋和北美洲沿岸航行过，深入过无人区，忍饥挨饿，喝靴筒里的积水解渴，同野兽与大自然进行殊死搏斗。这些人都是英雄，他们的名字不仅为我们所熟知，而且后代也将铭刻在心。②

途经伊尔库茨克时，冈察洛夫在这里感受到了俄罗斯繁荣的景象，但远在西伯利亚的他，感受到的却是另外一种风韵。

谢天谢地！一切都变得像俄罗斯景象了：出现了一些孤零零的村镇、小村落，勒拿河河道弯曲多变，驿夫们为了不绕远道，常常取直路穿过河谷和偏僻的小村落，这在当地称之为小村镇。村子里，农家马匹自由自在地散步。它们或者同我们的马互鸣致意，或者听到铃声惊得四散奔逃。黄色的猪仔也跟着一起逃命。麻雀、乌鸦飞来飞去，公鸡连连打鸣，顽童们吹着口哨，朝着过路的三马雪橇挥手致意。家家房上炊烟袅袅。祖国的炊烟啊！一片熟悉的俄罗斯景象！缺少的只是地主庄园、仆人、开着的百叶窗和睡眼惺忪的地主老爷。③

---

① Гончаров И. А. Фрегат "Паллада" // Гончаров И. А. Собрание сочинений в 8 томах. Т. 2 [Z]. М.，1978：389-390.

② Гончаров И. А. Фрегат "Паллада" // Гончаров И. А. Собрание сочинений в 8 томах. Т. 2 [Z]. М.，1978：394.

③ Гончаров И. А. Фрегат "Паллада" // Гончаров И. А. Собрание сочинений в 8 томах. Т. 2 [Z]. М.，1978：414.

通过上面的文字我们可以看出，环球旅行初期的冈察洛夫对奥勃洛摩夫性格是十分关注的，而且，在当时有些过分夸大了这一性格的消极面。西伯利亚之行，在某种程度上促使作家关注奥勃洛摩夫的拯救者施托尔茨，而像施托尔茨这些人，就是西伯利亚的开发者，俄罗斯的无名英雄。

如果说冈察洛夫的第一部长篇小说《平凡的故事》的结尾贯穿着怀疑主义的话，那么《巴拉达号三桅战舰》的结尾则相反，洋溢着乐观主义的热情。作家对西伯利亚的描写仿佛让人觉得他已经找到了走出生活的死胡同、揭示并消除俄罗斯奥勃洛摩夫性格的通道。而这一切，在《奥勃洛摩夫》中得到了真实再现。

二、《奥勃洛摩夫》：奥勃洛摩夫性格的"成年之地"

冈察洛夫于 1855 年 2 月 13 日回到彼得堡，11 月底，在好友 A. B. 尼基坚科的推荐下，他担任了俄罗斯文学首席书刊检察官。这一职务对于冈察洛夫来说是一份薪水不高但却十分痛苦的差事，这不仅损害其作为进步作家的名誉，而且"在不满三年的时间里共审阅了三万八千二百四十八页手稿和三千三百六十九个印张。此外，他还写了大量的各种书刊检查意见……"[①]这些数据表明，书刊检察官的差事消耗了作家的创作精力，进而严重耽误了《奥勃洛摩夫》的写作。

据冈察洛夫回忆，长篇小说《奥勃洛摩夫》的创作始于 1846 年，当时他完成了《平凡的故事》的写作并交稿给《现代人》杂志编辑部。其中《奥勃洛摩夫的梦》于 1849 年发表，之后，作家完成了小说的第一部分。应该说，在写作《奥勃洛摩夫》的过程中，除了期间的环球旅行之外，冈察洛夫经历了众多写作上的困难。按照冈察洛夫的说法，"在 1857 年，当时我来到了马利恩巴特的矿泉疗养地，我在那里待了差不多两个月，不合常理的是，我居然一口气写完了《奥勃洛摩夫》的第二、三、四部分，只有最后几章是冬天在彼得堡完成的。——这就是《奥勃洛摩夫》创作的整个过程"。[②] 不过，冈察洛夫在向好友斯塔索夫谈到《奥勃洛摩夫》的写作过程时指出，除《奥勃洛摩夫的梦》之外的整个构思，出版时与之前的构思相比发生了根本性的改变。这种改变，也反映了作家刻画奥勃洛摩夫性格的举棋不定。

---

① Рыбасов А. П. И. А. Гончаров [M]. M.，1957：213.

② Гончаров И. А. Письма // Гончаров И. А. Собрание сочинений в 8 томах. Т. 8 [Z]. M.，1980：485.

俗话说，十年磨一剑，《奥勃洛摩夫》从构思到付梓经过了整整十年。对于几乎处于“难产”境地中的《奥勃洛摩夫》，为何在短短的半年时间里“呱呱落地”？我们认为，其中的原因主要有以下几点：

首先，1856 年 2 月，俄罗斯在克里米亚战争中失败，之后俄罗斯农奴反抗运动一年比一年高涨，这使得当时在位的俄罗斯沙皇亚历山大二世认识到，俄军在此次战争中所暴露的问题，实质上是俄罗斯工业和政治体制落后于欧洲大陆其他国家的问题。基于这个判断，改革俄罗斯陈旧的政治经济体制已经势在必行，首当其冲需要废除的就是农奴制。1857 年，亚历山大二世成立了“农民事务总委员会”，开始筹备废除农奴制的改革。此外，19 世纪中期俄罗斯资本主义得到了一定程度的发展，而农奴制作为资本主义发展的绊脚石，自然成了俄罗斯社会发展的绊脚石。此时，身为俄罗斯文学检察官的冈察洛夫，如果能适时创作一部反农奴制的作品，并以此刻画出“俄罗斯农奴制的畸形儿”奥勃洛摩夫及“俄罗斯农奴制的救赎者”施托尔茨（具有德国血统的资本家）形象，的确十分适时地呼应了沙皇政府对于社会进步力量的要求。事实上，在《奥勃洛摩夫》最初的构思中，“施托尔茨”（Андрей Иваныч Штольц，在最初的构思中名为 Карл Михайлович Штольц）只是一个次要人物。还有一位重要人物，名为鲍恰耶夫（Андрей Павлович Почаев），这是纯俄罗斯资本家，他是施托尔茨的好友。冈察洛夫在给斯塔索夫的信中是这样谈论鲍恰耶夫这一形象的变化的：“顺便说一下，在最初构思的第一章中有那么一个名叫鲍恰耶夫的角色，但在第二部中他消失了，在长篇小说印刷出版时也没有他。”① 有研究者指出：“一开始，与奥勃洛摩夫对照的人物姓鲍恰耶夫，是俄罗斯人，可为了加强对比性，冈察洛夫把他变成了一个德国人。”② 我们认为，这一改动，体现了冈察洛夫不愿意将两种对立的因素融合在俄罗斯民族身上，从而冲淡了奥勃洛摩夫性格的消极性。关于这一点，冈察洛夫在《迟做总比不做好》中进行了详细说明。

其次，冈察洛夫的文学创作，在构思上总是要花很长时间，关于这一点，我们在前面几节里已经进行了仔细的分析。到 1857 年，经过十多年的酝酿，作品的主题及其人物形象已基本确定，写作起来当然会更得心应手。不过，《奥勃洛摩夫》的“待产十年”，不可避免地遭到了文学评论界的指责。1857

---

① Гончаров И. А. Письма // Гончаров И. А. Собрание сочинений в 8 томах. Т. 8 [Z]. М., 1980：485.

② https：//www. dyhanie. ru/content/view/2464/64/

年 7 月 29 日，冈察洛夫在给 Ю. Д. 叶弗列莫娃的信中谈到了这一点：

您想一想，我的朋友，那些认为我懒惰的批评和指责是多么的盲目和渺小，同时也请您凭良心说说，难道我活该受到如此指责，并要接受它们吗？我在海上度过了两年的自由时光，就写了一本大部头的书，现在我碰到了一个月的自由时间，只是吸了一口新鲜空气，我就写完了一本小说！不，人们总是希望，一个人既要去砍柴、挑水，还要写小说，小说这东西，它不仅要求智力劳动和思考，而且还要有诗意、想象的参与！如果只是克拉耶夫斯基一个人这样说我，我倒没什么抱怨的，因为他对此事一无所知，可其他一些人居然也这样说！这些野蛮人！①

从冈察洛夫上面尖刻的用词我们可以看出，在评论界，由于其文学创作进度太慢，再加上其文学检察官身份让很多进步作家颇有微词，有很多人质疑其文学才能。现在，一口气写完了小说的初稿，作家也想借此向文学界和读者证明自己的文学创作能力。

此外，还有一个重要原因促成了《奥勃洛摩夫》的创作，那就是，在 18 世纪 50 年代，特别在农奴制改革呼之欲出的时代，俄罗斯社会“需要一个代号来说出我们在改革前的守旧”。② 至此，奥勃洛摩夫作为俄罗斯文学中的典型人物，终于登上了俄罗斯文学舞台；奥勃洛摩夫性格作为俄罗斯民族性格的标志之一，终于呈现在读者面前。出于篇幅和整体结构安排，我们将辟专章讨论奥勃洛摩夫性格。

三、《悬崖》：奥勃洛摩夫性格的“定型之地”

《奥勃洛摩夫》的付梓，并不代表奥勃洛摩夫性格就得以定型，冈察洛夫对这一性格的关注也并未结束。因为无论从《悬崖》的主题和人物性格来看，还是从其创作的历程来看，《奥勃洛摩夫》的作者一直在关注着俄罗斯奥勃洛摩夫性格的发展与变化。

冈察洛夫长篇小说三部曲的最后一部《悬崖》的构思始于 1849 年 7 月，当时冈察洛夫回故乡辛比尔斯克度夏。小说 1869 年出版，创作过程经历了整

---

① Гончаров И. А. Письма // Гончаров И. А. Собрание сочинений в 8 томах. Т. 8 [Z]. М., 1980: 239.

② Кропоткин П. А. Идеалы и действительность в русской литературе [A]. Азбукин В. А. И. А. Гончаров в русской критике. (1847—1912) [C]. М., 2014: 83.

整二十年。对此，冈察洛夫说："这部小说前后写了二十年——不这样做不行啊。写这部作品的时间像生活本身的进程一样长。"[①]然而，与自己的前两部小说相比，《悬崖》带给冈察洛夫的"痛苦"要远远多于"幸福"，为了应对评论界的批评，冈察洛夫分别撰写了《〈悬崖〉序言》(1869 年)、《长篇小说〈悬崖〉的意图、任务和思想》(1876 年)、《迟做总比不做好》(1879 年) 三篇评论文章来回应《悬崖》受到的"不公正评判"，这其中还不包括作家与好友之间带有文学评论性质的大量信件。在这些材料中，我们可以十分明显地感觉到《悬崖》与前两部小说的联系，其中也包括作家对奥勃洛摩夫性格的关注。

对于自己长篇小说三部曲之间的关系，冈察洛夫一直坚称，他并未将自己的长篇小说三部曲《平凡的故事》、《奥勃洛摩夫》和《悬崖》看成是三部小说，而是看成是一部。"尤其是《奥勃洛摩夫》和《悬崖》之间有着密切的逻辑上的联系，他们反映的俄罗斯生活的两个时期就像水滴一样是互有联系的。"[②] 从冈察洛夫的这段话我们可以看出，其长篇小说三部曲不仅在主题上是一致的，而且三部曲的最后一部《悬崖》与直接刻画奥勃洛摩夫性格的《奥勃洛摩夫》有着密切的联系，这也说明这两部作品对奥勃洛摩夫性格的关注也是一致的，虽然奥勃洛摩夫性格在不同的时期有不同的表现形式和内涵。所以，冈察洛夫在《迟做总比不做好》中坦陈："我不是把它们当做三部小说，而是一部。"[③]

如果我们将冈察洛夫对自己长篇小说三部曲的看法与这三部小说的主题思想联系起来进行考察，我们可以发现，冈察洛夫本人在对奥勃洛摩夫性格的描写上也在经历着变化，而这种变化却贯穿了一个主题，即这"是一种微弱的若隐若现的意识：需要劳动，需要一种与整个俄罗斯的停滞不前作斗争的，真正的，不是因循守旧的，而是生气勃勃的事业"。[④]在俄罗斯，这种意识并非可以一蹴而就，而是随着时代的变化而发生改变。也正因为如此，冈察洛夫长篇小说三部曲"都由我所经历的俄罗斯生活的一个时代向另一个时

---

① Гончаров И. А. Лучше поздно, чем никогда [A]. Гончаров И. А. Собрание сочинений в 8 томах. Т. 8 [Z]. М., 1980: 122.

② Гончаров И. А. Лучше поздно, чем никогда [A]. Гончаров И. А. Собрание сочинений в 8 томах. Т. 8 [Z]. М., 1980: 104.

③ Гончаров И. А. Лучше поздно, чем никогда [A]. Гончаров И. А. Собрание сочинений в 8 томах. Т. 8 [Z]. М., 1980: 107.

④ Гончаров И. А. Лучше поздно, чем никогда [A]. Гончаров И. А. Собрание сочинений в 8 томах. Т. 8 [Z]. М., 1980: 108.

代的过渡这根线，这个始终一贯的思想联系着，由这两个时代的想象在我的描述、肖像、场景及细枝末节中的反映联系着”。[①]显然，奥勃洛摩夫性格就是这一思想的载体，只不过是这一载体犹如一面镜子，反射出的是冈察洛夫对俄罗斯国家命运的关注——破旧立新，积极进取。而其长篇小说三部曲之间的关系，就像是冈察洛夫本人所说，《平凡的故事》“是第一个画廊，是通向紧接着的两个画廊或者彼此有着密切联系的俄罗斯生活的两个时期的大门，即通向《奥勃洛摩夫》和《悬崖》，或者说是通向《梦幻》和《觉醒》的大门”。[②]在这里，我们完全可以将这三部小说看成是冈察洛夫所要描写的俄罗斯社会的三个阶段：“发端”（преддверие）、“沉睡”（сон）和“觉醒”（пробуждение）。如果将这三个阶段对应到奥勃洛摩夫性格发展的三个时期来看，准确地说如果我们以三部曲的主人公（阿杜耶夫、奥勃洛摩夫、赖斯基）性格演变过程来看，这三个阶段并非承接关系，而是断裂的。这种关系在《平凡的故事》与其他两部小说之间表现得尤其突出。也正因为如此，冈察洛夫才说，《奥勃洛摩夫》和《悬崖》之间有着密切的逻辑上的联系，就像水滴一样互有联系。因此，我们用另外三个词即“半梦半醒”、“魂牵梦绕”和“如梦初醒”来描述它们之间的联系可能要更为准确。

冈察洛夫在论述赖斯基与奥勃洛摩夫之间的关系时说：“赖斯基是个什么人物？是个十足的奥勃洛摩夫，也就是说是他亲生的最亲的儿子，是觉醒时代的主人公。”[③]“赖斯基是下一个时代，也就是过渡时代的主人公。这是睡醒了的奥勃洛摩夫：强烈的新的阳光忽然射进他的双眼。但是他还在伸懒腰，还在东张西望，还在回头看自己那张奥勃洛摩夫的摇篮。”[④]在谈及赖斯基的性格遗传了亲生父亲奥勃洛摩夫的基因时，冈察洛夫说：“他即使没有像奥勃洛摩夫那样沉睡，最多也只是刚刚醒来——暂且还只知道该怎么做，可是又不去做。”[⑤]

---

① Гончаров И. А. Лучше поздно，чем никогда [A]. Гончаров И. А. Собрание сочинений в 8 томах. Т. 8 [Z]. М.，1980：107.

② Гончаров И. А. Лучше поздно，чем никогда [A]. Гончаров И. А. Собрание сочинений в 8 томах. Т. 8 [Z]. М.，1980：111.

③ Гончаров И. А. Лучше поздно，чем никогда [A]. Гончаров И. А. Собрание сочинений в 8 томах. Т. 8 [Z]. М.，1980：117.

④ Гончаров И. А. Лучше поздно，чем никогда [A]. Гончаров И. А. Собрание сочинений в 8 томах. Т. 8 [Z]. М.，1980：117.

⑤ Гончаров И. А. Лучше поздно，чем никогда [A]. Гончаров И. А. Собрание сочинений в 8 томах. Т. 8 [Z]. М.，1980：120.

通过上面的分析我们可以看出，无论是从冈察洛夫长篇小说三部曲的创作过程，抑或三部曲中主人公人物形象的演变过程，还是冈察洛夫本人对三部曲创作的说明，甚至在其游记以及其他评论文章中，无不体现出了作家冈察洛夫对“奥勃洛摩夫性格”的长期关注和刻画。纵观世界文坛，花费毕生精力执著、持续去刻画某一类人物性格演变过程的作家并不多。但是，作为俄罗斯现实主义作家代表之一的冈察洛夫，却用自己的作品，不遗余力、精雕细刻地塑造了享誉文坛的文学人物性格，这的确也是文学家坚持自己创作原则的典范。更为重要的是，在再现现实的同时，冈察洛夫为了从反面刻画奥勃洛摩夫性格，塑造了一些能代表俄罗斯先进力量的资本家代表来反衬奥勃洛摩夫性格，而这又说明了作家在面对俄罗斯社会发展问题时的理性态度。毕竟，在19世纪40—60年代的俄罗斯，资本家在果戈理、屠格涅夫、陀思妥耶夫斯基、托尔斯泰等文学巨匠眼中似乎就是洪水猛兽。更为重要的是，在冈察洛夫眼里，奥勃洛摩夫性格并非像某些评论家所说的那么“垂死”，而是带有某种温情脉脉的意味。当代表俄罗斯前进方向的资本家在思想、生活上遭遇“困境”时，奥勃洛摩夫性格似乎成为了“心灵鸡汤”，成为治疗他们心灵创伤的一味良药。而这，恰恰反映作家冈察洛夫在客观地看到奥勃洛摩夫性格消极意义的同时，也理性地看到了其独特的精神力量。

第三章 文学批评语境下的奥勃洛摩夫性格

第一节 革命民主主义文学批评视角下的奥勃洛摩夫性格

文学形象有其特殊的时代背景，也有其独特的社会意义。但凡是经典的文学形象，一定是它那个时代的真实写照和反映。而那个时代的文学评论界对形象的分析，也应该是最有代表性和权威性的。俄罗斯文学理论家哈利泽夫曾说过："对一部刚刚面世的作品之反响加以研究，是考量这部作品必不可少的一个条件。因为作者首先要面向的，通常是他的同代人。"① 同样，如果我们要先揭示奥勃洛摩夫性格的社会心理特征，那更加应该要回到作品面世时的时代，了解当时文学评论家们对奥勃洛摩夫性格的评价。

一、"奥勃洛摩夫性格"出处考证

据Л.С. 盖伊洛（Л.С. Гейро）考证，"奥勃洛摩夫性格"（обломовщина）早在《奥勃洛摩夫》出版之前就已经出现。该词最早出自俄罗斯文学家、三等文官Г.П. 达尼列夫斯基（Г.П. Данилевский）在1852年初写给历史学家、彼得堡科学院俄语与俄语文学分部院士М.П. 博果津（М.П. Погодин）的一封信中。Г.П. 达尼列夫斯基在信中写道："我们成立了一个针对冈察洛夫的委员会，因为他给二月份的杂志……提交了他自己的一部名为'奥勃洛摩夫性格'的长篇小说。"② 1856年12月2日，俄罗斯作家、文学批评家Е.Я. 格尔巴欣（Е.Я. Колбасин）在写给屠格涅夫的一封信中也提到这部名

---

① ［俄］В.Е. 哈利泽夫．文学学导论［M］. 周启超，等，译．北京：北京大学出版社，2006：160.

② Гончаров И.А. Обломов. Роман в четырех частях. Л.，1987：554.

为《奥勃洛摩夫性格》的长篇小说。他在信中写道："有人说，冈察洛夫最终完成了自己的《奥勃洛摩夫性格》，他已经以每版200卢布的价格将它卖给了《俄罗斯导报》，新年后将开始印刷。"① 此外，德鲁日宁在1856年3月13日的日记中，曾经提及冈察洛夫正在创作一部名为《奥勃洛摩夫性格》的长篇小说。

在小说《奥勃洛摩夫》中，"奥勃洛摩夫性格"一共出现过16次，首次出现是在小说第二部分第四章。② 在这一章中，奥勃洛摩夫就像是一位哲学家和诗人，向到访的施托尔茨大谈特谈自己理想中的生活。为此，他十分详细地向好友介绍了幻想中的田园诗式、蛰居不动、平庸、懒惰、悠闲的"美好生活"，施托尔茨多次提醒奥勃洛摩夫，这样的生活不叫生活。为此，奥勃洛摩夫反驳道：

> 怎么不是生活？还缺什么呢？你想想，你看不到一张苍白的痛苦的脸，碰不到为参议院、交易所、股票、报告、部长接见、官衔、膳食津贴等问题而操心的事，所有的交谈都十分诚恳！你永远不需要搬家——单这一点就比什么都宝贵！这还不是生活？③

当施托尔茨依然坚持称这不是真正的生活时，奥勃洛摩夫反问他："那你认为这是什么？"这时，施托尔茨想了一会儿，因为他似乎还没有做好准备，该如何消除奥勃洛摩夫描绘的那种生活的乌托邦性质。他最终说道：

> "这是……（施托尔茨思索起来，想找到一个合适的词来形容这种生活）这是一种……奥勃洛摩夫性格。"施托尔茨终于说道。
>
> "奥——勃洛——摩夫性格！"伊利亚·伊里奇慢吞吞地说，对这个奇怪的字眼感到惊讶，并按音节把它拆开："奥——勃洛——摩夫性格！"④

---

① Измайлов Н. В., Коплан-Шахматова С. А., Зиссерман П. И., Мотовилова М. Н., Пыпин Н. А., Населенко Е. П., Цявловский М. А., Чебышева Н. А. Н. В. Тургенев и круг "Современника" [А]. Тургенев и круг "Современника": Неизданные материалы, 1847—1861 [С]. М.: Л., 1930: 303.

② "обломовщина"一词在小说中共出现过16次。

③ Гончаров И. А. Обломов. Роман в четырех частях // Гончаров И. А. Полное собрание сочинений и писем в 20 т. Т. 4 [Z]. СПб., 2004: 180.

④ Гончаров И. А. Обломов. Роман в четырех частях // Гончаров И. А. Полное собрание сочинений и писем в 20 т. Т. 4 [Z]. СПб., 2004: 180.

对于奥勃洛摩夫来说，他无法明白生活的意义，当然他也无法知道施托尔茨所发明的这个词的含义，所以他在这时不由自主地问道："按你的看法，生活的理想究竟何在？什么才不是奥勃洛摩夫性格呢？"①

施托尔茨用奥勃洛摩夫年轻时的追求来向后者解释了什么不是奥勃洛摩夫性格，那就是不遗余力地为俄罗斯服务，要努力工作，而工作的目的又是为了休息得更好，休息又意味着过另一种优美的、雅致的生活，即艺术家的生活，诗人的生活。所以，劳动是生活的全部。不过，奥勃洛摩夫并不相信施托尔茨的解释，他对劳动的认识依然停留在过悠闲生活的层次。为此，施托尔茨将奥勃洛摩夫性格分为两种类型：一种是乡下的奥勃洛摩夫性格——当经济上获得一定的保障之后，隐退江湖，颐养天年；一种是彼得堡的奥勃洛摩夫性格——在社交界平步青云，然后光荣引退。最终，在施托尔茨的引导下，奥勃洛摩夫认识到自己目前正在偏离年少时立下的豪言壮语，忘记了年少时的抱负和理想。奥勃洛摩夫对自己的性格也曾做过评判，虽然是只言片语：

> 其实在我的生活中并没有发生过暴风雨和地震，我没有失去过什么，良心上也没有过什么重负，它清白如镜，我的自尊心也没有受过任何打击，天晓得为什么一切都消失了呢！②

为此，施托尔茨提出带奥勃洛摩夫旅行，虽然后者没有反对，但是，他下意识地提出，不要太早去旅行，还要准备旅行马车，同时安排好自己的房子、扎哈尔和自己的奥勃洛摩夫田庄。施托尔茨深知奥勃洛摩夫提出的这些东西一定是他们实现旅行的障碍，也是后者拒绝活动的借口。他因此嘲笑奥勃洛摩夫说，这些想法也是奥勃洛摩夫性格的表现，并提醒他："记住，要么，现在站起来，要么就永远不起来！"③

施托尔茨的话给了奥勃洛摩夫很大的触动，第二天早上他一醒来就起了

---

① Гончаров И. А. Обломов. Роман в четырех частях // Гончаров И. А. Полное собрание сочинений и писем в 20 т. Т. 4 [Z]. СПб.，2004：180.

② Гончаров И. А. Обломов. Роман в четырех частях // Гончаров И. А. Полное собрание сочинений и писем в 20 т. Т. 4 [Z]. СПб.，2004：183.

③ Гончаров И. А. Обломов. Роман в четырех частях // Гончаров И. А. Полное собрание сочинений и писем в 20 т. Т. 4 [Z]. СПб.，2004：185.

床，他也想像施托尔茨那样一清早就写点什么，可没有纸、笔和墨水。他带着恼恨的情绪在桌面的灰尘上写下了“奥勃洛摩夫性格”这个词。这让他感到害怕，因为“这个词他夜里梦见过，是用火写在墙上的，就像伯沙撒王在宴会上看见的那样”。① 所以，奥勃洛摩夫认为这几个字是“恶毒”的。他甚至在扎哈尔呆滞的惊奇目光中，同样读出“奥勃洛摩夫性格”这个词。奥勃洛摩夫陷入了深深的痛苦之中，小说作者写道：

> 他现在怎么办？是前进，还是照老样子过下去？这个奥勃洛摩夫的难题比哈姆雷特的难题还要艰深。前进，就意味着他要立即脱下长袍，不仅是身上的，而且是灵魂上的和心智上的，同时不仅要扫除墙壁上的灰尘和蛛网，也要清除眼睛里的蛛网，才能看见光明。②

显然，作者在这里是想告诉读者，奥勃洛摩夫要怎么做才能摆脱奥勃洛摩夫性格的困扰。然而，奥勃洛摩夫并不会这样做。“要么现在站起来，要么永远不起来！”“要么活下去，要么就不活了！”这两个问题始终在困惑着奥勃洛摩夫，以至于施托尔茨没有管他，独自一人去了欧洲，将奥勃洛摩夫留在了国内，并介绍他认识了一直追求精神独立的少女奥丽加。

处于恋爱中的奥勃洛摩夫是幸福的，他似乎在爱情中找到了摆脱奥勃洛摩夫性格的力量。因此，他觉得房间布满灰尘是不体面的。他指责扎哈尔不讲究卫生，他说道：“你要上哪儿去，还不赶快打扫，这儿坐不能坐，靠不能靠，真不像话，这是……奥勃洛摩夫性格！”③

在整部小说中，这应该是奥勃洛摩夫第一次用恶毒的“奥勃洛摩夫性格”这个词来指责他人。不过，扎哈尔似乎并不在乎，撅着嘴站在那里，斜眼看着主人。奥勃洛摩夫心里想：“瞧吧！”他想道，“他又要说出使人难受的字眼

---

① Гончаров И. А. Обломов. Роман в четырех частях // Гончаров И. А. Полное собрание сочинений и писем в 20 т. Т. 4 [Z]. СПб.，2004：185. 据《圣经·旧约·但以理书》第五章记载，伯沙撒王在宴会上看见有人用火在墙上写字的事情，被认为是巴比伦王及其国家即将灭亡的预兆。

② Гончаров И. А. Обломов. Роман в четырех частях // Гончаров И. А. Полное собрание сочинений и писем в 20 т. Т. 4 [Z]. СПб.，2004：186.

③ Гончаров И. А. Обломов. Роман в четырех частях // Гончаров И. А. Полное собрание сочинений и писем в 20 т. Т. 4 [Z]. СПб.，2004：212.

来了！我可见识过了！”①

也就是说，在奥勃洛摩夫看来，类似于“奥勃洛摩夫性格”“别人”等字眼，都是令他难受的词汇。因为，这些词汇就像是照妖镜，使他现出了懒惰和无所事事的原形。

由于奥勃洛摩夫懒惰、胆怯、不自信和自尊心作怪，同时也是因为他总是强迫女人作牺牲来证明她的爱情，这一切使得奥丽加决定离开奥勃洛摩夫。分手时，奥勃洛摩夫承认自己彻底完了，并说出了其中的原因：

> “为什么一切都完了呢?”她突然抬起头问道，“是谁诅咒了你，伊里亚？你干了什么啦？你善良、聪明、温柔、高尚……却……毁了！是什么毁了你？这种祸害却无法说清……”
>
> “可以说清。”他说，声音小得几乎听不见。
>
> 她满眶泪水，询问地看了看他。
>
> “是奥勃洛摩夫性格!”他小声地说，然后拉着她的手，想亲吻它，却又不能，只能把它紧紧地按在嘴唇上，于是热泪滴在了她的手上。他没有抬头，背对着她，走了。②

纵观整部小说，这里是奥勃洛摩夫第一次，也是唯一一次承认是奥勃洛摩夫性格导致了自己的人生失败和精神的毁灭，虽然他之前预感到这一性格的危害，但那毕竟是预感而已。在此之前，奥勃洛摩夫说出这个词汇会让我们觉得有些讽刺意味，那么在这里，我们可以感觉得到他生命的悲剧性——因为他自己已经意识到，是奥勃洛摩夫性格毁灭了自己的爱情。

就这样，奥勃洛摩夫来到了维堡区，与普舍尼琴娜住在一起，最后结婚生子，重新过上了奥勃洛摩夫农庄的生活，变得不可自拔。施托尔茨与奥丽加最后一次来看他时，奥勃洛摩夫已经无可救药，走进了死亡的深渊。当施托尔茨最后一次尝试拯救自己的朋友失败之后，他心里说道：“再见了，老朽

---

① Гончаров И. А. Обломов. Роман в четырех частях // Гончаров И. А. Полное собрание сочинений и писем в 20 т. Т. 4 [Z]. СПб.，2004：212.

② Гончаров И. А. Обломов. Роман в четырех частях // Гончаров И. А. Полное собрание сочинений и писем в 20 т. Т. 4 [Z]. СПб.，2004：371.

的奥勃洛摩夫田庄！你的时代已经过去了！”[①] 当奥丽加问他为何不带奥勃洛摩夫来见自己，到底发生了什么事情时，施托尔茨忧郁地答道：“奥勃洛摩夫性格。”

在小说的结尾，施托尔茨向他的文学家朋友讲述了奥勃洛摩夫的故事后，也认为奥勃洛摩夫性格是奥勃洛摩夫死亡的原因：

> “他并不比别人笨，灵魂像玻璃一样纯洁光亮，品格高尚、温柔——可是完了！”
>
> “究竟是为什么呢？什么原因？”
>
> “原因……什么原因！是奥勃洛摩夫性格！”施托尔茨说。
>
> “奥勃洛摩夫性格！”文学家困惑莫解地重复一遍，“这是什么东西？”[②]

奥勃洛摩夫的死亡，让我们看到了奥勃洛摩夫性格的“毒性”及其后果，但我们却无法弄清这是一种什么东西，也无法给出合理解释。显然，奥勃洛摩夫性格是消极的，但如果将这一性格产生的原因仅仅归结为人物受教育的结果，那是不全面的。毕竟，在俄罗斯当时的社会环境下，这是一个复杂、多面的性格类型。尽管如此，我们仍然可以看到，至少在冈察洛夫眼里，蛰居不动、毫无节制的饮食、漠视劳动、满足现状、耽于幻想等，就是“奥勃洛摩夫性格”的基本特征。对于奥勃洛摩夫性格的理解，有研究者认为，“按照冈察洛夫的艺术构思，奥勃洛摩夫性格是一种复杂多面的现象。要想理解和体验它是什么东西，只能去熟悉奥勃洛摩夫的全部经历，但不是用简述的方式，而是通过详尽、大量的‘弗拉芒式’的叙述细节来进行了解”。[③]

二、杜勃罗留波夫眼中的奥勃洛摩夫性格

1859 年，《奥勃洛摩夫》发表。当年，杜勃罗留波夫就在《现代人》（《Современник》）杂志第 5 期发表了题为“什么是奥勃洛摩夫性格？”的评论

---

① Гончаров И. А. Обломов. Роман в четырех частях // Гончаров И. А. Полное собрание сочинений и писем в 20 т. Т. 4 [Z]. СПб.，2004：484.

② Гончаров И. А. Обломов. Роман в четырех частях // Гончаров И. А. Полное собрание сочинений и писем в 20 т. Т. 4 [Z]. СПб.，2004：493.

③ Тунималов В. А. Понятие《обломовщина》в критике XIX-XX вв [A]. Гончаров И. А. Полное собрание сочинений и писем в 20 т. Т. 6 [M]. СПб.，2004：218.

文章。杜勃罗留波夫在这篇文章中，主要从社会批评的角度，充分揭示了奥勃洛摩夫性格的社会意义，从而使得该文成为众多文学批评文中的经典之作，也是俄罗斯文学社会批评的典范之作。在很长一段时期内，杜勃罗留波夫的观点在俄苏文学批评界对奥勃洛摩夫性格的解读中占据绝对的优势地位。19世纪50年代末，在俄罗斯社会变革前期，俄罗斯需要有相应的文学形象来对俄罗斯社会中的懒惰现象和守旧心理进行描画。冈察洛夫的长篇小说《奥勃洛摩夫》和杜勃罗留波夫的评论文章《什么是奥勃洛摩夫性格?》交相辉映，共同响应了俄罗斯的时代潮流。如今，无论是从社会学的角度来看，还是从文学的教育之功能来看，《什么是奥勃洛摩夫性格?》都堪称《奥勃洛摩夫》众多评论文中的经典之一，尽管该文的分析主要是基于社会评论这一角度出发的。

这里需要指出的是，杜勃罗留波夫在对奥勃洛摩夫性格进行分析时，十分重视教育在人的个性形成中的作用。他说："……奥勃洛摩夫并不是一个在天性上已经完全失去自由活动的人。他的懒惰，他的冷淡，正是教育和周围环境的产物。这里重要的不是奥勃洛摩夫，而是奥勃洛摩夫性格。"① 对于这一点，冈察洛夫本人也是赞同的。例如，1860年，他在给C. A. 尼基坚科（C. A. Никитенко）的一封信中谈论俄罗斯的社会现状时，指出了这种教育方式的危害：

> 要知道为了履行义务，为了理解人的使命的重要作用和意义，就需要接受适当的训练和教育……可是，你想一想奥勃洛摩夫式的教育、数不清的偏见和观念及习俗的普遍堕落吧！我们就是在这样的环境中接受教育和成长起来的，我们的社会就像刚从这种环境的昏睡中苏醒过来的。如果您能想象到在我们的奥勃洛摩夫农庄深处，尔后在公立和私立学校的底层，最后在空虚和淫荡的社会生活中到处是粗俗和污秽的情景：浅薄卑微的虚荣心取代了一切理智的追求，青年人在思索他该怎么办，或者是无所用心，吃喝玩乐，得过且过，打扮成花花公子，尔后娶妻成家，然后把自己的儿女也引上同一条路，教他们供职（即占据肥缺和攫取官位）和寻欢作乐——玷污名誉和败坏风尚等。我认为，如果您能想象到这一切，如果您能亲眼看到，不仅看到而且也和我一样陷进这块泥潭，

① ［俄］H. A. 杜勃罗留波夫. 文学论文选［M］. 辛未艾，译. 上海：上海译文出版社，1984：18.

那您本人也许会为我辩护几句，也可能您会大吃一惊：我还没有完全被淹没。使我得救的是活泼热情的天性，是想象的力量、理想的追求和您赞赏的忠诚……①

杜勃罗留波夫首先指出了冈察洛夫文学创作中的客观性问题。他认为，一些读者之所以无法在《奥勃洛摩夫》中洞察冈察洛夫的思想，除了这些读者将文学只看成是消遣和玩乐之外，另一重要原因是冈察洛夫文学创作的客观性所致。杜勃罗留波夫指出："他是不给你，而且他是显然不愿给你任何结论的。他所描绘的生活，在他并非作为一种抽象的哲学手段，而是生活本身的直接目的。他是不关心读者的，也不关心你们从他的小说中得到什么结论：这已经是你们的事情了。你们假使弄错了，只能怪自己眼光近视，怎么也不能去怪作者。他把生动的形象传达给你看，他只保证这些形象跟现实是一致的；至于阐明被描写的对象的价值等级，这已经是你们的事情：他对于这一点，是完全漠不关心的。他也缺乏一种能够赋予其他天才以巨大力量与魅力的热烈感情。"② 杜勃罗留波夫对读者希望作家在作品中直接阐明作品意义的做法给予了批评，他说，一些读者"希望经常有一个指导者的习惯而产生的愿望，甚至在感情中也需要指导者的愿望——多少有点奥勃洛摩夫的气质"。③

我们认为，杜勃罗留波夫的上述观点不仅可以作为我们解读《奥勃洛摩夫》的钥匙，同时也为读者解剖奥勃洛摩夫性格指明了应有的态度。只有认识到了这些，读者才有可能理解冈察洛夫刻画人物时的"如切如磋，如琢如磨"之艺术手法，才能对奥勃洛摩夫性格中的特征及其《奥勃洛摩夫》的社会意义有更加理性、全面的认知。这正如杜勃罗留波夫所说，在长篇小说《奥勃洛摩夫》中，"反映着俄罗斯的生活，在它里面，那种生动的现代俄罗斯典型正以无情的严厉与真实呈现在我们的面前；在它的里面说出了标志我们社会发展的新词，这个新词是以明确而坚定的声调，没有失望、也不带稚气的希望，而是对真理怀着完全的自觉之下发出来的。这个新词——就是奥勃洛摩夫性格；它是解开俄罗斯生活中许多现象之谜的关键，同时它使冈察

---

① 引自：Рыбасов А. П. И. А. Гончаров [M]. M.，1957：271.

② [俄] H. A. 杜勃罗留波夫．文学论文选 [M]. 辛未艾，译．上海：上海译文出版社，1984：4.

③ [俄] H. A. 杜勃罗留波夫．文学论文选 [M]. 辛未艾，译．上海：上海译文出版社，1984：9.

洛夫的长篇小说拥有了比我们那些暴露小说所具有的意义要更巨大的社会意义”。[①] 杜勃罗留波夫接着指出，奥勃洛摩夫性格在很多俄罗斯文学人物身上都可以看到，譬如普希金笔下的奥涅金。因此，奥勃洛摩夫是俄罗斯土生土长的民族典型，随着时代和社会的发展，该文学典型的形式也在发生流变。因此，不同时代的作家都无法绕开他，而且，指出这一典型的新样式、揭示其意义和本质，对每一个优秀作家来说，都是历史赋予的崇高使命。可以看出，杜勃罗留波夫在这里已经指出了《奥勃洛摩夫》和奥勃洛摩夫性格的典型性、时代性、流变性和民族性。杜勃罗留波夫就是在这样的大背景下，来分析奥勃洛摩夫性格的基本特征，进而对奥勃洛摩夫形象与俄罗斯文学史不同时期出现的同类典型进行了纵向比较。

在杜勃罗留波夫看来，“奥勃洛摩夫性格的主要特征，是在于什么呢？是在于一种彻头彻尾的惰性，这种惰性是由于对一切世界上所进行的东西，都表示冷淡而发生的。冷淡的原因，一部分是他的外部地位，而另一部分，则在于他的智力和道德发展的方式”。[②] 对于奥勃洛摩夫的外部地位（老爷）、智力和道德发展方式（厌恶严肃和独立的活动），杜勃罗留波夫将之归结于奥勃洛摩夫所处的外部环境。在杜勃罗留波夫看来，奥勃洛摩夫自孩提时代起，他所处的环境就让其养成了好吃懒做、颐指气使、厌恶劳动的恶习。这些恶习是后天养成的习惯，已经深深植根于奥勃洛摩夫的头脑，使得他从小就从反面来看待生活，以至于终生都无法理性地理解自己与世界及他人之间的关系。如果我们按杜勃罗留波夫所画的“图”去索“骥”，那么我们可以将奥勃洛摩夫的性格特征总结如下：

第一，懒惰。奥勃洛摩夫是个老爷，他从小就养成了懒汉的习气了。因为作为一个老爷，他有老爷的特权，下人为老爷服务在他看来是天经地义的事情，甚至可以粗暴地对待自己的“奴隶”。他从来不会认为自己有什么需要去做的事情，所以他永远不愿意让自己为工作而操劳憔悴，无论施托尔茨如何向他谈论劳动的必要和神圣。

第二，好幻想。“到了这幻想必须和现实接触的时候，他就害怕得要命。逢到这种场合，他就努力把事情推卸到别的什么人身上，假使没有什么人可

---

① ［俄］H. A. 杜勃罗留波夫．文学论文选［M］．辛未艾，译．上海：上海译文出版社，1984：11.

② ［俄］H. A. 杜勃罗留波夫．文学论文选［M］．辛未艾，译．上海：上海译文出版社，1984：12.

以推卸，那只好碰运气了……”① 有些时候，由于他生长在中等地主之家，他的收入还不够高，因此，他便只能在自己的幻想中来安排世界的命运了。也正因为如此，他将自己想象成为英雄人物，并乐意将自己的一切献身于伟大的事业。有时候，他甚至将自己想象成为一个伟大的思想家和艺术家，在他后面有一大群人跟随，向他顶礼膜拜。

第三，道德屈从。杜勃罗留波夫指出，虽然奥勃洛摩夫有过追求和思索，也有过自己的理想。“然而那种令人嫌恶的习惯，那种不是依靠他自己的努力，而是依靠别人的努力使他的愿望得到满足的习惯，却在他心里发展了一种冷淡、蛰伏不动的性格，使得他在道德上屈从于可怜的境地里。”② 一方面，老爷的作风，使得他既认为没有必要对别人低声下气、鞠躬和恳求，也看不起那些成天东奔西跑、在上司面前低声下气、忙碌不停的“别人”，这应该是奥勃洛摩夫作为老爷的“尊严”。然而，由于他不愿做事，不会做事，同时不了解自己与世界的关系，这尊严变得毫无价值。也正因为如此，“他始终做着别人意志的奴隶，从来不肯把自己提高到这种水平——能够多少发挥一点自己的独立见解”。③

第四，没有领会生活的意义。在前面，我们曾讨论过奥勃洛摩夫向施托尔茨提出的美好生活设想，但正如杜勃罗留波夫所指出的那样，奥勃洛摩夫“在描绘他的幸福的理想时，从来不曾想到问一问自己关于这种幸福的内在意义是什么，从来不曾想到如何证明这种幸福的合法性与正确性，从来不曾对自己提出这样的问题：打哪里去张罗这些花房和温室，谁来支撑它们，凭什么权利可以享受它们?”④ 我们认为，在奥勃洛摩夫的性格特征中，这是最具悲剧性的一面。因为这一点，他拒绝工作、拒绝恋爱、拒绝交际、拒绝读书，进而失去了对生活的感悟，从而游离于生活之外。当然，他是找不到合乎他意愿的工作的。

为了更直观地向读者阐释奥勃洛摩夫的特征，杜勃罗留波夫将奥勃洛摩夫性格置于俄罗斯文学大背景下进行了考察，指出了奥勃洛摩夫们（奥涅金、

---

① ［俄］H. A. 杜勃罗留波夫．文学论文选［M］．辛未艾，译．上海：上海译文出版社，1984：16.

② ［俄］H. A. 杜勃罗留波夫．文学论文选［M］．辛未艾，译．上海：上海译文出版社，1984：18.

③ ［俄］H. A. 杜勃罗留波夫．文学论文选［M］．辛未艾，译．上海：上海译文出版社，1984：18.

④ ［俄］H. A. 杜勃罗留波夫．文学论文选［M］．辛未艾，译．上海：上海译文出版社，1984：18.

毕巧林、罗亭、别里托夫、田吉特尼柯夫）的几点具体表现。

首先，奥勃洛摩夫们因为看不见生活的目的，所以找不到合适的事业可做，因此，他们就对一切工作都感到厌烦和憎恶。除了讨厌公务之外，奥勃洛摩夫们在吸收知识方面（读书、写作、翻译），往往是浅尝辄止，一本书没读几页就丢在一边了。

其次，奥勃洛摩夫们在家庭生活方面都追求田园诗式的家庭生活。这样的生活中，有美食、美人，还得要有没有任何要求的无为的幸福。普希金在《叶甫盖尼·奥涅金》中已经对这种生活做过形象的描述：

> 散步、读书，睡梦沉沉，
> 森林的阴影，水流的低吟，
> 时或有黑眼白皮肤的美人
> 清新而青春浪漫的接吻，
> 听从着缰辔指挥的骏马，
> 更有精美丰盛的肴馔，
> 一瓶清澈的葡萄酒，
> 孤独，而又寂静，——
> 这就是奥涅金神圣的生活……

在引用了普希金对奥涅金生活的描述的上述文字后，杜勃罗留波夫不失时机地总结说："除了骏马以外，就是同样地、逐字逐句地画出了伊里亚·伊里奇对于家庭生活的理想。甚至连奥勃洛摩夫都没有忘却黑眼睛白皮肤美人的亲吻。"① 当然，奥勃洛摩夫们同时还希望生活中充满"宁静的欢乐"和"灵魂的安宁"。

再次，在对待人，特别是女人的态度上，奥勃洛摩夫们总是带有一种轻蔑的态度。"他们总是因为人们渺小的劳动，狭隘的见解以及短浅的企求，而轻视他们。"② 而在对待女人的态度上，他们不会拒绝去奴役一个女人的心，但如果他们意识到站在他们面前的是一个要求他们尊敬自己权利的女人时，他们会可耻地逃跑。

---

① ［俄］H. A. 杜勃罗留波夫．文学论文选［M］．辛未艾，译．上海：上海译文出版社，1984：27.

② ［俄］H. A. 杜勃罗留波夫．文学论文选［M］．辛未艾，译．上海：上海译文出版社，1984：28.

杜勃罗留波夫结合俄罗斯社会的实际，讨论了奥勃洛摩夫性格在现实生活中的种种变体，还批评了冈察洛夫让奥勃洛摩夫性格寿终正寝的做法：

> 他决定埋葬掉奥勃洛摩夫性格，并且还对这种奥勃洛摩夫性格发表了一通墓前悼词。“永别了，古老的奥勃洛摩夫卡，你已经活完了你的时代。”他通过施托尔茨的嘴，这样说，可是这种说法是不真实的。全俄罗斯，曾经读过《奥勃洛摩夫》或者即将要读它的人，他们不会同意这一点的。不，奥勃洛摩夫卡就是我们真正的祖国，她的支配者就是我们的教育培养者，她的三百个扎哈尔，就是永远准备为我们效劳的。在我们每一个人身上，都包含有奥勃洛摩夫的显著的部分，给我们写墓前悼词，那还太早。①

综上所述，杜勃罗留波夫对奥勃洛摩夫性格的分析主要是从社会学的角度来进行的，虽然涉及这一性格的民族性，但着墨不多，并未做深入的阐释。而且，在奥勃洛摩夫性格是否应该“死去”的问题上，评论家与冈察洛夫的观点是明显不一致的。对于奥勃洛摩夫身上的“优点”，杜勃罗留波夫认为这是作者创作上的不真实，他在引用小说中对奥勃洛摩夫的一段赞语之后指出，对于奥勃洛摩夫的赞美，“每一个读者都会注意到，这里面包含着一个很大的不真实。在奥勃洛摩夫身上，的确，有一种好的成分：这就是他从不打算去欺骗别人，但是这也是他的懒惰性格的一种表现”。②

三、俄罗斯文学界对《什么是奥勃洛摩夫性格?》的再评论

杜勃罗留波夫在《什么是奥勃洛摩夫性格？》一文中，既高度肯定了冈察洛夫的艺术手法，又深入分析了奥勃洛摩夫性格的特征和这一性格产生的原因。对于这篇文章，冈察洛夫给予了高度肯定。例如，他在 1859 年 5 月 20 日写给 П. В. 安年科夫（П. В. Анненков）的信中说：

> 请您看看杜勃罗留波夫评论《奥勃洛摩夫》的那篇文章吧。我认为，关于奥勃洛摩夫性格，即关于它是什么的问题，自从有了这篇文章后，

---

① ［俄］Н. А. 杜勃罗留波夫．文学论文选［M］．辛未艾，译．上海：上海译文出版社，1984：22.

② ［俄］Н. А. 杜勃罗留波夫．文学论文选［M］．辛未艾，译．上海：上海译文出版社，1984：50-51.

就再也没有什么可说的了。也许，他预见到了这一点，所以赶忙抢先发表了。他有两个方面让我折服：一是他能洞悉艺术家在描写中所体现出来的东西。他若不是艺术家，怎么会知道这个呢？二是他能借助那些四处散发且若隐若现的火花，清晰地再现了在别林斯基胸中燃起的熊熊烈火。这篇文章发表后，评论家们将就此止步（为避免抄袭之嫌），否则要么自取其辱，要么把奥勃洛摩夫性格丢在一边，而去聊聊女人。我没有料到他会有这样的赞许和美学上的分析，我原以为他是个特别冷漠寡情的人。不过，我还是很偏爱这篇文章，因为整篇文章——是坚决支持我的。①

20年后，他在《迟做总比不做好》中再次提到了杜勃罗留波夫。例如，他在论及作家创作中的智力因素（自觉创作）和想象力（不自觉创作）两者的区别时，认为自己属于凭想象力创作的作家。而凭想象力进行创作的作家，其作品不是靠劝导、说教、论理取胜，而是靠形象打动人心。他说，只有在这样的文学作品中，“形象就吞没了意义和思想，画面只说明本身，艺术家自己也常常要在别林斯基、杜勃罗留波夫这样细致入微的评论家帮助下才能看出其中的意思”。② 在谈及《奥勃洛摩夫》的意义时，冈察洛夫指出：“我不想对《奥勃洛摩夫》谈得太多。当初，大家对它已经作了分析，对它的意义批评界（尤其以杜勃罗留波夫为代表）和公众已经有了十分赞许的评价。”③

由此可见，冈察洛夫对杜勃罗留波夫的艺术感知力给予了高度肯定，并认为在对奥勃洛摩夫性格的分析上，今后无人能望其项背。应该说，这是《奥勃洛摩夫》的作者对奥勃洛摩夫性格阐释者最高的评价了。就在同一天，冈察洛夫在写给 И. И. 利霍夫斯基（И. И. Льховский）的信中说：“杜勃罗留波夫在《现代人》杂志上写了一篇优秀的文章，他在这篇文章中十分全面和广泛地探讨了奥勃洛摩夫性格。”④

我们知道，冈察洛夫事实上对诸如别林斯基、杜勃罗留波夫、皮萨列夫

---

① Гончаров И. А. Письма // Гончаров И. А. Собрание сочинений в 8 томах. Т. 8 [Z]. М., 1980: 275-276.

② Гончаров И. А. Лучше поздно, чем никогда [A]. Гончаров И. А. Собрание сочинений в 8 томах. Т. 8 [Z]. М., 1980: 104-105.

③ Гончаров И. А. Лучше поздно, чем никогда [A]. Гончаров И. А. Собрание сочинений в 8 томах. Т. 8 [Z]. М., 1980: 113.

④ Гончаров И. А. Письма // Гончаров И. А. Собрание сочинений в 8 томах. Т. 8 [Z]. М., 1980: 273.

等革命民主主义派评论家的某些极端的否定倾向是不赞同的。例如，1866 年 8 月 21 日，他在给 C. A. 尼基坚科的信中谈到他对赖斯基这一人物形象的严肃性的看法时说："可是这个主题太大了，我似乎很难把握它，此外此前的否定态度占据了整个社会和文学（始于别林斯基和果戈理），所以我屈从于这一倾向并放弃了对真正的人物的刻画，开始去描绘一些个别的典型，所以我抓取的只是一些丑陋的和可笑的方面。"① 1869 年 2 月，他在给 E. П. 迈科娃（E. П. Майкова）的一封信中写道："但是，您能敏锐甚至带有激情地感受到诗歌和艺术。这种可贵的激情在别林斯基那里，包括在早期的杜勃罗留波夫那里都曾出现过，只不过后者暂时没有盲目地将这种对艺术美的偏好屈从于其他意图而已。在新近出现的评论家们那里，这些意图已经压倒了美学上的一切激情——皮萨列夫已经完全没有了这种特征，他那里有的只是纯粹的主导性批评。我理解他对艺术没有同感，但对这到底是为了什么又为何要敌视艺术这一点——我还真不明白。"② 再后来，冈察洛夫在 1860 年写成的《长篇小说〈悬崖〉前言》中再次提到了别林斯基和杜勃罗留波夫的批判倾向：

> 当然，他未来的传记作者，在对他这位伟大的人物进行分析时接受了自己对这一能力的评判的理由，并通过它来为其不公允与偏执进行解释和辩护，而这恰恰是其最大的，也许——也是唯一的不足。
>
> 他所创立的批评派别，甚至是诸如杜勃罗留波夫这样的天才的人物，从他的导师那里全盘接受了他的缺点，这种在本质上具有缺陷的声音直到今天依然还在继续，它不仅是一种批评手段，还几乎成为了原则。③

从冈察洛夫对杜勃罗留波夫（当然包括别林斯基）所采用的批判主张的态度中可以看出，虽然他承认这些评论家的艺术感知力，但对他们所持的偏激态度进行了指责。当然，每个时代都有适应那个时代的文学批评，因此我们没有必要去评判他们的对错。但是，我们从冈察洛夫的言辞中可以感觉到他对革命民主主义派别的不满。我们认为，冈察洛夫是接受杜勃罗留波夫对

---

① Гончаров И. А. Письма // Гончаров И. А. Собрание сочинений в 8 томах. Т. 8 [Z]. М.，1980：319.

② Гончаров И. А. Письма // Гончаров И. А. Собрание сочинений в 8 томах. Т. 8 [Z]. М.，1980：351.

③ Гончаров И. А. Предисловие к роману《Обрыв》[A]. Гончаров И. А. Собрание сочинений в 8 томах. Т. 6 [Z]. М.，1980：449.

奥勃洛摩夫性格的阐释的，但对于后者在分析过程中所表现出来的否定思想和偏激，他似乎并不赞同。

由此看来，克拉斯纳谢科娃在这一问题上的认识是有一定道理的。克拉斯纳谢科娃认为，冈察洛夫对杜勃罗留波夫的肯定并非发自内心，而是出于时局的需要。这正如 П. А. 克罗鲍特金（П. А. Кропоткин）所指出的那样，19 世纪 60 年代的俄罗斯社会“需要对我们的漠不关心进行明确的反映，需要一个符号来说出我们在改革前的守旧”。① 因此，在全社会都因农奴制的腐朽而热切期待农奴制改革的大背景下，杜勃罗留波夫的观点无疑顺应了时代的潮流。“毫无疑问，冈察洛夫本人理解并肯定了这一点。”②

我们认为，冈察洛夫对杜勃罗留波夫的肯定，除了顺应时局之需要外，还有另外的原因。

《奥勃洛摩夫》发表后，在俄罗斯评论界也有不少的批评声音，批评的焦点在于小说的第一部分。这一部分主要描写奥勃洛摩夫躺在沙发上接见客人的画面，情节和叙事十分缓慢，对人与物的描写几乎面面俱到，中间还插入了奥勃洛摩夫的梦。这一部分由于其独特的结构和内容，几乎可以被视为一篇“揭露性的长篇小说”。③ 包括冈察洛夫在内的很多人，其实对这一部分是很不满意的。例如，他在 1858 年 12 月 4 日给托尔斯泰的信中写道：“请您不要读《奥勃洛摩夫》的第一部分，您如果有时间，请读读小说的第二、三部分，这两部分是后来写的，而第一部分写于 1849 年，写得很糟糕。”④

根据克拉斯纳谢科娃考证，杜勃罗留波夫对奥勃洛摩夫性格的分析主要是基于小说第一部分来进行的，这一部分却是小说作者最不满意的部分，那冈察洛夫为何要给予杜勃罗留波夫如此之高的评价呢？我们认为，恰恰是杜勃罗留波夫的文章，为冈察洛夫找到了辩护的理由。因为，《什么是奥勃洛摩夫性格?》发表在当时俄罗斯最有影响力的文学杂志《现代人》上，再加上杜勃罗留波夫的名气在当时也是如日中天。更为重要的是，杜勃罗留波夫对冈察洛夫在小说第一部分中表现出来的艺术手法给予了高度肯定，认为这是艺术描写中的高贵特征。也许，这就是冈察洛夫为什么认为《什么是奥勃洛摩

---

① Кропоткин П. А. Идеалы и действительность в русской литературе [A]. Азбукин В. А. И. А. Гончаров в русской критике. (1847—1912) [C]. М., 2014: 83.

② Краснощекова Е. А. Иван Александрович Гончаров: Мир творчества [M]. СПб., 2012: 368.

③ Краснощекова Е. А. Иван Александрович Гончаров: Мир творчества [M]. СПб., 2012: 368.

④ Гончаров И. А. Письма // Гончаров И. А. Собрание сочинений в 8 томах. Т. 8 [Z]. М., 1980: 256.

夫性格?》是支持他的。事实上，在《奥勃洛摩夫》发表之初，冈察洛夫对自己的小说的意义也并非十分明了。例如他在给 П. В. 安年科夫的那封信中还写道："我渴望听到所有评论，无论这些评论是什么样的，无论它们是否支持我，因为我对自己的作品还没有明确的认识。"① 假使如他所说，他并不清楚自己作品的意义，那他又为何断言杜勃罗留波夫的评论是终极评判呢?由此可见，冈察洛夫对杜勃罗留波夫的赞同，多少还有一些肯定自己、为自己辩护的那分无奈。

需要指出的是，尽管冈察洛夫坦言自己是按照直觉来创作典型，丝毫没有在人物身上预设任何既定思想，但这并非他否定小说的思想意义。因此，《奥勃洛摩夫》在社会思想方面的意义，是小说的重要内容之一。如果否定了小说的社会意义，我们认为，这部作品是不完整的。例如，以赛亚·伯林在论述俄罗斯 19 世纪作家与思想家对俄罗斯社会革命的意义时指出：

> 职是之故，本书所论作家与思想家所以如此重要，盖因他们蓄就一些观念，这些观念注定导致的惊天动地效果非但掀翻俄国本身，更远播俄国境外。
>
> ……十九世纪中叶的俄国文学，尤其是那些伟大的俄罗斯小说竟能诞生，颇难想象。屠格涅夫、托尔斯泰、冈察洛夫、陀思妥耶夫斯基，乃至其余次要小说家，作品都充满时代意识、充满作者对某种社会与历史环境及其意识形态内涵的感受，濡染程度之高，犹过于西方的"社会"小说。②

可以这样说，伯林对冈察洛夫作品的社会意义的确给予了高度评价。因此，从社会意义来看，《奥勃洛摩夫》的确是俄罗斯 19 世纪中期那个时代的一种反映。俄罗斯在克里木战争中的失败，充分暴露了俄罗斯农奴制的弊端，也充分暴露了俄罗斯政府的腐败与无能。类似像冈察洛夫这样曾经见识过资本主义先进文明的俄罗斯知识分子，一定会深切感受到俄罗斯的落后。在冈察洛夫眼里，农奴制就是俄罗斯落后的根本原因。他已经深刻意识到俄罗斯的现实对社会发展的阻碍作用，因此他无疑会赋予《奥勃洛摩夫》诸多的时

① Гончаров И. А. Письма // Гончаров И. А. Собрание сочинений в 8 томах. Т. 8 [Z]. М., 1980: 276.

② [英] 以赛亚·伯林. 俄国思想家 [M]. 彭淮栋，译. 南京：译林出版社，2011: 139-140.

代内容。

不过，我们也应该要看到，冈察洛夫在塑造奥勃洛摩夫性格时，虽然涉及人物性格形成的原因，但是，他并未对人物的命运进行评判（而是将评判权交给了读者），更没有提供任何消除农奴制的方法和手段。所以从这一角度来看，《奥勃洛摩夫》既是19世纪中期俄罗斯的时代表征，同时也是冈察洛夫对一种生活方式和态度的探讨。在俄罗斯农奴制阻碍社会发展的时代大背景下，作家不可能去为这一生活的代表人物奥勃洛摩夫高唱赞歌。然而，冈察洛夫在外省一个闭塞的庄园长大，他其实从内心深处喜爱这里古朴、平静的生活方式。然而，作为一个曾经见识过西欧资本主义文明的作家，他也看到了俄罗斯宗法制生活的落后和守旧，这两种完全不同的生活方式都在其文学创作中得到反映。例如E. A. 索洛维约夫就曾说过："西欧生活方式和东亚生活方式在冈察洛夫思想上是和平共处的，没有明显的斗争。"[①] 此外，冈察洛夫自身的家庭经济状况决定了他不可能像屠格涅夫那样云游四海，他必须通过工作来谋生，因此他不得不担任政府的书刊检察官，而且还"是一个最奉公守法、谨小慎微的官吏"。[②] 这些因素，让他在塑造人物时不可能放开手脚，而要顾忌很多东西。从这一角度来看，冈察洛夫的出身和任职也决定了他不可能站在革命民主主义者的立场来描写现实，也不可能站在沙皇政府的立场来继续维持因循守旧的宗法制生活，而是更接近于自由主义。这样做既可以保住"饭碗"，同时又避免招致某些激进文学派别的指责。上述矛盾心理对其小说人物的塑造无疑会产生一定的影响。

在这样一种两难的境况下，人如何脱离自身的成长环境，超越社会给人带来的苦恼与压抑，更为重要的是，人如何在世俗社会做到独善其身，成为奥勃洛摩夫一生需要解决的问题。冈察洛夫在对奥勃洛摩夫形象的刻画中，不由自主地将俄罗斯社会心理层面的东西附加在人物身上，从而使这个形象处处表现出"活着还是死去"的疑问。然而，冈察洛夫的矛盾却为我们理解人物形象提供了新的角度：社会心理层面。也就是说，站在社会心理批评的立场上，我们很有必要对奥勃洛摩夫性格出现的社会心理层面的原因给予足够的重视。

---

① ［俄］M. A. 普罗托波波夫．别林斯基，杜勃罗留波夫，皮萨列夫，冈察洛夫［C］．翁本泽，译．郑州：海燕出版社，2005：337.

② ［俄］В. Г. 柯罗连科．文学回忆录［M］．丰一吟，译．北京：人民文学出版社，1985：311.

第二节　纯艺术批评视域下的奥勃洛摩夫性格

《奥勃洛摩夫》及《什么是奥勃洛摩夫性格?》的发表，在俄罗斯社会引发了一系列的讨论，评论家们从不同的角度对奥勃洛摩夫性格进行了阐释。其中还有不少人对杜勃罗留波夫的观点提出了不同的看法。例如，评论家普罗多波波夫认为，杜勃罗留波夫在《什么是奥勃洛摩夫性格?》里所表现出来的宣传才能是狭隘的、具有政论目的的，而非文学意义上的批评行为。他说："很明显，冈察洛夫的长篇小说对于杜勃罗留波夫来说是个十分难得的好东西：奥勃洛摩夫可以被埋怨，而且，我们完全可以用奥勃洛摩夫性格来指责俄罗斯社会，当然，杜勃罗留波夫不会放过这样的机会。杜勃罗留波夫完全达到了自己的目的，他将冈察洛夫的长篇小说用到了极致，可他的文章只是一味地批评长篇小说本身，至于长篇小说家本人起了什么作用……就让读者自己去决定吧。"① 又如，《北方邮报》的主编 A. 沃伦斯基（A. Волынский）认为，尽管杜勃罗留波夫在《什么是奥勃洛摩夫性格?》一文中对奥勃洛摩夫性格的特征及其成因做了深刻的分析，但他还是指出了杜勃罗留波夫观点的一些不足之处，他说："杜勃罗留波夫对《奥勃洛摩夫》，或者，更准确一点说，是对作为一种社会现象的奥勃洛摩夫性格进行了完美的评价，可是在心理层面并未作出足够深刻的分析。"② 当然，也有部分文学评论家在分析过程中淡化了奥勃洛摩夫性格的社会因素，而是从民族心理层面对之进行探讨，其中的代表人物就是德鲁日宁。

一、《奥勃洛摩夫》中的诗意化特征

1859 年 12 月，德鲁日宁在自己担任主编的刊物——《读者文库》（《Библиотека для чтения》）第 12 期上发表了题为"《奥勃洛摩夫》：冈察洛夫的长篇小说（两卷本，1859 年）"的评论文章，比《什么是奥勃洛摩夫性格?》大约晚了半年多时间发表。与杜勃罗留波夫不同的是，德鲁日宁并没有过多地批判奥勃洛摩夫性格的消极面，而是将作家创作中的诗意特征、奥勃

---

① Протопопов М. А. Гончаров (В сокращении) [A]. Отрадин М. В. Роман И. А. Гончарова《Обломов》в русской критике (Сборник статей) [C]. Л., 1991: 194-195.

② Волынский А. Гончаров [J]. Северный вестник, 1891 (10): 161.

洛摩夫性格的世界性、奥勃洛摩夫的优点放在优先位置进行讨论。

德鲁日宁首先以英国作家乔治·亨利·路易斯（George Henry Lewes）在其作品中讲的一个笑话为例，阐述了诗歌在诗人创作中的作用，进而谈到了俄罗斯文学中的诗意化特征。德鲁日宁认为，在1859年，俄罗斯文坛出现了一系列具有诗意化的作品，其中《奥勃洛摩夫》就是其中的杰作，他还对小说产生的良好反响给予了高度的肯定。在德鲁日宁看来，《奥勃洛摩夫》之所以取得如此大的成功，那是因为这部作品洋溢着浓厚的诗意。他认为，"《奥勃洛摩夫》的作者和我国艺术的一流代表人物一样，都是最纯洁和独立的艺术家，他们凭借自己创作的作品而表现出了自己的天赋和完美。他是一名现实主义作家，可他的现实主义经常洋溢着深刻的诗意，他凭借自己的观察力和创作方法完全可以成为自然派的代表人物。与此同时，由于他最爱戴的导师普希金的诗歌在文学上培养和影响了他，这使得冈察洛夫远离了毫无意义和干巴巴的真实"。①

在揭示冈察洛夫文学才能方面，德鲁日宁将他与弗拉芒派画家进行了比较，因为他认为只有这样才能找到了解冈察洛夫贡献、优点和缺点的钥匙。他指出："像弗拉芒派画家一样，冈察洛夫具有民族性，他能紧盯既定目标，并在作品最小的细节中写出诗意来。他与弗拉芒派画家一样，坚信世界任何东西都可以凭借劳动和天赋的力量，都可以被诗意地加以理解。"②

德鲁日宁接着指出，《奥勃洛摩夫》使得"奥勃洛摩夫"和"奥勃洛摩夫性格"这两个词成为俄语中的固定词汇。俄罗斯当代社会的全部现象在这两个词身上得到了充分的体现，而这些现象在此前不被人知。因此，"我们这个民族身上有太多的奥勃洛摩夫性格，所以大家都在研究、了解奥勃洛摩夫——此外，了解他，反而还全身心爱上他。因为，不可能在了解奥勃洛摩夫之后还不深爱他"。③ 接下来，德鲁日宁就评论界针对奥勃洛摩夫的批评提出了自己的看法：

> 如今有很多温柔的太太毫无理由地将伊里亚·伊里奇看作是十足可

---

① Дружнин А. В.《Обломов》. Роман И. А. Гончарова. Два тома. СПб., 1859 [A]. Отрадин М. В. Роман И. А. Гончарова《Обломов》в русской критике (Сборник статей) [Z]. Л., 1991: 112.

② Дружнин А. В.《Обломов》. Роман И. А. Гончарова. Два тома. СПб., 1859 [A]. Отрадин М. В. Роман И. А. Гончарова《Обломов》в русской критике (Сборник статей) [Z]. Л., 1991: 112.

③ Дружнин А. В.《Обломов》. Роман И. А. Гончарова. Два тома. СПб., 1859 [A]. Отрадин М. В. Роман И. А. Гончарова《Обломов》в русской критике (Сборник статей) [Z]. Л., 1991: 112.

笑的人，很多人本着过分实用之目的，极力鄙视奥勃洛摩夫，甚至称之为蜗牛。对主人公所有苛刻的审判说明这是不正常的、表面化的和经不起长期推敲的吹毛求疵。对我们来说，奥勃洛摩夫是可爱的，也值得去热爱他——这是事实，不必怀疑。……因为紧紧把握了现实并将之探究到从未有人到达过的深度，《奥勃洛摩夫》的作者终于接近到其作品中那些真正的、诗意的和永恒的东西。我们甚至可以说，通过自己弗拉芒式的、锲而不舍的劳动，他为我们提供了一种爱，这种爱我们之前谈到过，接下来我们还会谈到它。要是冈察洛夫君没有如此深入奥勃洛摩夫性格的内核，那么他深入研究过的奥勃洛摩夫性格怎么可以为我们展示出它的忧郁、不幸、可怜，以及毫无根据的被嘲笑的那一面？现在我们可以嘲笑奥勃洛摩夫性格，但这种嘲笑应该是充满纯洁爱意和真诚眼泪的笑；可以同情它的受害者，但我们这种同情应该是充满诗意、清醒和尊敬的，这对大多数人来说是高尚和英明的。①

很明显，德鲁日宁在这里批评了评论界对奥勃洛摩夫的误读，并认为他们的评论是“不正常的、表面化的和经不起长期推敲的吹毛求疵”。而在他眼里，奥勃洛摩夫是可爱的，哪怕我们嘲笑他身上的缺点，那也应该是善意、流着真诚眼泪的嘲笑。

同时，德鲁日宁还认为，《奥勃洛摩夫》第一部分和另外三部分所描写的奥勃洛摩夫不是同一个人。他指出：

每位在《祖国纪事》上读过冈察洛夫君的新长篇小说的读者都十分清楚，这部小说由两个并不均衡的部分组成。如果我们没弄错的话，小说第一部分创作于1849年，另外三部分创作于1857至1858年。总之，这个一开始就困难重重，而且完全不明了的构思，过了十年时间才考虑成熟。在那个无情折磨自家扎哈尔的奥勃洛摩夫，与那个深爱奥丽加的奥勃洛摩夫之间，也许横亘着一条谁也无法消除的鸿沟。这两个奥勃洛摩夫之间的界限，我们这位作家也无法抹平。②

---

① Дружнин А. В.《Обломов》. Роман И. А. Гончарова. Два тома. СПб., 1859 [A]. Отрадин М. В. Роман И. А. Гончарова《Обломов》в русской критике (Сборник статей) [Z]. Л., 1991: 112-113.

② Дружнин А. В.《Обломов》. Роман И. А. Гончарова. Два тома. СПб., 1859 [A]. Отрадин М. В. Роман И. А. Гончарова《Обломов》в русской критике (Сборник статей) [Z]. Л., 1991: 112-113.

我们认为，德鲁日宁的分析是客观的。小说第一部分所描写的奥勃洛摩夫与后三部分所刻画的奥勃洛摩夫的确有些判若两人。第一个奥勃洛摩夫是对仆人颐指气使的老爷，过着寄生生活，对社会抱有成见，不愿参与任何公务，给人的感觉就像是废物。第二个奥勃洛摩夫拒绝奥丽加的爱情，显得十分深刻，让人感动和觉得可爱。但是，冈察洛夫并没有像那些才能平庸的作家，强行去抹平两个奥勃洛摩夫之间的界限和消除他们之间的鸿沟，而是在鸿沟之间找到了一块“过渡性木板”（переходная доска），这就是第一部分第九节《奥勃洛摩夫的梦》。

德鲁日宁认为，冈察洛夫在写作《奥勃洛摩夫的梦》时，对奥勃洛摩夫的构思既不成熟，也不真实，所以他对这时的主人公没有什么好感。其原因就在于，“1849年前的那个时代并非是个性独立、观点公正的时代。尽管冈察洛夫有着十足的独立性，但他毕竟是自己时代的儿子和作家”。① 而冈察洛夫，在1849年那样一个说教文学横行、作家话语权受限的时代，说出了时代的要求，此举具有重要的意义。因此，德鲁日宁对《奥勃洛摩夫的梦》给予了高度肯定：“《奥勃洛摩夫的梦》——这是了不起的片段，它将在我们的文学中常青不老，同时也是我们揭示奥勃洛摩夫和奥勃洛摩夫性格的第一步和最重要的一步。……《奥勃洛摩夫的梦》不仅照亮、阐明和理智地美化了整个人物，而且用成百上千无形的纽带将它与所有俄罗斯读者的心灵联系在了一起。”②

对于《奥勃洛摩夫的梦》的细节描写，德鲁日宁也给予了高度评价，他说：“有必要说说精美诗歌的神奇，说说真理的灿烂阳光，它们使得人物和评论者之间的关系更加接近。在这里没有任何多余的东西，您找不到任何不明确的特征和多余的话，周围一切细小的东西都是不可或缺的，所有的一切都是合理和优美的。……看得出，在描写这个小片段时，作家不无目的地将自己的整个心灵融入其中，也许，这部鸿篇巨制的每个细节都反映了他的创作精神，这就像是一小滴水能映照整个太阳一样——可以毫不夸张地说，这样的片段我们从小就应该学会背诵。”③

---

① Дружнин А. В.《Обломов》. Роман И. А. Гончарова. Два тома. СПб., 1859［A］. Отрадин М. В. Роман И. А. Гончарова《Обломов》в русской критике（Сборник статей）［Z］. Л., 1991：114.

② Дружнин А. В.《Обломов》. Роман И. А. Гончарова. Два тома. СПб., 1859［A］. Отрадин М. В. Роман И. А. Гончарова《Обломов》в русской критике（Сборник статей）［Z］. Л., 1991：115.

③ Дружнин А. В.《Обломов》. Роман И. А. Гончарова. Два тома. СПб., 1859［A］. Отрадин М. В. Роман И. А. Гончарова《Обломов》в русской критике（Сборник статей）［Z］. Л., 1991：115.

二、爱情：奥勃洛摩夫性格善良品质的载体

在德鲁日宁看来，《奥勃洛摩夫的梦》对于刻画奥勃洛摩夫固然重要，但还不够完善，奥丽加的人物塑造才是最为关键和重要的一步，因为奥勃洛摩夫的温柔和可爱都是通过爱情体现出来的。奥丽加比任何人都了解奥勃洛摩夫，只有她看到了奥勃洛摩夫的天生的温和、精神的纯洁、俄罗斯式的善良、面对他人背叛时的骑士风度，还有对龌龊的事情的坚决抵制。同时，她还看到了奥勃洛摩夫的本性，这种本性让人感到很舒服，不会蔑视自己。德鲁日宁写道："没有奥丽加·伊琳斯卡娅及她和奥勃洛摩夫的爱情悲剧，那么我们现在无法了解伊里亚·伊里奇，没有奥丽加对主人公的评判，我们至今都无法以应有的方式去看待他。"① 接下来，德鲁日宁从奥丽加与奥勃洛摩夫的爱情故事出发，分析读者是如何通过聪明、勇敢的女主人公洞悉奥勃洛摩夫的性格特征，如何从这位不爱慕虚荣的姑娘身上看到奥勃洛摩夫的弱点和可笑，因为奥丽加是所有角色中最了解奥勃洛摩夫的人。为了进一步突出爱情对于揭示奥勃洛摩夫性格中的重要性，德鲁日宁还提到了普舍尼琴娜对丈夫奥勃洛摩夫的怀念。我们认为，德鲁日宁在这里的分析是有根据的，因为奥勃洛摩夫性格中的善良、温和主要是通过爱情来体现的。当然，小说中也描写了所有其他人物对奥勃洛摩夫的好感，但作者并未花费很多笔墨来解释其中的原因。

为了突出奥丽加在揭示奥勃洛摩夫性格特征的重要性，德鲁日宁指出："奥丽加的塑造是如此完美——她在长篇小说中所起的作用之大，以至于再通过塑造其他角色来进一步理解奥勃洛摩夫显得有点多余，有时候甚至是不必要的。"② 在此基础上，德鲁日宁指出，《奥勃洛摩夫》中的施托尔茨这个人物对于揭示奥勃洛摩夫性格来说是多余的。因为在德鲁日宁看来，施托尔茨在作品中的意义并不大，因为对于文学作品来说，拿两个没有共同点且性格迥异的男人（奥勃洛摩夫和施托尔茨）来揭示人物性格是没有必要的，在这方面，女人、热烈的爱情、眼泪、嘲笑和同情要管用得多。至于其中的理由，德鲁日宁是如此认为的：

---

① Дружнин А. В.《Обломов》. Роман И. А. Гончарова. Два тома. СПб.，1859［A］. Отрадин М. В. Роман И. А. Гончарова《Обломов》в русской критике（Сборник статей）［Z］. Л.，1991：116-117.

② Дружнин А. В.《Обломов》. Роман И. А. Гончарова. Два тома. СПб.，1859［A］. Отрадин М. В. Роман И. А. Гончарова《Обломов》в русской критике（Сборник статей）［Z］. Л.，1991：118.

冈察洛夫对施托尔茨童年的描写详尽又充满诗意，但对其成年的描写则显得十分冷淡，他甚至都不愿意告诉我们，施托尔茨到底是做什么工作的。所以这种莫名其妙的错误对读者产生了不良作用，要知道读者打小就已经习惯不待见任何奸商，更何况奸商的商业活动让人一无所知。如果说施托尔茨身上承载着重要使命，如果说奥勃洛摩夫这一典型只有通过他才能得到合理解释，那么我们的作家在费了九牛二虎之力进行观察的情况下，是不会放弃既定主题的，对这一点我们深信不疑。可是我们已经说过，奥丽加大大挤压了施托尔茨在小说中的空间和意义。①

如果从小说艺术的角度来看，施托尔茨这一人物形象的确有些苍白和不真实。他心里想什么、做什么，包括他如何经营奥勃洛摩夫农庄等事情我们都一无所知。这一点，我们从他无法说服奥勃洛摩夫从沙发上站起来，无法让追求精神自由的奥丽加感到幸福等事实中也可以感受得到。但如果断言施托尔茨在小说中纯属多余，那就有些不太符合事实。无论是从小说情节铺展来看，还是从揭示奥勃洛摩夫性格特征所发挥的作用来看，施托尔茨依然是第一主角，而奥丽加仅为配角而已。至于德鲁日宁认为奥丽加大大挤压了施托尔茨在小说中的空间和意义，的确有言过其实之嫌，他的出发点主要是为了赋予人物和情节以诗意特征。

为了揭示爱情的力量，德鲁日宁还专门谈到了奥勃洛摩夫给妻子普舍尼琴娜的生活和精神所带来的变化，也描写了普舍尼琴娜对奥勃洛摩夫的深爱、尊敬和怀念。德鲁日宁认为，普舍尼琴娜在小说中第一次出现，给人一种不祥的预感——她是“迫害”奥勃洛摩夫的罪魁祸首。但是随着小说情节的发展，冈察洛夫赋予这一角色深深的同情和温情。对于普舍尼琴娜的描写，德鲁日宁说：

从她与奥勃洛摩夫的第一次拘谨的谈话开始，那些描写阿加菲娅·马特维耶夫娜的章节，在艺术上是极其完美的，可我们的作家在结束故事的时候，却突破艺术常规的一切界限，为我们写下了这样一些文字，它们让我们心碎，眼泪滴落到书本上，那些洞察力强的读者的心灵飞向了静谧的诗歌的领域，迄今为止，在我们所有俄罗斯人中，只有普希金

---

① Дружнин А. В.《Обломов》. Роман И. А. Гончарова. Два тома. СПб.，1859［A］. Отрадин М. В. Роман И. А. Гончарова《Обломов》в русской критике（Сборник статей）［Z］. Л.，1991：С. 119.

能在该领域做得到这一点。①

在这里，德鲁日宁引用了《奥勃洛摩夫》中的一大段文字，来印证普舍尼琴娜生活发生的变化及她对奥勃洛摩夫的思念。在整篇评论文中，这是德鲁日宁第一次引用了差不多一页篇幅的文字来阐明自己的观点，由此可见，这段文字已深深地打动了他自己。

三、奥勃洛摩夫性格的民族特性与普适性

在分析了奥勃洛摩夫的各种特征之后，德鲁日宁开始进入这一性格的民族属性和普适性问题。为此，他指出：

> 冈察洛夫君所全面刻画的奥勃洛摩夫性格，反映了俄罗斯生活的很多方面，可我们不能因为它发源于我们这里并在我们这里以非凡的力量长期存在，就据此认为奥勃洛摩夫性格仅仅属于俄罗斯。我们现在讨论的这部长篇小说，当它今后被翻译成其他语言时，一定会受到好评，到那时它会向我们证明，它所刻画的典型是多么的普遍和具有世界性。伊里亚·伊里奇兄弟众多且遍布世界各地，这是一些这样的人：他们不准备过有实际意义的生活，温和地拒绝接触这种生活，而变幻莫测的世界使得他们在精神上昏昏入睡，但他们未打算摆脱这种昏睡，因为他们在面对这种变化时束手无策。这些人有时显得很滑稽，有时具有危害性，但常常是十分讨人喜欢甚至是理性的。②

在奥勃洛摩夫到底是俄罗斯独有现象还是具有世界意义的问题上，还有一个人与德鲁日宁的看法是一致的，他就是皮萨列夫。1859 年，皮萨列夫在自己的文学评论文《〈奥勃洛摩夫〉：冈察洛夫的长篇小说》中将奥勃洛摩夫性格视为“全人类的现象”。他写道：

> 冈察洛夫君在他的长篇小说中所体现的思想，属于所有的世纪和民族，可对于当今的我们俄罗斯社会有着特殊的意义。作者打算仔细考察

---

① Дружнин А. В.《Обломов》. Роман И. А. Гончарова. Два тома. СПб.，1859 [A]. Отрадин М. В. Роман И. А. Гончарова《Обломов》в русской критике（Сборник статей）[Z]. Л.，1991：120.

② Дружнин А. В.《Обломов》. Роман И. А. Гончарова. Два тома. СПб.，1859 [A]. Отрадин М. В. Роман И. А. Гончарова《Обломов》в русской критике（Сборник статей）[Z]. Л.，1991：122.

这一让人窒息、致命的影响，它让人变得麻木昏睡，而昏睡则会渐渐地控制人的全部力量，它会通过自身支配和限制所有优秀人们的理智行为和情感。这冷漠是全人类的现象，它的表现形式多种多样，其产生的原因驳杂繁复；可是在这种冷漠中有一个老问题在一直起着作用：“人为什么活着？劳动是为了什么？”——关于这一问题，人类不可能找到满意答案。①

为了证明自己观点的正确性，德鲁日宁在指出奥勃洛摩夫性格的消极面的同时，认为这些消极因素源自俄罗斯社会的不成熟，这些现象在其他新兴国家中也存在。在德鲁日宁看来，冈察洛夫作为一名伟大的作家，他“将奥勃洛摩夫性格的所有根源与我们民族生活和诗意的土壤紧紧地连接在一起——向我们展示了其平和与温和的一面，也没有隐瞒其任何缺点。奥勃洛摩夫——就像一个小孩，而不是龌龊的好色之徒，他总是躺在床上，而不是道德败坏的自私者或者衰变时代的享乐主义者。面对善的东西他显得无能为力，但他显然不会去作恶，他的精神是纯洁的，没有因为生活的错综复杂而变坏——因此，尽管自己的整个一生一事无成，他还是合乎情理地博得了周围一切人的好感，尽管这些人与他有着天壤之别”。②

德鲁日宁将奥勃洛摩夫比喻成小孩，这的确是个有新意的比喻。这其实是在为奥勃洛摩夫的消极行为开脱。俗话说：“人之初，性本善。”奥勃洛摩夫如果是小孩，那就意味着他心灵纯洁，行为幼稚，如果我们读者为一个小孩子的幼稚行为感到愤怒，那就是苛刻的。我们从小说中可以得知，奥勃洛摩夫一直不喜欢从事公务工作，而整天坐在衙门里的人都是成人，我们这些读者一般也是成人。德鲁日宁的比喻，实际上是要告诉我们一个事实，即一个慵懒、打着哈欠的小孩，当然斗不过我们这些成人。但是，我们成人身上的毛病（包括身体上的疾病），小孩子是没有的。对于这一点，德鲁日宁说：

小孩子有自己的天性和自己的发展条件，伊里亚·伊里奇在很多方面保持了自己的孩子般的纯洁和单纯，保持了成年人十分珍视的那些品质，这些品质本身，在最具体的复杂性中，为我们打开真理的领域，有

① Писарев Д. И.《Обломов》. Роман И. А. Гончарова [A]. Отрадин М. В. Роман И. А. Гончарова《Обломов》в русской критике (Сборник статей) [C]. Л., 1991: 70.

② Дружнин А. В.《Обломов》. Роман И. А. Гончарова. Два тома. СПб., 1859 [A]. Отрадин М. В. Роман И. А. Гончарова《Обломов》в русской критике (Сборник статей) [Z]. Л., 1991: 122.

> 时候还会给我们派来一个未经世故、喜欢幻想的怪人，这个人超越了自己时代的偏见，也高于他周围一大群生意人。①

德鲁日宁在这里列举了奥勃洛摩夫的很多优点，特别是多次谈到了他对周围一切人的善举和宽容，以此来印证这位“小孩”内心的善良、真诚与稚嫩。他想告诉读者的是，我们喜欢奥勃洛摩夫，不是因为他的可笑，不是因为他可怜的生活，更不是因为他的软弱，而是因为他的善良、真诚与不成熟。

对于德鲁日宁列举奥勃洛摩夫的优点这一做法，有研究者甚至从宗教的角度来认为，“德鲁日宁在奥勃洛摩夫的这些本性中看到的是俄罗斯民族性格积极面的反映，我们想补充一点的是，俄罗斯民族性格又是在东正教的大背景下形成的。奥勃洛摩夫对社会矛盾的抗拒本身，从其自身源头来看，与以基督教世界观来认识人类存在的价值有着紧密的联系。主人公的很多认识与感受都是由东正教思维方式的精神原则预先决定了的”。②

在文章的最后，德鲁日宁对奥勃洛摩夫进行了总结，他认为：

> 他对我们之所以很宝贵，那是因为他是自己国家和时代的代表，他作为一个善良和娇嫩的孩子，能够为他人的生活和发展做受人爱戴和善意的事情。他对我们之所以很宝贵，那是因为他有独立、纯洁的性格，这种性格与道德上的经院式陈词滥调格格不入，这样的道德本身会腐蚀很多人，这些人并未将他放在眼里。他之所以珍贵，那是因为真实，这已经深入他的意识之中，还是因为，诗人—艺术家冈察洛夫将奥勃洛摩夫所有的根须与我们的故土联系在一起。最后，对我们来说，他是一个可爱的怪人，在我们这个自私自利、花招玩尽、不讲道理的时代，是他温情脉脉地结束了自己的世纪，他没有欺负任何一个人，没有欺骗任何一个人，也没有怂恿任何一个人去做任何卑鄙下流的事情。③

---

① Дружнин А. В.《Обломов》. Роман И. А. Гончарова. Два тома. СПб., 1859 [A]. Отрадин М. В. Роман И. А. Гончарова《Обломов》в русской критике (Сборник статей) [Z]. Л., 1991：123.

② Щеблыкина Л. И. А. В. Дружнин о романе И. А. Гончаров《Обломов》(методологический аспект) [A]. И. А. Гончаров. Материалы Международной конференции, посвященной 185-летию со дня рождения И. А. Гончарова: Сборник русских и зарубежных авторов [C]. Ульяновск, 1998：184.

③ Дружнин А. В.《Обломов》. Роман И. А. Гончарова. Два тома. СПб., 1859 [A]. Отрадин М. В. Роман И. А. Гончарова《Обломов》в русской критике (Сборник статей) [Z]. Л., 1991：125.

B. A. 杜尼马诺夫（B. A. Туниманов）认为德鲁日宁的这一观点，是俄罗斯评论界奥勃洛摩夫性格研究的重要源头。他指出："从历史—时间的远景来看，从研究奥勃洛摩夫性格到研究奥勃洛摩夫的变化，以及将冈察洛夫这部伟大的、丰富的长篇小说中的深刻的美学、心理学和精神层面的东西贯穿起来的做法，首先源自 A. B. 德鲁日宁的文章，源自他对小说主人公热情洋溢的赞扬。"①

通读德鲁日宁的文章，我们可以发现，文章作者与杜勃罗留波夫对待奥勃洛摩夫和奥勃洛摩夫性格的态度截然不同，甚至可以说是互相对立的。我们认为，尽管这两篇评论文章的发表距今已有差不多 160 年的时间，但它们至今仍然是研究《奥勃洛摩夫》的参照。杜勃罗留波夫和德鲁日宁在分析《奥勃洛摩夫》时所产生的分歧，也很好地说明了文学批评史上一个争论已久的话题，即文学到底是描写美的艺术，还是能发挥教诲作用的艺术？今天的我们对于这一问题有了更多的认识和解读途径，但在社会运动和改革如火如荼的 19 世纪中期的俄罗斯，这个问题似乎与政治立场和社会立场有着紧密的联系。

德鲁日宁作为俄罗斯作家、评论家，其 1847 年出版的现实主义中篇小说《波林卡·萨克斯》因为维护妇女权利和尊严而得到别林斯基的肯定。从 1849 年起，他倾向温和的自由主义，并提出"纯艺术"的理论主张。1856 至 1861 年他在主编《读者文库》期间，将这份刊物变成了唯美派的代言人，并与《现代人》相对抗。德鲁日宁认为艺术可分两类：一类是"优美艺术"，主要描写善、美、爱主题，"艺术本身就是目的"，代表人物是普希金、托尔斯泰、奥斯特洛夫斯基、迈科夫等。一类是"教诲艺术"，它们具有倾向性，以醒世为宗旨，但这类作品的艺术价值不大，代表人物是拉季舍夫、果戈理、涅克拉索夫等。德鲁日宁的"纯艺术"理论的提出，有自己的理论渊源、时代背景和文学语境。首先，从理论渊源方面看，在普希金、斯坦凯维奇以及别林斯基的创作实践和理论探索中已经包含"纯艺术"的因素。其次，从时代背景看，沙皇政府在 19 世纪中期实行的文化专制政策（在俄罗斯主要是文学专制政策），直接导致了以德鲁日宁为代表的自由主义者提出了"纯艺术"论的理论主张，因为该理论与现实的对抗要比以车尔尼雪夫斯基为代表的革命民主派更为隐蔽。再次，19 世纪俄罗斯批判现实主义文学同俄罗斯启蒙思

---

① Тунималов В. А. Понятие《обломовщина》в критике XIX-XX вв [A]. Гончаров И. А. Полное собрание сочинений и писем в 20 т. Т. 6 [M]. СПб.，2004：247.

想的发展有着紧密的联系，以拉吉舍夫、别林斯基、车尔尼雪夫斯基、杜勃罗留波夫等为代表的一大批知识分子，充分意识到文学在反映现实中的重要作用。不过，他们在肯定文学的再现现实功能的同时，却忽视了文学艺术的独立价值。德鲁日宁“为艺术而艺术”的“纯艺术”理论正是在这样的文学语境下得以提出的。

不过我们也要看到，“纯艺术”理论并非像其自诩的那么“纯粹”。它与俄罗斯自由主义政治理念有着千丝万缕的联系，它与革命民主派美学的对立乃是自由派与革命民主派两种政治理念之对立波及文坛的结果。具体到对《奥勃洛摩夫》的批评来说，这种对立从小说发表之初就已经开始显现，到20世纪50—60年代达到了高潮，直到苏联解体后才逐渐偃旗息鼓。而这一切，在对奥勃洛摩夫性格的阐释上表现得尤其明显。

第三节　奥勃洛摩夫性格的两面性

1859年1至4月，长篇小说《奥勃洛摩夫》在《祖国纪事》杂志（Отечественные записки）第1至4期连载发表。当年5月，杜勃罗留波夫在《现代人》杂志第5期发表《什么是奥勃洛摩夫性格?》一文。12月，德鲁日宁在《读者文库》杂志第12期发表名为“《奥勃洛摩夫》：冈察洛夫的长篇小说”（两卷本，1859年）的评论文章。很有意思的是，杜勃罗留波夫的文章名称开门见山，剑指主题，总是力求直接点明文章主旨。所以他的评论文章的题目很有论战性、倾向性，如“论俄罗斯文学发展中人民性渗透的程度”“黑暗王国”“黑暗王国的一线光明”“什么是奥勃洛摩夫性格?”“真正的白天什么时候到来?”等等，就是最好的例证。而德鲁日宁的文学评论文章的名称基本上都是重复评论对象的名称，给人的感觉是没有什么倾向性，自己的观点也不明显。如“冈察洛夫的长篇小说《奥勃洛摩夫》”“Н. 谢尔宾纳的《希腊诗集》”“В. П. 鲍特金的《关于西班牙的信件》”“В. Г. 别林斯基《文集》”等等就是如此。

一、艺术描写视域下的奥勃洛摩夫性格

单从《冈察洛夫的长篇小说〈奥勃洛摩夫〉》和《什么是奥勃洛摩夫性格?》这两篇文章的题目来看，德鲁日宁是重复了小说的名称，给人的感觉是一篇介绍性的文章。而杜勃罗留波夫的文章不仅倾向性强，而且是要揭示出

小说包含的思想内容和实质。根据我们上两节所分析的内容来看，如果说杜勃罗留波夫探讨的是“什么是奥勃洛摩夫性格”的问题，那德鲁日宁更为关注的则是“谁是奥勃洛摩夫”的问题。的确，德鲁日宁讨论得最多的是奥勃洛摩夫具有什么特点、他的普适性和诗意特征。而杜勃罗留波夫分析的主要是奥勃洛摩夫性格的表现形式、形成的原因及其危害。在此，我们不由得想起冈察洛夫在创作《奥勃洛摩夫》之初为小说名字而“头疼”的问题。当时，“奥勃洛摩夫”和“奥勃洛摩夫性格”都是作家创作小说时的备选名字，但直到小说定稿时，他才决定采用“奥勃洛摩夫”作为自己小说的题目。由此可见，冈察洛夫本人在小说定位的问题上曾经举棋不定。

杜勃罗留波夫和德鲁日宁对《奥勃洛摩夫》的分析，都是从分析冈察洛夫的艺术手法开始的。

杜勃罗留波夫以《奥勃洛摩夫》第一部分的描写为例，对冈察洛夫客观的、“不厌其烦的”、“冗长的”叙事手法给予了肯定。他在文章的一开篇就写道：“这些爱好外表上引人瞩目情节的读者，所以会对这部长篇小说的第一部分感到疲倦，就因为直到这一部分的终结，它的主角还是继续躺在沙发上，他们已经在第一章的开头，在这张沙发上见到过他了。”① 接着，杜勃罗留波夫指出，对描写对象的反复打磨，恰恰是冈察洛夫才能的最坚强有力的一面，这对于作家的艺术描写极有帮助，是其艺术创作的高贵特征。他称冈察洛夫“这种艺术创造是平稳的、清醒的、冷静的”。② 杜勃罗留波夫为此写道：

> 他有另外一种特质：一种属于诗人世界观的宁静和丰满。他不会被什么东西特别地吸引去，或者一切东西对他有同一程度的吸引力。他决不迷离于某一对象的一方面，也不会迷离于某一事件的一个瞬间；而是把这一对象转来转去，从四面八方来观察它，期待着这一现象所有的瞬间的完全显现，到那时候，他才开始从事艺术加工。就因为这样的缘故，艺术家对待他所描写的对象，当然就能比较平静，比较不偏不倚，甚至对于琐碎的详细情节，都能弄得轮廓分明，而且对于小说中所有个别事

---

① ［俄］H. A. 杜勃罗留波夫．文学论文选［M］．辛未艾，译．上海：上海译文出版社，1984：2.

② ［俄］H. A. 杜勃罗留波夫．文学论文选［M］．辛未艾，译．上海：上海译文出版社，1984：9.

件，也能给予同等程度的注意了。[①]

德鲁日宁对《奥勃洛摩夫》的肯定则是从肯定作家的优美语言和独立的个性，准确地说是作家创作中的诗意特征开始的。虽然他也肯定了冈察洛夫不紧不慢的叙事方式、事无巨细的描写手法，但他对小说第一部分的情节问题提出了批评。尽管批评的话语只有短短的一段话，但却实事求是，切中要害。他认为，“小说的第一部分总是十分重要的，对于以章节形式出版的小说尤为重要，但这部小说的第一部分比其他几个部分逊色许多。因为作者在这部分犯了个大错，即小说的情节干瘪乏味，读者大概永远不会原谅他的这个错误”。[②] 我们认为，德鲁日宁作为当时著名的文学批评家、《读者文库》的主编，如果他要评论《奥勃洛摩夫》，就不可能不知道杜勃罗留波夫的这篇评论文章。也就是说，他指责《奥勃洛摩夫》第一部分缺乏情节，其实等于承认自己是杜勃罗留波夫所说的那类“爱好外表上引人瞩目情节的读者”。他真是杜勃罗留波夫所说的那类读者吗？我们认为事实并非如此，《奥勃洛摩夫》第一部分的确存在德鲁日宁所说的情节干瘪乏味的毛病。

冈察洛夫在小说第一部分第一节，主要刻画了奥勃洛摩夫的形象。首先，作家描写了主人公的神态与相貌，用词（以俄语单词计算）551 个，描写的内容有：年龄、身材、外表、动作、服饰、生活习惯。其中，近 90%的文字用在了人物的外表、服饰的描写。紧接着，冈察洛夫用了 340 个单词来描写奥勃洛摩夫的房间里的东西：写字台、沙发、屏风、窗帘、地毯、瓷器、油画、铜器、墙面、餐具、床、烟斗、墨水、镜子、毛巾、盐罐、吃剩的骨头、报纸、笔，如此之类的小物件和家庭内饰物品，无一被放过。之后，是描写奥勃洛摩夫碰到的那件烦恼事——搬家，以及他与仆人扎哈尔之间的斗嘴。小说第二、三、四节，奥勃洛摩夫躺在沙发上，连续接待了 5 位来宾：小公务员沃尔科夫、刚刚被提升为处长的苏季宾斯基、缺乏人道主义精神的落魄作家卞金、小公务员阿列克谢耶夫、政府部门的记录员塔兰季耶夫。5 位来宾的来访之情节铺展模式几乎是一致的：介绍来宾——奥勃洛摩夫说的话（“请别过来，请别过来，你刚从外边进来，有寒气！”）—— 来宾约奥勃洛摩夫参加社交生活——奥勃洛摩夫拒绝——双方谈论时局（主要是奥勃洛摩夫

---

① ［俄］Н. А. 杜勃罗留波夫．文学论文选［M］．辛未艾，译．上海：上海译文出版社，1984：6.

② Дружнин А. В.《Обломов》. Роман И. А. Гончарова. Два тома. СПб.，1859［A］. Отрадин М. В. Роман И. А. Гончарова《Обломов》в русской критике (Сборник статей)［Z］. Л.，1991：110.

发表高见）——来宾离开。第五、六节主要介绍奥勃洛摩夫在彼得堡十二年的生活与工作情况，重点讲述其对彼得堡官场生活的厌恶和逃离。第七节介绍扎哈尔对奥勃洛摩夫一家的忠诚，以及主仆之间的关系。第八节描写了奥勃洛摩夫因搬家之事对扎哈尔发脾气，大秀了一把老爷作风和身份。第九节是《奥勃洛摩夫的梦》，主要介绍奥勃洛摩夫的成长经历。这是第一部分乃至整部小说的关键一节，对于揭示奥勃洛摩夫性格的特征产生的根源具有十分重要的意义。不过，这里对奥勃洛摩夫生活的描写采取的依然是事无巨细、面面俱到的写作手法。第十节讲述扎哈尔与同院落的仆人间的插科打诨，第十一节描写的是扎哈尔叫奥勃洛摩夫起床，没有成功。

根据上面的介绍，可以看出《奥勃洛摩夫》第一部分有如下几个方面的特点：人物及其环境刻画过于繁复，情节发展过于缓慢，描写模式过于单一，情节转承过于平淡。从作品阅读层面来看，小说第一部分的确有给人冗长、沉闷、枯燥之感。不过，从小说意义层面来看，对人物或者环境的某一特征进行细致、反复、全面的描写也许是一种行之有效的做法。

我们认为，两位批评家在分析《奥勃洛摩夫》的过程中，表现出了敏锐的艺术感知力，他们对小说的艺术本质和作家的艺术天才都给予了高度的肯定。但是，面对同样的文本，杜勃罗留波夫更看重的是小说的思想意义和批判性，而德鲁日宁更看重的是人物性格的善良面以及小说的诗意特征，因此他们得出的结论也大相径庭。这既真实体现了革命民主派美学与纯艺术派美学在文学批评上的根本区别，同时也体现了他们的社会立场的差异。例如，在面对"奥勃洛摩夫性格"这一词汇，杜勃罗留波夫认为它"是解开俄罗斯生活中许多现象之谜的关键"，"这是俄罗斯生活的产物，这是时代的征兆"。[①] 杜勃罗留波夫看重的是这一性格的负面意义，所以他认为，奥勃洛摩夫性格使得冈察洛夫的《奥勃洛摩夫》具有比俄罗斯其他暴露小说更重要的社会意义。然而，德鲁日宁看到的更多是这一性格的正面意义，他认为，冈察洛夫将奥勃洛摩夫的根与俄罗斯大地紧密联系在了一起，所以"奥勃洛摩夫"和"奥勃洛摩夫性格"即将成为俄语中的固定词汇。再加上俄罗斯民族自身有太多的奥勃洛摩夫性格，所以"我们不仅仅了解了奥勃洛摩夫，而且还全身心地爱上了他。因为，不可能在了解了奥勃洛摩夫之后还不深爱

---

① ［俄］H. A. 杜勃罗留波夫．文学论文选［M］．辛未艾，译．上海：上海译文出版社，1984：2.

他”。[①] 此外，德鲁日宁对冈察洛夫的艺术手法给予了高度评价，认为他不仅全面、深刻地揭示了奥勃洛摩夫的消极特征，同时也有其愁闷、可笑和可爱的特征。

二、奥勃洛摩夫与“多余人”

在《什么是奥勃洛摩夫性格?》中，杜勃罗留波夫用了差不多一半的篇幅来讨论奥勃洛摩夫与俄罗斯文学形象“多余人”之间的关系。他在列举奥勃洛摩夫懒惰性格的种种表现、指出这些表现是教育和周围环境的产物之后说：“真的，——假使你去打开，例如吧，《奥涅金》《当代英雄》《谁之罪?》《罗亭》，或者《施企格罗夫郡的哈姆雷特》——在他们中间的每一个人身上，你都能寻到几乎和奥勃洛摩夫的性格一模一样的特征。”[②] 接着，杜勃罗留波夫从阅读、写作、供职服务、家庭生活、对待女人的态度五个方面分析了奥勃洛摩夫与“多余人”的共性与差异。但在《冈察洛夫的长篇小说〈奥勃洛摩夫〉》中，德鲁日宁根本没有涉及这一问题。也许在他眼里，将奥勃洛摩夫与“多余人”联系起来的想法根本没有进入冈察洛夫的创作构思中去。

很有意思的是，冈察洛夫虽然对杜勃罗留波夫的《什么是奥勃洛摩夫性格?》一文持肯定态度，也明知后者花费了很多笔墨来讨论奥勃洛摩夫与“多余人”之间的关系。但是，冈察洛夫在自己的文学评论文中从未谈论过这一问题，到了晚年，他甚至否认奥勃洛摩夫属于“多余人”之列。1885 年 2 月 9 日，他在给 П. Г. 甘泽（П. Г. Ганзен,《奥勃洛摩夫》的荷兰语译者）的信中写道：“我在报纸上读到，他在一家德国杂志上写了一篇评论奥勃洛摩夫的文章，顺便说一下，他还将他归入‘多余人’的行列：这是他没有读懂！我完全有权这样说，外国人是无法弄懂奥勃洛摩夫这一典型的。像他这样的‘多余人’在俄罗斯多得数不清，而不多余的人却少得可怜。您是十分清楚的，我们的奥勃洛摩夫性格到底意味着什么。”[③]

1891 年，冈察洛夫去世，第二年，普罗多波波夫在《俄罗斯思想》（Русская мысль）杂志撰文纪念冈察洛夫。在这篇文章中，普罗多波波夫批

---

① Дружнин А. В.《Обломов》. Роман И. А. Гончарова. Два тома. СПб., 1859 [А]. Отрадин М. В. Роман И. А. Гончарова《Обломов》в русской критике (Сборник статей) [Z]. Л., 1991: 112.

② [俄] Н. А. 杜勃罗留波夫．文学论文选 [M]. 辛未艾，译．上海：上海译文出版社，1984: 22-23.

③ Гончаров И. А. Письма // Гончаров И. А. Собрание сочинений в 8 томах. Т. 8 [Z]. М., 1980: 476.

评了杜勃罗留波夫将奥勃洛摩夫与“多余人”进行比较的做法。例如，他指出，杜勃罗留波夫对“多余人”的思考是错误的，其原因在于：

……对奥涅金、毕巧林、别里托夫和罗亭来说，正是在他们迫不得已的无所作为中包含了对生活的诅咒，而在奥勃洛摩夫的无所作为中展示的全是他自己的幸福。这一点可从杜勃罗留波夫为了说明自己的论题所引用的那些片段中得到更好的证明。如果这样的话，那么杜勃罗留波夫的所有类推与比较都毫无价值：不要将这些幸福观是完全对立的人归在一个行列。譬如说，奥勃洛摩夫因为中风而丧命，临终时身上盖着三层绒毛被褥，而中风的原因是他的暴饮暴食和蛰居不动。而罗亭呢，他是手擎红旗死在巴黎的一座桥上，——这难道是同一类人吗？不是，这不是概括，而是明显具有争议性的牵强附会。①

此外，普罗多波波夫对杜勃罗留波夫利用“多余人”对待女人的态度来论证自己的观点的做法提出了自己的见解：

接下来为了引出的自己的思想，杜勃罗留波夫十分详细地分析了奥涅金及其他人对女人的态度，并得出结论，这些人的态度完全是奥勃洛摩夫式的：所有这些人物，都像奥勃洛摩夫一样，“可耻地逃离”了自己所喜欢的女人们。这似乎是杜勃罗留波夫的主要论据。这一论据很巧妙，表面上也很合乎情理，但下面一个简单的看法就可以推翻它：塔季扬娜看奥涅金，梅丽公爵小姐看毕巧林，克鲁茨菲尔斯卡娅看别里托夫，娜塔莉亚看罗亭——是仰视，而奥丽加·伊琳斯卡娅则可以指挥甚至直接使唤奥勃洛摩夫。为什么这样？那是因为，毕巧林、罗亭和其他人内心极具力量，所以女人们在他们面前是服从的，而奥勃洛摩夫整个就像是一床鸭绒褥垫，第一次见到他的那位贵族小姐，对他随意地拉扯翻转，想怎么样就怎么样。也许，结论如前：奥涅金、毕巧林、别里托夫、罗亭——是一类人，而奥勃洛摩夫——是另一类人……②

---

① Протопопов М. А. Гончаров（В сокращении）［А］. Отрадин М. В. Роман И. А. Гончарова《Обломов》в русской критике (Сборник статей)［С］. Л.，1991：195.

② Протопопов М. А. Гончаров（В сокращении）［А］. Отрадин М. В. Роман И. А. Гончарова《Обломов》в русской критике (Сборник статей)［С］. Л.，1991：196.

普罗多波波夫最后得出的结论是，奥勃洛摩夫的懒惰，是“个体精神生活”的现象，是“个体非正常发展”的结果。我们可以将奥勃洛摩夫当做典型来进行讨论，“只不过这只是统计学意义的典型，从这一点来看，这样的人或者近似这样的人，大概在我们这里也不少”。①

1925 年，В. Ф. 佩列韦尔泽夫（В. Ф. Переверзев）在一篇文章中也曾经指出，杜勃罗留波夫将奥勃洛摩夫与“多余人”进行比较是没有根据的，“因为奥勃洛摩夫与奥涅金、罗亭等在心理特征方面毫无共同之处”。② 2008 年，高荣国发表题为《误读与过度诠释：再论奥勃洛摩夫与“多余人”》的文章，对奥勃洛摩夫与多余人之间的关系进行了详细的讨论，并论证了不能将奥勃洛摩夫纳入“多余人”之列的理由。③

在论及奥丽加这一人物形象方面，德鲁日宁给予她高度的肯定，认为这一形象是认识奥勃洛摩夫的关键，有了她，施托尔茨似乎都没有存在的必要。在这一方面，杜勃罗留波夫与德鲁日宁的观点基本上是一致的。杜勃罗留波夫认为，奥丽加永远忠实于自己以及自己的发展，“在她的身上，比较斯托尔兹，可以看到更多的关于俄罗斯新生活的暗示；从她的身上，可以期待着能够把奥勃洛摩夫性格烧成灰烬，吹得四散的语句”。④ “她对于奥勃洛摩夫性格是太熟悉了，她能够从它的各种不同形态中，从各种不同的假面具下，把它辨别清楚，而且永远在自身找到对它发出无情批判的足够力量……”⑤

同时，在对待施托尔茨的问题上，杜勃罗留波夫与德鲁日宁的意见也基本上是一致的，只不过前者比后者说得更为含蓄而已。杜勃罗留波夫指出，施托尔茨这一人物离现实生活太远，他在当时的俄罗斯社会生活中还未出现。当然，他也指责冈察洛夫在施托尔茨这一形象的刻画方面写得太不真实。他说，“我们从冈察洛夫君的长篇小说中只能看到，斯托尔兹是一个活动的人，他老是在忙着什么，在奔来跑去，在得到什么东西，说什么，生活就是劳动之类。可是他究竟在做些什么，他在别人没有什么可以做的地方，究竟规划

---

① Протопопов М. А. Гончаров（В сокращении）[А]. Отрадин М. В. Роман И. А. Гончарова《Обломов》в русской критике (Сборник статей) [С]. Л.，1991：197.

② Переверзев В. Ф. Социальный генезис обломовщины [J]. Печать и революция，1925 (2)：66.

③ 详见：高荣国．误读与过度诠释：再论奥勃洛摩夫与“多余人”[J]. 湖南科技学院学报，2008 (9)：44-46.

④ [俄] Н. А. 杜勃罗留波夫．文学论文选 [M]. 辛未艾，译．上海：上海译文出版社，1984：56.

⑤ [俄] Н. А. 杜勃罗留波夫．文学论文选 [M]. 辛未艾，译．上海：上海译文出版社，1984：59.

了一些什么正经事情——这对我们却是一种秘密了”。① 最后，杜勃罗留波夫指出，施托尔茨“并不是那个能够用俄罗斯灵魂所明白通晓的语言，向我们叫出‘前进!’这个雄伟有力词语的人”。② 很明显，在对待施托尔茨这一形象上，德鲁日宁看到的是他对奥勃洛摩夫性格揭示的“无用性”，而杜勃罗留波夫看到的则是这个人物本身的“苍白与无力”。德鲁日宁在这篇文章中，就像是一位具有革新意义的批评家，完全脱离传统的文学作品研究模式（将主要精力放在作品情节及其对人物形象进行仔细的研究上），而是将注意力放在了作品的美学思想及其道德层面。他的文章就像是论证性的理论计算，得出的结论也很有说服力。

三、文学评论家眼中的奥勃洛摩夫性格的复杂性

在19世纪中期，革命民主主义文学批评派自然不能接受德鲁日宁对《奥勃洛摩夫》的分析，今天看来，这有其具体的历史背景。不过，即使到了20世纪中期，苏联许多文学评论家依然受庸俗文学批评的影响，始终挥着革命民主主义文学批评的大棒，对德鲁日宁的观点进行驳斥。

1957年，苏联“青年禁卫军”出版社出版了由雷巴索夫执笔的《冈察洛夫传》。在论及德鲁日宁对《奥勃洛摩夫》的评论时，雷巴索夫认为，以德鲁日宁为代表的纯艺术文学批评派，“他们作为‘美学’评论的信徒，回避对文学现象给予社会评价，甚至企图把冈察洛夫同批判现实主义流派作家对立起来”。雷巴索夫在分析德鲁日宁的“谬误”时指出：

> 自由主义评论家亚·德鲁日宁试图把冈察洛夫说成是“纯洁的、独立不羁的”、与俄国文学果戈理流派——批判现实主义——格格不入的艺术家。德鲁日宁反对对奥勃洛摩夫做出严厉的审判，而想方设法证明这个形象招人喜欢。德鲁日宁写道：“对奥勃洛摩夫我们大家都感到很亲切，他值得我们去深爱……作者本人无限忠实于奥勃洛摩夫，这就是他的作品具有深度的原因所在。”
>
> 德鲁日宁竭力想抹杀长篇小说的反农奴制的倾向，掩盖奥勃洛摩夫性格的贵族地主、农奴主的本质。他把奥勃洛摩夫性格宣布为“整个民

---

① ［俄］H. A. 杜勃罗留波夫．文学论文选［M］．辛未艾，译．上海：上海译文出版社，1984：54.

② ［俄］H. A. 杜勃罗留波夫．文学论文选［M］．辛未艾，译．上海：上海译文出版社，1984：55.

族”的性格。这是对俄国人民的诬蔑，是对俄罗斯民族性格的诬蔑。

冈察洛夫的长篇小说没有为这样的结论提供任何根据。相反，冈察洛夫非常明确而又理由充分地说明，奥勃洛摩夫性格不是全民族的现象，而是一种社会现象；它是旧的、颓废的生活方式的产物，是贵族领地阶级的、农奴制的产物。①

雷巴索夫的观点是值得商讨的，应该说，奥勃洛摩夫性格既是社会的，也是民族的。例如，1922 年 3 月 26 日，列宁在一次演讲中说，“在俄国生活中曾有过这样的典型，这就是奥勃洛摩夫。他总是躺在床上，制定各种计划。从那时起，已经过去很长一段时间了。俄国完成了三次革命，但奥勃洛摩夫们仍然存在，因为奥勃洛摩夫不仅是地主，而且是农民，不仅是农民，而且是知识分子，不仅是知识分子，而且是工人和共产党员。只要看一下我们如何开会，如何在各个委员会里工作，可以说奥勃洛摩夫仍然存在，对这种人必须长时间搓洗敲打，才会产生一些效果”。② 换句话说，俄罗斯社会生活的整个发展过程在于，各种形形色色的施托尔茨都在试图“清除、清洁、拍打、搓洗”我们内部的奥勃洛摩夫，而事实上没有任何成效。

М. Я. 波利雅科夫（М. Я. Поляков）在 1958 年版的《俄罗斯评论界中的冈察洛夫》一文中指出，德鲁日宁属于那种乐于与果戈理的批判倾向作对的评论家，也与别林斯基十分看重的文学的社会意义意见相左。正因为如此，德鲁日宁总是赋予反动的、维护农奴制的文学作品以诗意特征。这与德鲁日宁热衷于“纯艺术”思想有着紧密的联系，因为“纯艺术派”一直将艺术的独立性特征与艺术的思想性对立起来。波利雅科夫由此认为，将奥勃洛摩夫性格理想化十分自然地成为了德鲁日宁的评论文《冈察洛夫的长篇小说〈奥勃洛摩夫〉》的主要意图，所以“在这篇文章中，冈察洛夫被看成是‘纯粹和独立’的作家，他与果戈理流派倡导的‘空洞和干巴巴的自然主义’格格不入。德鲁日宁看不到也不愿意看到奥勃洛摩夫性格中的社会和历史根源——贵族寄生生活的农奴制本质。在他的论述中奥勃洛摩夫性格是不存在的，有的只是一个可爱和善良的人，这个人是自己时代的反映”。③

总之，在对待奥勃洛摩夫或者奥勃洛摩夫性格的问题上，德鲁日宁和杜

---

① Рыбасов А. П. И. А. Гончаров［М］. М.，1957：252.

② ［俄］В. И. 列宁．列宁全集（第 43 卷）［M］. 北京：人民文学出版社，1987：12-13.

③ Поляков М. Я. Гончаров в оценке русской критики［А］. Гончаров И. А. в русской критике: Сборник статей［С］. М.，1958：14.

勃罗留波夫在很多方面基本上是相互对立的。例如，在人物的行为方面：杜勃罗留波夫认为，奥勃洛摩夫不善于去做积极上进的事情，而德鲁日宁则认为奥勃洛摩夫不会去作恶。在比较对象方面，杜勃罗留波夫喜欢拿《奥勃洛摩夫》与俄罗斯本土文学进行比较，德鲁日宁则是拿它与西欧文学进行比较。在艺术手法方面，杜勃罗留波夫认为冈察洛夫就像是一名高超的雕塑家，喜欢与坚硬、有抗力的材料打交道，而德鲁日宁将冈察洛夫比作弗拉芒派画家，喜欢与五光十色的颜料打交道。在人物的民族属性方面，杜勃罗留波夫将奥勃洛摩夫视为俄罗斯人，而德鲁日宁将之视为全人类的代表。在论证对象方面，杜勃罗留波夫更多的是讨论何为奥勃洛摩夫性格这一问题，而德鲁日宁讨论的则是谁是奥勃洛摩夫的问题。之所以出现如此之大的反差，恰恰体现了两位文学评论家在看待《奥勃洛摩夫》时所选取的视角不同——杜勃罗留波夫主要是从社会问题的角度来进行探讨，德鲁日宁则主要从社会心理层面来进行分析。对于他们两人的观点，俄罗斯文学评论界也是态度不一的。德鲁日宁的观点有时也会得到一些人的认可。比如 A. M. 施德伊郭利特（A. M. Штейнгольд）则公开表示了他对德鲁日宁观点的好感，他认为，“德鲁日宁的文章，似乎，针对的并非是《现代人》杂志及其主要评论家，但它十分明显地反对了杜勃罗留波夫的观点，这不仅体现在主旨和结论上，也体现在体裁上、标题上、结构上、材料的选取上，还有风格上，这让我们提出了这样一个疑问，所有这些因素难道不是有意识的辩论吗？”①

由于批评视角不同，杜勃罗留波夫与德鲁日宁在看待奥勃洛摩夫性格的问题上提出不同的观点，得出了不同的结论。对于两位批评家的评论性意见，冈察洛夫的态度还是有很大的差异的。比如他从未在自己的信件、文学评论文中提到过德鲁日宁的评论文章《〈奥勃洛摩夫〉：冈察洛夫的长篇小说（两卷本，1859 年）》。而对于杜勃罗留波夫的《什么是奥勃洛摩夫性格？》倒是多次提及。我们认为，之所以出现这种情况，主要有两个方面的原因。一是德鲁日宁与杜勃罗留波夫的观点尖锐对立，冈察洛夫已经赞同了先发表的《什么是奥勃洛摩夫性格？》，那么自然不能再去肯定德鲁日宁的论点，否则会自相矛盾。其二，在 19 世纪中期俄罗斯社会运动如火如荼，革命民主主义批评流派占据优势地位，俄罗斯农奴制改革势在必行的时期，如果不赞同杜勃罗留波夫对奥勃洛摩夫性格的阐释，有可能背负“逆潮流而动”的沉重骂名。

---

① Штейнгольд А. М. Из истории русской критики：（Возможность и границы полемики）[J]. Русская литература，1994（1）：45.

因此，最好的选择方案是对德鲁日宁的观点闭口不谈，保持沉默。

当然，冈察洛夫对杜勃罗留波夫的观点并非是全盘接受，而是有所选择的。我们认为，杜尼马诺夫关于冈察洛夫对待杜勃罗留波夫评论文的态度的看法是比较客观和准确的。他说："有很多证据表明，不仅在19世纪50—60年代，甚至在后来很长一段时间里，冈察洛夫是部分赞同杜勃罗留波夫对奥勃洛摩夫本质的解释的。……尽管他不同意杜勃罗留波夫在'清除'奥勃洛摩夫性格时使用的宣传手段。"①

A. 沃隆斯基（A. Волынский）是认同冈察洛夫的观点的。他认为，在评论冈察洛夫的艺术才能方面，杜勃罗留波夫在《什么是奥勃洛摩夫性格?》中，开门见山地评价了冈察洛夫的文学天才，同时，也说出了很多有见地的观点。但是，由于杜勃罗留波夫的文章带有过于浓厚的政论色彩，所以从某种意义上又遮蔽了长篇小说的真正意图。因此，沃隆斯基指出："冈察洛夫依然没有得到很好的研究——所以对奥勃洛摩夫与俄罗斯诗歌中其他人物的一切比较，都是断章取义和没有根据的，这些比较，并未为说明长篇小说的总体特征增添任何新鲜的东西。"②

杜勃罗留波夫从历史—社会学的角度，看到了奥勃洛摩夫性格中的危害，洞悉了俄罗斯民族性格中的负面因素，在俄罗斯农奴制改革前夕说出了时代的要求——消除农奴制。不过，正如克拉斯纳谢科娃所指出的那样，杜勃罗留波夫主要选取了《奥勃洛摩夫》的第一部分来进行研究，其目的就是为了通过这一部分来揭示俄罗斯农奴制的腐朽与没落。德鲁日宁则是从心理层面解释了奥勃洛摩夫性格中的积极因素和普遍性，他选取的则是整部长篇小说，而且，奥勃洛摩夫性格在德鲁日宁的眼里还洋溢着浓浓的诗意。那么，作为小说作者的冈察洛夫，对于自己塑造的人物性格又是什么看法呢？我们认为，冈察洛夫本人对奥勃洛摩夫是前后矛盾的。这从另外一个角度说明，奥勃洛摩夫性格是复杂、多面的。

杜勃罗留波夫和德鲁日宁的对《奥勃洛摩夫》的态度分别代表了俄罗斯社会对待奥勃洛摩夫性格两种截然不同的态度。今天看来，这两位评论家的不同态度为我们从正反两方面认识奥勃洛摩夫性格提供了参照物。然而，仅仅从正反两面来考察奥勃洛摩夫性格也是不够的，对于含义丰富、成分复杂

---

① Тунималов В. А. Понятие《обломовщина》в критике XIX-XX вв［A］. Гончаров И. А. Полное собрание сочинений и писем в 20 т. Т. 6［M］. СПб.，2004：215-216.

② Волынский А. Литературные заметки［J］. Северный вестник，1894（3）：117.

的事物，还是应该要进行多角度、多层面的考察。而要做到这一点，就得要从历时的角度，对奥勃洛摩夫性格进行更为全面的分析，冈察洛夫本人及其历代文学研究者对这一性格的解读为我们实现此目的提供了很好的机会和素材。因为“在俄罗斯历史、政治、文化形势的更迭中，冈察洛夫的长篇小说每次都能得到新的阐释，而且，变化的不是形象的特性，而是对人物的评价和态度”。①

首先我们从小说内容本身来看看冈察洛夫本人对待奥勃洛摩夫性格的态度。我们在一章中已经分析过，冈察洛夫采取了弗拉芒式的描写手法，对奥勃洛摩夫性格进行了不厌其烦的刻画，这说明他有意将“奥勃洛摩夫性格”这一俄罗斯民族性格的特有性格类型灌输到读者心中。

长篇小说《奥勃洛摩夫》初定名为《奥勃洛摩夫性格》，这也说明，冈察洛夫希望在小说中集中反映这一性格的特征。关于这一点，在作家本人对小说第一部分的态度中可以看出端倪。例如，他在回忆录《不平凡的故事》（1870 年）中写道：“在第一部分中有的只是小说的前言、开场白，以及奥勃洛摩夫与扎哈尔之间的可笑的场景——仅此而已，离长篇小说还差得远！没有奥丽加、没有施托尔茨，也没有后来奥勃洛摩夫性格的发展。”②

在《巴拉达号三桅战舰》的“从喀琅施塔得到利泽德角”一章中，冈察洛夫由于转向了“亲切的奥勃洛摩夫故土”，所以他偏离了批判主题和政论倾向。例如，果沃鲁哈—沃特罗克说过：“请回忆一下他在《巴拉达号三桅战舰》中将普通俄罗斯地主与英国普通地主的日常生活进行比较的那段描写。普通、质朴的生活方式，在这里得到了直接呈现，没有任何成见——这就是为什么我们在这里看到的是一些真正的人，而不是《奥勃洛摩夫的梦》里的那些散发着木乃伊般陈腐味的人。”③

《奥勃洛摩夫的梦》发表于 1849 年，在这一节中，包括孩提时代的奥勃洛摩夫在内的几乎所有的奥勃洛摩夫田庄的人们，身上散发着“木乃伊般陈腐味”。然而，如果我们通读全文，则可以发现，成年后的奥勃洛摩夫虽然消极、无畏，但有时也表现出令人欣赏的一面。也就是说，冈察洛夫对奥勃洛

---

① Кантор В. Долгий навык ко сну：Размышления о романе И. А. Гончарова “Обломов” [J]. Вопросы литературы，1989 (1)：151.

② Гончаров И. А. Необыкновенная история // Гончаров И. А. Собрание сочинений в 8 томах. Т. 7 [Z]. М.，1980：407.

③ Говоруха-Отрок Ю. Н. И. А. Гончаров (В сокращении) [A]. Отрадин М. В. Роман И. А. Гончарова《Обломов》в русской критике (Сборник статей) [C]. Л.，1991：205.

摩夫的态度是前后不一致的。一方面，他在小说中，特别是在《奥勃洛摩夫的梦》一节中，对奥勃洛摩夫性格的消极面给予了无情的揭示和谴责，但他也不时流露出他对这一性格的某些好感，这也从另一方面说明这一性格也的确存在着某些值得加以肯定的因素。

例如，在小说开篇，冈察洛夫在对奥勃洛摩夫的肖像进行描写时就写道：

有时，他的眼神会因为疲倦或无聊而变得晦暗。不过疲倦也好，无聊也罢，却片刻不能逐去他脸上占优势的基本的表情——温和，这种温和不只是脸上的，也是整个心灵的，而他的心灵却如此明显地表现在他的眼睛里、微笑里，表现在他的头和手的每一个动作之中，哪怕是一个只从外表观察的冷漠的人，随便地看一眼奥勃洛摩夫后也会说："他大概是个好心肠的人，憨直"；而那些比较深刻、比较可爱的人则会长久打量他的脸，之后在愉快的沉思中含笑地走开。①

我们认为，在这段肖像描写中，"温和""善良"也是奥勃洛摩夫性格的基本特征之一。特别是最后一句话，虽然有些模棱两可，但却十分明显地体现了作者的态度：只有深刻、可爱的人才会在奥勃洛摩夫的脸上解读出某种深刻的思想，该思想虽然有些令人可笑，但却让人深思。事实上，通读整部小说，冈察洛夫的这一思想未发生过改变，由此可见，小说开篇的这段描写为作家描写奥勃洛摩夫性格的正面因素确定了基调。

四、奥勃洛摩夫性格的不同"映衬者"

冈察洛夫在《奥勃洛摩夫》中继续了他在《平凡的故事》中的写作手法——为奥勃洛摩夫设立了一个对立者形象，这就是施托尔茨。施托尔茨是作为奥勃洛摩夫性格的命名者、批判者的形象出现的。可是施托尔茨有时将奥勃洛摩夫（准确地说是奥勃洛摩夫性格）作为自己精神上的"心灵鸡汤"。例如，冈察洛夫在介绍完施托尔茨的成长经历和优秀品质之后写道：

奥勃洛摩夫又怎么会跟这种人接近呢？他的每一个性格特点、一举一动、整个生存方式都与施托尔茨的生活经历相反，这是不成问题的。

① Гончаров И. А. Обломов. Роман в четырех частях // Гончаров И. А. Полное собрание сочинений и писем в 20 т. Т. 4 [Z]. СПб.，2004：5.

不过对立的两个极端即使像前人所认为的不能产生好感，却无论如何也不阻碍这种好感。

何况他们的交好还有童年的和学校这两条有力的纽带维系，然后是奥勃洛摩夫一家慷慨地给予这个德国孩子的那种俄罗斯人的善良而丰富的待遇，以及施托尔茨从肉体和精神方面对奥勃洛摩夫所起的强有力影响，最后，也是最重要的是，奥勃洛摩夫的秉性的纯洁、开朗、善良。这种天性对一切美好的东西都充满深切的好感。它一旦敞开，便同一切质朴、单纯、永远信赖别人的心灵相呼应。

谁只要有意无意地朝这颗天真烂漫的心看一眼，哪怕他心情忧郁，满腹恼恨，也不能不将心比心，即使客观环境妨碍他去亲近这颗心，至少也给他留下良好的永久的记忆。

安德烈常常撂下手头的事情，或离开上流社会那帮人，离开晚会、舞会，到奥勃洛摩夫的宽大的沙发上来坐一会儿，让懒洋洋的交谈调节一下他那激动不已或者疲惫不堪的心，而且每次来了都能得到一些宽慰，就像一个人从华美的大厅走进自己简朴的住所，或者是告别南国大自然的美景，回到了从小就在其间漫步的桦树林。①

如果从小说情节的角度来看，上面的话似乎“有点多余”。从小说的上下文来看，冈察洛夫将《奥勃洛摩夫》第二部分的第一、二节全部用来介绍施托尔茨的优点，其目的是为了反衬奥勃洛摩夫性格的消极。但是，就在第二节的结尾处，作家冈察洛夫仿佛变身哲学家，从如下几个方面来论证了奥勃洛摩夫与施托尔茨交好的原因：（1）对立的两个极端不影响相互产生好感；（2）童年的友谊和同学之情是友谊得以维系的纽带；（3）德国孩子对俄罗斯人善良、礼待的感激；（4）施托尔茨在身心上对奥勃洛摩夫的影响；（5）奥勃洛摩夫秉性的纯洁、开朗、善良。在这里，作家还特别强调了一句，最后一点是两位主人公交好的最重要的原因。接下来，冈察洛夫花费了更多笔墨来描写奥勃洛摩夫对施托尔茨精神上的抚慰，并最终得出的结论是：前者是后者的心理安慰。很明显。冈察洛夫的这段话十分清晰地表明了他对施托尔茨和奥勃洛摩夫的态度。在彼得堡，有着奢华的生活，秀丽的风景，也有做不完的事情和参加不完的上流社会的舞会、晚会，因此让人疲惫不堪。奥勃

① Гончаров И. А. Обломов. Роман в четырех частях // Гончаров И. А. Полное собрание сочинений и писем в 20 т. Т. 4 [Z]. СПб.，2004：165.

洛摩夫田庄就像一座简朴的小屋和故乡的小白桦林，这里有宽大的沙发，有懒洋洋的交谈，让人的心灵得到宽慰。

奥丽加与奥勃洛摩夫分手后，嫁给了施托尔茨。奥丽加十分珍惜奥勃洛摩夫身上的优点，甚至对此念念不忘。一天，她和施托尔茨聊到了奥勃洛摩夫。奥丽加说："我不是像从前那样爱他，不过他身上有些东西是我所爱的，对此我大概会始终不渝，而不是像有些人那样……"①

为了向妻子说明她为何还在深爱奥勃洛摩夫，施托尔茨先是指出，奥勃洛摩夫的"智慧并不比别人差，只是关闭起来了，被乱七八糟的东西掩埋着、压抑着，毫无作为地沉睡了"。但尽管如此，奥勃洛摩夫依然是值得被人所爱的：

> 因为他有比任何智慧都更重要的东西：一颗正直的、诚实的心！这是他与生俱有的金子。他带着它经受了生活的磨炼而没有损伤它。他在生活的碰撞中跌倒了，逐渐变得冷漠，终于感到幻灭和绝望，失去了生活的力量而沉睡了，但却没有丢掉正直和忠诚。他的心从不发出一个虚假的音符，不会沾上一点污秽。任何漂亮的谎言都迷惑不了他，没有什么东西能把他引上虚伪的道路，哪怕整个卑污邪恶的海洋在他身边波涛汹涌，哪怕整个世界都受到毒害，弄得天翻地覆，奥勃洛摩夫永远不会向谎言和偶像低头，他的灵魂永远是纯洁的、明亮的、正直的……这是一颗水晶般的、透明的灵魂。这样的人是少有的，罕见的，是民众中的精华！他的心是任何东西也收买不了的，随时随地都可以信任他。这是你对他忠信不渝的原因，也是你对他的关心永远不会使我难过的原因。我认识很多品格高尚的人，但从来没有碰到过心地比他更纯洁、更光明、更质朴的人；我爱过许多的人，但从来没有像爱奥勃洛摩夫那样恒久和热烈。②

虽然这段话是通过施托尔茨的嘴说出来的，但也是冈察洛夫思想的流露。冈察洛夫借助施托尔茨虚构了奥勃洛摩夫的伟大，几乎将他塑造成上帝的形象——仁慈、博爱、高尚。在这里，我们看到的奥勃洛摩夫身上如金子般珍

① Гончаров И. А. Обломов. Роман в четырех частях // Гончаров И. А. Полное собрание сочинений и писем в 20 т. Т. 4 [Z]. СПб.，2004：467.

② Гончаров И. А. Обломов. Роман в четырех частях // Гончаров И. А. Полное собрание сочинений и писем в 20 т. Т. 4 [Z]. СПб.，2004：467.

贵的正直、真诚，生活的磨难都无法损害它，虽然我们在整部小说中都看不到这种磨难。他的心灵如水晶般透明，所以不受任何虚伪、卑污和邪恶的影响，也不会向谎言和偶像低头，虽然我们并不知道他心目中的偶像是谁。作家最后得出的结论是："这样的人是少有的，罕见的，是民众中的精华！"我们虽然承认奥勃洛摩夫身上有某些积极因素，但将他说成是"民众中的精华"多少有些夸张。如果真是这样，施托尔茨又是否有必要、又拿什么去拯救他？

为了进一步说明奥勃洛摩夫对他人的影响，冈察洛夫用了不少笔墨来描写她对普舍尼琴娜生活的影响：奥勃洛摩夫死后，普舍尼琴娜将她与奥勃洛摩夫所生的孩子安德留沙送到施托尔茨家培养，她一直认为安德留沙比她与前夫所生的两个孩子金贵，因为前夫是粗人，奥勃洛摩夫是老爷。奥勃洛摩夫的去世让普舍尼琴娜痛不欲生，她几乎不吃不喝，常常整夜不合眼，哭坏了眼睛。她虽然不善表达，但她认为她对奥勃洛摩夫的爱是充实的、丰满的，"她是把奥勃洛摩夫当做情人、丈夫、老爷来爱的"。① 在丈夫去世后，她经常去墓地悼念自己的丈夫，以至于在不到半年的时间里，在荒野中"踩出了一条通向亡夫墓地的小路"。② 再后来，普舍尼琴娜变得更加少言寡语，成天沉溺于自己的个人情感中，有时甚至觉得自己的精神层次要比哥嫂高出一等，并开始怜悯他们。因为"她明白，她的生命已经演示过了，辉煌过了，上帝曾经把灵魂注入她的生命，又把它取走了；太阳曾经照亮过她的灵魂，现在却永远暗淡了……真的，永远暗淡了。不过她也永远领悟了生命的意义。现在她知道了她为什么活着，她没有白活"。③

显然，冈察洛夫在这里再次将奥勃洛摩夫塑造成了上帝的形象。自与奥勃洛摩夫结婚后，普舍尼琴娜家"从早到晚都有欢乐的阳光从窗户照进来，半天照在这边，半天照在那边，因为两边都是菜园，所以阳光不会挡住"。④ 对于普舍尼琴娜来说，奥勃洛摩夫的到来就像上帝之光恩泽她的家庭，保障一家的生活富足，她脸上总是流露出同样的幸福：完美、满足。更为重要的

---

① Гончаров И. А. Обломов. Роман в четырех частях // Гончаров И. А. Полное собрание сочинений и писем в 20 т. Т. 4 [Z]. СПб.，2004：488.

② Гончаров И. А. Обломов. Роман в четырех частях // Гончаров И. А. Полное собрание сочинений и писем в 20 т. Т. 4 [Z]. СПб.，2004：487.

③ Гончаров И. А. Обломов. Роман в четырех частях // Гончаров И. А. Полное собрание сочинений и писем в 20 т. Т. 4 [Z]. СПб.，2004：488.

④ Гончаров И. А. Обломов. Роман в четырех частях // Гончаров И. А. Полное собрание сочинений и писем в 20 т. Т. 4 [Z]. СПб.，2004：471.

是，对于她这样一个大字不识的寡妇来说，“上帝曾经把灵魂注入她的生命”，“太阳曾经照亮过她的灵魂”，最终“她也永远领悟了生命的意义”。通过前面的分析我们可以看出，在普舍尼琴娜的眼里，“上帝”“太阳”其实就是她的丈夫奥勃洛摩夫。

平时喜欢与奥勃洛摩夫“抬杠”并经常违背主人意志的扎哈尔，在奥勃洛摩夫老爷死后，开始明白和珍惜老爷对他的“好处”。虽然扎哈尔在奥勃洛摩夫去世后沦落到乞丐的地步，但施托尔茨邀请他一道到乡下去照顾奥勃洛摩夫的儿子安德留沙，管吃管住。可扎哈尔并未同意，他叹着气说道：

> “我不想离开这里，离开他的墓地，离开我们的恩人，伊里亚·伊里奇啊！”扎哈尔哭道，“今天我又给他祈祷过，让他进天堂！上帝让这样好的主人死了！他活着让人高兴，他应该活一百岁……”①

同样，奥勃洛摩夫犹如仁慈的上帝，将自己的恩惠之光普照到每一个人身上。离开了奥勃洛摩夫之光的照耀，扎哈尔寸步难行。为了怀念自己的主人，他宁愿放弃有保障的生活，像一条忠诚的家犬一般，死守在主人的墓旁。

为了揭示奥勃洛摩夫性格的消极面，冈察洛夫还塑造了奥丽加这一女性人物形象。在小说中奥丽加是一个具有高度人道主义思想、对人充满爱和善意的形象，她渴望斗争不是出于狭隘的自私利益，而是出于对人类光辉的理想的尊重和对奥勃洛摩夫性格的憎恨。由于奥勃洛摩夫的懦弱和盲目的自尊心，使得奥丽加决定离开奥勃洛摩夫。分手时，奥丽加对奥勃洛摩夫及奥勃洛摩夫性格进行了一番剖析：

> 我最近才知道，我爱的只是我想在你身上看到的东西，是施托尔茨指给我看的东西，是我和他一起臆造的东西。我爱的是未来的奥勃洛摩夫！你温和、诚实，伊里亚。你温柔得……像只鸽子，你把脑袋藏在翅膀里，别的什么也不要，你一辈子都在屋檐下咕咕叫唤……我可不是这种人，我不能满足于这一点，我还需要有别的，不过究竟需要什么，我也不知道！你能否教我，告诉我，我缺少的是什么？并且给我这一切，

① Гончаров И. А. Обломов. Роман в четырех частях // Гончаров И. А. Полное собрание сочинений и писем в 20 т. Т. 4 [Z]. СПб.，2004：492.

使我……而温柔……何处没有温柔呢？①

奥丽加一心想拯救奥勃洛摩夫，试图通过自己的爱和对奥勃洛摩夫性格的恨来唤醒奥勃洛摩夫，使他能够重新生活、工作、获得幸福。当然，奥丽加在面对奥勃洛摩夫性格的顽固时，自然束手无策，最终她走向了施托尔茨，与他结了婚。

综上所述，冈察洛夫虽然对奥勃洛摩夫性格中的消极面进行了揭示，但也对其中的某些东西表示了好感。一方面，这说明冈察洛夫看到了人物性格的复杂性，同时，这也体现了他文学创作中的客观性特征。例如，对于奥勃洛摩夫性格的复杂性问题，冈察洛夫在《不平凡的故事中》说："大家可要知道（正如我在《奥勃洛摩夫》中所描写的那样），奥勃洛摩夫性格——无论是这个，还是所有其他的——它的产生并非全都是因为我们自身的罪过，而是因为很多其他方面、并不'取决于'我们自身无法决定的原因！它像空气一样，包围着我们，影响了（在某种程度上至今依然在影响）我们按照自己的使命坚定前行，我在英国、法国和德国的创作似乎就是如此！"② 冈察洛夫一生都主张写生活的真实，而且要忠实于自己所反映的现实，应该说，奥勃洛摩夫性格及奥勃洛摩夫这一典型，是冈察洛夫对生活现象的深入、敏锐和长期的观察之后产生和形成的。奥勃洛摩夫性格在作家童年时代就产生了，但在彼得堡生活的岁月里，冈察洛夫对奥勃洛摩夫性格及其社会本质、表现形式进行了深化和拓展。

总体来看，冈察洛夫在奥勃洛摩夫性格的揭示方面，态度是矛盾的、不坚决的。在这一问题上，我们认为皮萨列夫的观点值得我们关注。皮萨列夫把《奥勃洛摩夫》看成是"对俄罗斯生活的诋毁"，而且在谜一般的词汇"奥勃洛摩夫性格"中什么也没有发现："没有积极进取的人，这个事实，我们的长篇小说家是决定承认的，他提了这样一个问题——为什么没有这样的人呢？可他害怕给这个问题以满意的答案，因为要得出这样的答案还差得很远，按照俄罗斯的俗语所说，'有嘴走遍天下'。所以他回答说：'之所以没有实干家，那是因为我们受到了奥勃洛摩夫性格的危害。'这不是答案，只不过是换了一种形式来重复问题而已，实际上这句话传遍了整个俄罗斯，'奥勃洛摩夫

① Гончаров И. А. Обломов. Роман в четырех частях // Гончаров И. А. Полное собрание сочинений и писем в 20 т. Т. 4 [Z]. СПб.，2004：370-371.

② Гончаров И. А. Необыкновенная история // Гончаров И. А. Собрание сочинений в 8 томах. Т. 7 [Z]. М.，1980：393.

性格’进入了我们的语言，以至于《现代人》杂志的那位天才批评家用了一整篇评论文章来分析这样一个问题：什么是奥勃洛摩夫性格？”①

很明显，皮萨列夫认为小说作者冈察洛夫并未给出答案。不过，皮萨列夫在看待冈察洛夫创作中的客观性问题上，更多的是强调奥勃洛摩夫性格与俄罗斯现实的不符。在这一点上，他与杜勃罗留波夫是对立的，因为后者已经十分深刻、清晰论述了奥勃洛摩夫产生的根源、特征及其在俄罗斯社会的表现。不过，在奥勃洛摩夫性格的属性方面，他与杜勃罗留波夫是一致的，都将之视为斯拉夫民族性格的具体表征之一。

奥夫夏尼科—库利科夫斯基认为，奥勃洛摩夫性格包含两个层面。他说：“这部著名的长篇小说不仅讲述了奥勃洛摩夫及其他角色的故事，同时也提供了‘奥勃洛摩夫性格’的鲜明画面，后者自身实际上具有双重性：（1）奥勃洛摩夫性格是日常生活的、改革前的、农奴制的，对我们来说——这已经是过去的事情了；（2）奥勃洛摩夫性格还是心理层面的，并未随着农奴制的消亡而消亡，而是在新的方式和环境中继续存在。”②

关于是否能在俄罗斯根除奥勃洛摩夫性格，破除奥勃洛摩夫田庄式的俄罗斯生活方式方面，很多人都认识到，这是一件十分艰巨的事情。但尽管如此，在苏维埃政府刚刚建立的20世纪20年代，人们似乎更愿意按照布尔什维克主义的逻辑来看待奥勃洛摩夫性格。此时，评论界对于奥勃洛摩夫及奥勃洛摩夫性格的态度也随之悄然发生变化。

М. М. 普里什文（М. М. Пришвин）在一篇日记中曾这样写道，“俄罗斯任何‘积极的’事业都经不起奥勃洛摩夫的评判：他的安逸生活自身中隐含了对崇高价值、对该事业本身的质问，因为这一事业也许会让人失去安逸感。这是托尔斯泰的‘无为思想’。……否则在国内也不可能出现这样的情况，即所有出于改善个人生活的事业，都让人觉得不公正，而只有那些将个人利益与利他的事情完美结合起来的事业，才有可能与奥勃洛摩夫的安逸相提并论”。③

Б. М. 恩格里噶尔特（Б. М. Энгельгардт）也摒弃了对奥勃洛摩夫性格

---

① Писарев Д. И. Писемский, Тургенев, Гончаров: （Сочинения А. Ф. Писемского, т. I и II. Сочинения. И. С. Тургенева）［A］. Отрадин М. В. Роман И. А. Гончарова《Обломов》в русской критике（Сборник статей）［C］. Л.，1991：97.

② Овсянико-Куликовский Д. Н. Илья Ильич Обломов ［A］. Отрадин М. В. Роман И. А. Гончарова《Обломов》в русской критике（Сборник статей）［C］. Л.，1991：232.

③ Пришвин М. М. Незабудки［Z］. М.，1969：233-234.

的批判态度，而是尝试从新的角度去美化这一性格。他说，奥勃洛摩夫性格的本质“并非包含于‘懒惰’‘放纵’‘萎靡’以及其他‘能力’和‘本性’之中，这些特征通常被归咎于俄罗斯人身上，而是存在于实际性感觉的特殊形式之中，存在于有创造性标准的地方，这些标准高于生活，在这里，洋溢着对生活理想形式的想象性认识，它们同时又与现实中对真实现实的信仰结合在一起”。①

今天，也有学者指出，奥勃洛摩夫的懒惰并非是对社会的单纯逃避，而是对社会感到失望的结果。例如，克拉斯娜谢科娃就认为，“在奥勃洛摩夫的无所事事背后可以看到的……不仅仅是天生的懒惰，和孩提时代养成的坐享其成的习气，还有一种漠不关心——这是一个聪明和诚实的人，对现实事业中的可能性本身感到失望的结果”。② 而聂德茨维茨基指出了对杜勃罗留波夫的观点进行教条主义式研究的负面后果：“从革命民主主义的角度去解读《奥勃洛摩夫》……将收获甚少。冈察洛夫世界观深刻的特殊性，他与杜勃罗留波夫世界观的差异性也无法得以揭示。小说中的很多东西在这一过程中会变得无法理解。”③

---

① Орнатская Т. И. Трилогия И. А. Гончаров и《Фрегат “Паллада”》[A]. Leben, Werk und Wirkung. 1991：325.

② Краснощекова Е. А. Критическое наследие И. А. Гончарова [A]. И. А. Гончаров-критик [C]. М.，1981：38-39.

③ Недзвецкий В. А. И. А. Гончаров-романист и художник [M]. М.，1992：40.

第四章
奥勃洛摩夫性格的空间书写

第一节　奥勃洛摩夫田庄：奥勃洛摩夫性格形成的“温床”

在19世纪俄罗斯现实主义作家当中，人的成长与环境的关系是他们关注的焦点。他们认为，性格是由人的周围环境及他所受教育所决定的。1873年2月25日，冈察洛夫在给C. A. 尼基坚科的信中说：“我在《奥勃洛摩夫》中努力表现的是，我们怎样和为什么过早地变成……庸人，这是气候、环境、时间、穷乡僻壤、昏昏欲睡的生活，还有每个人特有的、独具个性的情况所决定的。”①

一、奥勃洛摩夫田庄的空间意义

在文学创作中，作品的时空关系具有十分重要、深刻的意义。在哈利泽夫看来，“文学作品拥有那种使极为不同类型的空间彼此接近，使它们仿佛融为一体的潜能……”② 同样，在《奥勃洛摩夫》中，有很多不同的空间形象，其中“花园”（сад）就是具有多层意义的空间之物。对此，B. A. 多曼斯基（B. A. Доманский）曾经在一篇文章中指出：

在冈察洛夫的三部长篇小说中，花园是其时空中最重要的组成部分。它建立了各种不同的艺术空间类型：自然空间、庄园空间、家庭和日常生活空间、人物之间的隐秘空间、文化空间和虚拟空间。花园被赋予这

---

① Рыбасов А. П. И. А. Гончаров [М]. М.，1957：225.

② [俄] B. E. 哈利泽夫. 文学学导论 [M]. 周启超，等，译. 北京：北京大学出版社，2006：273.

样一些功能：文化—历史功能（确定文化时期）；家庭—族群功能（突出家庭、族群制度）；审美功能（体现花园主人及其客人的审美趣味）；情感暗示功能（花园被“解读成”一本书，它是文本中人物相互关系的心理依据）；象征—隐喻功能（花园的形象和空间位置成为艺术上隐喻化的手段）。①

多曼斯基在具体分析《奥勃洛摩夫》中的“花园”时，区分了7种花园形象，每一种形象都分别代表了不同的文化特征，具有不同的意义。我们认为，多曼斯基对空间象征物分析后得出的观点，对于我们揭示《奥勃洛摩夫》的文化空间书写具有一定的指导意义。

在皮萨列夫看来，奥勃洛摩夫性格是俄罗斯民族性格的表征之一。他指出：“长篇小说的主人公伊里亚·伊里奇·奥勃洛摩夫，他体现了自身智力上的麻木，冈察洛夫给这种麻木取了一个名字叫奥勃洛摩夫性格。奥勃洛摩夫性格这个词在我们的文学中并未消失：它成功地被提炼出来，它十分明显地表现了我们俄罗斯生活主要陋习中的一种，大概，它还脱离文学而深入到语言之中并得到广泛应用。”②

在俄罗斯农奴制改革前后，俄罗斯国内的社会矛盾和社会冲突已经达到空前激烈的程度。特别是随着资本主义在俄罗斯的发展，新旧生产关系的矛盾的斗争也不断加剧，农奴制经济危机日益加深。在当时的俄罗斯，围绕如何解决俄罗斯社会矛盾、通过什么来拯救俄罗斯的问题存在各种不同的主张，但反对农奴制在众多不同的声音中占据了主流。特别是随着资本主义在俄罗斯大城市的日益发展及其向农村的渗透，19世纪中期的许多作家都已认识到资本主义取代农奴制已经是不可逆转的历史潮流。尽管以陀思妥耶夫斯基、托尔斯泰等为代表的作家对资本主义有着一种本能的抗拒，但冈察洛夫自始至终都是站在新兴资产阶级的立场上，揭露和批判了腐朽的农奴制度，指出它最终将被资本主义制度所取代，这是冈察洛夫文学创作的全部激情和意义所在。

在资本主义制度与农奴制度两种制度的选择方面，冈察洛夫的态度是坚定和明确的，那就是前者必定替代后者。然而，他对新兴资产阶级文化及其生活方式与传统的贵族庄园文化和宗法制生活方式之间斗争的认识，态度似

---

① Доманский В. А. Функции топоса сада в романах И. А. Гончарова [A]. Обломов: константы и переменные [C]. СПб., 2011: 160.

② Писарев Д. И.《Обломов》. Роман И. А. Гончарова [A]. Отрадин М. В. Роман И. А. Гончарова《Обломов》в русской критике (Сборник статей) [C]. Л., 1991: 72.

乎要模糊得多。出现这种状况也不足为奇，社会制度的更迭可以是激进的、迅速的，而文化的变革则要缓慢得多，也更难取舍，冈察洛夫的上述两种不同的态度真实反映了制度与文化之间的差异。同时，我们也认为，作家冈察洛夫对文化问题的思考，要远远多于他对社会问题的思索。奥勃洛摩夫性格作为作家关注俄罗斯社会文化的参照物，它的存在空间及其形态，是冈察洛夫对两种社会制度及其生活方式进行文化思考的重要载体之一。

杜勃罗留波夫认为，“奥勃洛摩夫的懒惰和冷淡——这是他全部历史中的唯一动力”。① 奥勃洛摩夫的主要特征，“是在于一种彻头彻尾的惰性，这种惰性是由于对一切世界上所进行的东西，都表示冷淡而发生。冷淡的原因，一部分在于他的外部地位，而另一部分，则在于他的智力和道德发展方式”。② 在这里，杜勃罗留波夫所说的“外部环境”指的是主人公的外在生活环境，“思想和性格发展方式”乃是指其个性形成的内在驱动力。

让奥勃洛摩夫变成庸人的，首先是他童年时代生活过的地方——奥勃洛摩夫农庄。这是奥勃洛摩夫性格产生和生根的“沃土”，是抚育和毁坏孩子健康和灵魂的“摇篮”，是决定他命运，让他毫无意义地生活和可悲死亡的“温床”。长篇小说《奥勃洛摩夫》犹如一篇分析俄罗斯农奴制弊端，研究奥勃洛摩夫性格表现的学术著作，对奥勃洛摩夫性格的成因做出了精细、全面的分析。我们可以这样认为，奥勃洛摩夫农庄的社会、文化、宗教氛围在奥勃洛摩夫性格的形成中起到了决定性的作用。因此，很有必要对奥勃洛摩夫农庄的空间文化意义进行分析。

二、奥勃洛摩夫田庄的象征意义

奥勃洛摩夫农庄是寄生生活的象征。奥勃洛摩夫农庄是贵族庄园，农奴的劳动是供奥勃洛摩夫等人过寄生生活的可靠保障。例如，当奥勃洛摩夫从村长那里得知，因为天气原因，今年即将少 2000 卢布的收入后，他情不自禁地喊道：“如今他才给我六千！是啊，我会饿死的！靠什么去生活？”③ 的确，由于农奴代役租金的减少，再加上狡猾的村长和贪得无厌的朋友的欺诈，奥

① ［俄］Н. А. 杜勃罗留波夫．文学论文选［M］．辛未艾，译．上海：上海译文出版社，1984：7.

② ［俄］Н. А. 杜勃罗留波夫．文学论文选［M］．辛未艾，译．上海：上海译文出版社，1984：12.

③ Гончаров И. А. Обломов. Роман в четырех частях // Гончаров И. А. Полное собрание сочинений и писем в 20 т. Т. 4 [Z]. СПб.，2004：36.

勃洛摩夫最后陷入了困境，不仅连房租都无法缴纳，甚至连与恋人奥丽加结婚的钱都没有。但是，奥勃洛摩夫由于懒惰和无能，不愿意也没有能力去管理自己的农庄，只能继续受骗。最后，心爱的奥丽加因为他的无能而离去，奥勃洛摩夫只能将田庄交给挚友施托尔茨打理。同时，他选择了在房东太太兼妻子的羽翼下栖身，过上了少年时代不愁吃穿的生活。最后，他因为不爱运动而过早发胖，中风早逝。

奥勃洛摩夫农庄是俄罗斯农奴制的象征。在老爷们看来，劳动就是受刑，地主们是不用劳动的。小说中，以奥勃洛摩夫为代表的老爷，可以随意使唤仆人，而他们不仅什么事情都不会做，而且也将做事视为除老爷之外的其他人身份低下的象征。当仆人扎哈尔将奥勃洛摩夫与“别人”（другой）相比时，奥勃洛摩夫认为这一称呼是对自己的贬低和侮辱，自尊心因此受到了伤害。为此，他训斥了扎哈尔：“你说的‘别人’——是该死的乞丐、粗野的没教养的人、住在顶楼上又肮脏又贫穷的人，这种人在院子里随便什么地方躺在一块毡子上就可以睡觉，这种人能有什么感觉呢？什么也没有。”① “‘别人’就是这么一种人，他自己擦皮鞋，自己穿衣服，虽然有时他看上去也像是老爷，但那是骗人的，他并不知道什么叫仆人，他没有人可使唤，要什么都得自己跑腿，自己烧炉子，自己去掸灰尘……”② “‘别人’不停地工作、奔波、忙碌！不工作就没饭吃。‘别人’要对人点头哈腰，‘别人’要向人乞讨，要卑躬屈膝……”③ 日本北海道大学大西郁夫（Ikuo Onishi）将奥勃洛摩夫与“别人”阶层进行了区分。他说：“《奥勃洛摩夫》所描写的那个由‘别人’（другой）组成的社会，有时会威胁到奥勃洛摩夫本人的存在，这个社会本身是模糊和不确定的，就像梦魇一样。然而尽管它像梦魇一样模糊，但还是摆脱了历史和地域上的具体性，并变成了‘一般意义上的社会’。所以这一社会形象，与对主人公的象征性描写结为一体，形成了关于个体与社会格格不入的认识。《奥勃洛摩夫》对悲剧性的描写是如此的深刻，所以长篇小说也许会具有永恒的意义。”④

---

① Гончаров И. А. Обломов. Роман в четырех частях // Гончаров И. А. Полное собрание сочинений и писем в 20 т. Т. 4 [Z]. СПб.，2004：91.

② Гончаров И. А. Обломов. Роман в четырех частях // Гончаров И. А. Полное собрание сочинений и писем в 20 т. Т. 4 [Z]. СПб.，2004：91.

③ Гончаров И. А. Обломов. Роман в четырех частях // Гончаров И. А. Полное собрание сочинений и писем в 20 т. Т. 4 [Z]. СПб.，2004：91-92.

④ Икуо Ониси. Об одной стилистической особенности в романе《Обломов》：Деталь и образ героя [A]. Leben，Werk und Wirkung. 1991：276.

奥勃洛摩夫农庄是肤浅教育的象征。随着资本主义的发展，书籍在俄罗斯得到传播，奥勃洛摩夫农庄人感到了新事物——教育——的触动，感受到了受教育的好处，但这种好处在他们眼里十分肤浅的：谋取官职、十字勋章和金钱。“他们是从表面了解了这种好处：他们看到，如今大家都到社会上去闯荡，也就是说想捞个一官半职，获得勋章，挣大钱。而要得到这一切，只能通过读书的途径；过去那些书吏、刀笔吏所熟悉的老一套，早已过时，他们的处境很不妙。”① 由此可以看出，奥勃洛摩夫农庄的老爷们对教育的好处是十分清楚的，只不过限于眼前能看得到的一点点好处罢了。这种好处最直接的体现就是，让自己的孩子获得一些在人面前显得体面的优势，获得炫耀的资本。至于说“书是人的内在需要”这一点，他们还无法意识到。也正因为如此，奥勃洛摩夫在政府部门就职期间，因为不愿吃苦，也无法忍受行政工作的繁琐而辞职。哪怕是到了交不起房租的境地时，他都不愿意去从事实际工作。

奥勃洛摩夫农庄是旧式田园生活的象征。奥勃洛摩夫农庄人的全部力量都集中在满足个人需要上，其中饮食是个人需要中最主要的要素。饮食的重要性在两个奥勃洛摩夫农庄（第一个是奥勃洛摩夫的老家奥勃洛摩夫农庄，第二个是房东太太普舍尼琴娜的家）得到了最为充分的体现。在奥勃洛摩夫农庄，“饮食是奥勃洛摩夫田庄生活的头等大事。为每年各种节日用的那些小牛犊喂得多肥啊！那些家禽养得多好啊！照料它们得费多少心思，花多少力气啊！为命名日和其他喜庆日准备的火鸡、雏鸡要喂坚果，不能让鹅走动，节日前几天还得把它们装进口袋里吊起来，让它们肥胖起来。贮存的果酱、腌菜、饼干又是多少啊！奥勃洛摩夫田庄的蜂蜜是多么甜！克瓦斯是多么可口！煎的馅饼又是多么香啊！”② 结婚以后，奥勃洛摩夫搬到了普舍尼琴娜家，过上了“幸福生活”。普谢妮琴娜就像是奥勃洛摩夫的母亲一样，为丈夫营造了一个衣食无忧的生活环境。“在储藏室的天花板下面，挂着火腿、干酪、糖块、鱼干、一袋袋干蘑菇和从芬兰人那里买来的胡桃，挂在那里是避免被老鼠糟蹋。地板上放着一桶桶食油、一筐筐鸡蛋和好几个盛着酸奶油的带盖子的坛子——什么东西没有啊！需要有另一枝荷马的笔才能完整、详尽

---

① Гончаров И. А. Обломов. Роман в четырех частях // Гончаров И. А. Полное собрание сочинений и писем в 20 т. Т. 4 [Z]. СПб.，2004：139.

② Гончаров И. А. Обломов. Роман в четырех частях // Гончаров И. А. Полное собрание сочинений и писем в 20 т. Т. 4 [Z]. СПб.，2004：110.

地描述出这个家庭生活小方舟各个角落和厨架上存放的东西。”① 为了照顾好自己的丈夫，普舍尼琴娜“总是那么细心地端给他咖啡，咖啡是那么干净、那么香甜可口，就像几年前他刚搬到这儿来时一样。杂碎汤、通心粉加帕尔玛干酪、肉饼馅、波特文牙汤、家养子鸡——这些菜肴都严格地按照顺序更换，使这个房子里的单调生活变得多样化，令人愉快”。② 对于奥勃洛摩夫来说：“他把现在的生活看做是奥勃洛摩夫田庄生活的继续，只是地方色彩和某种程度上的时间色彩有所不同罢了。在这里，也和在奥勃洛摩夫田庄一样，他可以轻易地摆脱生活，从生活中赢得有保障的毫无搅扰的安宁。”③ 普舍尼琴娜是一个目不识丁的俄罗斯妇女，她的见识和身份决定了她不会用热情的话语来表达情感，她不知道该如何去从心灵上拯救这个她深爱的男人，她唯一能做的就是要在生活上让自己的丈夫“吃”好，维持他老爷的“体面”。她为奥勃洛摩夫营造了一个“田园诗式”的生活环境。当然，普舍尼琴娜不可能意识到，正是自己这份无私的爱，她烹饪出的富含高蛋白的美食加速了奥勃洛摩夫的死亡。巴赫金在探讨田园诗生活方式的特征时，就专门对普舍尼琴娜营造的这个生活环境的特点进行过分析，他认为，“在田园诗的本身中（特别是维堡区），揭示出一切基本的田园诗的毗邻关系，如崇尚饮食、孩子、性行为、死亡等等（现实主义的升华）”。④

奥勃洛摩夫农庄是俄罗斯农奴制危机的象征。19 世纪中期的俄罗斯已经走上了资本主义发展的道路，而且，俄罗斯经济也因此得到较快速的增长。因此，忽视俄罗斯经济已经以一定的方式参与世界经济并与世界市场发生联系的事实，那就不可能正确理解 19 世纪上半叶的俄罗斯社会现实。我们认为，与同时代的陀思妥耶夫斯基、托尔斯泰、屠格涅夫、涅克拉索夫等作家相比，冈察洛夫对俄罗斯资本主义的态度要客观得多。无论是在其长篇小说三部曲中，还是在游记《巴拉达号三桅战舰》中，他既看到了资本主义的进步意义（积极进取、实干、摆脱浪漫主义的幻想），同时也洞悉了其中的消极意义（唯利是图、淡泊亲情、发动战争、奴役下层人民）。在冈察洛夫眼里，

---

① Гончаров И. А. Обломов. Роман в четырех частях // Гончаров И. А. Полное собрание сочинений и писем в 20 т. Т. 4 [Z]. СПб., 2004: 470.

② Гончаров И. А. Обломов. Роман в четырех частях // Гончаров И. А. Полное собрание сочинений и писем в 20 т. Т. 4 [Z]. СПб., 2004: 471.

③ Гончаров И. А. Обломов. Роман в четырех частях // Гончаров И. А. Полное собрание сочинений и писем в 20 т. Т. 4 [Z]. СПб., 2004: 473.

④ [俄] M. M. 巴赫金. 巴赫金全集（第三卷）[M]. 白春仁，等，译. 石家庄：河北教育出版社，1998：435.

带有人道主义精神、带有宗法制色彩的资本主义才是他希望看到的。由于作家自身局限性，他对这一美好社会的向往是无法实现的，因此他笔下的资本家形象（彼得、施托尔茨、图申）并不丰满和符合现实。如果说陀思妥耶夫斯基、托尔斯泰、屠格涅夫、涅克拉索夫等似乎更愿意“反观”俄罗斯社会的发展现实，从而达到揭露新生事物中的丑恶现象的话，那么冈察洛夫则是更为客观、正面地看待俄罗斯资本主义的发展，进而为“俄罗斯向何处去”这一困扰俄罗斯社会多年的世纪之问提供自己的方案。我们认为，之所以出现这样的差异，首先是冈察洛夫的出身与经历，为其文学创作提供了其他作家无法得到的素材，这正如 Н. К. 皮克萨诺夫（Н. К. Пиксанов）所指出的那样，冈察洛夫所从事的职业“把冈察洛夫带进了一个独特的世界，一个屠格涅夫、格里戈罗维奇、陀思妥耶夫斯基等当代俄罗斯小说家都感到陌生的商业和官僚世界”。① 更为重要的是，冈察洛夫作为一名曾经环游世界的作家，作为一名在西欧派和斯拉夫派之间游离的社会知识分子，作为一位俄罗斯沙皇政府的官员，他的确有自己独到的眼光，能够敏锐发现和正确认识资本主义发展对当时俄罗斯社会发展的促进作用和积极意义。作为一名批判现实主义作家，冈察洛夫在对待宗法制地主奥勃洛摩夫这一文学形象上，还是保持了清醒的头脑。巴赫金曾从长篇小说的田园诗时空体形式的角度对这类人物的性格特征进行过分析。他指出，“田园诗的世界观和心理，因不适应新的资本主义世界而崩溃瓦解。这里在多数情况下没有田园诗式的哲理升华。这里描绘了在存在着资本主义中心的条件下，主人公们那种地方理想主义或地方浪漫主义是如何崩溃的；其实绝对没有把这些主人公理想化，也没有把资本主义世界理想化。因为这里恰恰揭露了它的不人道，揭露了那里一切道德支柱的崩溃（这些支柱是此前各发展阶段上形成的），揭露了过去的一些人道主义关系的瓦解（在金钱的作用下），如爱情、家庭、友谊关系的瓦解，揭露了学者艺术家的创作劳动的蜕化，如此等等。田园诗世界里的正面人物，这时变成了可笑可悲、多余无用的人；他要么毁灭，要么改造成为凶恶的利己主义者”。②

列宁在谈到俄罗斯农奴制改革前的资产阶级的特征时曾说，资产阶级的目的就是要把土地变成商业流通对象，摧毁农民对土地的农奴制的依附关系，

---

① Рыбасов А. П. И. А. Гончаров［M］. M.，1957：86.

② ［俄］M. M. 巴赫金．巴赫金全集（第三卷）［M］. 白春仁，等，译．石家庄：河北教育出版社，1998：434-435.

因此，俄罗斯资产阶级（施托尔茨）努力用雇佣劳动制来代替劳役制和工役制，无疑具有进步意义。从社会发展的历史角度来看，冈察洛夫努力把新的、积极的浪漫思想——劳动的浪漫思想带到文学里来，以取代旧的、暮气沉沉的、无所事事的贵族浪漫思想的做法是成功的。但是，冈察洛夫试图通过施托尔茨来实现这一目的，但他失败了，因为施托尔茨们无法解决这一任务。也许正因为如此，杜勃罗留波夫才在《什么是奥勃洛摩夫性格?》的题词中引用了果戈理《死魂灵》里的一段话："能够用俄罗斯灵魂的固有的语言，来告诉我们这个雄伟有力的字句'前进'的人，在哪里呢？一个世纪接着一个世纪过去了，好几十万逗留不前、村野粗鄙、昏愚无知的人，都在永远唤不醒地昏睡，能够迸发出这个雄伟有力的字句的人，还很少在俄罗斯生长……"①

奥勃洛摩夫农庄是闭塞生活的象征，是按照原始自然法则生活的领地，与世隔绝。在这里，不仅是人们的生活，甚至包括大自然中的一切，都是那么的平常，简直就是一个和平之角。在这里，没有高山、大海、峭壁与深渊。为什么呢？因为"大海只会让人忧郁，看着大海，就想哭，在一望无际的汪洋面前，心就会害怕得紧缩起来。这种无边的单调景色令人眼睛疼痛难忍，无法让视觉得到任何休息"。②"高山与深渊的形成并不是为了让人赏心悦目。它们威严、可怕，像是野兽向人伸出的利爪和利齿。它们生动地使我们想到自己的脆弱的身体并为自己的生命担惊受怕。悬崖和深渊上面的天空又是那么遥远和高不可及，似乎与人们断绝来往了。"③ 由于人们对自然都感到害怕，这里成为类似奥勃洛摩夫们躲避风浪、享受幸福生活的地方。所以，"这里的一切都允许你长命百岁，直到须发由黄变白，最后不知不觉地像做梦一样死去"。④ 也正因为如此，奥勃洛摩夫的死，"看来他死得没有痛苦，就像一座被人忘记了上发条的钟停止了摆动一样"。⑤ 怪不得冈察洛夫在描写完奥勃洛摩夫农庄的自然环境之后，写了这样一句话："这里的一年四季都运转得

---

① ［俄］H. A. 杜勃罗留波夫．文学论文选［M］．辛未艾，译．上海：上海译文出版社，1984：1.

② Гончаров И. А. Обломов. Роман в четырех частях // Гончаров И. А. Полное собрание сочинений и писем в 20 т. Т. 4 [Z]. СПб., 2004：98.

③ Гончаров И. А. Обломов. Роман в четырех частях // Гончаров И. А. Полное собрание сочинений и писем в 20 т. Т. 4 [Z]. СПб., 2004：99.

④ Гончаров И. А. Обломов. Роман в четырех частях // Гончаров И. А. Полное собрание сочинений и писем в 20 т. Т. 4 [Z]. СПб., 2004：100.

⑤ Гончаров И. А. Обломов. Роман в четырех частях // Гончаров И. А. Полное собрание сочинений и писем в 20 т. Т. 4 [Z]. СПб., 2004：485.

十分正常，有条不紊。”① 现在看来，这句话看似多余，实则十分准确地表达了作者的无奈与感慨。在冈察洛夫的笔下，“从未听见这个地方发生过可怕的暴风雨及其他灾害”，② 更不会有司各特小说中描写过的“一位年轻小姐要在诗琴伴奏下吟唱叙事诗”的场景。甚至，“最近五年来，这里的几百个农奴没有一个死亡，既没有横死的，也没有自然死亡的”。③ 因此，平静和相安无事成为这里最基本的民风，因为没有什么强烈的愿望和行动让他们动心，因为他们到过最远的地方就是附近的伏尔加河码头。在这里，人们的生活似乎还处在原始时代：当发生煤气中毒时，大家没有去想办法解决，而是用黄瓜盖住脑门，或者拿酸果蔓塞住耳朵。这种事情周期性地每月总要发生一两次，其中的原因也十分可笑，“因为他们不喜欢让热气白白地从烟囱里放走，不喜欢在火势正旺的时候，就把炉门关上，因为火旺时无论是炕还是炉子不能触摸，否则会把手烫出泡来”。④ 难怪果沃鲁哈—沃特罗克认为，在冈察洛夫所描写的“寂静王国”里，作家“描写了俄罗斯生活，即改革前地主生活方式的广阔画面”。⑤

奥勃洛摩夫农庄是因循守旧的象征。奥勃洛摩夫农庄的守旧，除了上面提到的自然环境的平淡无奇以及四季的平稳更替之外，同时也是指田庄里人们的生活。在这里，“生活的准则是现成的，是由父母亲传给他们的，父母亲则是从祖辈那里继承下来，祖辈又是从曾祖辈那里继承下来，而且根据遗传，还要保持它的完整性和不可侵犯性，就像古罗马守护灶神维斯塔的圣火一样。祖辈父辈怎样做，伊里亚·伊里奇的父亲在世时也照样怎样做，也许，在奥勃洛摩夫田庄里，现在还是这样做”。⑥ 这里的人们的生活是周而复始的，“生孩子，举行各种仪式，办各种宴席，直到又是葬礼时才能改变舞台的背景。不过时间不长，前人的位子又让给了别人，孩子成了青年，同时成了未

① Гончаров И. А. Обломов. Роман в четырех частях // Гончаров И. А. Полное собрание сочинений и писем в 20 т. Т. 4 [Z]. СПб. , 2004: 100.

② Гончаров И. А. Обломов. Роман в четырех частях // Гончаров И. А. Полное собрание сочинений и писем в 20 т. Т. 4 [Z]. СПб. , 2004: 101.

③ Гончаров И. А. Обломов. Роман в четырех частях // Гончаров И. А. Полное собрание сочинений и писем в 20 т. Т. 4 [Z]. СПб. , 2004: 104.

④ Гончаров И. А. Обломов. Роман в четырех частях // Гончаров И. А. Полное собрание сочинений и писем в 20 т. Т. 4 [Z]. СПб. , 2004: 133-134.

⑤ Говоруха-Отрок Ю. Н. И. А. Гончаров （В сокращении） [А]. Отрадин М. В. Роман И. А. Гончарова《Обломов》в русской критике (Сборник статей) [С]. Л. , 1991: 204.

⑥ Гончаров И. А. Обломов. Роман в четырех частях // Гончаров И. А. Полное собрание сочинений и писем в 20 т. Т. 4 [Z]. СПб. , 2004: 122.

婚夫，结了婚，生了与自己一模一样的孩子。生活就按照这个节目单，不断地、单调地延续下去。这根线只有在坟墓旁边才会不被觉察地中断”。① 对于奥勃洛摩夫农庄人来说，没有什么东西改变这种生活，再说他们自己并不觉得这种生活不好。他们从来没有想象过有另外一种生活，即使他们想象过，那也只是想想而已，他们并不想改变现有的生活。对此，冈察洛夫写道：“他们不想过另一种生活，压根儿就不喜欢另一种生活。如果客观形势使他们的生活发生了变化，不管怎么样的变化，他们也会感到遗憾。如果明天不像今天，后天不像明天的话，他们就会感到非常痛苦。”② 在奥勃洛摩夫农庄的居民看来，“不应该也不可能有另一种生活，他们坚信，别人也过着同样的生活，不这样生活就是罪过”。③ 更为可怕的是，哪怕他们知道别人过的是不同的生活，那种生活丰富多彩、千变万化，充满希望甚至会发生一些意外，但在奥勃洛摩夫田庄，他们也许会认为，“别的人爱怎么折腾就怎么折腾去吧，这与奥勃洛摩夫田庄的人毫不相干，别的人愿意怎样生活就怎样生活好了”。④

三、奥勃洛摩夫田庄的诗意特征

奥勃洛摩夫也幻想有一种惬意的、带有田园诗色彩的生活，而这一幸福生活的发生地，就在奥勃洛摩夫农庄。他是如此向施托尔茨讲述自己想象中的幸福乡村生活的。

这里的生活阳光明媚，“天气好极了，蓝蓝的天空，没有一丝云彩”。这里有一栋视野开阔好的房子，“我计划中的房子一面凉台朝东，向着花园和田野，另一面朝着村子”。⑤ 这里环境优美，房子周围有一个花园，可以与仆人在园子里浇花、剪枝，顺便还可以为妻子采一束花，然后叫醒晨睡中的妻子，搂着她的腰身，到大自然中去散步、钓鱼、划船。这里的生活是静谧的，这

① Гончаров И. А. Обломов. Роман в четырех частях // Гончаров И. А. Полное собрание сочинений и писем в 20 т. Т. 4 [Z]. СПб.，2004：123.

② Гончаров И. А. Обломов. Роман в четырех частях // Гончаров И. А. Полное собрание сочинений и писем в 20 т. Т. 4 [Z]. СПб.，2004：132.

③ Гончаров И. А. Обломов. Роман в четырех частях // Гончаров И. А. Полное собрание сочинений и писем в 20 т. Т. 4 [Z]. СПб.，2004：104.

④ Гончаров И. А. Обломов. Роман в четырех частях // Гончаров И. А. Полное собрание сочинений и писем в 20 т. Т. 4 [Z]. СПб.，2004：132.

⑤ Гончаров И. А. Обломов. Роман в четырех частях // Гончаров И. А. Полное собрание сочинений и писем в 20 т. Т. 4 [Z]. СПб.，2004：177.

里有温馨的吻、清香的茶和舒适的圈椅，可以与妻子静静的散步，沉思和交流思想、幻想，当在散步的路上碰见“一个脖子晒得很黑、露着两条胳膊肘的农妇”时，做老爷的还可以随手摸一摸她，只是别让太太看见了。① 这里成天都有丰富的美食，早餐有面包干、酸奶、鲜黄油，餐后点心有菠萝、木瓜；中餐有青菜、冰激凌、馅饼、奶油，午饭后可以喝上等穆合咖啡、抽哈瓦那雪茄；下午带着茶炊和甜食到树林中野餐，并吃杂拌汤和烤牛排；晚餐则有蘑菇、肉饼、草莓和音乐。在这里没有什么烦心事，“你看不到一张苍白的痛苦的脸，碰不到为参议院、交易所、股票、报告、部长接见、官衔、膳食津贴等问题而操心的事，所有的交谈都十分诚恳！你永远不需要搬家——单就这一点就比什么都宝贵！”②

我们在小说中可以读到，施托尔茨正是在听完奥勃洛摩夫对幻想中的诗意生活的描述后，用“奥勃洛摩夫性格”一词（обломовщина）来形容后者的生活状态的，这是小说中第一次出现这个词。也就是说，是奥勃洛摩夫自己诠释了什么是奥勃洛摩夫性格基本特征——蛰居不动、毫无节制的饮食、漠视劳动、耽于幻想。事实上，奥勃洛摩夫在普舍尼琴娜家里过上了这种生活，过上了他期盼过一辈子的生活——“直到头发变白直到进棺材”。③

懒惰、无所事事是奥勃洛摩夫生活的常态，可是生活总是在惊扰奥勃洛摩夫，这种惊扰还包括施托尔茨的提醒。在奥勃洛摩夫无所事事的时候，奥勃洛摩夫农庄也发生了很大的变化，太阳的光芒照耀到这里，资本主义已经渗透到这里，所有这些，都成为奥勃洛摩夫感到痛苦的原因。奥勃洛摩夫感到处境凄惨，虽然革新的前景使他神往，但他惧怕斗争和生活的情绪越来越强烈，甚至爱情都无法唤起他从沙发上起身，最后选择了搬到彼得堡的奥勃洛摩夫农庄——维堡——去继续自己的梦，并在梦中死去，普舍尼琴娜的家取代了奥勃洛摩夫农庄。

这里需要指出的是，奥勃洛摩夫身上曾经具备人的正面特征，但他最后却一事无成，在无聊中死去，冈察洛夫通过人物的变化来揭示奥勃洛摩夫身

---

① Гончаров И. А. Обломов. Роман в четырех частях // Гончаров И. А. Полное собрание сочинений и писем в 20 т. Т. 4 [Z]. СПб.，2004：179.

② Гончаров И. А. Обломов. Роман в четырех частях // Гончаров И. А. Полное собрание сочинений и писем в 20 т. Т. 4 [Z]. СПб.，2004：180.

③ Гончаров И. А. Обломов. Роман в четырех частях // Гончаров И. А. Полное собрание сочинений и писем в 20 т. Т. 4 [Z]. СПб.，2004：180.

上的美好的东西如何在与恶的东西的斗争中被毁灭。而这一结局，与主人公的成长环境和所受教育、他的个人性格与社会的格格不入，以及他无法理解人生的意义有着紧密的联系。总之，在冈察洛夫的笔下，奥勃洛摩夫农庄是俄罗斯宗法制生活的代表，是俄罗斯农奴制垂死的表现，是闭塞生活、因循守旧、崇尚吃喝、落后时代的象征。批判现实主义作家冈察洛夫以真实的描写，细腻的笔触，学术的态度，全方位地向读者描绘了奥勃洛摩夫性格成长的土壤、气候、风习，充分挖掘了这一性格产生的社会根源。

不过，奥勃洛摩夫农庄作为奥勃洛摩夫性格的孕育之地，冈察洛夫本人对它的态度又是变化的，这在其长篇小说三部曲中得到了体现。总体来看，冈察洛夫眼中的奥勃洛摩夫农庄是静寂、闭塞和落后的，作家基本上对此是持否定态度的。但是，他对奥勃洛摩夫农庄的否定程度随着时间的推移又是逐渐减弱的。

在《平凡的故事》中，格拉奇村是重视饮食、平淡无奇的乡村之地，生活无忧无虑、相安无事，此外就别无所求。冈察洛夫对格拉奇村的描写几乎是点到为止，除了母亲为了挽留亚历山大而有意夸大了这里的安逸和舒适之外，作家没有花费太多的笔墨来描写格拉奇的幸福生活。但在亚历山大的眼里，母亲对格拉奇的夸耀并未将他挽留。因为在他心里，“有某种东西吸引他向往远方，但究竟是何物，他却不甚了解。远方隐约闪烁着迷人的幻影，可他却无法将它们端详个分明。又听到一些纷杂的声响——时而是荣誉的呼唤，时而是爱情的呼唤。而这一切使他的心甜滋滋地直发颤”。①

与奥勃洛摩夫不同的是，亚历山大是个学识渊博的年轻人，他通晓十多门学科，懂得五六种古今语言，他内心有着强烈的想到外面的世界去看看的愿望。冈察洛夫写道：“亚历山大是被家里的生活宠惯了，但还没有被它毁了。”② 所以，在亚历山大的眼里，故乡格拉奇村是这样的：

> 家庭世界很快令他感到狭小了。自然的景色、慈母的爱抚、保姆和全体下人的崇敬、柔软的床铺、美味的佳肴、瓦西卡的鼾声——所有这些在人生的晚年会觉得特别可贵的东西，他都乐意拿来换取那种尚未见识过的、极富吸引力的神秘而美好的东西。就连索菲娅的爱情，那柔情

---

① Гончаров И. А. Обыкновенная история // Гончаров И. А. Собрание сочинений. В 8-ми томах. Т. 1 [Z]. М., 1977: 40.

② Гончаров И. А. Обыкновенная история // Гончаров И. А. Собрание сочинений. В 8-ми томах. Т. 1 [Z]. М., 1977: 41.

似水的无比美好的初恋，也留不住他。这种爱情对于他算得了什么呀？他幻想着一种伟大的激情，它不怕任何艰难险阻，为的是去建立丰功伟业。他对索菲娅的爱只是一种微小的爱，他期待一种伟大的爱。他也幻想去造福祖国。[①]

从这里可以看出，一心向往建功立业的亚历山大是不甘心也不可能留在这个闭塞、落后的小村落的，所以，他义无反顾地离开了这里。然而，在彼得堡待了 8 年，亚历山大一事无成，既没有收获热烈的爱情，也没有升官发财。失意的亚历山大离开了坟墓般的彼得堡，打算回故乡格拉奇“疗伤”。离开彼得堡前，他欣喜地欢呼：“我要展开双臂拥抱你们，广阔的田野，拥抱你们，故乡令人快乐的牧场和村庄，把我搂在自己的怀抱吧，我的心就会复活、新生！”[②] 的确，刚回到故乡格拉奇时，故乡宁静的生活让亚历山大的心灵得到了短暂的安宁。他心里想道：

在那边，人活得多么累呀，而在这里，在这简单淳朴的生活中，精神却多么平静！心儿重新活跃起来，胸膛呼吸得更加舒畅，头脑不会受痛苦的思虑所折磨，也不会因无休止地处理同心灵的纷争而烦愁，一切都很和谐。不用为什么煞费苦心。无忧无虑、无牵无挂，心儿平静、头脑轻松，目光带着微颤从树林滑向田野，从田野滑向山丘，然后投向深邃的深蓝。[③]

由于有了这种感觉，亚历山大开始重新适应并喜欢年少时的乡村生活。冈察洛夫这里的一个细节描写，让我们看到此时的亚历山大差点成了奥勃洛摩夫：“瞧着这种画面，亚历山大开始理解灰色的天空、残破的篱笆、篱笆的门、肮脏的池塘和民间舞蹈所具有的诗意。他脱下紧巴巴但却精致的燕尾服，换上宽松的家常便服。”[④] 我们知道，奥勃洛摩夫就是在普舍尼琴家被宽松的

---

① Гончаров И. А. Обыкновенная история // Гончаров И. А. Собрание сочинений. В 8-ми томах. Т. 1 [Z]. М., 1977: 40-41.

② Гончаров И. А. Обыкновенная история // Гончаров И. А. Собрание сочинений. В 8-ми томах. Т. 1 [Z]. М., 1977: 290.

③ Гончаров И. А. Обыкновенная история // Гончаров И. А. Собрание сочинений. В 8-ми томах. Т. 1 [Z]. М., 1977: 312-313.

④ Гончаров И. А. Обыкновенная история // Гончаров И. А. Собрание сочинений. В 8-ми томах. Т. 1 [Z]. М., 1977: 313.

睡衣包裹后，再也没有脱下来，最后也是身穿睡衣离开了人世。然而，亚历山大最终没有走上奥勃洛摩夫选择的路，而是下定了继续回彼得堡的决心。在乡下过了大约一年半的时间，他觉得，“没有什么事惊扰他，既没有烦心事，也没有疑虑，可他感到无聊！他渐渐地讨厌这个窄小的家庭圈子了，母亲的迎合照料也令人厌烦，而安东·伊万内奇更令他反感，写作也烦了，大自然也不能令他迷恋了”。① 为此，亚历山大对自己今后的前途进行了一番反思：

> 我干吗颓丧呢？干吗让我的才华徒然埋没呢？为什么我不能在那边通过努力而光耀一番呢……现在我变得更加明白事理了。叔叔什么地方比我强？难道我不能为自己探出一条路？虽然至今还未获成功，还未着手干自己的事业——这有什么关系呢？我现在醒悟了，该是干一番事业的时候了！可是我一旦离去，又会让母亲伤心死的！不过走是必须要走的，不能就把前途断送在这儿！那边所有的人都获得了一定的名誉地位……而我的荣华呢？富贵呢？唯独我落在了后面……为什么呢？原因何在呢？②

很显然，闭塞的乡村生活、母亲的宠爱，无法留住亚历山大的心，因为年轻的亚历山大渴望的还是功名利禄，而格拉奇无法实现他的愿望，虽然他很担心母亲会不高兴。不过，冈察洛夫对此是赞同的，所以他为主人公扫清了最后一道障碍——让亚历山大的母亲故世，使得他终于轻装上阵，第二次去了那个让他着迷和伤心的地方——彼得堡。从这里可以看出，冈察洛夫对格拉奇村的否定态度远要比否定奥勃洛摩夫田庄的态度坚决得多。

不过，在第三部小说《悬崖》里，冈察洛夫一反常态，对马林诺夫卡庄园的态度要友好得多，甚至将之视为俄罗斯传统文化的象征。

与亚历山大、奥勃洛摩夫一样，赖斯基也不亲自管理自己的田庄，而是交给精明能干的祖母打理。对于赖斯基的故乡马林诺夫卡田庄，冈察洛夫是这样描写的：

---

① Гончаров И. А. Обыкновенная история // Гончаров И. А. Собрание сочинений. В 8-ми томах. Т. 1 [Z]. М., 1977: 314.

② Гончаров И. А. Обыкновенная история // Гончаров И. А. Собрание сочинений. В 8-ми томах. Т. 1 [Z]. М., 1977: 314.

> 在这一角落，童年时人们曾将他从这里带走，后来他长成小男孩，有时亦曾于暑假来此做客，如今一个什么样的伊甸园向他敞开了胸怀。周遭是怎样的景色——屋子里的每扇窗都是一副特殊的画框。①

在冈察洛夫的笔下，马林诺夫卡村不仅群山环绕，景色秀美，而且“空气清新，凉爽宜人，吸一口，就像夏天洗了一次淋浴，浑身为之一振，精神爽快”。② 在这里，一切都开阔敞亮、阳光灿烂，花香四溢，无论是菜园的植物，还是院内的家禽，甚至连野外的蜜蜂、蜻蜓和蝴蝶都诗意地栖居于此，一切都处于和谐之中。

这里的人们的生活是宁静且和谐的：屋内收拾得窗明几净，家里的摆设舒适整洁，人们的举止持重体面。尽管这里的女主人——赖斯基的祖母塔季扬娜·马尔科夫娜对“奴仆”严加管教，但“她严厉得恰如其分，宽厚和仁慈亦恰到好处”。③

当赖斯基在彼得堡追求功名遭遇失败后，他就像亚历山大一样，回到了故乡进行疗伤。初回故乡，那人那景，一片和谐安详，以至于赖斯基自认为在彼得堡所过的日子是多么的无趣与难受：

> 他感到自己几乎是个罪人，在世上闲逛，过着自己独身的、无所依归的生活，处心积虑，挥霍感情，追逐禁果，寻找所依恋的人儿，然后老天却在此为他准备了让他喜欢、幸福的温暖角落。④

在离开马林诺夫卡时，赖斯基说：“我的心在这里找到了栖身之地：我爱你们所有人——你们是我唯一始终不变的家人，没有别的家了!”⑤ 可见，马林诺夫卡就是赖斯基流浪心灵的家园，也是其精神家园。在《悬崖》的结尾，

---

① Гончаров И. А. Обрыв. Роман в пяти частях // Гончаров И. А. Собрание сочинений. В 8-ми томах. Т. 5 [Z]. М., 1979: 60-61.

② Гончаров И. А. Обрыв. Роман в пяти частях // Гончаров И. А. Собрание сочинений. В 8-ми томах. Т. 5 [Z]. М., 1979: 61.

③ Гончаров И. А. Обрыв. Роман в пяти частях // Гончаров И. А. Собрание сочинений. В 8-ми томах. Т. 5 [Z]. М., 1979: 65.

④ Гончаров И. А. Обрыв. Роман в пяти частях // Гончаров И. А. Собрание сочинений. В 8-ми томах. Т. 5 [Z]. М., 1979: 157.

⑤ Гончаров И. А. Обрыв. Роман в пяти частях // Гончаров И. А. Собрание сочинений. В 8-ми томах. Т. 5 [Z]. М., 1979: 418.

赖斯基“逃离”了自己的祖国俄罗斯，来到欧洲学习艺术，祖母、韦拉、玛尔芬卡的形象经常出现他的想象和创作中。小说的结尾是这样的：

> 而在任何地方，在这火热的艺术家生涯中，他从来没背叛过自己的家庭，但像他那样的人，没有扎根于异国的土壤里，始终感到自己在那里是个匆匆的过客和与周围环境很不相称的外人。经常，在工作之余，在令人兴奋的南国美景那新鲜而强烈的印象中清醒过来之时，他便想往回走，回家去。他想要积聚起足够的自然与艺术的那永恒之美，他想要吸收那如化石般古老的传说之精华，将一切带回到那里，带回到自己的马林诺夫卡……
>
> 在他身后，始终屹立着向自己热切召唤着的三个身影：他的韦拉，他的玛尔芬卡，他的祖母。而在她们身后，又屹立着比她们更为强大更加吸引他的另一个巨人般的身影，另一个伟大的“祖母”——俄罗斯。①

显然，马林诺夫卡作为《悬崖》悲剧发生的所在地，承载着赖斯基的成长经历及俄罗斯的苦难。我们也不难看出，在某种意义上，冈察洛夫将马林诺夫卡视为了俄罗斯的代表，这是他魂牵梦绕的地方，因为那里生活着他的祖母——俄罗斯。

冈察洛夫对俄罗斯宗法制农村的关注是一贯的、长期的。从格拉奇村到奥勃洛摩夫田庄，再到马林诺夫卡村，在其长篇小说三部曲中一直是作为主人公成长地来进行描写的。通过前面的分析我们可以得知，虽然冈察洛夫对这三个地方一直怀有好感，但对它们的否定态度也是明显的，只不过否定的色彩越来越淡而已。这也从另一个角度说明，随着时代的变化，冈察洛夫对俄罗斯宗法制生活的认同度越来越高，以至于他将赖斯基的“祖母”视为俄罗斯精神力量的代表。由此可见，奥勃洛摩夫性格中的某些诗意特征的出现自然是由冈察洛夫对奥勃洛摩夫田庄的好感决定了的。

---

① Гончаров И. А. Обрыв. Роман в пяти частях // Гончаров И. А. Собрание сочинений. В 8-ми томах. Т. 5 [Z]. М., 1979：422.

第二节　彼得堡：奥勃洛摩夫性格的“磨难之地”

英国批评家马尔科姆·布雷德伯里认为，“城市的吸引力和排斥力为文学提供了深刻的主题和观点：在文学中，城市与其说是一个地点，不如说是一种隐喻”。① 在冈察洛夫的文学作品中，彼得堡就是这样一个具有隐喻意义的地方。

一、彼得堡：奥勃洛摩夫田庄的对立面

谈及彼得堡与奥勃洛摩夫之间的关系，我们认为有必要引用陀思妥耶夫斯基的一段话。陀思妥耶夫斯基说，奥勃洛摩夫反映了“俄罗斯人最典型的品质。奥勃洛摩夫仅仅是软弱而已。这只是个懒汉，况且还是个自私者。这甚至不是俄罗斯人。他是彼得堡的产物。他还是个少爷，但这个少爷不是俄罗斯人，而是彼得堡人”。② 我们认为，陀思妥耶夫斯基这样说是有根据的，因为整部小说除第一部分第九节的故事发生地为奥勃洛摩夫田庄之外，其他情节都是在彼得堡得到铺展的。不仅如此，甚至连故事中的人物，几乎都是彼得堡人，他们几乎就是彼得堡都市文化的载体。

彼得堡始建于 1703 年，1712 年彼得大帝迁都到彼得堡，此后它一直是俄罗斯文化、政治、经济的中心，也被称为俄罗斯最西方化的城市和通往欧洲的窗口。在冈察洛夫的小说中，彼得堡在故事发展的空间上，扮演了十分重要的角色。尽管作家对彼得堡的世俗生活有一种淡淡的讽刺，但从奥勃洛摩夫的成长环境来看，彼得堡始终是奥勃洛摩夫农庄的对立面。如果从奥勃洛摩夫的成长经历来看，奥勃洛摩夫田庄是奥勃洛摩夫性格的天堂，而彼得堡则是它的地狱，因为在这里，奥勃洛摩夫性格中的理想色彩、幻想成分以及负面因素均遭遇到前所未有的挫折，最终导致奥勃洛摩夫的“无望逃离”。

克拉斯纳谢科娃在《冈察洛夫的创作世界》中指出：“奥勃洛摩夫田庄与彼得堡的比较在《平凡的故事》中是以格拉齐村与彼得堡的对比加以呈现的，俄罗斯的首都在那部作品中是在广义的社会—历史层面被加以理解的。在第

---

① ［英］马尔科姆·布雷德伯里，詹姆斯·麦克法兰．现代主义［M］．胡家峦，等，译．上海：上海外语教育出版社，1992：77.

② Достоевский Ф. М. Статьи и заметки. 1862—1865：публицистика и письма［A］．Достоевский Ф. М. Полное собрание сочинений. В 30-ми томах. Т. 20［Z］．Л.，1980：204.

二部长篇小说中，长篇小说描写的现实（彼得堡）与田园世界（奥勃洛摩夫田庄）是对立的，冈察洛夫的超级构思正是在这一对立中得以揭示的。”① 不过，这里需要指出的是，克拉斯纳谢科娃所说的“长篇小说描写的现实”（романная действительность）是作者出于长篇小说情节线索和故事发展的需要而虚构出来的彼得堡，带有更多的人为因素。其言下之意是，冈察洛夫笔下的“田园世界”（мир идиллии）则带有更多的自然色彩，要更为真实。因此，克拉斯纳谢科娃在肯定奥勃洛摩夫性格的某些积极性批判因素之后指出，奥勃洛摩夫田庄与彼得堡这“两个世界的比较是按照‘天然性’（естественность）与‘人为性’（искусственность）这一路线，而不是按照什么别的某种路线来进行的，这其中也包括社会路线”。② 很明显，克拉斯纳谢科娃是按照人的生活的运行机制作为界限来区分奥勃洛摩夫田庄与彼得堡的。因此彼得堡的“人为性”强调的是这里的生活是人为导致的，而奥勃洛摩夫田庄生活的“天然性”则是顺应自然的，具有原生态的意味。此外，克拉斯纳谢科娃在上文说到的“超级构思”，其实就是指小说作者冈察洛夫赋予了奥勃洛摩夫田庄（实为奥勃洛摩夫性格）某些好感，从而淡化了彼得堡的社会象征意义。

我们认为，作家冈察洛夫对待奥勃洛摩夫田庄的田园生活和彼得堡的现实生活的态度是矛盾的。这是因为，作家一方面用彼得堡的现实生活来作为他批评奥勃洛摩夫性格的武器，但另一方面其笔下的彼得堡又带有某种负面色彩。哪怕是在《平凡的故事》中，冈察洛夫笔下的彼得堡依然带有某种负面色彩。例如，亚历山大第一次来到彼得堡时，并没有乡下人初次进城的欣喜和好奇，而是失望和不适应。他对彼得堡的初步印象是不愉快的，在这里他觉得困惑和压抑，因为叔叔的冷淡让他十分失落，以至于京都的繁华都吸引不了他。此外，他那种外省人的狭隘心理使得他对彼得堡的事物有一种莫名其妙的反感。对此，冈察洛夫在小说中写道：

他去到街上，那里熙熙攘攘，一片繁忙，大家都在匆匆忙忙地赶路，只顾忙着自己的事，难得去瞧一下身旁来往的人，即使瞧上一眼，也不过是为了不与人家撞脑袋。……他瞧了一会儿那些房子，感到更无聊了，

---

① Краснощекова Е. А. Иван Александрович Гончаров: Мир творчества [M]. СПб.，2012：291-292.

② Краснощекова Е. А. Иван Александрович Гончаров: Мир творчества [M]. СПб.，2012：299.

这些单调的、石头的庞大建筑物使他产生了郁闷感，它们像一些大坟墓，一座接着一座，延伸开去。……这条街道到头了，又横着一条同样子的街道，又是一排排同样式样的房子，房子和房子，石头和石头，尽是这些玩意儿……没有可供远眺的自由空间，四面都是被封闭着的，人们的思想和情感也是永远被封闭着的。①

然而，亚历山大此次来彼得堡的目的是谋一份差事，见识各种人物和显示自己的本事。因此，这位年轻人没有抱怨太久，而是立马调整好了自己的心态，准备在彼得堡干出个人样来：

亚历山大终于来到海军广场。他在青铜骑士前面站了一个来小时，可是他并不像可怜的叶甫盖尼那样痛苦、自责，而是满心欢喜。他瞧了瞧涅瓦河和河畔的建筑——他两眼闪光了。他突然为自己对那些摇晃的木桥、房前的小花园、坍倒的篱笆的偏爱而感到羞愧。他开始变得快乐轻松了。就连忙乱的景象和嘈杂的人群，在他眼里都有了另外的意义。一时被忧愁的印象抑制着的希望又开始闪烁了，新生活将他热情地拥抱，使他向往着某种未知的东西。他的心强烈地跳动着。他憧憬着高尚的劳动、崇高的志向，他雄赳赳气昂昂地走在涅瓦大街上，自以为是个新世界的公民……他就怀着这些幻想走了回去。②

从上面的描写可以看出，抱着到彼得堡追求功名之目的的亚历山大，虽有苦闷与彷徨，但很快就实现了角色转换，开始了自己在彼得堡的打拼，最终取得了成功，真可谓“仕途顺利、财运亨通”。从这一点来看，彼得堡既是亚历山大实现人生理想的舞台，同时也是他逃离格拉齐村的象征。

同时，这也让我们想起了赫尔岑在《谁之罪?》中对彼得堡的描写。在小说中，赫尔岑借主人公别里托夫之口，说出了彼得堡在年轻人心目中的地位：

我们的梦想家高高兴兴地到彼得堡去了。活动，活动！……只有那边能够完成他的希望，只有那边能够实现他自己的计划，只有那边能够

---

① Гончаров И. А. Обыкновенная история // Гончаров И. А. Собрание сочинений. В 8-ми томах. Т. 1 [Z]. М., 1977: 65-66.

② Гончаров И. А. Обыкновенная история // Гончаров И. А. Собрание сочинений. В 8-ми томах. Т. 1 [Z]. М., 1977: 68.

> 知道现实。只有彼得堡才是开始俄罗斯新生活的中心地！他想，莫斯科已经完成了自己的使命。它好似充满热情的心脏，集中全国的血管到自己的地方，为全国运行搏动；但是彼得堡，彼得堡——这是俄罗斯的头脑，它在顶高的地位，四周是冰冷的大理石的头盖；它是帝国的进步的思想……这种念头，这种比喻，在他的头脑中全无一点不合理地，以神圣般纯朴的形式，接二连三地出现了。[①]

然而，《奥勃洛摩夫》中的彼得堡却具有另外一种意义。它不仅消融了人物的意志，最终成为埋葬主人公的坟墓，而且，作家为了突出田园生活的某些诗意特征，加强其对肮脏现实的批判性，在某种程度上有意放大了彼得堡的某些负面特征。

冈察洛夫在《奥勃洛摩夫》开篇第一段就对彼得堡的生活进行了描写，虽然所写文字不多，但从中却可以感受得到城市生活的压抑气氛。“早晨，伊里亚·伊里奇·奥勃洛摩夫躺在自家床上。他住的这座房子是戈洛霍夫大街几幢大房子中的一幢，里面的住户多得与整整一个县城的人相当。”[②] 我们知道，戈洛霍夫大街是彼得堡的中心街道，是中央区和行政区的分界线，是彼得堡行政中心所在地。冈察洛夫选择这里作为人物的住所，而且形象地描写了房子里的拥挤，一开始就给读者描绘了彼得堡的繁华与拥挤，给人一种压抑之感。同时，作家选择了地处行政中心的一栋房子作为主人公蛰居地，这为作家描写奥勃洛摩夫悠闲、懒散的生活提供了背景，也为彼得堡的文化氛围确定了基调。他其后对彼得堡的描写，是从奥勃洛摩夫家的几位来访者开始的，彼得堡的“人为”化生活由此得到展开。

二、彼得堡城里的人与事

第一位来拜访奥勃洛摩夫的是社交场上的花花公子沃尔科夫。他身体健壮、容光焕发、笑容可掬。“他的头发梳得很好，衣着无可挑剔，他的脸庞、衬衣、手套、燕尾服全部鲜艳夺目，坎肩上挂着一串有许多小饰物的精致小链子。他掏出一块细麻纱手绢，闻了闻上面的东方牌的香水，然后不经意地

---

① ［俄］А.И. 赫尔岑．谁之罪？［M］．楼适夷，译．上海：上海译文出版社，1979：95.

② Гончаров И. А. Обломов. Роман в четырех частях // Гончаров И. А. Полное собрание сочинений и писем в 20 т. Т. 4 ［Z］. СПб.，2004：5.

用它揩一揩脸，在光亮的帽子上和上了漆的皮靴上掸了掸。”①

沃尔科夫让我们想起普希金笔下的奥涅金，他也是成天在贵族的舞会上穿梭，忙得不可开交。我们来看看沃尔科夫一天的日程安排：去丘梅涅夫公爵家吃饭（冬天他们家每逢周三都举行家庭聚会，人数每次不少于 50 人，多则达到 100 人）——晚上去叶卡捷琳宫看芭蕾舞——然后去穆辛斯基家（今天是他们家的接待客人日，半个城市的人都会去参加）等，按照沃尔科夫本人的说法，他今天至少要跑十个地方。这些交际活动，对于沃尔科夫来说，是十分快乐的事情。然而，对于奥勃洛摩夫来说：

> “一天跑十个地方，可怜的人！”奥勃洛摩夫想道，“这也叫生活！”他使劲地耸了耸肩膀，“这哪还是人呢？都被分割肢解成什么了？当然，去看戏，爱上某某莉季娅，这都不坏……她很可爱！到乡村去采花、划船，这也很好，但是一天跑十个地方，这真可怜！”他得出结论后，翻个身仰面躺着，庆幸自己没有这些乌七八糟的想法和念头，不用到处乱跑，而是躺在这里，保持着自己的尊严和娴静。②

从这段描写中我们可以看到，奥勃洛摩夫愿意享受田园生活中那些诗意的东西——看戏、恋爱、采花、划船、躺卧，但沃尔科夫所做的一切，在他眼里既是劳累，又毫无实际意义，虽然他自己也并不做任何有意义的事情。

第二位来拜访奥勃洛摩夫的是他以前的同事，刚刚当上处长的苏季宾斯基。“这是一位穿带有徽章纽扣的深绿色燕尾服的先生，脸刮得很光滑，黑色的连鬓胡子均匀地把他的脸围住。眼睛里流露出一种遇到了麻烦却又平静而有理智的表情，面容憔悴却带有若有所思的微笑。”③ 显然，这是一位身穿制服、打扮得体、城府极深的官场人士。我们从苏季宾斯基的谈话中可以得知，这是一位被迫成天忙于公务、利用各种机会捞取补贴、收入不菲却又牢骚满天的官员，他的领导善于拉拢手下，很多工作不出色的人还拿着高薪。更为重要的一点是，类似于苏季宾斯基这样的官员，将公务当做了一种乐趣，这

① Гончаров И. А. Обломов. Роман в четырех частях // Гончаров И. А. Полное собрание сочинений и писем в 20 т. Т. 4 [Z]. СПб.，2004：17.

② Гончаров И. А. Обломов. Роман в четырех частях // Гончаров И. А. Полное собрание сочинений и писем в 20 т. Т. 4 [Z]. СПб.，2004：20-21.

③ Гончаров И. А. Обломов. Роман в четырех частях // Гончаров И. А. Полное собрание сочинений и писем в 20 т. Т. 4 [Z]. СПб.，2004：21.

使得我们不由得想起契诃夫笔下的那些以公务为生的小公务员们：这些可怜的小公务员一生无所追求，甚至将抄抄写写当成了生活的唯一乐趣。而且，这位苏季宾斯基还攀上了一门好亲事，未婚妻的“父亲是四品文官，给她一万卢布，住的是官房，给我们整整一半，十二间，家具是公家的，暖气、照明都是公家的”。[①] 此外，从苏季宾斯基口中我们还可以得知，彼得堡的官场有些老好人，也有一些为了一些鸡毛蒜皮的事情上下忙碌的人。我们从苏季宾斯基身上似乎看到了《平凡的故事》里亚历山大的影子，因为后者三十刚出头就当上了六品文官，也攀上了一份好亲事，继承了岳父母 30 万卢布的嫁妆。

当然，作为奥勃洛摩夫这位从政府部门辞职回家的人来说，除了羡慕苏季宾斯基攀上了一门好的亲事之外，官场的这些乱象，他是十分清楚的，也是十分令他害怕的。因此，他并没有发表什么高见，只是提醒自己的老同事，我们可以不干公务，但可以从事读书、写作。在奥勃洛摩夫的眼里，只有读书、写作是为自己做事，公务是为别人做事。不过，我们在小说的开头就知道，奥勃洛摩夫很少读书，更谈不上写作了。所以在奥勃洛摩夫的家里，“书架上放了两三本打开的书和一张报纸，写字台上放着一个墨水瓶和几枝鹅毛笔，当时在那几本打开的书的篇页上都已经蒙上了灰尘，纸张也发黄了，显然它们被扔在那里已很久了。报纸是去年的，那墨水瓶呢，如果把笔插进去，准会有一只受了惊的苍蝇嗡嗡叫地从里面飞出来”。[②]

尽管如此，奥勃洛摩夫就像一位哲学家，对苏季宾斯基发表了一番感慨：

> “陷得太深了，亲爱的朋友，”奥勃洛摩夫目送着他，心里想道，“对世界上的其他一切东西既看不见，也听不见，并且沉默不语，但却可以出人头地，逐步掌握大权，平步青云……这就是我们所说的仕途！在这里，人——人的智慧、意志、情感的需要是很少的！这是为什么？那不过是奢侈品而已！人活了一辈子，他身上的许多东西还从来没有动过……然而从十二点到五点他在办公室办公，从八点到十二点又在家里办公——不幸啊！”
>
> 他感到自己有一种宁静的快乐，因为他可以从九点到三点，从八点

---

① Гончаров И. А. Обломов. Роман в четырех частях // Гончаров И. А. Полное собрание сочинений и писем в 20 т. Т. 4 [Z]. СПб.，2004：24.

② Гончаров И. А. Обломов. Роман в четырех частях // Гончаров И. А. Полное собрание сочинений и писем в 20 т. Т. 4 [Z]. СПб.，2004：7.

到九点都在自己的沙发上度过。同时他也感到骄傲，因为不需要写报告，草拟公文，他的感情可以无拘无束地奔放，他的思想可以海阔天空地驰骋。①

苏季宾斯基的话说明，彼得堡的官场奖惩并不分明、大家一团和气却老干一些毫无实际意义的事情，用我们今天的话来说就是在官场“混日子”。更主要的是，官场中人只能将人的意志、智慧、情感深藏起来，因为在这里更需要面具。

第三位来拜访奥勃洛摩夫的是落魄的作家卞金，这位作家长着一张“又瘦又黑的脸，他脸上长满颊须、唇须和西班牙式的短胡子，而且衣冠不整”。② 在奥勃洛摩夫眼里，这位自称为拥护现实主义文学流派的作家，尽写一些自娱自乐的东西，奥勃洛摩夫对这些作家给予了严厉的批判：

“他们干吗要费这种脑筋？是为了开心吗？为了说明他们无论写什么，都能写得很真实？可是却没有生命力，不了解生命，没有同情心，没有你们所说的那种人道主义精神，有的只是自尊心。他们写小偷、妓女，就像在大街上抓住这些人，并送他们到监狱里去。在他们的小说里没有‘无形的眼泪’，只有公然的、粗野的讥笑和愤恨……”③

在奥勃洛摩夫看来，作家应该以人道主义精神去描写人，要去爱人，因为爱能使思想结出果实。但卞金提出要惩罚高利贷者、小偷和愚蠢的官员，并将他们逐出公民行列、逐出社会时，奥勃洛摩夫几乎喊道：“这就意味着忘记了在这个不成器的东西里面还存在着至高无上的因素，忘记了这个变坏了的人毕竟也是人，也是你们自身。逐出！你们又如何把人从人类的圈子，从自然界，从上帝的仁爱之心中逐出去呢？”④

在这里，我们看到的是彼得堡作家打着现实主义的牌子，写作的却是一

① Гончаров И. А. Обломов. Роман в четырех частях // Гончаров И. А. Полное собрание сочинений и писем в 20 т. Т. 4 [Z]. СПб., 2004: 25.

② Гончаров И. А. Обломов. Роман в четырех частях // Гончаров И. А. Полное собрание сочинений и писем в 20 т. Т. 4 [Z]. СПб., 2004: 25.

③ Гончаров И. А. Обломов. Роман в четырех частях // Гончаров И. А. Полное собрание сочинений и писем в 20 т. Т. 4 [Z]. СПб., 2004: 27.

④ Гончаров И. А. Обломов. Роман в четырех частях // Гончаров И. А. Полное собрание сочинений и писем в 20 т. Т. 4 [Z]. СПб., 2004: 28.

些鸡毛蒜皮的小事，而且大都无病呻吟，号称将可怜的人逐出人类。此时的奥勃洛摩夫扮演了一个十分正面的角色，似乎是冈察洛夫附身在这里发表自己的创作宣言。遗憾的是，最终，这位充满正义感的奥勃洛摩夫还是恢复原型，无法跳出自己的固有思维，陷入懒惰之中而无法自拔，从而无情地嘲笑了卞金的忙碌：

> “晚上写东西。”奥勃洛摩夫想，“那什么时候睡觉呢？他一年大概可以挣五千卢布！这就不少了！不过要不停地写，把自己的思想、心智花在小事情上，改变自己的信念，出卖智慧和想象力，违背自己的天性，激动、暴怒、着急，没有安宁，不停地东奔西跑……不断地写啊，写啊，就像是一个轮子，一架机器：明天、后天、逢年过节、一年四季，没完没了地写，什么时候才会停下来歇口气呢？不幸的人！”①

接下来，拜访奥勃洛摩夫的是没有任何特点的小公务员阿列克谢耶夫。此人“说不好是多大年纪，在这样的年龄段里，也很难给他的面貌下断语。他不美，也不丑，不高也不矮，既不是金发男人，也不是黑发汉子，天生就是一个没有任何显著特点、既不能说好也不能说坏的人”。② 此人见识短浅，他的头脑中没有任何机敏和新奇的东西，因为他哪里都没去过，自从他在彼得堡出生后，就没有去过别的什么地方，因此他知道的东西别人都知道。他在衙门里担任低下的职务，薪酬尚能维持生活，再加上他没有什么具体工作，同事和上司眼里似乎没有这个人的存在。他来到奥勃洛摩夫家，是邀请后者去朋友家吃饭，然后去叶卡捷琳娜宫去游园的。阿列克谢耶夫倾听了奥勃洛摩夫的烦恼——自己的农庄由于收成不好而收入减少，还有是房东催促自己搬家这两件烦心事。然而，他老在那里若有所思，却无法给予奥勃洛摩夫任何建设性的建议。

为此，作家写道，这个人“不过是芸芸众生中一个没有主见、没有个性特征的暗示，一个不响亮的回声，一种不清晰的反光而已”。③ 总而言之，阿

---

① Гончаров И. А. Обломов. Роман в четырех частях // Гончаров И. А. Полное собрание сочинений и писем в 20 т. Т. 4 [Z]. СПб.，2004：29.

② Гончаров И. А. Обломов. Роман в четырех частях // Гончаров И. А. Полное собрание сочинений и писем в 20 т. Т. 4 [Z]. СПб.，2004：29.

③ Гончаров И. А. Обломов. Роман в четырех частях // Гончаров И. А. Полное собрание сочинений и писем в 20 т. Т. 4 [Z]. СПб.，2004：31.

列克谢耶夫就是个四不像，到处做客的目的就是为了到人家家里吃饭、喝酒和抽烟。奥勃洛摩夫之所以接受他的来访，有一个重要的原因，那就是他能“附和”前者的生活方式：奥勃洛摩夫打盹时，他也可以陪着打盹，或者打着哈欠直到流出眼泪；但奥勃洛摩夫发表高论，或者是发脾气时，就是一个顺从的、现成的、听话的人和参与者。我们完全可以认为，这就是一个彼得堡式“奥勃洛摩夫”。

紧跟阿列克谢耶夫来拜访奥勃洛摩夫的是他的同乡、流氓型小官员塔兰季耶夫。初见此人，可以看见，“进来的人，四十多岁，身材高大，有宽宽的肩膀，粗线条的脸，脑袋大，脖子短，眼睛突，嘴唇厚。乍一看，这个人会让你对他产生一种粗鲁而又不整洁的看法。显然，他不追求衣服的雅致，也不经常刮脸，看来他对此毫不在乎，不以自己的穿着不好而发窘，而有一种玩世不恭的派头”。① 塔兰季耶夫从小天资聪颖，但由于家庭变故，十几岁就来到彼得堡的某个衙门做录事，一直干到头发斑白，从未被升职。其中的原因就在于：

> 他以苦楚的心情和蔑视的态度对待自己现在的抄写文件、装订卷宗之类的工作。只有最后的一线希望还在远方向他微笑，那就是去干包收酒税的差使。他认为，只有以此去代替他父亲要他继承而又未完成的事业，才是唯一有利可图的。可是在这一期待中，他父亲为他准备和创立的为人处世、贿赂和耍滑头的理论，由于没有了值得为之一显身手的外省的主要舞台，便被他运用到了他在彼得堡卑微的生活中的一切琐事上，还由于缺乏官场的交际而渗透到与朋友的关系之中。②

冈察洛夫将塔兰季耶夫比喻成一条“看家狗”，见到谁都狂吠不止，让你动弹不得。但与此同时，一旦有肉扔过来，他准能在空中叼住它，不论这块肉从哪里扔过来或者扔到哪里去。应该说，这一比喻十分形象地刻画了塔兰季耶夫这个彼得堡小官员那种粗野和见利忘义的性格特征。

可是奥勃洛摩夫为什么要允许这个俄罗斯无产者到自己家里来呢？冈察洛夫写道：“大概是因为，直到今天，在像奥勃洛摩夫田庄这种偏远的地方，

---

① Гончаров И. А. Обломов. Роман в четырех частях // Гончаров И. А. Полное собрание сочинений и писем в 20 т. Т. 4 [Z]. СПб.，2004：37.

② Гончаров И. А. Обломов. Роман в четырех частях // Гончаров И. А. Полное собрание сочинений и писем в 20 т. Т. 4 [Z]. СПб.，2004：39.

每一户殷实人家都聚集着这么一些男男女女，他们既无可靠的饭碗，又无一技之长，也不生产，只有一个填不饱的胃，而且他们几乎都是些有头有脸的人。”①

最后一个来拜访奥勃洛摩夫的是他的好友施托尔茨。冈察洛夫一开始是这样介绍这个人物的：“施托尔茨是奥勃洛摩夫的同龄人：他也三十多岁了。他任过公职，后来退职，然后自己单干而且真的攒下一座房子和很多钱。现在他加入了某家公司，这个公司是做出口生意的。”②

施托尔茨像一匹纯种的英国马，很瘦，全身只有骨头和肌肉，脸色平和、黝黑，显得十分精神。在工作方面，“他不停地东奔西跑：公司需要派代表到比利时或到英国去——派他去；公司需要写个什么计划或需要将一个新想法改动一下以便实施——就选他；同时他还有社交应酬，还要看书看报：他何时应付这些事情的——只有老天知道”。③ 施托尔茨此行的目的，是想让奥勃洛摩夫起床，融入到彼得堡的生活中去。然而，他并未获得成功。

看得出，冈察洛夫并没有花费很多笔墨来描写彼得堡的外部的环境，而是将注意力集中在了城市生活，而这又是通过城市生活的主体——彼得堡人来展现的。我们通过上面的分析可以看出，作家描写了花花公子兼小公务员沃尔科夫、刚刚被提升为处长的苏季宾斯基、缺乏人道主义精神的落魄作家卞金、小公务员阿列克谢耶夫、担任录事的塔兰季耶夫，还有生意人施托尔茨共6人。这里面有4人在政府部门任职，就连施托尔茨都曾经在政府任过职，不过现在是外贸公司职员，而卞金是作家。冈察洛夫大学毕业时曾做过几年乌里扬诺夫斯克省省长秘书，然后在彼得堡外贸部做翻译。因此，公务员、外贸职员、作家等职业对于冈察洛夫来说是十分熟悉的。他之所以如此安排奥勃洛摩夫的几位访客，一来是想暗示读者，这些人和事他是十分熟悉的。另外，作家这样做，还有一个重要原因，那就是他希望通过这些人来展示彼得堡的生活氛围。在作家描写到的这6个人中，除了施托尔茨之外，另外5人性格各异且均非正面人物，他们分别从不同的角度刻画了彼得堡的社会生活。虽然冈察洛夫对这些人物生活态度的描写是为了反衬奥勃洛摩夫的

---

① Гончаров И. А. Обломов. Роман в четырех частях // Гончаров И. А. Полное собрание сочинений и писем в 20 т. Т. 4 [Z]. СПб., 2004：42.

② Гончаров И. А. Обломов. Роман в четырех частях // Гончаров И. А. Полное собрание сочинений и писем в 20 т. Т. 4 [Z]. СПб., 2004：161.

③ Гончаров И. А. Обломов. Роман в четырех частях // Гончаров И. А. Полное собрание сочинений и писем в 20 т. Т. 4 [Z]. СПб., 2004：161.

懒惰和消极，但是很明显，作家本人对彼得堡的现实生活是持批判态度的。因为，对奥勃洛摩夫提出的一系列问题，他的论敌施托尔茨并没有给出有说服力的答案，更没有为他阐明生活的意义。只不过，冈察洛夫是借奥勃洛摩夫的嘴，说出了自己对彼得堡的态度。

施托尔茨为了让奥勃洛摩夫振作起来，拉着他出了门。出门时都快中午了，他们做了些什么呢？“尽管时间不早了，他们还是赶到一个地方去办了点事，然后施托尔茨又拉了一位金矿主一起去吃饭，接着又到这位金矿主的别墅去喝茶，遇上一大群人。奥勃洛摩夫从完全独居的生活突然陷入了嘈杂的人群中。这一天，他们深夜才回到家里。”① 接下来的一周，他们也是如此度过的。显然，施托尔茨带着奥勃洛摩夫也并未干什么重要的事情，无非是办事、吃饭、喝茶和与人打交道。施托尔茨是个什么样的人呢？“他喜欢的东西有新事物、上流社会、科学、整个生活，只是比别人更深刻、更真诚些而已。”② 但冈察洛夫在这里并未写他的深刻和真诚，他和奥勃洛摩夫所做的事情与前面几位喜欢的东西没有本质上的区别。这一点，我们从奥勃洛摩夫的辩解中可以感觉得到。

三、彼得堡生活的基本特征

我们认为，冈察洛夫之所以这样做，其实是为了给奥勃洛摩夫批判彼得堡的生活提供“契机”而已。客观地说，这次“契机”给得比较牵强，因为这时的奥勃洛摩夫似乎一下子就从消极无为的人变身为“智者和哲学家”，直接表达了他对彼得堡的生活的不满，这主要包括以下几个方面：

彼得堡人的生活是无意义的。在奥勃洛摩夫看来，“彼得堡的一切我都不喜欢。人们永远是争先恐后地追名逐利，没完没了地去玩卑劣的情欲把戏，特别是贪欲，为此大家互相倾轧、挑拨离间、搬弄是非，还要相互诋毁，看人则是从头看到脚打量人家穿戴的是什么；如果你听他们说话，说话的内容会让你脑袋犯晕、发傻。似乎，他们表面上看起来都是些聪明的、有脸面的人，你来听听他们说些什么：‘这人获得了什么，那人收了多少租金。’某个人在大声喊叫：‘这哪行呢，凭什么？’‘这一位昨天在俱乐部赌输了，那一位赢了三十万！’真无聊，无聊，无聊！……真正的人在哪里？完整的人在哪

① Гончаров И. А. Обломов. Роман в четырех частях // Гончаров И. А. Полное собрание сочинений и писем в 20 т. Т. 4 [Z]. СПб., 2004: 172.

② Гончаров И. А. Обломов. Роман в четырех частях // Гончаров И. А. Полное собрание сочинений и писем в 20 т. Т. 4 [Z]. СПб., 2004: 41.

里？真正的人躲到哪去了，他们怎么能在这样一些鸡毛蒜皮的事情上耗费精力呢？”①

彼得堡的生活是空虚的。奥勃洛摩夫说：“世界，社会！没错，你，安德烈，故意带领我来到这个世界和社会，是为了让我无趣地待在那里吧。生活，生活真的很美好！可在那里能找到什么呢？智慧和心灵的意义找得到吗？你看看，让这一切围着转的中心在哪？没有它，没有任何深刻的、能触及有现实意义的东西。所有一切都是死人，昏睡的人，比我还要糟糕，这些就是世界和社会的成员！什么东西将他们引进生活中去呢？他们虽然没有躺着，但是他们每天疾走，像苍蝇一样，东奔西跑，有什么意义呢？随便走进谁的大客厅里，满眼尽是这样的景象，客人们两相对应、友好而深思地坐着——他们在打牌。没啥说的，这就是生活的光荣使命！这对那些寻找智力运动的人来说是最好的榜样！难道这些人不是死尸？他们难道不是终生坐在那里睡大觉？我在自己家里躺着睡觉且没有让红桃三和黑桃 J 污染自己的头脑，凭什么我要受到比他们更多的指责？”②

彼得堡人的年轻人自以为是，成年人虚伪狡猾。因此，奥勃洛摩夫问施托尔茨：“而我们的优秀青年们，他们在做什么？尽管他们在涅瓦大街游走，成天在跳舞，难道他们不也是在睡觉吗？他们每天都在虚度光阴！而你去看看，他们总是何等的傲气和有着莫名其妙的优越感，以及用一种拒人千里之外的目光，打量着与他们穿着不一样、没有他们那样的门第和封号的人。这些可怜的人自以为高人一等，说什么‘我们所担任的公职，除了我们，没有人可以干得了；我们坐在池座的第一排，只有我们可以参加某某公爵的舞会’……可是只要他们聚在一起便是酗酒、打架，就像一群野人！难道他们是活人，不是在睡觉？何止这些年轻人，再看看成年人吧！他们虽然聚会，互相请客吃饭，但他们并不亲热、友善，彼此之间也没有什么好感！他们参加宴会舞会，就像去上班一样，毫无乐趣，毫无热情，只不过是为了炫耀一下自己的厨子、客厅，事后又是互相嘲笑、下绊。在前天的一个宴会上，他们竟无端地贬损了那些没有出席宴会的人，说这人愚蠢，那人下贱；这人是小偷，那人是小丑，真是污蔑陷害！我的眼睛都不知道朝哪儿看才好，真想躲到桌子底下去。他们说这些话时，也互相打量着，流露这样一种想法：瞧，等你

---

① Гончаров И. А. Обломов. Роман в четырех частях // Гончаров И. А. Полное собрание сочинений и писем в 20 т. Т. 4 [Z]. СПб.，2004：172-173.

② Гончаров И. А. Обломов. Роман в четырех частях // Гончаров И. А. Полное собрание сочинений и писем в 20 т. Т. 4 [Z]. СПб.，2004：173.

一出门，人家也会这样说你的……他们既然都是这样的人，那为什么要聚在一起呢？为什么还要紧紧握手？没有一点真诚的笑声，没有丝毫的好感！大家都在拼命地争名夺位，事后还要夸耀一番：某某到过我的家里，我到过某某的家里……这算什么生活啊？我不需要这样的生活！从中我能学到什么呢？能得到什么呢？”①

彼得堡人的心态是不健康的。奥勃洛摩夫认为，“他们彼此都用焦虑、烦恼去感染对方，都病态地摸索。要是他们在为自己和别人摸索真理和幸福，那倒也好。可是，不，他们看到伙伴有了成就，脸色就发白。这个人的心事是，明天他得上衙门去，那案子已经拖了快五年，对方已占了上风，这四年多来他心里只有一个想法，一个意愿，就是要把对方打倒，在对方倒下去的地方建立起自己幸福的大厦。近五年来，他来回走啊，坐着等啊，在接待室里叹气啊！这就是他生活的理想和目标。另一个人所操心的则是，他必须每天去上班，一直坐到下午五点钟。而第三个人却又因为没有这样的福气而沉重地叹气……”②

彼得堡人的生活是无聊的。奥勃洛摩夫为了说明这一点，说道：“怎么，一个人一辈子都注定要天天拿全世界的新闻去填塞自己的脑袋吗？而且一讨论就是一整个星期，直到无话可说为止！……人们在议论着，琢磨着，其实连他们自己也觉得无聊，对这些事情并不感兴趣。通过这些叫喊，可以看出，他们的心智还在昏睡之中！这本不是他的事，与他毫不相干，只因闲极无聊，才去多管闲事，浪费精力，而且毫无目的。在外表‘知识广博’后面掩盖着空虚和对一切事物的漠不关心！而选择一条普通的、劳动的小径，并沿着这条小径开辟一条深深的轨迹——他们又觉得寂寞，默默无闻，而且在这里他的‘广博知识’也无用武之地，无法自吹自擂地蒙骗别人了。”③

通过上面我们所引用的奥勃洛摩夫的话可以看出，我们现在面对的不是那个懒惰、无所作为的奥勃洛摩夫，而是一个哲学家型的奥勃洛摩夫，一个我们大家都不认识的奥勃洛摩夫。他从不同的角度对彼得堡的生活进行了全方位的批判，看得出，冈察洛夫并没有将俄罗斯城市文化的代表者——彼得

① Гончаров И. А. Обломов. Роман в четырех частях // Гончаров И. А. Полное собрание сочинений и писем в 20 т. Т. 4 [Z]. СПб.，2004：173-174.

② Гончаров И. А. Обломов. Роман в четырех частях // Гончаров И. А. Полное собрание сочинений и писем в 20 т. Т. 4 [Z]. СПб.，2004：174.

③ Гончаров И. А. Обломов. Роман в четырех частях // Гончаров И. А. Полное собрание сочинений и писем в 20 т. Т. 4 [Z]. СПб.，2004：174-175.

堡作为奥勃洛摩夫性格的“照妖镜”来进行描写，而是将其看成一面“反光镜”，以此映照出奥勃洛摩夫田庄田园诗生活的纯洁与宁静。正如克拉斯纳谢科娃所提出的“天然性”和“人为性”很好地概括了冈察洛夫对奥勃洛摩夫农庄和彼得堡的态度：前者的生活是天然的、原生态的，后者虽然繁华但人为色彩过于浓厚。更为重要的是，“天然性”可以消融“人为性”的疲惫，因此得到了冈察洛夫的青睐，作家的这一态度在对彼得堡的描写中得到了充分体现。

在《平凡的故事》中，彼得堡那种务实的生活方式，对于批判外省青年亚历山大所代表的浪漫主义、爱好空想、温情伤感和保守落后现象发挥了极其重要的作用。当然，在这部小说中，冈察洛夫也有“节制地”指出了彼得堡的某些负面因素。但是，在《奥勃洛摩夫》中，彼得堡的负面因素被作家有意放大。我们认为，这首先是 19 世纪中期俄罗斯文学的批判意识增强所致，其次也是冈察洛夫本人对奥勃洛摩夫性格的好感决定了的。

诚然，对于出生于奥勃洛摩夫田庄、从小就被娇生惯养且眷恋故土田园诗式生活的奥勃洛摩夫来说，如果离开静谧的乡村，来到繁华的都市，其内心一定坚定地抵制着城市的嘈杂和喧嚣，抵制着冷漠与欺诈。对他来说，很难从“城市/乡村”的对立中摆脱出来，在城里给他的是一种“生存的不安全感”，他更需要的是精神的故乡。就这样，城市便成为一种隐喻，矛盾、放弃、游离、妥协、挣扎、坚守成为了人物内心常态，命中注定他无法冲破现实的束缚和藩篱，最终会无望地逃离这里。

不可否认，奥勃洛摩夫对彼得堡生活的批判带有某种空谈的色彩，但他对城市世态的看法也不无道理。熟悉俄罗斯文学的读者都会感觉到，屠格涅夫、陀思妥耶夫斯基、托尔斯泰作品中的那些正面主人公，很多人都发表过与奥勃洛摩夫类似的观点。因此，在冈察洛夫的眼里，彼得堡就是一面镜子而已，它无法医治奥勃洛摩夫的病症，尽管它是俄罗斯先进文化的代表者，但作家没有将这一点凸显出来。这给我们揭示“什么是奥勃洛摩夫性格?”这一问题增添了很多不确定的因素。

四、冈察洛夫眼中的城市

也许有人认为，作家笔下的彼得堡是为塑造环境而描写出来的，与作家本人的态度无关。但是，如果我们仔细研究其中的文字就可以得知，冈察洛夫只是将人物作为自己的代言人而已。在文中，他好几次站出来用自己的口吻或者眼光来表明自己对彼得堡生活的态度。例如，《平凡的故事》中的亚历山大第一次来到彼得堡的时候，他将这里与自己的家乡进行了对比：

哪有这样的事呀！主人几乎都不瞧他一眼，皱起眉头，借口事情忙，没时间接待，如果有事要谈，那就另约时间，当然不会约在吃饭的时候。他们根本不知道让客人稍微垫补点儿——又没有酒、又没有点心。主人避开他的拥抱，带点古怪的眼光瞧着客人。隔壁房间里勺子、杯子的响声不断：照理该邀他用餐，可是他们却以巧妙的暗示把他赶走……一切都上锁，到处安铃铛，这不是太没意思了吗？还有那些冷漠的、不爱理人的面孔。而在我们那里，你只管大胆进去，要是主人已经吃过饭，他们会再陪着客人吃饭；茶饮早晚都不离桌，而铃铛连商店里都不安的。人们相遇了，都要拥抱、亲吻。那边的邻居，那才是真正的邻居呢，大家手拉手，心连心，亲近得很；亲戚那真是亲戚，为了亲人，连命都愿豁出去……唉，这儿真差劲！①

很明显，这段引文叙述者的人称、语气前后是不一样的。前半部分作者是以第三人称来描写人物的内心感受，可从“而在我们那里”（А там，у нас）开始，叙述人称发生了变化，变成了第一人称。当然，我们可以认为这是小说主人公亚历山大发出的感慨。但是，我们也可以将此看成是作者冈察洛夫不由自主的发声，因为这也代表了他的心声。

如果说我们这一猜测的证据还不充分的话，那么下面一段话则可以充分证明这一点。例如，亚历山大第一次被叔叔带到某局去上班，他将这个局的工作情景与他叔叔的工厂进行了比较：

“就像我叔叔的工厂里一样！”他得出了最后的结论。“那里的某个师傅拿起一小块材料，把它放进机器里，转动一下、两下、三下，——瞧，出来一个圆锥形、椭圆形或半圆形的东西，然后交给第二个师傅，他把它放在火上烘干，第三个师傅给它上了釉，第四个师傅给它描上花彩，这样就成了一个碗、盘子或者碟子。而在这里：来了个畏畏缩缩的申请人，弯着腰，脸上堆着可怜的笑容，递上一张文书——一位师傅拿起那张文书，在上面稍涂了几笔，便交给了另外一个师傅，此人将它扔进了

① Гончаров И. А. Обыкновенная история // Гончаров И. А. Собрание сочинений. В 8-ми томах. Т. 1 [Z]. М., 1977：67-68.

成千上万的文书堆里，不过它不会丢失：它被打上号码和日期之后，丝毫无损地经过十双手，又会生发和产生出类似的文书。第三个师傅拿起它并伸手到柜子里，拿出一份案卷或者别的文书查阅一下，对第四个师傅说了几句意义重大的话——这个人便跑过来刷刷地写起字来。写完之后，就把母本连同新生文书交给第五个师傅——他同样也拿笔刷刷地写着，于是又产生了新的文书，这个人对它做了一下润色继续往下传送，文书就这样往下走，往下走——它永远不会丢失：它的生产者会死去，而它整个会存放好几个世纪。当它最终会被几个世纪厚积的灰尘覆盖的时候，那时仍然有人来惊扰它并向它请教。每一天，每一个小时，今天和明天，甚至一个世纪，这台官僚机器平稳运作，不会间断，也不会停歇，那里似乎看不到人——看到的只有齿轮和部件……”①

我们从小说的一开篇就知道，亚历山大是一位被娇生惯养的乡下地主子弟。但彼得堡某局的官僚机器及其运转机制，对于一个年轻的地主子弟、第一次来到彼得堡、毫无行政工作经验的亚历山大来说是陌生的。这正如冈察洛夫在小说中写的那样，“Александр знакомился с этим новым для него миром.”（“亚历山大不了解这个世界”）。② 因此，主人公对官僚结构的认识不可能如此深刻，对公文的处理流程也不可能如此的熟悉。所以，他不可能说出这样的话：“它永远不会丢失：它的生产者会死去，而它整个会存放好几个世纪。当它最终会被几个世纪厚积的灰尘覆盖的时候，那时仍然有人来惊扰它并向它请教。”此外，亚历山大只是利用叔叔与某位处长谈话的间隙观察了局里的办公情况，无论如何也不可能知道下面的这种情况：“此人将它扔进了成千上万的文书堆里，不过它不会丢失：它被打上号码和日期之后，丝毫无损地经过十双手，又会生发和产生出类似的文书。”我们可以想象一下，在如此短的时间里，这份文书无论如何也不可能做到“丝毫无损地经过十双手，又会生发和产生出类似的文书”。（она пройдет невредимо через двацать рук, плодясь и производя себе подобных.）因此，我们完全可以认为，这是冈察洛夫本人在不经意间说出来的话，因为他此时正在彼得堡外贸部的某个不起眼的部门工作，对此应该十分熟悉。冈察洛夫在这里采取一种巧妙的叙述手段，

---

① Гончаров И. А. Обыкновенная история // Гончаров И. А. Собрание сочинений. В 8-ми томах. Т. 1 [Z]. М., 1977：88.

② Гончаров И. А. Обыкновенная история // Гончаров И. А. Собрание сочинений. В 8-ми томах. Т. 1 [Z]. М., 1977：87.

以此来表明自己的观点。

彼得堡生活的负面因素还表现在对人的身心的损害上。例如，在《平凡的故事》中，亚历山大在彼得堡待了 8 年后，一事无成，当他离开彼得堡去乡下寻找安宁时，他对彼得堡发出了如下感慨：

> 别了，假发、假牙、棉制冒牌衣装、圆帽的城市，假谦恭真傲气、虚情假意、嘈杂忙乱的城市！别了，埋葬深邃强烈、热情温柔的心灵的活动的大坟墓。我在这儿面对现代生活，但背朝大自然待了八年，而它也转过脸不理睬我了，因为我已失去了生命活力，才二十九岁人已老了；而当年……①

从上面的描写可以看出，身处彼得堡会让人未老先衰。亚历山大只在这里待了 8 年，就变得头发稀疏、面相苍老。

亚历山大的叔叔彼得在小说中第一次出现时，时年 40 多岁，已经在彼得堡住了 17 年了。当时的彼得“是一位个子高大、身材匀称的男子，有一张端正的大脸盘，肤色浅黑，步态稳健优雅，举止持重大方”。② 然而，在小说的结尾，他是一副什么样子呢？

> 这已不是从前那个神采奕奕、体格壮实、身材挺拔、一贯目光安详、昂首挺胸的彼得·伊万内奇了。可能是由于年岁、境遇的关系吧，他似乎衰颓多了。他的动作已不那么灵活，目光已不那么坚定自信。连鬓胡子和鬓毛也花白了许多。看来，他已过了五十周岁。他走起路来有点儿驼了。特别令人奇怪的是，在这个冷静而稳重的人（以前我们以为他是这样的）的脸上竟可看到超于烦心、几近忧愁的表情，虽然这种表情带有彼得·伊万内奇所具有的特色。③

最后，叔叔彼得也和亚历山大一样，被这座大坟墓折磨得病了——频繁

---

① Гончаров И. А. Обыкновенная история // Гончаров И. А. Собрание сочинений. В 8-ми томах. Т. 1 [Z]. М.，1977：290.

② Гончаров И. А. Обыкновенная история // Гончаров И. А. Собрание сочинений. В 8-ми томах. Т. 1 [Z]. М.，1977：55.

③ Гончаров И. А. Обыкновенная история // Гончаров И. А. Собрание сочинений. В 8-ми томах. Т. 1 [Z]. М.，1977：349.

地腰痛。而且，由于他平时忙于公务和生意，让生活变得空虚乏味，更无暇顾及女人的心理需求，从而使得妻子身上潜伏着危险的病症。就像彼得自己所承认的那样，“公务和生意夺走了我的时间和健康……现在也许还要夺走我的太太”。① 彼得决定辞掉公职，虽然他即将被提升为三品文官，而且升迁的机会还会有很多。而此时的亚历山大虽然年方 30，却已经当上六品文官，娶了个有钱的妻子。在各个方面他都在踏着叔叔彼得的足迹前进，甚至还继承了叔叔的“腰疼”。因此，毫无疑问，冈察洛夫对于彼得堡生活是持否定态度的。

在冈察洛夫的最后一部长篇小说《悬崖》中，小说一开篇就写到了彼得堡的生活，而这一描写则是通过对人物阿亚诺夫的描写来进行的。作家在这里开诚布公地宣称，此人身上所反映的就是彼得堡的整个世界：

> 他在彼得堡出生、上学、人到中年，西边没有到过比拉赫蒂和奥拉宁包姆更远的地方，北边没有到过比托克索沃和中罗加特卡更遥远的地方。因此有如水滴中的太阳，在他身上反映出彼得堡的整个世界，显现出彼得堡的全部实际、风气、生活方式、本性和公务——此乃彼得堡的第二性，别无其他。②

由此可见，在冈察洛夫眼里，阿亚诺夫就是彼得堡城市的代言人，这个代言人又是什么样的人呢？

这是一个善于察言观色的、盲目自信的人，是人才辈出的彼得堡中的佼佼者和上流人士。他和奥勃洛摩夫的朋友苏季宾斯基一样，尽管他公务缠身，私事繁忙，但你常常会在各家的大客厅里遇见他，早晨拜访、中午宴会、夜间家庭晚会，最后是牌局。阿亚诺夫不学无术，缺乏信仰，所以他对一切都漫不经心，从不真诚地接受任何事物，既不对它深信不疑，亦不特别偏爱入迷。他喜欢赌博，凡事也毫无主见。冈察洛夫为此写道：“彼得堡的激情，彼得堡的观念，彼得堡年复一年的日常生活，其中包括恶习和美德、思想、事业、政治，大概还有诗歌——他的生活便围着这些转，不曾想从这个圈子里

---

① Гончаров И. А. Обыкновенная история // Гончаров И. А. Собрание сочинений. В 8-ми томах. Т. 1 [Z]. М., 1977：321.

② Гончаров И. А. Обрыв. Роман в пяти частях // Гончаров И. А. Собрание сочинений. В 8-ми томах. Т. 5 [Z]. М., 1979：8.

挣扎出来，因为他在此，为自己的本性找到了最奢华、最充分的满足。”①

哪怕是赖斯基本人，他在彼得堡除了与女人周旋之外，总是在绘画、写作、音乐这些事情中游离。对于这些需要付出艰辛劳动的事业，他既没有韧性，也没有天赋，凡事皆浅尝辄止，一事无成。

在马林诺夫卡经历了情感危机、事业低谷之后，赖斯基回到了彼得堡。不过这次他在彼得堡待的时间不长，稍微处理了一些事情之后，他就与好友基里洛夫一道去了德国、荷兰、英国、法国、瑞士、意大利。似乎只有在国外，赖斯基才找到了艺术创作的灵感——写作与雕塑的灵感。而这些灵感中，始终贯穿了祖母、韦拉和玛尔芬卡的形象，冈察洛夫在此写道：

> 赖斯基灵活地接受各种印象，一个接一个地变更着，从艺术转向大自然，转向新的人们、新的会面——感到三个最深刻的印象，最珍贵的印象，祖母、韦拉、玛尔芬卡——处处伴随着他，闯进任何的一个新的感觉中，使他的余暇时间感到充实，感到他与她们三人由一种牢固的东西联系在一起，只是有了这种联系一个人才常常心情舒畅——无论因为什么都若无其事，哪怕有时会痛苦，无论因为什么，即使有时命运冷淡地触动一下这种联系。②

赖斯基有上述感受或者想法并不让我们觉得意外，意外的是，他为何在彼得堡没有这样的想法，他又是如何将自己的祖母视为是俄罗斯精神的象征的呢？毫无疑问，《悬崖》的结尾的确有些突兀。但从另一个角度来看，我们从这可以窥见冈察洛夫本人对待彼得堡的态度，那就是在这里无法完成人的正常成长，或者完成人的精神完善。

冈察洛夫在对待格拉奇村、奥勃洛摩夫田庄和马林诺夫卡村的态度上是变化的，但在对待彼得堡的社会生活方面，他倒是出奇的坚定，自始至终都是持一种否定态度。这反映了他的城市观，因为哪怕是在环球旅行期间，他对世界上最发达的城市伦敦的认识也是从否定的角度来进行的。例如在他眼里，伦敦这座城市是这样一幅景象：

---

① Гончаров И. А. Обрыв. Роман в пяти частях // Гончаров И. А. Собрание сочинений. В 8-ми томах. Т. 5 [Z]. М., 1979: 9.

② Гончаров И. А. Обрыв. Роман в пяти частях // Гончаров И. А. Собрание сочинений. В 8-ми томах. Т. 5 [Z]. М., 1979: 421.

> 伦敦的外观，包括居民的活动，总的来说，给人一种奇怪的印象。这里有两百万居民，又是世界贸易的中心，但是却看不到一种东西，——您认为这应该是什么东西？生活，令人激动的生活！可以看到贸易活动，却看不到生活，或者说，贸易在这里就是一切，就是生活。……这种繁华景象，可能使你惊讶得张口结舌。但是你却不会想到，相对地说，这里是一片静寂，社会公众的生理机能似乎受到抑制，表现得循规蹈矩。除了马蹄的得得声和车轮的辘辘声，城市里再也听不到别的喧闹声音了。如果把伦敦比作活人，那么这个活人必须时时屏声敛息，甚至连脉搏的跳动也必须加以克制。听不到一声多余的呐喊，看不到一下多余的动作，甚至连顽童的嬉笑追逐也很少见。似乎一切都经过周密的计算，认真的估量，好像多说一句话，多做一个面部表情，都得多缴纳一份税款一样。①

在对英国社会中的实用主义精神进行批判时，冈察洛夫认为：

> 这种讲求实效的风气本来是一件好事。可惜，它也有不利的一面，那就是不仅社会活动，而且每个人的生活都变得只求实效，跟机器无异了，再也看不到主动发出光辉的人道原则和社会美德及个人美德了。社会本应时刻被这种人道原则的无条件的美德所温暖，并且时时以这种原则而自豪。而在英国则不然，这里的一切都是出于需要，为了一定的目的。似乎，诚实、公正、同情，也可以当做石煤开采出来，也可以把它们放进统计表格里。②

冈察洛夫这两番话，很容易让我们想起奥勃洛摩夫。因为后者曾多次发出感慨，他最需要的就是“令人激动的生活”，他最难以忍受的就是“社会公众的生理机能似乎受到抑制”。而在城市中“不仅社会活动，而且每个人的生活都变得只求实效，跟机器无异了，再也看不到主动发出光辉的人道原则和社会美德及个人美德了”。我们完全可以说，此时的冈察洛夫与奥勃洛摩夫就是同一个人，因此我们也可以反推出这样一个结论，奥勃洛摩夫对彼得堡的

---

① Гончаров И. А. Фрегат “Паллада” // Гончаров И. А. Собрание сочинений в 8 томах. Т. 2 [Z]. М., 1978: 51.

② Гончаров И. А. Фрегат “Паллада” // Гончаров И. А. Собрание сочинений в 8 томах. Т. 2 [Z]. М., 1978: 54.

认识其实代表了冈察洛夫的态度。综上所述，无论是在自己的长篇小说三部曲中，还是在游记《巴拉达号三桅战舰》中，冈察洛夫对都市彼得堡的否定态度是一贯的。我们在讨论奥勃洛摩夫的性格特征的时候，应该也要关注冈察洛夫对彼得堡的态度，因为他的态度在某种程度上也折射出了他对奥勃洛摩夫性格的态度。

第三节　母亲的怀抱：奥勃洛摩夫性格的“精神归宿之地”

1859 年 12 月，德鲁日宁在《〈奥勃洛摩夫〉：冈察洛夫的长篇小说（两卷本，1859 年）》中探讨了奥勃洛摩夫的形象特点。作者在文中指出：“奥勃洛摩夫——就像一个小孩，而不是龌龊的好色之徒，他好吃懒做，但并不是道德败坏的自私者或者衰变时代的享乐主义者。”① 当然，德鲁日宁将奥勃洛摩夫比作小孩，主要是为了说明人物性格的单纯、幼稚和善良。但如果从小说的艺术的角度去看待德鲁日宁的这个比喻，也许我们会有一些新的发现。

一、温馨的回忆：梦幻中的母爱

在冈察洛夫的第一部长篇小说中，亚历山大·阿杜耶夫的母亲为他营造了温馨但却“盲目的”家庭环境。在亚历山大即将离家去彼得堡的早上，他的一家上下都起了个大早，但是，只有亚历山大“这个二十岁的后生睡得像勇士似的香甜，而家里所有其他成员却忙得个不亦乐乎。下人走路都得蹑手蹑脚，说话声都得轻轻的，生怕吵醒少爷。要是有人弄出点儿响声，或者说话声音大点，安娜·帕甫洛夫娜便马上像一头发怒的母狮扑了过去，将那个粗心大意的家伙痛斥一顿，或者给一个难堪的绰号，赶上她火气大、气力足的时候，可能还要使劲推人一把”。② 对于即将去彼得堡去“打拼”的儿子，这位母亲既不理解，又觉得悲伤。今天，“对于她来说，这确是要命的一天！难怪她是那么的忧愁、那么伤心。她在忙碌中常常要张嘴想叮嘱点什么，而说了半句就停住了，发不出声来，她便转过脸去，来得及的话，便擦去眼泪，

---

① Дружнин А. В.《Обломов》. Роман И. А. Гончарова. Два тома. СПб. , 1859 [A]. Отрадин М. В. Роман И. А. Гончарова《Обломов》в русской критике (Сборник статей) [Z]. Л. , 1991：122.

② Гончаров И. А. Обыкновенная история // Гончаров И. А. Собрание сочинений. В 8-ми томах. Т. 1 [Z]. М. , 1977：33.

来不及就让眼泪滴落在行李箱上，那箱子里都是她亲手放置的萨申卡的内衣。泪水早就在她的心里沸腾了，它们压着胸口，涌上喉头，眼看就要奔流而出。她似乎很珍惜泪水，准备留到临别时挥洒，所以难得让它掉下几滴来”。①

母爱是盲目的，丈夫早逝，她为自己的儿子营造了一个安全、丰衣足食的生活环境。然而，儿行千里母担忧，更何况，她眼中的彼得堡充满饥寒、穷困，坏人遍地都是，而故乡格拉奇村这是富饶、美丽的地方。因此她想将儿子留下，让他在家里做“天下第一人”，娶媳妇、生一大群孩子，过无忧无虑的生活。然而，亚历山大决心已下，母亲实难挽留。她唯一的期待是儿子不要忘记她，早日回来。

当然，亚历山大在彼得堡碰得头破血流的时候，他回到了故乡。虽然在故乡身心得到了休息，但追求功名的思想一直在他心头挥之不去：“现在我醒悟了，该是干一番事业的时候了！可是我一旦离去，又会让母亲伤心死的！不过走是要走的，不能就把前途断送在这！”虽然如此，亚历山大还是下不了决心告诉母亲自己的想法。“不过母亲很快就解决了他的难题：她去世了。”②

从小说情节发生的空间的角度来看，奥勃洛摩夫田庄承载着冈察洛夫本人对故土的眷恋和好感，而彼得堡在其眼中似乎成为压抑人性、让内心失去安宁的地方。这也是为什么在冈察洛夫的长篇小说三部曲中，主人公的故乡虽然闭塞，但却充满了诗意、安详，当他们在都市中“碰得头破血流”的时候，他们都不约而同地选择了“回归故乡”进行“疗伤”。对于这一点，意大利比较文学学家雷纳托·波吉利（Renato Pogioli）从荣格心理学的角度来阐释了奥勃洛摩夫生命最后那段田园诗式的故事后指出：“冈察洛夫发现了‘生活的本质’，这种观念对于那些熟悉现代‘深层心理学’概念的读者来说，也许特别具有吸引力，这些读者认定奥勃洛摩夫的这一生活阶段是孩子渴望向母亲怀抱回归的实现。”③ 雷纳托·波吉利的上述观点，一方面印证了德鲁日宁将奥勃洛摩夫比作小孩这一做法的正确性，同时为我们分析“母亲”形象在奥勃洛摩夫性格刻画及其在乡村空间描写的作用提供了新的视角。因为，

---

① Гончаров И. А. Обыкновенная история // Гончаров И. А. Собрание сочинений. В 8-ми томах. Т. 1 [Z]. М.，1977：33-34.

② Гончаров И. А. Обыкновенная история // Гончаров И. А. Собрание сочинений. В 8-ми томах. Т. 1 [Z]. М.，1977：315.

③ Poggioli R. The Phoenix and Spider [A]. A Book of Essays about some Russian Writers and their View of the Self [C]. Cambridge：Harvard University Press，1957：43. См. также：Baratoff N. Oblomov. A Jungian Approach：A literary Image of the Mother Complex. Bern，1990.

母亲在某种程度上就是故乡和家的象征。

然而，奥勃洛摩夫为什么自从离开奥勃洛摩夫田庄后再也没有回去了呢？一般说来，读者或者评论界大都会认为，奥勃洛摩夫因为懒惰和不善经营，所以从来不愿回老家奥勃洛摩夫田庄。然而，对于这个问题，贝尔科夫从另一个角度提出了自己的见解。他在一篇文章中写到，亚历山大·阿杜耶夫的母亲为他返乡提供了机会，因为母亲在为他经营农庄，故乡格拉奇村风景秀美，生活富足。“相反，伊里亚·伊里奇·奥勃洛摩夫却只能苦心酝酿如何回家，即回奥勃洛摩夫田庄的计划。可是，在那里却没有任何亲人，也许正是因为如此，这位‘奥勃洛摩夫田庄的柏拉图’更愿意在计划、想法、期盼和梦中光顾‘地球上的那个神圣的角落’。”①

其实，贝尔科夫的这种观点对于我们分析《奥勃洛摩夫》中的母爱氛围提供了一种新的角度，同时对我们考察冈察洛夫本人对待家庭的态度也有很大的帮助。比如，В. Н. 季霍米罗夫（В. Н. Тихомиров）在他一篇名为“冈察洛夫阐释中的‘父’与‘子’问题”的文章中，曾经提出这样一个观点，即冈察洛夫“刻画了一种缓慢的，但却是坚决的‘新’与‘旧’、两种生活方式之间的斗争”，但是在这两种生活方式之中，吸引作家的“不是社会历史层面的东西，而是生活中的那些‘根本性的’东西”。② 这些最为“根本的东西”，其实就是作家本人对家庭生活的眷恋。因此有研究者指出：“在冈察洛夫的长篇小说三部曲中，可以这样说，有一种特殊的‘氛围’，它由某一个‘视角’和共同的意识客体加以连接，这一客体的代表者就是女性人物，她本身就象征家、家庭、舒适，能营造善和爱的氛围，一生都在孜孜不倦地照料家人。”③ 缺乏这种照料的人是可怜的，不仅奥勃洛摩夫是这样，就连奥丽加也是如此。

奥丽加是个孤儿，寄居在婶婶家。虽然婶婶很爱她，但在奥丽加看来，这只是表面上的爱，与母爱相差甚远。这正如她所说，如果她有一天丢失了，

---

① Пырков И. В. Тема сиротства в романах И. А. Гончарова［А］. Материалы Международной научной конференции, посвященной 190-летию со дня рождения И. А. Гончарова: Сборник русских и зарубежных авторов［С］. Ульяновск, 2003: 199.

② Тихомиров В. Н. Проблема《отцов》и《детей》в интерпретации И. А. Гончарова［А］. Гончаровские чтения 1994［М］. Ульяновск, 1995: 19.

③ Краснова Е. В.《Материнская сфера》в романах И. А. Гончарова［А］. Материалы Международной научной конференции, посвященной 190-летию со дня рождения И. А. Гончарова: Сборник русских и зарубежных авторов［С］. Ульяновск, 2003: 186.

婶婶是不会来找她的。对奥丽加来说，母亲才是心目中的精神支柱。一次，她与奥勃洛摩夫在谈到是否有人会关心她时说："谁会说什么？我没有母亲，只有她会问我，我为什么要和你见面，而且我也只会在她一个人面前哭着回答说，我们没有做任何坏事，你也没有。她会相信我的。别的还有谁呢？"①

在奥勃洛摩夫提出要与奥丽加分手的时候，为了挽留奥勃洛摩夫，鼓励他振作起来，勇敢面对现实，奥丽加说："我刚才看我母亲的肖像看了很久，好像从她的眼睛里看到了忠告和力量。"②

奥丽加与奥勃洛摩夫分手后，施托尔茨爱上了她。但奥丽加得知施托尔茨爱上了自己之后，主动向他坦白了自己与奥勃洛摩夫曾有过的恋情，然后小说中写道：

> "是的，看在上帝的份上！"她信任地说，由于部分地解脱了锁链而高兴起来，"我一个人会发疯的。您不知道，我多么可怜！我不知道，我是不是有过错，往事对我是不是羞耻，该不该惋惜，对未来该抱希望还是绝望……您谈到了您的痛苦，但没有想到我也痛苦。您听我把话说完，只是不要用理智来听，我害怕您的理智，您最好用心来听，您的心也许会判断出，我没有母亲，我好像迷失在森林里……"她轻轻地用沮丧的声音说，"不，不要可怜我。"③

在《奥勃洛摩夫》中，充当奥勃洛摩夫的母亲角色的人物有三个，一个是奥勃洛摩夫的生母，一个是奥丽加，另一个则是他的妻子阿加菲娅·马特维耶夫娜·普舍尼琴娜。如果我们赞同贝尔科夫的看法，那么在奥勃洛摩夫田庄的奥勃洛摩夫是幸福的。母亲去世后，虽然奥勃洛摩夫变成了无家可归的"孤儿"，但奥丽加、普舍尼琴娜都是他寻找母爱的对象。

奥勃洛摩夫思考问题时，不会像奥丽加那样，可以看着母亲的肖像来寻找力量，也没有向其他人说起过自己的母亲。奥勃洛摩夫与母亲的见面，只

---

① Гончаров И. А. Обломов. Роман в четырех частях // Гончаров И. А. Полное собрание сочинений и писем в 20 т. Т. 4 [Z]. СПб.，2004：281.

② Гончаров И. А. Обломов. Роман в четырех частях // Гончаров И. А. Полное собрание сочинений и писем в 20 т. Т. 4 [Z]. СПб.，2004：368.

③ Гончаров И. А. Обломов. Роман в четырех частях // Гончаров И. А. Полное собрание сочинений и писем в 20 т. Т. 4 [Z]. СПб.，2004：416.

能在他的梦里，他只要闭上眼睛，就可以看见母亲。在奥勃洛摩夫的梦里，母亲总是十分关心自己，她同时还是奥勃洛摩夫田庄的主宰。

> 母亲热烈地吻他，接着又不停地关心和查看着他，看看他的小眼睛是否浑浊，问他有没有什么地方痛，又向保姆详细打听他的睡眠是否安稳？夜里是否经常醒来？是否翻来覆去？有没有发烧？然后拉着他的手，把他领到圣像跟前。①

在奥勃洛摩夫田庄，老奥勃洛摩夫很忙，他就像是名监工，严格地监视着院子里进行的一切活动，特别是那些鸡毛蒜皮的事情。但太太也很忙，她要操心一家人的衣物缝制，还要操心苹果树的长势和果实成熟等。此外，她还有更为重要的任务：

> 不过，她最操心的还是厨房和饮食问题。吃什么要由全家人共同决定，甚至是最老的姑婆也被请来参加讨论。各人都提出自己喜欢吃的菜，有的要杂碎汤，有的要面条或猪肚牛肚，有的要红色调味汁，有的要白色调味汁。
>
> 所有的建议都会得到认真考虑，详细讨论，采纳或者不采纳最后要由主妇决定。②

《奥勃洛摩夫》里的人物对童年的回忆，带有某种淡淡的宗教印记，而这种印记又是依照母亲的形象形成的。梅利尼克认为，小说中的人物的信仰是冈察洛夫本人信仰的投射。因为，“作家儿时的信仰就是在这样的氛围中形成和巩固的，这种氛围就是由冈察洛夫长篇小说中那些最‘虔诚的’女性形象，如亚历山大·阿杜耶夫的母亲、阿加菲娅·马特维耶夫娜、祖母等构建起来的”。③

奥勃洛摩夫见到自己的母亲，是在梦中：“奥勃洛摩夫看见了早已去世的

---

① Гончаров И. А. Обломов. Роман в четырех частях // Гончаров И. А. Полное собрание сочинений и писем в 20 т. Т. 4 [Z]. СПб., 2004: 106.

② Гончаров И. А. Обломов. Роман в четырех частях // Гончаров И. А. Полное собрание сочинений и писем в 20 т. Т. 4 [Z]. СПб., 2004: 110.

③ Мельник В. И. О религиозности И. А. Гончарова [J]. Русская литература, 1995 (1): 203.

母亲，虽然在梦中，却也高兴得全身颤动，因为他爱母亲。”① 作者在这里并未描写奥勃洛摩夫母亲的形象，因此对于读者来说，这个形象是模糊的。对于这一点，Е. И. 舍甫楚科娃（Е. И. Шевчугова）指出：“尽管奥勃洛摩夫母亲的形象不是个性化的，但在功能上却很丰富：其中之一就是她那守旧、遁世的观点造就了人物的性格，并迫使伊里亚·伊里奇甚至在成年时还要到父母那里寻找孩童的角色。”②

母亲对小奥勃洛摩夫的培养，首先是通过日常生活中的一些行为来表现的。午后，当几乎全村的人都在睡觉时，“母亲捧着伊留沙的头，贴近自己的膝盖，慢慢地给他梳头，欣赏他的柔软的头发，硬要纳斯塔西娅·伊万诺夫娜和斯捷潘尼达·吉洪诺夫娜也来欣赏，并和她们一起谈论着伊留沙的前程，把他当成是自己创作的一部光辉史诗中的英雄。那两位女人则预言孩子将来会有一座座金山”。③

在对待孩子今后的人生道路，老奥勃洛摩夫夫妇在孩子的教育问题上，是这样设想的：

> 他们梦想儿子有朝一日能穿上绣花官服，想象他当上了枢密院的大官，母亲甚至还想象他当上了省长。不过他们还希望，儿子达到这一目的所付出的代价尽可能地小，能通过各种巧计，偷偷地绕过教育和仕途中的种种礁石和障碍，不费力气就跳过它们，也就是说，稍稍读一点书，不劳心费神，也不损害他那从小养好的福态身子，只需要走走规定的形式，就能拿到一张写有伊留沙各科成绩及格的文凭。④

贝尔科夫认为，奥勃洛摩夫在梦中见到了自己的母亲时，母亲带着他做祷告，小奥勃洛摩夫望着窗外，漫不经心地跟着念，这时，“一股凉气和丁香

---

① Гончаров И. А. Обломов. Роман в четырех частях // Гончаров И. А. Полное собрание сочинений и писем в 20 т. Т. 4 [Z]. СПб.，2004：106.

② Шевчугова Е. И. Образ матери в романной трилогии И. А. Гончарова [A]. Материалы Международной научной конференции，посвященной 205-летию со дня рождения И. А. Гончарова：Сборник русских и зарубежных авторов [C]. Ульяновск，2017：184.

③ Гончаров И. А. Обломов. Роман в четырех частях // Гончаров И. А. Полное собрание сочинений и писем в 20 т. Т. 4 [Z]. СПб.，2004：114.

④ Гончаров И. А. Обломов. Роман в четырех частях // Гончаров И. А. Полное собрание сочинений и писем в 20 т. Т. 4 [Z]. СПб.，2004：139.

花的香味从窗户涌进了屋里”。① 而在小说结尾，奥勃洛摩夫死后，“丁香树最后一次在伊里亚·伊里奇的墓头低垂着，旁边还有一株象征着孤儿的苦艾”。② 从贝尔科夫的分析中我们可以看出，丁香是母亲对奥勃洛摩夫的庇护物，但苦艾却预示了奥勃洛摩夫的孤独，这是失去了母亲的孤儿。

二、妻子的另一个角色：彼得堡的母爱

奥丽加在奥勃洛摩夫的生活中，曾经扮演过母亲的角色。例如，在初恋期间，“她很喜欢嘲笑他，不过这种笑就像妈妈看见自己的孩子穿着可笑的衣服而不能不笑一样”。③ 奥丽加总是幻想要将他从奥勃洛摩夫性格中拯救出来，但并未取得成功，因为这一性格在孩提时代就养成了，而且是在生母的亲自培养下养成的，根深蒂固，难以拔除。很有意思的是，奥丽加以及施托尔茨在某些时候也扮演过母亲与儿子的角色。例如，有一次，奥丽加“将他的头抱在自己的胸前，就像母亲一样”。④ 同样，富有独立精神的奥丽加也想在精神上与施托尔茨求得平等，因此她身上母爱的光环只不过是昙花一现而已。

对于奥勃洛摩夫离开奥丽加，住到阿加菲娅·马特维耶夫娜家里并与之结婚的原因，舍甫楚科娃认为：“她也将奥勃洛摩夫当做孩子来对待，但在她那里没有奥丽加的那些要求，她有的只是无尽的爱，这种爱奥勃洛摩夫在儿时就已经感受到了。但我们需要强调的是：普舍尼琴娜是三重意义的母亲。她为奥勃洛摩夫生了一个儿子，为他们家族延续了香火。她还被赋予一个特殊的角色——像奥丽加、施托尔茨和扎哈尔一样——保存了对伊里亚·伊里奇的记忆。”⑤

奥勃洛摩夫最后在普舍尼琴娜那里，找到了实实在在的母爱。因为就是

---

① Гончаров И. А. Обломов. Роман в четырех частях // Гончаров И. А. Полное собрание сочинений и писем в 20 т. Т. 4 [Z]. СПб.，2004：106.

② Пырков И. В. Тема сиротства в романах И. А. Гончарова [A]. Материалы Международной научной конференции，посвященной 190-летию со дня рождения И. А. Гончарова：Сборник русских и зарубежных авторов [C]. Ульяновск，2003：201.

③ Гончаров И. А. Обломов. Роман в четырех частях // Гончаров И. А. Полное собрание сочинений и писем в 20 т. Т. 4 [Z]. СПб.，2004：204.

④ Гончаров И. А. Обломов. Роман в четырех частях // Гончаров И. А. Полное собрание сочинений и писем в 20 т. Т. 4 [Z]. СПб.，2004：422.

⑤ Шевчугова Е. И. Образ матери в романной трилогии И. А. Гончарова [A]. Материалы Международной научной конференции，посвященной 205-летию со дня рождения И. А. Гончарова：Сборник русских и зарубежных авторов [C]. Ульяновск，2017：184.

在彼得堡的维堡区，普舍尼琴娜承担起了照顾奥勃洛摩夫的任务。小说中写道：

> 现在奥勃洛摩夫也是这样。过去在什么地方曾经有过的那种静寂又重新笼罩着他，他又听见那熟悉的钟摆在摆动，听见咬断线头的声音和那熟悉的耳语："我怎么也穿不了针！玛莎，你来穿吧，你的眼睛好！"
>
> 他懒洋洋地、机械地，好像在昏迷状态中望着女主人的脸。从他的记忆深处出现了一个他熟悉的、在什么地方见过的形象，他想弄明白，在什么时候，什么地方曾经见过这个形象……
>
> 他仿佛看见他祖屋里那间又大又黑、用蜡烛照亮的客厅。他已故的母亲及其客人们坐在圆桌旁边，默默地做着针线活，父亲默默地在来回走动。现在和过去汇合在一起、掺合在一起了。①

在《奥勃洛摩夫》里，人物命运的悲剧性主题，总是可以被日常生活中的一些世俗性的东西冲淡。例如，施托尔茨最后一次来看望奥勃洛摩夫时，发现后者已经陷入普舍尼琴娜营造的奥勃洛摩夫田庄的氛围中无法自拔了，甚至连奥勃洛摩夫自己都承认，"说实话，要是没有她，我真不知道在乡下如何生活，你找不到这样的主妇"。② 为了进一步印证自己的观点，奥勃洛摩夫一次在劝说施托尔茨喝酒的时候，将普舍尼琴娜与奥丽加进行了一番比较："喝吧，安德烈，喝吧，这酒真好！奥丽加·谢尔盖耶夫娜可给你做不了这样好的酒！"他说话已经有些语无伦次了，"她会唱'圣洁的女神'，但不会做这样的酒，也不会烤鸡肉蘑菇馅饼！只有过去的奥勃洛摩夫田庄和这里才能烤出这样的馅饼。而阿加菲娅·马特维耶夫娜——她可真爱整洁！"③

奥勃洛摩夫的言下之意是，只有在普舍尼琴娜这里，才能找得到奥勃洛摩夫田庄的感觉，找得到母爱的氛围。他曾经希望能在奥丽加那里找到这种感觉，但仅仅是期望而已。这正如 B. A. 科捷利尼科夫（B. A. Котельников）所指出的那样，奥勃洛摩夫"想在奥丽加身上寻找母亲，但却是在阿加菲娅·

---

① Гончаров И. А. Обломов. Роман в четырех частях // Гончаров И. А. Полное собрание сочинений и писем в 20 т. Т. 4 [Z]. СПб.，2004：479-480.

② Гончаров И. А. Обломов. Роман в четырех частях // Гончаров И. А. Полное собрание сочинений и писем в 20 т. Т. 4 [Z]. СПб.，2004：434.

③ Гончаров И. А. Обломов. Роман в четырех частях // Гончаров И. А. Полное собрание сочинений и писем в 20 т. Т. 4 [Z]. СПб.，2004：436.

马特维耶夫娜那里……找到的”。①

奥勃洛摩夫刚搬到维堡区的普舍尼琴娜的家里时，多次观察过女主人普舍尼琴娜。有一次，他在欣赏了女主人做家务的娴熟动作之后，发自内心地为女主人的身材和能干赞叹不已：

> “一个多水灵、多健康的女人，又是多么优秀的主妇！她真的应该结婚……”他自言自语地说，并想起了……奥丽加。②

虽然作者在这里并未具体说明奥勃洛摩夫为什么想起了奥丽加，但联系上下文和他在这里的自言自语我们可以看出，他很希望奥丽加也能成为像普舍尼琴娜这样的人，对他来说，与这样的人生活在一起才是快乐的。

综上所述，阿加菲娅·马特维耶夫娜对于《奥勃洛摩夫》母亲氛围的构建是十分重要的，同时我们也可以看到，这一人物形象的刻画也有其自身的特点。О. И. 谢尔久科娃（О. И. Сердюкова）在分析这一问题时指出：“阿加菲娅·马特维耶夫娜的刻画实际上与对奥勃洛摩夫的刻画一样，是按照同一种程序来进行的：物质—肉体层面——肉体—心理层面——美化，甚至在内容上也是类似的……”③

在小说中，作者对普舍尼琴娜的美化也是十分明显的，我们从她对奥勃洛摩夫的无私的爱中可以感受到这一点。

> 她默默地承担了对奥勃洛摩夫的义务……她好像是已经这样做了一辈子，也不问问自己为什么这样做，奥勃洛摩夫是她的什么人，为什么要如此地为他奔忙。④
>
> 这样的感情的确是无私的，因为她在教堂里点一支蜡烛为奥勃洛摩夫的健康祈祷，目的仅仅是为了要他健康，而他对此毫无所知。她整夜

---

① Котельников В. А. Кто такой Обломов?: К 175-летию со дня рождения И. А. Гончарова [J]. Деская литература, 1987 (7): 28.

② Гончаров И. А. Обломов. Роман в четырех частях // Гончаров И. А. Полное собрание сочинений и писем в 20 т. Т. 4 [Z]. СПб., 2004: 316.

③ Сердюкова О. И. Обломов и Пшеницына: структурный параллелизм ипрезентации героев [A]. Материалы Международной научной конференции, посвященной 195-летию со дня рождения И. А. Гончарова: Сборник русских и зарубежных авторов [C]. Ульяновск, 2008: 100.

④ Гончаров И. А. Обломов. Роман в четырех частях // Гончаров И. А. Полное собрание сочинений и писем в 20 т. Т. 4 [Z]. СПб., 2004: 380.

守在他的床头直到天亮时才离开，事后也从未提起过此事。

奥勃洛摩夫对她的态度则简单得多。对奥勃洛摩夫来说，阿加菲娅·马特维耶夫娜这个人，她那晃动的胳膊肘，她那关注一切的眼睛，她从食橱到厨房、从厨房到储藏室、从储藏室到地窖的不停走动，她对一切家务和一切家庭设备的精通和了解——全都体现了他那像海洋一样广阔的打不破的宁静生活的理想，这一理想的景象早在他童年时代在父母的庇荫下生活时就不可磨灭地印在他的心上了。①

还有另外一件事情，也可以证明普舍尼琴娜对奥勃洛摩夫的爱：普舍尼琴娜的哥哥与塔兰季耶夫一道，在灌醉了奥勃洛摩夫之后，哄骗奥勃洛摩夫签订了一份向普舍尼琴娜借款的借条。后来，施托尔茨发现了这个阴谋，准备帮助奥勃洛摩夫解除这份债务。这时，是普舍尼琴娜主动站出来为奥勃洛摩夫作证，最终帮助他解除了债务。如果不是“母亲”，哪会有对奥勃洛摩夫如此无私的爱？而且这种爱，直到奥勃洛摩夫离开人世后还依然存在。因此，有研究者说：“我们认为，作家为她取的名字（Агафья）与自己的母亲的名字（Авдотья Матвеевна）相比，不仅在发音上与母亲显得有‘亲属关系’、很亲近，同时在意义上也是如此：Авдотья 的意思是‘富有同情心的’，Агафья 的意思是‘善良的’。”② 除此之外，普舍尼琴娜和冈察洛夫的母亲的父称是完全相同的——“Матвеевна”。对于这一问题，利亚茨基认为，“冈察洛夫的心灵用充满感激的温柔话语和爱回应了在孩提时代就经历过的爱、溺爱和体验，每一次，他的记忆都可以使过世的母亲形象得以复活。在冈察洛夫看来，她是一个是十分理性和善良的人，而后一种品质，就是无尽母爱的同义词，是殚精竭虑和始终不渝的标志，冈察洛夫从一开始就是在人物的家庭环境中刻画了母亲的个性形象”。③ 这充分说明，冈察洛夫将自己母亲的形象有机融入普舍尼琴娜的形象之中。从这一点来说，冈察洛夫对普舍尼琴娜这一形象是亲切的，我们认为，他更希望自己笔下的奥勃洛摩夫也是这样的态度。冈察洛夫对母亲的态度我们可以从他的回忆录中感受得到，他在给 А.

---

① Гончаров И. А. Обломов. Роман в четырех частях // Гончаров И. А. Полное собрание сочинений и писем в 20 т. Т. 4 [Z]. СПб.，2004：382.

② Михайлова М. В. И. А. Гончаров и идеи феминнизма（роман《Обломов》）[A]. Материалы Международной научной конференции，посвященной 190-летию со дня рождения И. А. Гончарова：Сборник русских и зарубежных авторов [C]. Ульяновск，2003：55.

③ Ляцкий Е. А. Гончаров：Жизнь，личность，творчество [M]. СПб.，1912：62.

吉尔玛洛娃（А. Кирмалова）的一封信中写道："她又活了 10 年，这期间她备受折磨：为我们的所有痛苦和其他一切事情担心，事实上她这样做也无济于事。同时她的生活……是美好的，她竭尽所能完成了自己的职责，而我，在情不自禁地流下那些从未流过的眼泪之后，静静地看着她走到生命的最后时刻时，觉得十分骄傲。感谢上帝，我有这样一位母亲。不论我想什么，想到谁，都没有像想到她时那样高兴；不论我回忆什么，回忆谁，都没有像回忆到她时那样神圣。"①

对于在奥勃洛摩夫田庄成长起来的奥勃洛摩夫来说，故乡那种闭塞、淳朴，成天无所事事、闲聊的环境让他养成了温柔、善良、软弱的性格，同时也缺乏意志力和生活的理想。唯一能使他从沙发上起身的一次机会就是他对奥丽加的爱。可与此同时，他身边又出现了另外一个女人——普舍尼琴娜。奥勃洛摩夫尝试过从这两位女人身上寻找母爱。可是，这两个女人在性格上却有着天然的区别，奥丽加身上洋溢着热烈的浪漫色彩，在她与奥勃洛摩夫的恋爱过程中，经常会出现"丁香"和"咏叹调"。而普舍尼琴娜身上完全是另外一种气质，她留给奥勃洛摩夫的印象是"裸露的胳膊肘""烤饼"和"软和的绒毛褥子"。前者对奥勃洛摩夫有着严格的要求，促使他每天要进步。后者对他没有任何要求，而是盲目地爱着他、抚慰他。冈察洛夫在这里，还是一如既往地谈到了人的责任、义务和情感，但要实现这些东西需要努力和意志。同时，为了完成自己的义务，还需要醒来。可是，奥勃洛摩夫对生活的失望，再加上从小养成的懒惰性格，使得他无法从沙发上起身。当然，我们也要看到，在他的内心并非死水一潭，也曾经因为与奥丽加的恋爱而泛起过涟漪。尽管这些变化表面看起来并不明显，也十分隐秘，但其内心的斗争却是激烈的。因为，他就像是莎士比亚笔下的哈姆雷特一样，发出了著名的"活着还是死去"的人生之问。"活着"——就意味着要过有价值的生活，每天都要的对自己的思想状况进行总结和反省，要大踏步向前。"死去"——就意味着继续沉睡，并在自己的幻想中过日子。这场斗争最终是以奥勃洛摩夫租借普舍尼琴娜家位于彼得堡维堡区的房子并与她结婚作为结束。而普舍尼琴娜的家，就是彼得堡的奥勃洛摩夫田庄。在这里，主宰一切的依然是对饮食和睡梦的迷恋，在这里，奥勃洛摩夫最终变成了灵魂上的沉睡者。

---

① Гончаров И. А. Письма // Гончаров И. А. Собрание сочинений в 8 томах. Т. 8 [Z]. М., 1952: 278.

三、德国式的母亲：另类的母爱

在《奥勃洛摩夫》中，施托尔茨的母亲也许有些“另类”，但她依然是一位善良的母亲。要不是德国丈夫的“专横”与坚持，施托尔茨也许会被培养成了“奥勃洛摩夫”。

安德烈·施托尔茨的母亲是俄罗斯人，是她教会了儿子纯正的俄语、阅读《圣经》，培养了他的东正教信仰和对音乐的体悟能力。然而，施托尔茨的父亲是德国人，凡事讲究实际，遵从孩子的想法，并在孩子培养方面提倡“放养”。从小说中可以得知，施托尔茨的母亲是位能干的女人，因为孩子经常在外捣乱、打架，做母亲的成天提心吊胆，生怕孩子出什么意外。“每当安德烈出去大半天而没有回家时，母亲总是心神不宁，如果不是父亲极力反对干涉儿子行动的话，她会叫他一步不离地守在自己身边。”① 也就是说，要不是德国丈夫的固执，她一定会像奥勃洛摩夫的母亲那样，精心呵护自己的孩子，让他长得白白胖胖，生活上养尊处优。但是，丈夫不允许，随便孩子在外打架、流浪。这时，“母亲哭一会，然后便坐下来弹钢琴，沉浸在赫尔兹的音乐中，眼泪一颗接着一颗地滴在琴键上”。② 丈夫在培养孩子方面是粗暴的、严厉的。当安德烈是小孩子的时候，一次他没有将父亲布置的翻译任务、母亲布置的背台词的任务完成，“父亲一只手抓住他的领子，把他拉到大门口，再把帽子戴在他的头上，又在他背后踢他一脚，把他踢倒在地”。③ 然后，叫安德烈滚蛋，完成任务后再回家。

然而，安德烈的母亲并不喜欢丈夫培养孩子的方式。很有意思的是，奥勃洛摩夫的母亲，对丈夫那是百依百顺，在孩子的教育问题上可以说是同心同德，几乎是完全按照俄罗斯地主贵族的方式来教育孩子的。可施托尔茨的父母不一样，他们的意见是不一致的。其中的原因，除了母亲不愿意看到孩子受苦之外，另一个更为重要的原因，是母亲对德国人的蔑视，而这种蔑视的出发点则是为了保证施托尔茨能成为俄罗斯贵族。

在施托尔茨母亲的眼里，以丈夫伊万·波格丹内奇为代表的德国人，粗

---

① Гончаров И. А. Обломов. Роман в четырех частях // Гончаров И. А. Полное собрание сочинений и писем в 20 т. Т. 4 [Z]. СПб.，2004：152.

② Гончаров И. А. Обломов. Роман в четырех частях // Гончаров И. А. Полное собрание сочинений и писем в 20 т. Т. 4 [Z]. СПб.，2004：153.

③ Гончаров И. А. Обломов. Роман в четырех частях // Гончаров И. А. Полное собрание сочинений и писем в 20 т. Т. 4 [Z]. СПб.，2004：153.

鲁、自以为是、自傲，这是小市民的典型标志。“在她看来，整个德意志民族中，没有也不可能有绅士；她在德国人的性格中没有发现任何温和、客气、宽容的东西，没有发现任何在上等社会中的那种良好的能使生活变得愉快、能避开某些准则、能打破常规、不受制于什么章程的东西。”①

对于冈察洛夫本人来说，他与以赫尔岑为代表的俄罗斯作家不同，他对俄罗斯的德国人的态度是比较友好的，而且，他也很欣赏德国人的实干精神。但面对施托尔茨母亲的担心，小说作者冈察洛夫主动站了出来，说了如下一段话：

> 放心吧，善良的母亲：你的儿子是在俄国的土地上成长起来的，而不是长在头上有两个犄角和长着一双只能推磨的手的小市民和凡夫俗子中间。附近就是奥勃洛摩夫田庄：那里永远是节日！那里的人们从肩上卸掉了劳作，就像卸掉了枷锁一般；那里的老爷不会早起，也不会去检查涂满油污的轮子和弹簧。②

其实，冈察洛夫这段描写十分明显地流露出他对俄罗斯田园生活的热爱和肯定。如果我们将施托尔茨的父母的培养理念加以结合，施托尔茨的性格实际上受到了俄罗斯母亲和德国父亲的双重影响。对此冈察洛夫写道：“一边是奥勃洛摩夫田庄，另一边是公爵的豪宅及其奢侈的自由放纵的贵族生活。这两方面的因素和德国人的特点结合在一起，使安德烈既没有成为善良的年轻人，也没有成为市侩。”③ 由此可见，在冈察洛夫眼里，施托尔茨只不过是俄罗斯文化和德国文化的杂糅品而已，显然这并非是作家眼中的英雄人物。当施托尔茨的母亲去世后，施托尔茨就被父亲赶到了彼得堡，因为再也没有人反对他的决定了。

在告别家乡去彼得堡的当天，村里的邻居都来给施托尔茨送行，很多人都责怪狠心的伊万·波格丹内奇赶走了儿子。在分别时，小说中写道：

---

① Гончаров И. А. Обломов. Роман в четырех частях // Гончаров И. А. Полное собрание сочинений и писем в 20 т. Т. 4 [Z]. СПб.，2004：154.

② Гончаров И. А. Обломов. Роман в четырех частях // Гончаров И. А. Полное собрание сочинений и писем в 20 т. Т. 4 [Z]. СПб.，2004：156.

③ Гончаров И. А. Обломов. Роман в четырех частях // Гончаров И. А. Полное собрание сочинений и писем в 20 т. Т. 4 [Z]. СПб.，2004：157.

忽然人群中有个妇女忍不住号啕大哭："天哪，你这个小可怜！"她一面说，一面用头巾角抹眼泪，"可怜的孤儿，如今你亲妈死了，没人为你祝福了……让我给你画个十字吧，我的好孩子！……"

安德烈转到她身边，跳下马。拥抱了老婆婆，老婆婆给他画了十字并吻了他。他本想走了，却忽然哭了起来，因为在她炙热的话里他似乎听到了自己母亲的声音，刹那间看到了母亲慈祥的面容。①

这一段描写对于我们研究冈察洛夫本人对母爱的态度是十分重要的。从上下文来看，这段描写中所提到的那位上了年纪的妇女是纯俄罗斯人，内心有强烈的母爱。也正因为如此，当她看见可怜的施托尔茨在离家时，他的母亲没有祝福他，这位妇女居然情不自禁地号啕大哭并为他画十字。同样，施托尔茨也哭了，因为他似乎在老婆婆的话中听到了母亲的声音，看到了母亲的形象。俗话说，儿行千里母担忧，这位老婆婆在这里承担起了母亲的角色，让施托尔茨感受到了母爱。

奥勃洛摩夫要早于施托尔茨离开故乡去彼得堡，虽然冈察洛夫在小说中并未描写家人为奥勃洛摩夫送别的场景。但我们不用作家描写就可以想象，为奥勃洛摩夫送行的队伍一定十分庞大，他的母亲一定会像亚历山大·阿杜耶夫的母亲一样，为儿子的远行准备了足够多的东西，还有数不清的唠叨和叮嘱，当然，肯定也少不了要为儿子画十字进行祝福。

综上所述，冈察洛夫对奥勃洛摩夫和施托尔茨两人的母亲的描写，是为了描写他们的成长环境对他们性格形成的影响。但另一方面，施托尔茨母亲对他的父亲（德国人）的"蔑视"，特别是冈察洛夫对奥勃洛摩夫的肯定，以及那位老婆婆的出现，充分说明作家并非仅仅是要介绍人物的成长环境，同时他还想揭示更加深层面的东西。

从小说的结构层面来看，奥勃洛摩夫和施托尔茨是一对矛盾对立体。这两位在不同的母爱环境中长大的好友，他们除了要反映各自不同的社会层面的问题之外，还分别代表了不同的民族心理。我们知道，在小说中，对施托尔茨的民族身份进行过评价的只有两人，一个是塔兰季耶夫，一个是施托尔茨的母亲。如果说前者对施托尔茨的人身攻击带有报复性的话（因为施托尔茨破坏了他阴谋诡计），那么施托尔茨的母亲对德国民族性的思考则是自觉

① Гончаров И. А. Обломов. Роман в четырех частях // Гончаров И. А. Полное собрание сочинений и писем в 20 т. Т. 4 [Z]. СПб. , 2004: 160.

的、理性的，且带有一定的民族情感在里面。这一点，我们完全可以从前面引用的文字中看出来。但事实上，作家冈察洛夫本人的成长经历，与德国人有着紧密的联系。他从小就受过德国人的教育，家里的亲戚也有一些德国人，而且从他后面在《迟做总比不做好》中写的可以看出，他对生活在俄罗斯的德国人的印象是很好的。然而，冈察洛夫为什么要在描写母爱的文字中加进这样一个插曲呢？关于这个问题，我们认为梅利尼克的观点可以为此提供答案。那就是，"在思考'奥勃洛摩夫田庄的乡民'，即斯拉夫人的实质和弱点之后，冈察洛夫幻想将西方的（德国的）条理性、热爱劳动、意志坚强等特点与俄罗斯生活进行温和地嫁接。诚然，缺乏俄罗斯人的广度、宽容和雅致的德国人的吃苦耐劳和条理性，对于冈察洛夫来说也是不能接受的"。[①] 通过施托尔茨的母亲说出作家自己的观点有三个好处：一是真实可信。因为，妻子对丈夫的了解是最深刻的，更何况她还是纯俄罗斯人。二是隐秘地表明了自己的态度。因为，这是小说人物说出来的话，与作家本人"无关"。三是体现了母爱。而这种母爱，是德国精神与俄罗斯民族气质的完美结合。应该说，这样的母爱是冈察洛夫所希望的，在他看来，也只有这样的母爱才能挽救奥勃洛摩夫。但这一重任，光靠施托尔茨的母亲是不够的，因为狠心的丈夫使她无法将俄罗斯民族精神中的"广度、宽容和雅致"尽情地发挥出来。

---

① Мельник В. И. Гончаров［M］. M.，2012：221.

第五章 奥勃洛摩夫性格中的俄罗斯民族特质

第一节 奥勃洛摩夫性格的民族属性

杜勃罗留波夫和德鲁日宁对奥勃洛摩夫性格的分析，虽然着眼点都是这一性格的社会性，但是，他们在分析奥勃洛摩夫性格的特征时，对其民族属性问题也进行了论述。杜勃罗留波夫认为，奥勃洛摩夫性格是具有鲜明俄罗斯民族特征的性格类型，而德鲁日宁则指出，奥勃洛摩夫性格既是俄罗斯民族性格的反映，同时也是具有世界意义的性格类型。我们认为，只要是典型性格，一定会具有普世性，这也是典型性格的必然特征。然而，每种性格类型，又有其自身成长的土壤、气候和环境。作为在奥勃洛摩夫田庄成长起来的奥勃洛摩夫性格，俄罗斯民族性特征自然是其根本的特征，本节讨论的主要对象就是这一性格的俄罗斯民族性格特征。

一、当今俄罗斯人眼中的奥勃洛摩夫

冈察洛夫在俄罗斯文坛的地位显著，一直被视为俄罗斯长篇小说奠基者之一，这也使得作家在自己的故乡乌里扬诺夫斯克名声显赫。笔者曾三次造访过乌里扬诺夫斯克市，最近一次是 2017 年 6 月。受俄罗斯乌里扬诺夫斯克州艺术与文化政策部邀请，我很荣幸地参加了冈察洛夫纪念馆举办的纪念冈察洛夫 205 周年诞辰国际学术研讨会（第六届）。几次对乌里扬诺夫斯克市的造访，让我有两个十分明显的感受：一是作家冈察洛夫是该市一张闪亮的名片，其影响力甚至超过列宁（而乌里扬诺夫斯克就是以列宁家族的姓氏乌里扬诺夫“Ульянов”命名的）。例如，在乌里扬诺夫斯克州政府广场，对该州名人的介绍广告栏中，冈察洛夫排在第一位，排在第二位的是俄罗斯著名历史学家、作家卡拉姆津。二是冈察洛夫的雕像、纪念馆、博物馆在该市也非

常多，还有一条主要街道被命名为冈察洛夫大道。该州艺术与文化政策部在第六届冈察洛夫国际学术研讨会的邀请函中是这样评价冈察洛夫的："他不仅是俄罗斯经典长篇小说的创始人之一，同时也是外交家、有威望的官员、俄罗斯内务部出版审查委员会成员。"特别值得一提的是，从 1963 年开始，乌里扬诺夫斯克市开始举办冈察洛夫研究学术研讨会，此后于 1976 年、1991 年分别举办了研讨会，并出版论文集。1992 年开始（冈察洛夫诞辰 180 周年），乌里扬诺夫斯克州每 5 年举行一次国际学术研讨会。其中，2012 年举行的冈察洛夫 200 周年诞辰学术研讨会由普京总统亲自签署命令并拨款加以资助。从 2006 年开始，乌里扬诺夫斯克州政府和俄罗斯作家协会共同设立冈察洛夫文学奖。2012 年，是冈察洛夫 200 周年诞辰，这一年，"冈察洛夫文学奖"更名为"国际冈察洛夫文学奖"，该奖项设三个分奖项。第一个奖项为"文学语言大师奖"（Мастер литературного слова），主要奖励那些为发展现实主义文学作出重要贡献的作家。第二个奖项为"冈察洛夫的继承者"（Ученик И. А. Гончарова），主要授予那些在俄罗斯现代文学取得成就的年轻作家。第三个奖项为"冈察洛夫的遗产：研究与教育"（Наследие И. А. Гончарова：исследования и просветительство），主要授予那些在冈察洛夫文学遗产挖掘方面取得成就的学者和研究者。

我们发现，奥勃洛摩夫的形象在乌里扬诺夫斯克市几乎是无处不在。在乌里扬诺夫斯克市冈察洛夫故居博物馆展室里、在列宁大街和冈察洛夫大街交汇处以冈察洛夫的名字命名的街心花园的冈察洛夫纪念碑旁，都陈列了奥勃洛摩夫最喜欢躺卧的长沙发和最喜欢穿的拖鞋，这张长沙发还被取了个名字——"哲学家的沙发"（философский диван）。在乌里扬诺夫斯克市最高档的宾馆之一"威尼斯酒店"里（Гостиница Венец）设有奥勃洛摩夫餐厅（Ресторан Обломовъ），很多高规格的接待就在该餐厅举行。例如，2014 年 12 月，笔者参加了在乌里扬诺夫斯克市举行的中俄"长江—伏尔加河"流域领导人第三次会议，该会议由我国外交部副部长程国平与俄罗斯总统副全权代表苏霍夫共同主持，俄方招待晚宴就在奥勃洛摩夫餐厅举行。笔者在参加晚宴时发现，在这家餐厅大厅的墙上，挂上了一幅奥勃洛摩夫躺在沙发上的画像，餐厅里的沙发上基本上都写了一些与"懒惰""悠闲"相关的话，如："糊涂的懒汉制造轮子，聪明的懒汉制造沙发。"（Глупый лентяй изобрел колесо，умный леняй-диван.）"懒惰的人是不会关注时间的，他们这么做是因为太懒惰。"（Ленивые часов не наблюдают，им это делать просто лень.）"谁懒惰，谁就是珍爱自己。"（Кто ленится，тот себя бережет.）

在很多中国读者的眼里，奥勃洛摩夫是个带有负面色彩的文学人物，是俄罗斯农奴制寄生生活的象征。而俄罗斯政府将这样一次高规格的外事会议的招待晚宴安排在以奥勃洛摩夫的名字命名的餐厅，的确是件很有意思的事情。我们认为，虽然乌里扬诺夫斯克市对奥勃洛摩夫形象的宣传多少有些幽默成分，但这至少说明，奥勃洛摩夫不仅在冈察洛夫的故乡乌里扬诺夫斯克是一个家喻户晓的文学人物。而且，在他的祖国俄罗斯，他也代表了某些令人向往的品质，而非车尔尼雪夫斯基笔下的“寄生虫”形象。

2006 年 9 月 9—10 日，俄罗斯文化基金会、俄罗斯文化地方事务局、乌里扬诺夫斯克州冈察洛夫地方博物馆、冈察洛夫博物馆、《今日乌里扬诺夫斯克》编辑部在乌里扬诺夫斯克市联合举办了“第一届奥勃洛摩夫联欢节”。联欢节期间，举办了“奥勃洛摩夫，让我们认识你”、以奥勃洛摩夫的名字命名的商品博览会、乌里扬诺夫斯克名人扮演、电影展播等系列活动。俄罗斯报纸《土地气息》（Дыхание Земли）对此次活动进行了报道，发表了题为“奥勃洛摩夫还活着!”的联欢会综述。该综述指出：“伊里亚·伊里奇·奥勃洛摩夫至今还活着，可以这样说，他一直在自己亲爱的故乡和崇拜冈察洛夫天才的人们的心里隐姓埋名。这一伟大的生命现在开启了新的时代。这些年来奥勃洛摩夫也发生了很大的变化。”该文还写道：“他成功地走出了国门，在国外成为时髦人物和商标。在欧洲，外国人奥勃洛摩夫被邀请到咖啡吧和餐厅，在戏剧舞台演出，在荧屏甚至互联网上大放光彩。我们文学中的这位‘懒惰的老爷’现在正在扮演正面角色，成为了神秘的‘俄罗斯心灵’之化身。”①

上述事实充分表明，奥勃洛摩夫及他所代表的性格，在今天的俄罗斯已经发生了根本性的变化。奥勃洛摩夫代表的社会心理类型，逐渐被俄罗斯人接受、喜欢和美化。我们不排除其中有幽默、调侃的色彩，但总体来看，对于喜欢慢节奏生活的俄罗斯民族来说，奥勃洛摩夫追求的闲适生活也不失是一种可以接受的人生态度。奥勃洛摩夫身份的转变——由懒汉变成正面角色、俄罗斯心灵的化身，说明今天的俄罗斯人民跳出了时代局限性，充分肯定了奥勃洛摩夫身上体现的民族性格。

对于奥勃洛摩夫性格的民族性问题，冈察洛夫本人在《迟做总比不做好》中也曾经谈到过。他在说到人物的形象性问题时说：“比如，首先映入我眼帘

---

① Обломов жив! [EB/OL]. Дыхание земли. [2018-04-07] https://www.dyhanie.ru/content/view/2464/64/.

的是奥勃洛摩夫懒洋洋的形象，体现在我自己身上，也体现在别人身上，后来，这个形象在我面前显得愈来愈清晰，当然，我本能地感觉到，俄罗斯人的基本特征正在渐渐注入这个人物——只要充分具有这种本能，就能使形象忠实于性格。”①

二、评论家眼中的奥勃洛摩夫性格

文学评论家、社会活动家、政治家们分别在不同时代、从不同角度对奥勃洛摩夫性格的涵义进行过阐释，充分说明其丰富的内涵和时代性特征。这正如克拉斯纳谢科娃所说的那样：“‘奥勃洛摩夫性格’这一概念是多方面的，自然，对它的解释也是多种多样的：从社会范畴来看，这是一定社会制度的产物；从民族范畴来看，这是世世代代形成的心理表象；从全人类的范畴来看，这是某些性格的固有特征……这一概念的所有方面，在总体上与伟大长篇小说的意义互为联系。”② 为进一步揭示奥勃洛摩夫的本质，本章将在奥勃洛摩夫性格的社会特质分析的基础上，集中讨论这一性格的民族属性问题。在本章的分析中，我们依然遵循以奥勃洛摩夫面世时评论界的评论为主，兼顾其他评论意见的做法，力求从当时的历史语境还原奥勃洛摩夫性格的原貌。

奥勃洛摩夫对于我们进一步认识俄罗斯民族性格特征，具有十分重要的意义。评论界对此众说纷纭，但从来没有人否定过奥勃洛摩夫就是地道的俄罗斯人，否认他是俄罗斯类型性格特征的体现。在这一方面，我们认为洛扎诺夫的观点是很有代表性的。他说：“如果不记得奥勃洛摩夫，不关注奥勃洛摩夫，不提出与他相关的问题、发出感慨或者做深入的思考，那就千万不要谈论俄罗斯人。”他还认为，冈察洛夫用自己的天才之笔，描写了俄罗斯的本质——俄罗斯思想、俄罗斯本源。说到底，奥勃洛摩夫性格“就是我们的社会意识”“就是我们的性格”“就是我们民族历史的简写”。③ 洛扎诺夫在这里说到的只是奥勃洛摩夫性格对于揭示俄罗斯民族性格的意义及其作用，而且，他还着重指出，奥勃洛摩夫性格是俄罗斯民族的社会意识、民族性格和民族历史的简写。虽然洛扎诺夫的这段话在某种程度上说得有些过头，但他对奥

---

① Гончаров И. А. Лучше поздно, чем никогда [A]. Гончаров И. А. Собрание сочинений в 8 томах. Т. 8 [Z]. М., 1980: 106.

② Краснощекова Е. А. Иван Александрович Гончаров: Мир творчества [M]. СПб., 2012: 367-368.

③ Розанов В. В. К 25-летию кончины Ив. Алекс. Гончарова (15 сентября 1891 г. -15 сентября 1916 г.) [A]. Розанов В. В. О писательстве и писателях [M]. М., 1995: 387.

勃洛摩夫性格民族属性的分析还是比较到位的。俄罗斯思想家、宗教哲学代表人物 Н. О. 罗斯基（Н. О. Лосский）则从奥勃洛摩夫性格的社会适应性角度，肯定了这一性格的正面因素。他说："很多时候，奥勃洛摩夫性格本身的确可以体现俄罗斯崇高品质，而另一面——它体现了追求极致性的完善和对我们现实中存在的缺陷的敏感性。"①

还有评论者在奥勃洛摩夫性格的民族属性问题上发表了类似的看法。如米留可夫认为，"奥勃洛摩夫从头到尾体现的是俄罗斯的生活和教育（评论界也同意这一点）"。② 这说明，洛扎诺夫与米留可夫的看法是基本一致的。阿赫沙鲁莫夫则将奥勃洛摩夫看成是俄罗斯民族最古老的特征，他在 1860 年发表的评论文章《冈察洛夫的长篇小说〈奥勃洛摩夫〉》中指出："关于'什么是奥勃洛摩夫性格?'这个问题——几个月前也许就会有人提出来。现在谁也不会去问这样的问题，大家都知道，我们民族中这一最古老特征的起源，几乎与俄罗斯历史的源头是一致的。"③ 而且，在阿赫沙鲁莫夫看来，奥勃洛摩夫性格的力量是很强大的，因为"奥勃洛摩夫这一形象所表现出的我们民族的固有因素，在与奥丽加和施托尔茨所认定的那些呆板、具有世界主义色彩的理想进行斗争时，取得了决定性的胜利"。④ 历史学家 В. О. 克柳切夫斯基（В. О. Ключевский）在其讨论奥勃洛摩夫性格时花费了很多笔墨来讨论俄罗斯民族的性格特点及其演变过程。1909 年，他在一篇札记中这样分析奥勃洛摩夫性格的实质："精神上的奢侈逸乐，乌托邦思想的自花不实，以及悠闲的寄生生活——这是奥勃洛摩夫性格……最典型的特征。每一特征都有其源头，它深深扎根于我们的过去并且以大江奔腾之气概汇入我们文化的历史大潮之中。"⑤

我们认为，俄罗斯文学评论家们对奥勃洛摩夫性格的分析，表面上看是对这一性格本身的关注，但如果放在俄罗斯国家发展的大背景下来看，对奥

---

① Лосский Н. О. Характер русского народа（1949）[A]. Лосский Н. О. Условия абсолютного добра; Основы этики; Характер русского народа. [M]. M.，1991：271.

② Милюков А. П. Русская апатия и немецкая деятельность（《Обломов》, роман Гончарова）[A]. Отрадин М. В. Роман И. А. Гончарова《Обломов》в русской критике（Сборник статей）[C]. Л.，1991：128.

③ Ахшарумов Н. Д. Обломов роман И. Гончарова. 1859 [A]. Отрадин М. В. Роман И. А. Гончарова《Обломов》в русской критике（Сборник статей）[C]. Л.，1991：143-144.

④ Ахшарумов Н. Д. Обломов роман И. Гончарова. 1859 [A]. Отрадин М. В. Роман И. А. Гончарова《Обломов》в русской критике（Сборник статей）[C]. Л.，1991：146.

⑤ Ключевский В. О. Неопубликованные произведения. [Z]. M.，1983：319.

勃洛摩夫性格的关注其实就是对俄罗斯文化的深入思考。在俄罗斯，在面对东西方文化的冲突与对撞中，“俄罗斯向何处去”的问题始终是斯拉夫派与西欧派争论的焦点。事实上，时至今日，俄罗斯民族在这一问题上，依然没有找到答案。之所以没有答案，是由俄罗斯民族受东西方文化的综合影响决定的。而这一文化特质，又决定了俄罗斯文学形象代表的性格特征经常出现互相矛盾和不确定性，俄罗斯文学评论界对奥勃洛摩夫性格的分析也体现了这一特点。例如，奥夫夏尼科—库利科夫斯基认为，奥勃洛摩夫是俄罗斯式的宿命论者。他指出：“俄罗斯人如果不相信命运，那就是独特的宿命论者。我们民族的宿命论——有其意志成分，它不是理论，也不是信仰，而是思潮，这一思潮可以与某些合适的理论、信仰和世界观搭配在一起。”① 但 F. D. 里维（F. D. Reeve）则指出：“奥勃洛摩夫性格——并非是心理学意义上的保守主义和对现实的逃离，而是一个不成熟的、将自己的幼稚行为加以理想化的复合体，是东方宿命论的标志。”② 美国哈佛大学斯拉夫语言与文学专家 B. 谢奇卡列夫（Всеволод Сечкарев）则从基督教与佛教差异性的角度对奥勃洛摩夫性格进行了分析。他认为，奥勃洛摩夫性格中有与佛教相类似的东西。奥勃洛摩夫的哲学与佛教思想都赞同尊重带有消极色彩的自省，主人公的生活是寂静的，这种安逸是佛教圆寂思想的变体。但是，在任何情况下，“这种哲学，自然，不可能得到基督教观点的认同。基督教也不可能接受寂静主义的变体，因为它排除了人类仿照基督形象的可能性”。③

在 20 世纪 60 年代初，也有部分学者在肯定奥勃洛摩夫性格的民族性的同时，也否认其负面特征。例如，普鲁茨科夫就从当时社会的大背景出发对奥勃洛摩夫进行了解读，从某种意义上看，他的分析还是一种过度解读。他认为，“这并不意味着在冈察洛夫的观念中，奥勃洛摩夫性格是俄罗斯社会心理的必然病症。是民主、革命和社会主义的很多敌人为《奥勃洛摩夫》的作者这一思想主题做了补充”。④ 普鲁茨科夫的言下之意是，冈察洛夫眼中的奥勃洛摩夫性格并非是仅仅是负面的，而这一性格的负面特征，是很多人强加

① Овсянико-Куликовский Д. Н. Илья Ильич Обломов［А］. Отрадин М. В. Роман И. А. Гончарова《Обломов》в русской критике (Сборник статей)［С］. Л.，1991：256.

② Reeve F. D. Oblomovism Revisited［A］. The American Slavic and East European Review［C］. Vol. 15. 1956：114.

③ Setchkarev Vs. Ivan Gonchalov. His Life and His Works［M］. Würzburg，1974：43.

④ Прийма Ф. Я.，Пруцков Н. И. История русской литературы в 4 томах. Т. 3［М］. Л.，1982：538.

上去的。列宁在 1922 年 3 月的一次演讲中也提到了奥勃洛摩夫，他不仅指出了奥勃洛摩夫性格在俄罗斯社会的普遍存在，还认为应该与社会上这种消极现象进行斗争。由此可见，哪怕是到了 20 世纪中期，“奥勃洛摩夫性格是负面的”的观点在评论界还是十分流行的。

三、对奥勃洛摩夫性格负面特征的再认识

“奥勃洛摩夫性格”一词对于理解《奥勃洛摩夫》的艺术手法和意义主旨具有十分重要的作用。由于冈察洛夫在小说中对这一性格进行了不厌其烦的描写，使得它不仅成为冈察洛夫弗拉芒式人物刻画手法的载体，同时，这个词也成了长篇小说中的关键概念。这个词，犹如一个无法打破的魔咒，终生伴随着小说主人公奥勃洛摩夫并致其死亡。因此，部分俄罗斯文学评论家在分析奥勃洛摩夫性格的民族特征时，更为关注的则是这一性格所体现出来的负面特征。

B. C. 索洛维约夫（B. C. Соловьев）认为，小说家冈察洛夫“凭借自己的客观性，通过奥勃洛摩夫和赖斯基天才般地揭示了俄罗斯的疾病”。①很明显，索洛维约夫其实直接将奥勃洛摩夫性格看成是俄罗斯民族的性格缺陷之一，有必要加以根治。而 B. 坎多尔（B. Кантор）认为，冈察洛夫笔下的主人奥勃洛摩夫是“俄罗斯文化的原型之一，这一原型，自然，不可能因为时间或者社会环境而消失”。②克拉斯纳谢科娃在分析坎多尔的文章时指出，该文“揭示了这部古典长篇小说的文化学现实意义，小说主人公的命运对整个民族来说都是一种警示。这样的分析与目前，或许，与最近局势有直接联系，这一可能为俄罗斯开创了后苏维埃时期：克服‘长期沉睡的毛病’，努力去自我警醒，就可以避免发生病变，对于我们这样一个多灾多难的国家来说，这种病变会促成新悲剧产生”。③

上个世纪 90 年代初期，苏联解体，国家陷入混乱，社会经济几乎处于停滞状态。在这样的大背景下，坎多尔看到了消除奥勃洛摩夫性格的重要意义，提醒人们警惕这一性格对国家发展的阻碍。克拉斯纳谢科娃更是将坎多尔的观点提高到了事关民族存亡的高度，为的是避免奥勃洛摩夫性格引发新的国家悲剧。显然，克拉斯纳谢科娃和坎多尔强调的都是这一性格的持久性和危

---

① Соловьев В. С. Сочинения в 2-х томах. Т. 1 [Z]. 1989：481.

② Кантор В. В поисках личности：опыт русской классики [M]. М.，1994：177.

③ Краснощекова Е. А. Иван Александрович Гончаров：Мир творчества [M]. СПб.，2012：372.

害性。其实，这也是冈察洛夫塑造奥勃洛摩夫形象的初衷——避免俄罗斯因为农奴制而灭亡。

如果我们将目光拉回到奥勃洛摩夫性格生成的那个时代，也有很多人对这一性格所反映的民族负面特征进行了分析。例如，据 M. A. 亚历山德洛夫（M. A. Александров）回忆，他有一次与陀思妥耶夫斯基谈论冈察洛夫的长篇小说《奥勃洛摩夫》时，后者对这部作品给予了高度评价，他们的对话如下：

> "要知道我的白痴也是奥勃洛摩夫。"
>
> "怎么会这样，费奥多尔·米哈伊洛维奇？"我问道，可是我突然一下子醒悟过来，"真是这样！两部作品中的主人公的确——都是白痴。"
>
> "的确如此！只是我的白痴比冈察洛夫的要优秀一些……冈察洛夫的白痴——是庸俗的，他身上有很多庸俗习气，而我的白痴——是高尚的、崇高的。"①

关于陀思妥耶夫斯基《白痴》中的梅什金与奥勃洛摩夫之间的关系问题，我们后面将会提及，但陀思妥耶夫斯基对两个文学形象的比较，体现了他对奥勃洛摩夫的态度，他看到的是奥勃洛摩夫所体现出的负面特征，而且对此是持否定态度的。又如，奥夫夏尼科—库利科夫斯基在分析奥勃洛摩夫性格时也曾指出："奥勃洛摩夫性格不仅仅是某一特定阶级，准确一点说是道德败坏的贵族地主阶级的通病，也是整个俄罗斯民族的通病。"② 在这里，奥夫夏尼科—库利科夫斯基看到的依然是这一性格的消极性和全民性。

还有一部分评论家，他们在分析奥勃洛摩夫性格的民族性特征时，将这一性格置于全人类的大背景下进行探讨，最早谈论这一问题的是皮萨列夫。1859 年，皮萨列夫发表评论文《冈察洛夫的长篇小说〈奥勃洛摩夫〉》，他在文中坚持将《奥勃洛摩夫》与暴露文学区分开来，认为这是另一范畴的现象，在《奥勃洛摩夫》中，"全人类的利益"与"民族的和现代的利益"是一致的。他指出："冈察洛夫在作品中所表达的思想，永远属于一切民族，可对于

---

① Александров М. А. Федор Михайлович Достоевский в воспоминаниях типографского наборщика в 1872—1881 годах［А］. Григоренко В. В. Ф. М. Достоевский в воспоминаниях современников. В 2 т. Т. 2［С］. М.，1964：252.

② Овсянико-Куликовский Д. Н. Илья Ильич Обломов［А］. Отрадин М. В. Роман И. А. Гончарова《Обломов》в русской критике（Сборник статей）［С］. Л.，1991：242.

我们俄罗斯社会来说，在当今依然有其特殊的意义。"①

在皮萨列夫看来，奥勃洛摩夫的麻木与拜伦主义一脉相承，它们的共同点是对"存在价值"的怀疑。但是，拜伦主义是"强者的病症"，其主要特点是充满了"深深的失望"。而奥勃洛摩夫性格的麻木是追求安逸的生活，是"温和的"和"顺从的"，这也是一种病症，"是斯拉夫民族的本性和我们的社会生活促进了它的发展"。② 而且，奥勃洛摩夫是一个处于转折时期的人物，与拜伦笔下的人物相比，他"处于两种生活的交界之处：一种是旧俄罗斯式的，一种是欧洲式的，它们之间显然不可能互为跨越"。③

在俄罗斯文学评论界，坚持将奥勃洛摩夫性格看成是全人类现象的还有П. А. 克罗波特金（П. А. Кропоткин），他在《俄罗斯文学中的理想与现实》一书中指出："奥勃洛摩夫这一典型并非完全是俄罗斯一个国家范围内的现象……也不能将奥勃洛摩夫性格看成是某一种族的病症。它在两个大陆中存在且分布极其广泛。"④

在20世纪下半叶，特别是在悲惨的、以多次发生具有空前破坏意义的战争和革命著称的20世纪末期，研究者们大都深入思考了奥勃洛摩夫"鸽子般的纯洁"和"心灵"，以及他的性格特征，而这些东西与奥勃洛摩夫性格没有任何关系。奥勃洛摩夫经常用这些东西来对抗社会，而这种对抗并不是临时性和阶级（阶层）性的，而具有永久性、深刻性和存在性。罗斯基注意到了这样一个问题，即冈察洛夫刻画了奥勃洛摩夫性格，这是"在其本质中进行刻画的，实际上，奥勃洛摩夫性格不仅在俄罗斯民族中可以碰得到，也在全人类中都可以碰到"。⑤ В. 谢奇卡列夫则认为，在小说的结尾处，"其形而上学性质得到广泛揭示，即任何社会意义实际上都从属于这一性质"。⑥ В. А. 科捷利尼科夫是这样看待长篇小说"安逸生活"的丰富思想意义的，他认为："奥勃洛摩夫肉体感觉上的安逸源自魂上的安逸，再接下来是精神上的安逸，

---

① Писарев Д. И.《Обломов》. Роман И. А. Гончарова [А]. Отрадин М. В. Роман И. А. Гончарова《Обломов》в русской критике (Сборник статей) [С]. Л., 1991: 70.

② Писарев Д. И.《Обломов》. Роман И. А. Гончарова [А]. Отрадин М. В. Роман И. А. Гончарова《Обломов》в русской критике (Сборник статей) [С]. Л., 1991: 70.

③ Писарев Д. И.《Обломов》. Роман И. А. Гончарова [А]. Отрадин М. В. Роман И. А. Гончарова《Обломов》в русской критике (Сборник статей) [С]. Л., 1991: 75.

④ Кропоткин П. А. Идеалы и действительность в русской литературе [А]. Азбукин В. А. И. А. Гончаров в русской критике. (1847—1912) [С]. М., 2014: 176.

⑤ Лосский Н. О. Характер русского народа (1949) [А]. Лосский Н. О. Условия абсолютного добра; Основы этики; Характер русского народа. [М]. М., 1991: 271.

⑥ Setchkarev Vs. Ivan Gonchalov. His Life and His Works [M]. Würzburg, 1974: 152.

是超自然领域的安逸，在这里可以得到绝对的幸福。”①

还有一些研究者指出，奥勃洛摩夫性格的本质就是“害怕生活，在变革面前恐惧，幻想多于实际行动，不作为、不行动、不负责任，所以从这一意义上说，奥勃洛摩夫性格被认为是无法消除的”。② 也有人认为，“奥勃洛摩夫从民族的变成了国际性的、性质不同的，因为在他的背后自然有俄罗斯的、欧洲的奥勃洛摩夫性格，地主、官员、学者和家庭都具有这一性格特征”。③

在世界各国，一些研究者对杜勃罗留波夫的《什么是奥勃洛摩夫性格?》中的观点进行了讨论。例如，L. 斯蒂曼（L. Stilman）认为，杜勃罗留波夫的观点过于狭隘，没有考虑到心理学和精神学上的因素。他说：“人的懒惰不仅会在农奴制社会中发生，自由资本主义世界的寄生者们也能过这种生活，就像奥勃洛摩夫一样。”④

第二节　奥勃洛摩夫性格的“前世今生”

对于典型人物或典型性格塑造过程中作者与人物之间的关系，文学理论家们从各自不同的角度探讨了这一问题。例如，在讨论作者创作所受到的影响因素时，哈利泽夫认为，“作家——一个以这样或那样的方式将自己的意识‘具象化’于作品中的作家——的活动，自然，要承受其生平经历和生活行为的刺激与支配”。⑤ 在讨论主人公与作家之间的价值取向问题时，哈利泽夫还指出：“作者通常总是要表现（当然，是用艺术形象的语言，而不是直接推理）自己对笔下人物（用 M. M. 巴赫金的术语来说，则是主人公）的立场、观点、价值取向的态度。”⑥

吴中杰在谈到典型人物的两种塑造方法时说：“其一，是以生活中的某一

---

① Котельников В. А.《Покой》в религиозно-философских и художественных контекстах [J]. Русская Литература, 1994 (1): 30-31.

② Азбукин В. А. И. А. Гончаров в русской критике. (1847—1912) [C]. М., 2014: 270.

③ Азбукин В. А. И. А. Гончаров в русской критике. (1847—1912) [C]. М., 2014: 270.

④ Stilman L. Oblomovka Revisited [A]. The American Slavic and East European Review [C]. Vol. 7. 1948: 62-63.

⑤ [俄] В. Е. 哈利泽夫. 文学学导论 [M]. 周启超，等，译. 北京：北京大学出版社，2006: 82.

⑥ [俄] В. Е. 哈利泽夫. 文学学导论 [M]. 周启超，等，译. 北京：北京大学出版社，2006: 224.

原型为基础，但又不受原型的严格限制，作家广泛地概括了同类人物的某些特征，加以想象与虚构，创造出具有高度概括意义的典型形象。”①

上述两位学者的观点，对于我们理解人物与作者之间的关系至少可以提供以下几点认识：一是作家的创作活动，深受其生活经历和行为的影响；二是作家对典型人物（主人公）的刻画，融合他对人物的态度；三是作品中的人物都是作家根据原型（个人或者是某一类型人）塑造出来的，其中包含想象与虚构的因素。同样，奥勃洛摩夫与奥勃洛摩夫性格，就是冈察洛夫在自己对俄罗斯社会长期观察的基础上，根据俄罗斯地主贵族和俄罗斯民族的总体特征，运用自己的想象力虚构出来的人物和性格，并且作者对人物所承载的性格类型（奥勃洛摩夫性格）表明了自己的态度。我们认为，典型人物或者性格的原型，除了现实中的人之外，文学作品中的经典文学形象也可以纳入到原型的范围中来。对于奥勃洛摩夫这一典型人物和性格，包括奥勃洛摩夫的原型的分析，对于我们揭示奥勃洛摩夫性格的民族特性具有重要的参考价值。

一、作家冈察洛夫与奥勃洛摩夫之间的关系分析

冈察洛夫在自己的文学评论文章、信件和札记中曾经多次指出，奥勃洛摩夫的形象并非取自某一个人物，而是一类人物的体现。例如他在 1879 年发表的《迟做总比不做好》中分析奥勃洛摩夫的形象时指出：

> 奥勃洛摩夫是一群在漫长而唤不醒的酣睡和停滞状态心安理得地过日子的人完整而丝毫没有淡化的表现。评论界和读者都看到了这一点：我所有的熟人几乎到处都笑着对我说，这本书刚问世，他们便从这位主人公身上看到了自己和自己的熟人。②

冈察洛夫在讨论典型的意义时，其实也涉及这一问题。在他看来，典型应该要反映自己的时代，还要“像镜子一样反映出社会生活、风尚和生活方式”。③ 如果典型负有如此重大的责任，那么以某一个人为原型，似乎很难达

---

① 吴中杰．文艺学导论［M］．上海：复旦大学出版社，2002：112.

② Гончаров И. А. Лучше поздно，чем никогда ［A］. Гончаров И. А. Собрание сочинений в 8 томах. Т. 8 ［Z］. М.，1980：117.

③ Гончаров И. А. Лучше поздно，чем никогда ［A］. Гончаров И. А. Собрание сочинений в 8 томах. Т. 8 ［Z］. М.，1980：107.

到此目的。显然，冈察洛夫上面的话，也印证了这一点。

对于评论界和读者将冈察洛夫看成是奥勃洛摩夫的原型的做法，冈察洛夫似乎带有抱怨的口气说："人们多半认为奥勃洛摩夫就是我，客气地责备我这个作者懒惰，说什么这个人物就是我以自己为原型写出来的。"① 对于人们的这一看法，冈察洛夫并未做出直接回应，但从其语气和上下文来看，他似乎并未打算承认这一点。不过，俄罗斯文学界似乎并不买作者冈察洛夫的账，依然将奥勃洛摩夫看成是冈察洛夫本人的化身，其中的原因正如冈察洛夫本人所说的那样："因为他们身上透露出作者感到亲近的许多东西，并且明显地流露出作者对他们的深切热爱。"冈察洛夫接着说，"是的，也许是这样，确实有许多个人的、隐秘的东西，也就是作者自己的东西，甚至作者本人都参加进去了!"② 事实上，冈察洛夫本人也承认，奥勃洛摩夫懒洋洋的形象"体现在我自己身上，也体现在别人身上"。③

我们认为，奥勃洛摩夫与冈察洛夫在性格特征方面有接近的地方，如果简单地将他们视为双胞胎也是不妥的。但我们也应该要看到，如果从奥勃洛摩夫性格所反映的民族特征来看，冈察洛夫与奥勃洛摩夫的"根"是相同的。只不过，作家本人比他心爱的人物形象要更为全面、复杂，例如在面对社会进步的方式（强调实干）方面，作家要远远超过他笔下的人物。关于这一点，E. A. 索洛维约夫从东西文明差异的角度解释了这一问题：

> 西欧生活方式和东亚生活方式，在冈察洛夫思想上是和平共处的，没有明显的斗争。毫无疑问，他不偏向哪一方，而是采取万无一失的中间立场，而且毕生保持这一立场，前者促使他对文明唱赞歌，促使他承认文明的必要性和有益性，从而在作品中塑造了希托尔茨、老阿杜耶夫、图申这样的积极典型形象；后者让他创造了奥勃洛摩夫——废除农奴制以前的封建俄罗斯的伟大艺术总结，在这个其貌不扬、碌碌无为的人物身上，体现了中层地主的面貌。作为欧洲人的冈察洛夫嘲笑奥勃洛摩夫；作为俄罗斯地主，他喜欢他，从整体上喜欢他——作为童年的回忆，作

① Гончаров И. А. Лучше поздно, чем никогда［A］. Гончаров И. А. Собрание сочинений в 8 томах. Т. 8［Z］. М.，1980：100.

② Гончаров И. А. Лучше поздно, чем никогда［A］. Гончаров И. А. Собрание сочинений в 8 томах. Т. 8［Z］. М.，1980：139.

③ Гончаров И. А. Лучше поздно, чем никогда［A］. Гончаров И. А. Собрание сочинений в 8 томах. Т. 8［Z］. М.，1980：106.

为熟悉和习惯的现象，作为自身的一部分。①

E. A. 索洛维约夫的这段话，很好地总结了冈察洛夫刻画的人物所代表的文明和文化类型，特别是他将奥勃洛摩夫这一形象提高到了“废除农奴制以前的封建俄罗斯的伟大艺术总结”这样的高度，这充分说明了这一形象的丰富内涵和民族特征的综合。同时，E. A. 索洛维约夫还从冈察洛夫本人在东西文明的双重身份分析他对笔下人物价值取向的态度，即冈察洛夫本人的中等地主身份决定了他对奥勃洛摩夫的态度。我们认为，E. A. 索洛维约夫的上述观点，对于我们了解奥勃洛摩夫性格的民族特征及其作家本人对待这一性格的态度是很有帮助的。柯罗连柯也曾经发表过类似的观点，他在分析冈察洛夫对待奥勃洛摩夫性格的复杂和矛盾态度时指出：“他，当然在思想上是否定‘奥勃洛摩夫性格’的，可是内心又无意识地深爱它。”②

在冈察洛夫本人与奥勃洛摩夫之间的关系的问题上，还有一些文学评论者提出了类似的看法，虽然他们看待这一问题的角度和出发点不同。例如，安年斯基在分析了奥勃洛摩夫这一人物形象后，指出了小说作者与人物之间的关系。他说：“诗人通过奥勃洛摩夫向我们展示了他自己与祖国和过去的联系，这里有对未来的期盼和认识自我的痛苦，有日常生活的快乐，有诗意，还有生活的散文；在这里，冈察洛夫的心灵将自身民族的因素与世界性的因素联系了在一起。”③ 安年斯基在这里将奥勃洛摩夫看成是冈察洛夫与祖国、民族、世界的连接体，这也从另外一个角度分析了奥勃洛摩夫性格的民族性和世界性，以及它本身与作者之间的关系。

二、奥勃洛摩夫与其他文学形象之间的关系

哈利泽夫在分析文学中的“借用”（реминисценция）现象时指出，借用是“对先前的单篇作品或一组作品加以参照，使读者想起这些作品。换言之，

① ［俄］M. A. 普罗托波波夫．别林斯基，杜勃罗留波夫，皮萨列夫，冈察洛夫［C］. 翁本泽，译．郑州：海燕出版社，2005：337.

② Короленко В. Г. И. А. Гончаров и《Молодое поколение》(К 100-летней годовщине рождения)［A］. Отрадин М. В. Роман И. А. Гончарова《Обломов》в русской критике (Сборник статей)［C］. Л.，1991：273.

③ Анненский И. Ф. Гончаров и его Обломов［A］. Отрадин М. В. Роман И. А. Гончарова《Обломов》в русской критике (Сборник статей)［C］. Л.，1991：224.

借用就是文学中的文学形象”。① 由此可见，借用不仅是文学创作的一种重要方式，也是文学形象塑造的重要手段，他对于我们分析作品中的人物形象与某个民族文学之间的联系具有十分重要的意义。因为，先前文学中的经典形象，在经过历史的大浪淘沙之后，已经是该民族或者国家时代、性格或者习性的载体。所以，研究某一人物形象与该国先前文学形象之间的关系，对于我们的研究是很有必要的。哈利泽夫在分析文学中的借用方式时认为，除了引用、提及、评价等直接借用方式之外，还存在一些非直接的借用。他说：“借用他人的情节；引入其他作品中的人物；模仿某些人的笔法；对外文作品进行意译（在俄罗斯经典诗歌中，可以追溯到 B. A. 茹科夫斯基的一些短诗和抒情叙事诗）——这些都与作为语言艺术文本中个别环节的借用具有同种性质。”② 此外，哈利泽夫对互文性（интертекстуальность）的分析，对于我们解读奥勃洛摩夫性格与俄罗斯民族性之间的关系也具有一定的指导意义。这位学者指出：

> “互文性”这一术语在当代文学学中得到了广泛使用，并具有相当的权威性。它经常用来表示跨文本关系的总和，这种关系所包含的成分不仅指无意识的，自动出现的或者带有自足的游戏色彩的引文，还指对先前的文本及文学事实所做的参照——具有明确的目的的，经过深思熟虑的，带有评价色彩的参照。③

哈利泽夫所提及到的上述借用方式中，“借用他人的情节”“引入其他作品中的人物”以及“对先前文本及文学事实的参照”等，其实就是冈察洛夫最常用的艺术手法。例如，在谈论到俄罗斯文学前辈对后人的影响时，冈察洛夫说：“在俄罗斯文学中，离开普希金和果戈理，目前还没有别的出路。普希金—果戈理流派如今仍然存在着，我们这些小说家只是把他们遗留下来的素材加加工而已。”④ 在谈到文学典型的继承性问题时，冈察洛夫列举了一系

① ［俄］B. E. 哈利泽夫．文学学导论［M］. 周启超，等，译．北京：北京大学出版社，2006：313 页。

② ［俄］B. E. 哈利泽夫．文学学导论［M］. 周启超，等，译．北京：北京大学出版社，2006：315.

③ ［俄］B. E. 哈利泽夫．文学学导论［M］. 周启超，等，译．北京：北京大学出版社，2006：322.

④ Гончаров И. А. Лучше поздно, чем никогда ［A］. Гончаров И. А. Собрание сочинений в 8 томах. Т. 8［Z］. М.，1980：111.

列世界性的文学形象来加以说明：

> 这个创作典型的世界似乎有其自己特殊的生活，自己的历史，自己的地理和民族志，也许有朝一日会成为有趣的历史—哲学批判研究的对象。堂吉诃德、李尔王、哈姆雷特、麦克白夫人、福尔斯塔夫、唐璜、达尔杜弗等在后来一些天才作家的作品中已经生下了整整几代类似的同族子孙，就像四处飞溅的无数水珠一样。在新的时代将会发现，诸如乞乞科夫、赫列斯塔科夫、梭巴凯维奇、诺士特列夫等许多现代典型原来竟是米特罗方、斯科蒂宁们枝叶繁茂的家谱树上的一批异种，并且他们又照常繁殖出许许多多别的异种。在这些丰富的尚未开采的矿场中能发掘出的东西是不会少的！①

关于奥勃洛摩夫与俄罗斯和世界文学经典形象之间的关系，俄罗斯文学界已经进行了较为细致的研究。例如，很多研究者都论述过奥勃洛摩夫与俄罗斯“多余人”形象、堂吉诃德、果戈理笔下的人物形象之间的关系。19 世纪末，人们开始关注冈察洛夫与其同时代作家的比较。例如，1893 年，B. B. 洛扎诺夫将奥勃洛摩夫性格与卡拉马佐夫性格进行过对比，他认为，“‘卡拉马佐夫性格’——这个名称越来越变成一个普通名词并得到广泛运用，就像早于它之前出现的‘奥勃洛摩夫性格’的名称那样。人们想通过后者来研究俄罗斯性格的定义，但是，后者也是在‘卡拉马佐夫性格’中得到确立的”。② 20 世纪初以来，也有人将奥勃洛摩夫与陀思妥耶夫斯基、托尔斯泰笔下的人物进行对比。例如，1912 年，《奥伦堡边疆报》的一位批评家认为，奥勃洛摩夫性格和卡拉马佐夫性格是“两个台柱，俄罗斯生活无论如何都无法撼动它们”。③

再后来，很多研究者则是基于奥勃洛摩夫的社会意义的角度来分析奥勃洛摩夫与其他文学形象之间的关系，这为我们从俄罗斯文化和世界文化的角度理解奥勃洛摩夫性格的意义和广泛性提供了新的思路。例如，有很多评论家认为奥勃洛摩夫与恰茨基、奥涅金、堂吉诃德、桑丘·潘沙、伯德果列申（果戈理《结婚》中的主人公）、普柳什金（果戈理《死魂灵》中的地主形

---

① Гончаров И. А. Лучше поздно, чем никогда [A]. Гончаров И. А. Собрание сочинений в 8 томах. Т. 8 [Z]. М., 1980：139.

② Розанов В. В. Мысли о литературе [M]. М., 1989：202.

③ П-ов А. В. Гончаров и обломовщина [N]. Оренбурский край. № 123. 6 июня 1912.

象）、哈姆雷特、巴扎洛夫（屠格涅夫《父与子》中的男主人公）、莉莎·卡里金娜（屠格涅夫《贵族之家》中的女主人公）、高尔基笔下的“老鹰们”都有相似之处。我们看到，奥勃洛摩夫与如此之多的文学人物有相似之处，这也充分说明冈察洛夫在人物塑造时的概括能力。

为了更好地说明奥勃洛摩夫与俄罗斯民族之间的关系，我们认为，从奥勃洛摩夫与先前俄罗斯文学形象、同时代文学形象之间的关系角度来探讨这一问题是很有必要的，也是最有效的途径之一。

1866 年 9 月 22 日，冈察洛夫在写给 C. A. 尼基坚科的一封信中写道：

> 最后，我想告诉您一件事，这件事情我从来没跟其他人说过，那就是我从向出版界写东西的那一刻起（那时候我 30 多岁并有了一定的阅历），就有了一个艺术上的理想：刻画一个诚实、善良、天性可爱、十足的空想家，这个人一生都在斗争、在寻找真理，他每走一步都会遇到骗子的谎言，最后，他终会灰心丧气并变得冷漠，并由于意识到自己和别人的缺陷，即人类的普遍天性，而变得软弱无力。①

如果我们将冈察洛夫所说的这个空想家的特点与其长篇小说三部曲中的人物进行对比，就可以看出，亚历山大、奥勃洛摩夫和赖斯基就是这一人物的化身。具体到小说中来看，这些人物有着共同的特点：他们都是贵族知识分子，天生过着闲散的生活，他们无法接受周围的世界，但他们内心一直保持着那份崇高的理想，尽管这理想是抽象的。

与同时代的作家相比，冈察洛夫所要塑造的这个人物是矛盾的，而这一矛盾性恰恰体现了俄罗斯民族（准确地说是俄罗斯知识分子）性格中的矛盾性和时代性。如果说与奥勃洛摩夫同时代的“多余人”别里托夫、罗亭的特点是喜欢空想、专做损人不利己的事情、语言与行动脱节、喜欢自我反省，到最终沦落的话，那么奥勃洛摩夫虽然也喜欢空想，最终也沉沦至死，但他终生在追寻真理和正义、秉性善良。只不过，由于他对人性本质的认识，当然还加上天生懒惰，在面对自己的理想时显得无能为力。我们知道，别里托夫和罗亭，是在西欧家庭教师的培养下长大的，但奥勃洛摩夫却是在地道的俄罗斯教育体系下长大的，甚至可以说是在奥勃洛摩夫田庄的教育体系下长

---

① Гончаров И. А. Письма // Гончаров И. А. Собрание сочинений в 8 томах. Т. 8 [Z]. М.，1980：318.

大的。从这一意义上说，奥勃洛摩夫是在俄罗斯的土地上长大，他是真正的俄罗斯人——温柔、善良、懒惰、空想，是俄罗斯土地培育出来的具有民族特色的俄罗斯人。在分析奥勃洛摩夫与俄罗斯民族之间的关系方面，我们可以从这一形象与俄罗斯民间文学——童话中的形象之间的联系中找到答案。

三、奥勃洛摩夫与俄罗斯民间文学形象之间的关系

对于冈察洛夫与俄罗斯民间文学之间的关系问题，在 20 世纪 70 年代之前，文学评论界只有一些零星的简介，缺乏深入的分析。例如，德鲁日宁曾经指出："长篇小说的功劳，在于它将奥勃洛摩夫的所有根源与民族生活和诗歌的土壤紧密联系了在一起。"① 20 世纪 50 年代，采依特林曾经尝试分析冈察洛夫文学创作与俄罗斯民间文学的联系，只不过他的分析只是局限在体裁层面，而对人物之间的关系问题并未进行探讨。

作家冈察洛夫对俄罗斯民间文学的了解，主要来源是他的保姆阿努什卡。冈察洛夫在回忆录《在故乡》及其与朋友的通信中，表达了他对保姆的深深的爱。据 Г. Н. 波塔宁（Г. Н. Потанин）回忆，1849 年冈察洛夫回到故乡辛比尔斯克时，有这样一个细节可以证明这一点：

> 他与已经失明了的保姆的谈话是十分感人的，我觉得，他有时甚至找不到合适的词来温柔地称呼她。"我深爱着的人呐！你是否还记得，你曾柔情细语地向我讲述了多少神奇的童话吗?"他深吻了深爱的保姆并抚摸她的头，"如果你愿意，我可以用黄金来换取这些童话。"老太太仿佛受了委屈似的责备他："瓦尼亚，瓦尼亚，你这么这么傻！难道我还要将你的钱带到坟墓里去？我一直十分珍惜你的爱。"他痛哭流涕。②

显然，冈察洛夫在描写奥勃洛摩夫的孩提生活时，将自己的保姆的形象也搬到了小说之中。比如，在影响奥勃洛摩夫成长的各种因素中，保姆所给他讲的俄罗斯古老童话发挥了十分重要的作用，准确地说，是童话决定了奥勃洛摩夫性格中的基本特征，童话中的某些人物甚至成为了奥勃洛摩夫的原

---

① Дружнин А. В.《Обломов》. Роман И. А. Гончарова. Два тома. СПб.，1859［А］. Отрадин М. В. Роман И. А. Гончарова《Обломов》в русской критике（Сборник статей）［Z］. Л.，1991：122.

② Кирмалов М. В. Воспоминания об И. А. Гончарове［А］. И. А. Гончаров в воспоминаниях современников［М］. Л.，1969：40-41.

型。“保姆，或者不如说这个故事本身，巧妙地回避了一切现实的东西，使小孩子的想象和头脑浸透了虚构的幻想，从而到老也摆脱不了它们。”① 而且，“童话不仅影响了奥勃洛摩夫田庄的小孩子，也影响了成年人，甚至对他们的一生都有影响”。②

保姆的童话讲得热情洋溢，绘声绘色，十分令人入迷，甚至充满灵感，这说明保姆本身就相信这些故事，而且对奥勃洛摩夫的影响也不可小视。“成年后的伊里亚·伊里奇虽然知道世界上并没有什么蜂蜜河和牛奶河，也没有什么善良的女巫，虽然他对当年保姆讲的故事加以取笑，但是这种笑不是发自内心的，而是带有一种暗自的叹息。因为对于他来说，童话和现实混淆在一起了，他时而下意识地感到忧伤：为什么童话不是现实生活？现实生活不是童话呢？”③ 由此可见，保姆在奥勃洛摩夫小时候给他讲的那些童话故事，已经深入到了奥勃洛摩夫的血液中去了，对于空想家奥勃洛摩夫的一生来说，这些童话具有决定性的作用。小说中描写到的一个情节，十分形象地说明了这一点。保姆经常会给奥勃洛摩夫讲故事，其中一个就是漂亮的女巫美利特里萨·基尔彼耶夫娜的故事：

> 那里还有一个善良的女巫，她有时化作一条狗来到我们这儿来挑选一个她喜欢的人，一个文静的、本分的——换句话说是一个懒惰的、受人欺负的人；她还无缘无故地给他各种各样的好处，而他却只知道吃现成的、穿现成的，完了还想找一位绝代美女美利特里萨·基尔彼耶夫娜做妻子。④

应该说，保姆讲的故事对奥勃洛摩夫产生了深远的影响，要不然，长大后的奥勃洛摩夫怎会对此念念不忘呢？“他不由自主地幻想起美利特里萨·基尔彼耶夫娜来，他越来越向往那个只知道玩耍、无忧无虑生活的地方，他心

① Гончаров И. А. Обломов. Роман в четырех частях // Гончаров И. А. Полное собрание сочинений и писем в 20 т. Т. 4 [Z]. СПб.，2004：116.

② Гончаров И. А. Обломов. Роман в четырех частях // Гончаров И. А. Полное собрание сочинений и писем в 20 т. Т. 4 [Z]. СПб.，2004：119.

③ Гончаров И. А. Обломов. Роман в четырех частях // Гончаров И. А. Полное собрание сочинений и писем в 20 т. Т. 4 [Z]. СПб.，2004：116.

④ Гончаров И. А. Обломов. Роман в четырех частях // Гончаров И. А. Полное собрание сочинений и писем в 20 т. Т. 4 [Z]. СПб.，2004：116.

里留下一种永远丢不掉的愿望：躺在床上，穿着现成的、不是自己劳动所得的衣服，吃着善良女巫施舍他的饭菜。”① 对奥勃洛摩夫来说，美利特里萨·基尔彼耶夫娜几乎就是他的庇护神，因为通过保姆讲的故事，“在小孩子的想象里留下了许多奇怪的幻影，恐惧和苦闷长久地甚至可能是永远地埋在他的灵魂中。他忧郁地环顾四周，在生活中看到的尽是伤害和灾难，于是他就老幻想着那个美利特里萨·基尔彼耶夫娜生活的地方，那是一个多么美好的白吃白穿的地方……”② 可见，对奥勃洛摩夫来说，美利特里萨·基尔彼耶夫娜生活的地方象征着闲散的寄生生活，而在小说中，只有奥勃洛摩夫田庄和阿加菲娅·马特维耶夫娜所在的维堡区符合这个要求。

很明显，美利特里萨·基尔彼耶夫娜（Милитриса Кирбитьевна）所选的那个男人，与奥勃洛摩夫几乎就是孪生兄弟，也几乎与冈察洛夫在写给C. A. 尼基坚科信中提到的空想家丝毫不差。而美丽的女巫美利特里萨·基尔彼耶夫娜完全可以被视为奥勃洛摩夫的妻子阿加菲娅·马特维耶夫娜·普舍尼琴娜，因为主人公的这一想法最终是在普舍尼琴娜那里得以实现的。对此，小说在快结尾时写道：

> 他梦见他到了天国，在那里，蜜糖和牛奶流成了河，在那里，人们不需要工作就能吃上面包，穿金戴银……
>
> 他听见人们在讲述梦的预兆，听见盘子和刀叉的响声，他紧偎着保姆，倾听她用老年人特有的颤抖的声音说：“这就是美利特里萨·基尔彼耶夫娜！”她指着女主人的形象对他说。③

从这里我们可以看出，冈察洛夫的确是一位高超的小说结构大师，他通过这样一些细节描写将小说情节有机贯穿起来。同时，将俄罗斯民间童话中的人物“借用”到自己的作品中来，这对于刻画奥勃洛摩夫性格中的空想特征，对于展示人物与民族文化之间的关系，是一种十分简便和有效的艺术手

① Гончаров И. А. Обломов. Роман в четырех частях // Гончаров И. А. Полное собрание сочинений и писем в 20 т. Т. 4 [Z]. СПб.，2004：116.

② Гончаров И. А. Обломов. Роман в четырех частях // Гончаров И. А. Полное собрание сочинений и писем в 20 т. Т. 4 [Z]. СПб.，2004：119.

③ Гончаров И. А. Обломов. Роман в четырех частях // Гончаров И. А. Полное собрание сочинений и писем в 20 т. Т. 4 [Z]. СПб.，2004：480.

法。

而在保姆讲的故事中，哪一个人物形象与奥勃洛摩夫最为接近呢？要讨论这个问题，还得要从奥勃洛摩夫的保姆所讲的童话中寻找答案。

冈察洛夫在小说中详细地描写了保姆如何给奥勃洛摩夫讲故事的情景。每当漫长的冬季来临时，夜晚他胆怯地依偎着保姆。保姆正小声地给他讲一个神秘国度的故事。在故事中，保姆提到了三类人物，一类是女巫美利特里萨·基尔彼耶夫娜、傻瓜叶梅利亚，当然还有美利特里萨·基尔彼耶夫娜选择的那个懒鬼丈夫。第二类是英雄伊里亚·穆罗梅茨、多布雷尼亚·尼基季奇、阿廖沙·波波维奇、壮士波尔康、过路人科列奇谢，这些人都是在俄罗斯的土地上漫游并打败了无数的异教徒，他们都是喜欢豪饮的好汉。最后一类是凶狠的强盗、睡公主、鬼神、僵尸、怪物和会变形术的人。在保姆讲的故事中，有两个人物值得我们关注，一个是英雄伊里亚·穆罗梅茨（Илья Муромец）、一个是傻瓜叶梅利亚（Емеля-дурак），他们与奥勃洛摩夫形象有着紧密的联系。

伊利亚·穆罗梅茨是古俄罗斯童话中的勇士，是俄罗斯民族理想的化身，还是俄罗斯土地的保护者。根据传说，农民的儿子伊利亚·穆罗梅茨在33岁之前，还“不会使用”四肢，后来是魔法师让他神奇痊愈。那些各处流浪行乞的盲歌手唱着宗教诗来到他的家里，当时家里除了他之外没有任何人。歌手们请他起床并拿水给他们喝，伊利亚说：“我的手脚不能动，已经在椅子上坐了30多年了。”那些人再次请他起身拿水给他们喝。伊利亚这时才起身，走到挑水工那里给他们舀水喝。长老让伊利亚喝，他喝后就痊愈了，而且在喝第二口后就感觉自身获得了一种特别大的力量，那些人让他第三次喝水，以便将力气减少一点。然后长老们告诉他，他应该去为弗拉基米尔大公服务。最后，伊利亚·穆罗梅茨听从长老们的建议，在弗拉基米尔那里建立奇功。①

读过《奥勃洛摩夫》的读者都知道，小说一开篇就介绍了奥勃洛摩夫：“这个人大约三十二三岁”，“他的身体作为一个男人来说显得过于柔弱了”。②而且，这个人喜欢躺在家里不出门，“伊里亚·伊里奇躺着既不像病人或者想

---

① Иля муромец［EB/OL］. Википедия.［2018-08-16］https：//ru. wikipedia. org/wiki/%D0%98%D0%BB%D1%8C%D1%8F_%D0%9C%D1%83%D1%80%D0%BE%D0%BC%D0%B5%D1%86.

② Гончаров И. А. Обломов. Роман в четырех частях // Гончаров И. А. Полное собрание сочинений и писем в 20 т. Т. 4［Z］. СПб.，2004：5.

睡觉的人那样出于需要，也不像疲倦的人那样偶尔躺一躺，更不像懒汉那样贪图享受。这是他的一种正常状态”。①

如果将奥勃洛摩夫与伊利亚·穆罗梅茨进行比较，那么无论是从年龄上看，还是从生活习惯来看，他们俩都有相似之处。只不过，如果说33岁的伊利亚·穆罗梅茨的躺卧是因为手脚不便，那奥勃洛摩夫的躺卧则要复杂得多。前者的躺卧是身体上的疾病，医治起来不难。但后者的躺卧则不是出于需要，而是一种状态，这是心理和精神层面上的，痊愈的难度要大得多。

与伊利亚·穆罗梅茨不同的是，小奥勃洛摩夫是有成为勇士的潜质的，至少在父母和保姆眼里是如此。一来，他们有着共同的名字“伊里亚”，其次，当保姆给小奥勃洛摩夫讲述神奇国度的故事时，她把奥勃洛摩夫当成是穆罗梅茨。小说中写道：“在那里没有黑夜，没有寒冷，天天都有奇迹发生，那里蜂蜜牛奶成河，那里的人整天什么事情也不做，成天就知道玩耍，他们都是像伊里亚·伊里奇这样的好小伙和从来没有人听说过也没有人描写过的美女。”② 而且，奥勃洛摩夫还经常幻想自己是英雄人物。“他有时喜欢把自己想象成为一个战无不胜的统帅，在他面前，不仅拿破仑，就连叶鲁斯兰·拉扎列维奇也一钱不值。”③ 遗憾的是，奥勃洛摩夫田庄和那里的居民将他培养成了一个庸才，这不仅是身体上的，同时也是精神上的。伊利亚·穆罗梅茨的病是魔法师治好的，所以他成为了勇士。而奥勃洛摩夫呢，凡人拯救不了他，最终只能早早地离开人世，因为，他找到了自己的女巫美利特里萨·基尔彼耶夫娜。从这一意义上来说，奥勃洛摩夫仅仅是一个“无能的勇士”。这就是像洛特曼所指出的那样，“奥勃洛摩夫身上有某种勇士的素质，只是他被病态地钉在了某个地方，从而注定了他缺乏能动性（这个勇士赞歌的形象，是从那些描写伊利亚·穆罗梅茨的勇士歌开始的）”。④

由此可以看出，伊里亚·奥勃洛摩夫和伊利亚·穆罗梅茨其实是一对矛盾相似体。关于这一点，我们认为梅利尼克的分析很值得我们借鉴。他在《冈察洛夫：思想和文学渊源》中指出：“伊利亚·穆罗梅茨——对于冈察洛

① Гончаров И. А. Обломов. Роман в четырех частях // Гончаров И. А. Полное собрание сочинений и писем в 20 т. Т. 4 [Z]. СПб.，2004：5.

② Гончаров И. А. Обломов. Роман в четырех частях // Гончаров И. А. Полное собрание сочинений и писем в 20 т. Т. 4 [Z]. СПб.，2004：115-116.

③ Гончаров И. А. Обломов. Роман в четырех частях // Гончаров И. А. Полное собрание сочинений и писем в 20 т. Т. 4 [Z]. СПб.，2004：66.

④ 详见：Круглов，Ю. Г. Библиотека русского фольклора. Сказки. Кн. 2 [Z]. 1987：524-536.

夫来说这就是一个象征。他将力量和体弱无力莫名其妙地连接了在一起：这就是作家在俄罗斯民族当今状态中看到的东西。这是俄罗斯人精神力量的体现，但是，这一切，因为历史原因，俄罗斯依然‘坐在炉子上过舒服日子’，岿然不动。”① 我们认为，冈察洛夫在奥勃洛摩夫身上看到的就是这一点。其实，冈察洛夫在小说中也指出了这一点，他写道：“就是在今天，生活在没有虚构的严格现实中的俄罗斯人仍旧喜欢这些诱人的古代传说，而且还可能长久地相信它们。”② 我们认为，这就是冈察洛夫将伊里亚·奥勃洛摩夫和伊利亚·穆罗梅茨放在一起的真正原因，而且，他通过这一联系表达了他的担心：如果俄罗斯人在古代传说中不能自拔，那俄罗斯社会就会停滞不前，走向灭亡。而奥勃洛摩夫，就是这一担心最好的证明。

对于刻画奥勃洛摩夫这一形象来说，小说中的另外一个童话人物傻子叶梅利亚与伊利亚·穆罗梅茨具有同样的意义。叶梅利亚是俄罗斯民间童话著名的傻瓜之一，他在家排行老三，他的特点是心地善良，但成天躺在炕上睡觉，不愿意做任何事情。如果想要他帮忙做点事，那非得要给他小礼物才行。哥哥、嫂子为了利用傻瓜弟弟，让他去做体力活。然而，一次，嫂子们让他去挑水，他无意中捞到了一条狗鱼。狗鱼央求叶梅利亚放了它，并承诺，如果放了它，叶梅利亚只要说“照狗鱼的命令去做”（По щучьему веленью），那他想得到什么就会得到什么。最后，叶梅利亚利用狗鱼的这一承诺，得到了想要的一切，过上了幸福的生活。③

阿赫沙鲁莫夫在评论长篇小说《奥勃洛摩夫》时，曾经多次将奥勃洛摩夫与傻瓜叶梅利亚进行比较，他指出：“只要认真地研究一下奥勃洛摩夫，你们就可以看到，他离傻瓜叶梅利亚并不远……奥勃洛摩夫得到了更多发展，所以他的理想变得更为复杂，但如果我们仔细将它与叶梅利亚的理想进行对比，那么他们俩的理想未必有什么实质性的差异。”④

穆罗梅茨和傻瓜叶梅利亚，他们最初都是成天躺着，什么事情都不做，过着游手好闲的生活，只是到了后来才实现了自己的伟大事业。作家使用这

---

① Мельник В. И. И. А. Гончаров: духовные и литературные истоки [M]. M., 2002: 86.

② Гончаров И. А. Обломов. Роман в четырех частях // Гончаров И. А. Полное собрание сочинений и писем в 20 т. Т. 4 [Z]. СПб., 2004: 118.

③ Емеля-дурак [EB/OL]. Хранитель сказок. [2018-09-11] http: //hobbitaniya. ru/rusnarod/rusnarod185. php.

④ Ахшарумов Н. Д. Обломов роман И. Гончарова. 1859 [A]. Отрадин М. В. Роман И. А. Гончарова《Обломов》в русской критике (Сборник статей) [C]. Л., 1991: 147.

些形象，说明了奥勃洛摩夫也是有可能像他们一样做到这些的，但这毕竟是童话，现实生活中不会发生这样的事情。也正因为如此，冈察洛夫才在小说中写道："保姆好意地讲了关于傻子叶梅利亚的童话，那是对我们祖先、也是对我们自己恶毒的辛辣的讽刺。"① 应该说，小说中的这句话，很好地表达了作者对奥勃洛摩夫性格的态度——所有类似童话中的幻想，都是空想，是在现实中无法实现的。同时，这也说明，奥勃洛摩夫性格是俄罗斯民族固有性格的某种体现。

对于奥勃洛摩夫形象的原型，我们在俄罗斯文学中也可以找到。在俄罗斯文学中，关于贵族中的理想主义者，早在18世纪的俄罗斯文学中就已经出现，这一类人物的描写经过了不同的时期和阶段，人物类型也发生了变化。而到了19世纪中期，资本主义在俄罗斯得到了发展，农奴制作为资本主义发展的绊脚石，有必要加以清除。对于冈察洛夫来说，要消除农奴制，就得要提倡大家去做有实际意义的事情，而要做到这一点，消除贵族理想主义者骨子里的空想主义和享乐主义就成为了当务之急。应该说，奥勃洛摩夫就是在这一大背景下呼之欲出的。而他的出现，也是历代俄罗斯文学家创作的结晶，这一点，我们在冈察洛夫的典型观中已经做了详细的分析。

巴赫金曾经说过："伟大的文学作品必须要经过好几个世纪的积淀，在创作这些作品时，只有那些经过长时间和复杂的过程而成熟的作品才能被我们参照。如果仅仅从作品的时代背景和它最近那个时期的状况入手去理解和阐释它，我们永远也无法深入到它的深层意义中去。"② 因此，如果我们承认奥勃洛摩夫是具有俄罗斯全民族意义的典型人物，那么，要想揭示这一人物的性格特征，就很有必要从俄罗斯文学发展历史的角度分析他的"前世与今生"。

关于奥勃洛摩夫与先前文学形象的关系，比如格里鲍耶陀夫《智慧的痛苦》中的恰茨基、普希金《叶甫盖尼·奥涅金》中的奥涅金、莱蒙托夫《当代英雄》中的毕巧林等对冈察洛夫塑造奥勃洛摩夫形象的影响问题，奥勃洛摩夫与其同时代的文学家赫尔岑《谁之罪?》中的别里托夫之间的关系，我们在前面一些章节中已有涉及。因为本节讨论的是奥勃洛摩夫与俄罗斯民族性的问题，我们认为，很有必要从寓言（басня）的角度来分析这一问题。寓言

---

① Гончаров И. А. Обломов. Роман в четырех частях // Гончаров И. А. Полное собрание сочинений и писем в 20 т. Т. 4 [Z]. СПб.，2004：116.

② Бахтин М. М. Литературно-критические статьи [M]. М.，1986：504.

也属于民间口头创作作品，它不仅蕴含了丰富的民族文化信息，同时也反映了某一民族对世界的认识。因此，寓言作为承载民族特性的主要形式之一，对后世作家的文学创作有着不可忽视的影响。

在俄罗斯寓言创作领域，首屈一指者非 И. А. 克雷洛夫（Иван Андреевич Крылов）莫属，而奥勃洛摩夫最喜欢和最接近的寓言作家就是克雷洛夫。梅利尼克认为，“在作家克雷洛夫的丰富的文学活动中，冈察洛夫提到的仅仅是他的寓言”。[①] 据冈察洛夫的侄孙 M. B. 吉尔马罗夫（M. B. Кирмалов）回忆，在冈察洛夫办公室的木架上，“经常摆着一本书，那就是一本大开本的克雷洛夫的寓言集，而且，寓言的插图不是野兽的形象，而是人的面孔。伊万·亚历山大德罗维奇经常给我们讲寓言，有时候还给我展示那些‘图画’……”[②] 而冈察洛夫本人，也曾多次谈到过克雷洛夫的艺术成就。例如，1871 年，他在《万般苦恼》中分析格里鲍耶多夫的喜剧《智慧的痛苦》时说：“然而，剧本经受住了这样的考验——他不但没有变得庸俗，读者反而感到它更加可贵，每一个读者都成了它的庇护者、批评者和朋友。它像克雷洛夫寓言一样，从书本转化为活的语言，而且没有失去文学的力量。”[③] 冈察洛夫为何在长篇小说创作中如此钟情于克雷洛夫的寓言，主要有以下三个方面的原因：

一是他们都十分看重文学的道德教化功能，他们道德教化的基点都是俄罗斯民族道德。因为，教育功能是寓言的基本特征之一，同时也是冈察洛夫心目中长篇小说的基本功能，他曾经说过“长篇小说就是课堂”这样的话。

其次是冈察洛夫十分重视寓言对长篇小说发展的促进作用，克雷洛夫的寓言自然会成为他关注的对象。冈察洛夫曾经指出：“欧洲文学已经走出了童年时期——现在的情况是，在教育读者方面，不仅是田园诗、十四行诗、颂歌、插图本或者是情感迸发的抒情作品都对人起不了作用，哪怕是寓言起的作用都很少了。这些东西全部进入了长篇小说之中，它们在长篇小说中形成了很多生活细节，有些时候还是整个生活，任何一个读者都可以在其中，就

---

① Мельник В. И. И. А. Гончаров: духовные и литературные истоки [M]. M., 2002: 86.

② Кирмалов М. В. Воспоминания об И. А. Гончарове [A]. И. А. Гончаров в воспоминаниях современников [M]. Л., 1969: 110.

③ Гончаров И. А. Мильон терзаний [A]. Гончаров И. А. Собрание сочинений в 8 томах. Т. 8 [Z]. М., 1980: 19.

像是在一幅巨幅画面中，找到自己熟悉和亲近的东西。”① 由此可见，如果我们了解了冈察洛夫对长篇小说的这一认识，那么他在长篇小说创作中重视寓言那也是情理之中的事情。

再次是冈察洛夫十分看重克雷洛夫的文学成就。例如，1888 年，著名艺术评论家、彼得堡公共图书馆艺术部主任斯塔索夫向冈察洛夫索要手稿，希望能将它们保存在图书馆。冈察洛夫认为自己的手稿还不够资格与俄罗斯文学大家们摆放在一起，于是在 10 月 27 日给斯塔索夫的回信中写道：“克雷洛夫、普希金、格里鲍耶多夫、莱蒙托夫，以及与他们水平相当的启蒙家和文学新航路的开拓者们，还有那些俄罗斯语言的奠基者们手稿就是另外一回事了，这些手稿不仅让人好奇，而且有时还需要将不同的版本进行对比，等等。”②

最后是他们都喜欢通过自己的作品来反映民族性格的根本特征。关于这一点，梅利尼克曾经指出，冈察洛夫之所以钟爱克雷洛夫的作品，那是因为“两位作家都深入思考和详察了俄罗斯民族性格的根本，他们都爱俄罗斯人，但他们俩从未美化过俄罗斯。克雷洛夫在自己的寓言中有时甚至对俄罗斯进行了辛辣的讽刺，而《奥勃洛摩夫》的作者从表面上看起来要更为温和，他的幽默和讽刺是有一定限度的。可是，对所有俄罗斯人和亲人的爱在他们俩身上体现得十分明显。毫无疑问，冈察洛夫是通过居于爷爷辈的克雷洛夫的那些精准的、似乎还是永远‘加盖了封章’的看法来了解俄罗斯民族性格的优缺点的”。③

在克雷洛夫的喜剧作品《懒虫》(Лентяй) 中，主人公名叫连杜尔 (Лентул)。这部喜剧的第一幕开篇写道：

> “亲爱的老兄！遵照您指示
> (呸，撒谎，你就这样公开撒谎) 我起了个大早
> 然后一整天都在这忙碌不停……”
> (墙上写着：要么吃，要么喝，要么睡)。
> “我要去法院了……” (好，去吧，反正你已经将近一周的时间

① Гончаров И. А. Намерения，задачи，и идеи романа《Обрыв》[A]. Гончаров И. А. Собрание сочинений в 8 томах. Т. 6 [Z]. М.，1980：456.

② Гончаров И. А. Письма // Гончаров И. А. Собрание сочинений в 8 томах. Т. 8 [Z]. М.，1980：484.

③ Мельник В. И. И. А. Гончаров：духовные и литературные истоки [M]. М.，2002：118.

从床上移身到沙发，从沙发移身到床上。）
“现在您可别抱怨我太懒：
我要全身心去工作了”（他一整天都穿着长袍）①

上面这一幕是描写连杜尔与仆人安德烈之间的对话，其中括号里的文字是旁白或者场景描写。很明显，连杜尔的生活特点，即“吃、喝、睡”“整天穿着长袍”“躺在沙发或者床上”等特征，让我们很容易想起奥勃洛摩夫。冈察洛夫甚至连在人物的命名上都沿用了克雷洛夫的手法。“Лентул”（连杜尔）的词根是“лен”，其基本意思是“懒惰”；而“Обломов ”（奥勃洛摩夫）的词根为“облом”，它的意思是“折断、损坏”，它们十分清晰地体现了人物的性格。

安德烈在另一幕中是这样描述连杜尔的生活的：

我的连久科喜欢长时间呆在沙发上②，
他一年只穿过一次上衣，
长袍加拖鞋——这是他的全部装束。

不过，这个懒虫也并非毫无优点，其实他的内心还是很善良的。克雷洛夫喜剧中写道：

然而没有人会以任何理由说他的坏话：
他不做坏事，也不跟人吵架，最后他还喜欢乐善好施，
如果不是懒惰，他一定是男人中的精品，
他和蔼可亲且彬彬有礼，而且还不缺教养，
他乐于做一切善事，如果不是喜欢躺卧的话。③

在喜剧中有这样一个情节：连杜尔的父亲派他到彼得堡打一场拖延已久一打就赢的官司，如果打赢了，连杜尔可以得到一份领地。可是，连杜尔在

① Крылов И. А. Полное собрание сочинений в 3 томах. Т. 2 [Z]. 1946：605.
② “连久科”是“连杜尔”的爱称。
③ Крылов И. А. Полное собрание сочинений в 3 томах. Т. 2 [Z]. 1946：607-609.

彼得堡什么都没做，最后官司以失败告终。他在彼得堡的朋友切斯诺夫（Чеснов）很想帮他，为他请了部长帮忙，可连杜尔连面都不见。懊丧不已的切斯诺夫说出了连杜尔懒惰的原因：

我无法把他硬拽到部长那里去，
他把自己钉在那里，好像没有了双脚，
他凡事皆拖延，毫无厘头：
他时而迟到，时而松松垮垮，所以导致他干脆拖着不办。①

奥勃洛摩夫又何尝不是如此？在小说的开头，我们可以看到奥勃洛摩夫是一个心地善良的人，他对生活当中的很多事情也提不起兴趣。比如，因为讨厌公务而辞职，因为不喜欢动而从不参加社交，甚至连事关自己收入的事情他也毫不关心，最终交给他人去代理。奥勃洛摩夫凡事也喜欢拖延，搬家、写信、出国，甚至连与奥丽加谈恋爱时也喜欢迟到，有时甚至找各种理由不见面。因此，从这一点来说，奥勃洛摩夫与连杜尔在性格类型上是十分相似的。

此外，在克雷洛夫的寓言中，还有几篇寓言是描写懒惰的，比如《人的每一天……（论懒惰）》［*За человеком каждый день...*（*о лени*）］、《蜻蜓与蚂蚁》（*Стрекоза и муравей*）、《池塘与河流》（*Пруд и река*）、《苍蝇与蜜蜂》（*Муха и пчела*）、《磨坊主》（*Мельник*）。由此可见，对于俄罗斯民族性格中的懒惰因素，克雷洛夫也是十分关注的，并用不同的故事来对这一特征加以嘲笑和讽刺。

我们在文学理论中的“借用”和“互文性”理论的基础上，以民间文学中的童话、喜剧和寓言为例，探讨了奥勃洛摩夫这一人物及其所代表的性格与俄罗斯文学的联系及渊源。这里需要指出的是，奥勃洛摩夫作为一个具有世界意义的文学形象综合体，他所继承和体现的不仅仅是本节所谈论到的文学原型。普希金、果戈理、塞万提斯、狄更斯等伟大作家中的文学形象也是冈察洛夫塑造奥勃洛摩夫形象的源头。我们认为，奥勃洛摩夫是俄罗斯人，他成长于俄罗斯大地上，应该说他的根在俄罗斯，因此，俄罗斯文学是其重要和根本性的原型。也正因为如此，他与俄罗斯民族性格的主要性格联系才

① Крылов И. А. Полное собрание сочинений в 3 томах. Т. 2［Z］. 1946：625.

最为紧密。这正如一位研究者所说："在奥勃洛摩夫这一典型身上集中、浓缩了其文学前辈们的生活经历；在它身上聚积了他们最典型的特征。"①

第三节　奥勃洛摩夫与"多余人"

关于奥勃洛摩夫与"多余人"之间的关系，如果说在20世纪之前还存在着争议的话，那么到了20世纪后十年，俄罗斯文学界在这一问题上已基本形成了共识，即奥勃洛摩夫与"多余人"分别代表两种不同类型的性格。例如，1891年，普罗多波波夫曾批评了杜勃罗留波夫从历史—文学的角度将奥勃洛摩夫与"多余人"进行对比的做法。佩列韦尔泽夫早在20世纪20年代就指出，将奥勃洛摩夫与"多余人"进行类比是毫无根据的，"因为奥勃洛摩夫与奥涅金、罗亭这些人在心理特征方面没有任何共同点"。②

一、奥勃洛摩夫与"多余人"形象关系之争论

苏联《文学百科全书》的"多余人"词条专门就"多余人"与奥勃洛摩夫之间的关系进行了甄别。该词条写道："按照传统的观念来看，他是'多余人'的总结性的形象。但是，如果对这一形象本身的特点进行分析，我们则可以看出，他不能被认为是屠格涅夫描写的那个是其阶级某一阶段之代表人物的社会典型。"该词条还特别说明，19世纪40年代的"多余人"大都渴望去行动，渴望社会改革，他们的心理是积极进取的。他们作为时代的英雄，也在为此进行充分、紧张、痛苦的思考，并将个人感受及其行为与理想中的信念进行对照，进而为无法实现自己的理想而痛悔。而奥勃洛摩夫不仅不擅长，也不会想到去行动。此外，40年代的"多余人"是俄罗斯农奴制的最坚决的反对者，是俄罗斯社会的启蒙者，但奥勃洛摩夫却是这一制度的维护者，在社会思想方面，他还是蒙昧主义者。所以，《文学百科全书》的"多余人"词条指出，尽管奥勃洛摩夫对于揭示俄罗斯农奴制具有重要的意义，但他"不能作为'时代的英雄'存在，而只能在奥勃洛摩夫性格和农奴制的因循守

---

① Глухов В. И. Образ Обломова и его литературная предыстория [A]. И. А. Гончаров: Материалы Международной конференции, посвященной 185-летию со дня рождения И. А. Гончарова [C]. Ульяновск, 1998: 108-109.

② Переверзев В. Ф. Социальный генезис обломовщины [J]. Печать и революция, 1925 (2): 66.

旧中死亡”。① 又如，苏联《简明文学百科全书》在解释“多余人”词条时，开列了一份“多余人”名单，奥涅金、毕巧林、别里托夫、罗亭、拉夫列茨基等被列入其中，而奥勃洛摩夫的名字并未出现。②

综上所述，在俄罗斯，奥勃洛摩夫只是俄罗斯民族性格众多特征中某一种特征的代表而已。很多时候，甚至在类似于《文学百科全书》这样一些权威之作中，都未将他纳入“多余人”之列。其中的原因，我们认为，也许正如克拉斯纳谢科娃所说的那样，“‘多余人’（身不由己的利己主义者）典型产生的根源（渴望行动但却没有进行有意义的行动），无论如何也与冈察洛夫笔下的主人公搭不上界”。③ 对于奥勃洛摩夫与“多余人”之间的差异，克拉斯纳谢科娃是这样描述的：

> 奥勃洛摩夫——是一位幼稚的懒汉，是“年轻的”（按照恰达耶夫的说法）和老长不大的民族最原始的那一部分，他将自己看成是大众的代表，而不是他们中的特例。奥勃洛摩夫的生平——是“平凡的”，即是常见的。而像奥涅金和毕巧林那样成天唉声叹气、像拜伦一样的人物，以及诸如别里托夫和罗亭那样一些在庸才世界中找不到自己位置的“泰坦们”——他们都是有着“非凡经历”的人物。④

但遗憾的是，我国研究者在对待奥勃洛摩夫与“多余人”之间的关系的问题上，似乎还停留在杜勃罗留波夫那个时代。我们认为，这与以杜勃罗留波夫为代表的革命民主主义文学批评立场在中国的巨大影响有关。徐玉琴在《俄罗斯文艺》1982 年第 3 期发表了一篇名为“‘奥勃洛摩夫性格’及其他”的文章。该文在分析奥勃洛摩夫性格的特征时，曾从人物社会属性的角度简要阐述过奥勃洛摩夫不能列入俄罗斯文学传统中的“多余人”画廊的理由。⑤ 遗憾的是，这篇文章并未得到国内研究者重视，以至于一些人在奥勃洛摩夫形象意义的理解上出现了偏差，也使得其复杂的性格特征被人为地简单化，

---

① Лаврецкий А. Лишние люди [A]. Литературная энциклопедия. В 11 т. Т. 6 [M]. М.，1932：530.

② Манн Ю. В. Лишний человек [A]. Краткая литературная энциклопедия. В 9 т. Т. 4 [Z]. М.，1967：402.

③ Краснощекова Е. А. Иван Александрович Гончаров：Мир творчества [M]. СПб.，2012：299.

④ Краснощекова Е. А. Иван Александрович Гончаров：Мир творчества [M]. СПб.，2012：300.

⑤ 参见：徐玉琴．“奥勃洛摩夫性格”及其他 [J]. 俄罗斯文艺，1982 (3)：84-88.

因此很有必要对奥勃洛摩夫与俄罗斯“多余人”的关系问题重新进行思考，以便人们能正确理解奥勃洛摩夫性格的复杂性以及作家的创作意图，把握俄罗斯“多余人”形象的发展脉络。

1922年，瞿秋白在其撰写的《俄国文学史》中写道：“从杜格涅夫和龚察罗夫的小说，我们可以看得出当时俄国知识界的通病，就是所谓‘多余的人’。‘多余的人’大概都不能实践，只会空谈，其实这些人的确是很好的公民，是想要做而不能做的英雄。这亦是过渡时代青黄不接时期的当然的现象。”① 很明显，瞿秋白在这里将奥勃洛摩夫纳入了“多余人”行列，因为“言行脱节的通病”是其划分“多余人”的主要标准。事实上，与“多余人”比起来，奥勃洛摩夫是最不会“空谈”的，他其实更像是哲学家、幻想者，他与“多余人”之间最大的区别是所有这一切都是由懒惰造成。诸如奥涅金、毕巧林、罗亭等人，尽管他们的很多目标或者想法都带有个人特征，但也包含了一些社会成分。但懦弱的性格造成他们无法实现自己的理想，他们的“懦弱”，却是他们面对“无奈”的社会现实造成的。对于这部分人物的性格特征，我们认为王志耕教授的分析是比较中肯的：“当第一次卫国战争胜利之后，俄罗斯民族突然爆发了强烈的社会责任意识，在这种背景下，那种仍然延续着圣愚生活态度的人，便成为一种‘陌生化’的现象，它被归罪于社会责任感的丧失、意志薄弱，从而成为一类‘多余的人’（лишний человек）。”② 奥涅金立志要从事文学和教育工作，还想进行农事改革。毕巧林却因为对社会改革的失望成天沉迷于自我揭露和玩世不恭的无聊生活之中，被莱蒙托夫戏称为“当代英雄”。罗亭信仰科学，关心重大社会问题，追求崇高的人生目标并有为理想而奋斗的决心。拉夫列茨基不仅在爱情上，而且在事业心上，在义务感和责任意识上都是更为先进的贵族知识分子新形象。而奥勃洛摩夫呢？他的很多想法中个人因素占据了十分重要的分量，更多的是满足个人的欲望，过上舒适、悠闲的生活。当然，他对社会现实的批判有一定的社会意义，但出发点却是为他的懒惰寻找借口。他对未来美好生活的向往也只是个人的空想，毫无社会意义。哪怕是连如此触手可及的愿望，他都无力去完成，因为他的懒惰决定了他最终一事无成。因此，如果我们从个人理想的角度来，瞿秋白划分“多余人”的“言行脱节”之标准中的“言”，应

---

① 蒋光慈．俄国文学［M］．上海：创造社出版部，1927：182.

② 王志耕．圣愚之维：俄罗斯文学经典的一种文化阐释［M］．北京：北京大学出版社，2013：77.

该是人物对重要理想的“言说”。显然，奥勃洛摩夫的那所谓的理想实在过于渺小，十分容易实现，因此根本不存在言行脱节的问题。

1986 年，湖南文艺出版社出版《俄国文学史》。该书对奥勃洛摩夫的评价是：“这个离不开柔软的沙发，屈从于寄生地位的奥勃洛摩夫是‘多余的人’微不足道的末代的典型。如果说，奥涅金们还有一定的活力的话，那么，奥勃洛摩夫就丝毫没有进步的力量了。而这正是农奴制改革前夜‘多余的人’历史的终结，冈察洛夫正好完成了这部引人入胜的掩卷之作。”① 显然，这部《俄国文学史》不仅将奥勃洛摩夫视为“多余人”，而且认为他是这一类人物的终结者。与湖南文艺出版社 1986 年版的《俄国文学史》相比，人民文学出版社 1989 年出版的《俄国文学史》也没有跳出杜勃罗留波夫对奥勃洛摩夫分析的固有定式。这部文学史在分析了奥勃洛摩夫的形象及其性格之后断言，“所有‘多余的人’蜕化的极限是奥勃洛摩夫”。② 应该说，这两部文学史在看待奥勃洛摩夫性格的问题上基本是一致的——那就是认定“多余人”堕落下去的结果就是沦落为奥勃洛摩夫这样的人。也就是说“多余人”的生活都能感受到“可恶的奥勃洛摩夫性格”的压抑，但是，他们之间的本质差异也是十分明显的：“多余人”视野开阔，性格充实，都具备叛逆性格，有独立不羁和向往自由的自豪感，尽管他们的行动和追求有些自私，但他们敢于反抗上层社会的虚伪道德，至死也没有同周围的环境妥协。而奥勃洛摩夫终究是个农奴主，租税是他们赖以生存的东西，也是他们过奥勃洛摩夫式生活的保障。但是，在生活和历史的发展过程中，“多余人”在一定的条件下与奥勃洛摩夫殊途同归，最终也变成了奥勃洛摩夫式的人物。

1998 年，东方出版社出版《多余人论纲：一种世界性文学现象探讨》一书。与我们前面提及的两部文学史相比，这本书基本上借用了国内的传统观点来分析奥勃洛摩夫，但在下结论时，用词十分尖刻。作者总结说，奥勃洛摩夫是“躺卧不起的废物”，他思考的东西“是那么幼稚可笑，不着边际”，还宣称奥勃洛摩夫就是“被生活扭曲的‘怪胎’，不仅意志薄弱，思想也成了‘畸形儿’”，是一具“‘无用’的‘活尸’”。③

我国知名俄罗斯文学研究专家智量先生曾经讨论过奥勃洛摩夫与“多余

① 易漱泉，雷成德，王远泽．俄国文学史［M］．长沙：湖南文艺出版社，1986：375.

② 曹靖华．俄国文学史（上卷）［M］．北京：北京大学出版社，2007：199.

③ 参见：张伟．多余人论纲：一种世界性文学现象探讨［M］．北京：东方出版社，1998：158-162.

人”之间的关系问题，他在一篇文章中写道：

> 多余人形象的出现是19世纪前期俄罗斯文学中的重要现象，只有从文学与革命运动的联系的角度才能理解这类人物形象的实质和时代意义。不错，多余人是软弱的，他们不是革命者，这是他们“多余”的原因。然而，另一方面，正是因为生活中出现了革命的力量，这类人才会拒绝与他们所出身的阶级同流合污，而沦为“多余”。奥涅金和毕巧林蔑视环境、高于环境、否定环境的思想根源来自于当时社会上先进的革命思潮。而多余人形象的发展也直接反映出俄罗斯革命运动的发展。到了50年代末期，即冈察洛夫笔下的奥勃洛摩夫的时代，多余人已经可以说是不再“多余”了，这些软弱无力的贵族青年身上的革命性已随历史潮流而消退。《奥勃洛摩夫》这部作品的出现，表明新的时代和它的新英雄——平民革命知识分子——已经出现。新人的形象更能从正面表现出俄罗斯文学与现实斗争和社会运动的密切关系。①

从上面一段话可以看出，智量倾向于将奥勃洛摩夫看成是“多余人”的终结者，他的上述观点对于我们认识奥勃洛摩夫与“多余人”之间的关系问题具有启发意义。不过这里需要指出的，智量将《奥勃洛摩夫》的问世看成是俄罗斯社会“新的时代和它的新英雄”出现的标志性之作，特别是将平民革命知识分子视为时代新英雄的做法，的确有些名不符实。因为，至少从《奥勃洛摩夫》这部小说本身来看，冈察洛夫眼中的时代英雄（施托尔茨、图申）是带有俄罗斯文化传统的民族资本家，而不是平民革命知识分子，这是由作家本人的社会观决定的。也许，这也是屠格涅夫无法认同杜勃罗留波夫评论其小说《前夜》的那篇著名评论文章《真正的白天何时到来?》的真实原因所在吧。

长期以来，我国研究者撰写的关于奥勃洛摩夫或者奥勃洛摩夫性格方面的文章，基本上没有脱离将奥勃洛摩夫定义为“多余人”或者“多余人终结者”的评价模式。不过，除前面提及的徐玉琴的《奥勃洛摩夫性格及其其他》一文外，也有研究者在阐释奥勃洛摩夫性格的特征时，没有将奥勃洛摩夫划

---

① 智量．论19世纪俄罗斯文学［M］．上海：复旦大学出版社，2009：5.

入“多余人”之列。例如，2008年，高荣国在《湖南科技学院学报》第9期发表的论文《误读与过度诠释：再论奥勃洛摩夫与“多余人”》，详细分析了不能将奥勃洛摩夫归入“多余人”之列的原因。我们在前面相关章节分析奥勃洛摩夫性格的特征时，曾经引用过冈察洛夫在1885年2月9日写给甘泽的信中的一段话。冈察洛夫在信中告诉收信人，奥勃洛摩夫不应该被划入“多余人”之列，而应该是俄罗斯贵族的代表，具有普遍性。

二、《谁之罪?》与《奥勃洛摩夫》：克鲁采弗尔斯基与奥勃洛摩夫比较分析

19世纪40—50年代，是俄罗斯小说发展的重要转折期。别林斯基在《1847年俄国文学一瞥》中分析当时最有代表性的两部长篇小说《平凡的故事》和《谁之罪?》时，对这两部作品的作者冈察洛夫与赫尔岑进行了对比。他指出：

> 在伊斯康德那里，思想总是冲在最前面，他预先知道，他写什么和为什么而写；他以惊人忠实的文笔描写了现实场景只是为了用自己的话把它说出来，并发表他的判断。而冈察洛夫君描写的那些形象、性格、场景，则是为了满足自己的要求和欣赏自己的描写才能。发表意见，作出论断，并从中抽出道德结论，作者把这些事情都交给他的读者。①

由于受别林斯基这一论断的影响，评论界长期以来一直不太愿意将赫尔岑与冈察洛夫两位作家的作品进行拓展性的比较。面对这一现实，克拉斯纳谢科娃指出：“在这里没有必要再去讨论别林斯基的评论逻辑，但有一点是十分明显的，那就是这种对比因为为了迎合当时的美学倾向（为‘自然主义’唱赞歌），而使得对冈察洛夫的评价蒙受损失。”不过，克拉斯纳谢科娃接着指出：“但是，将这两位同时代作家进行绝对化的比照之原则，在今天看来已经不太适用了，这是因为这两位作家在小说创作方面，不仅深受俄罗斯前辈本身的影响，而且还受到了欧洲文学和哲学领域代表人物的影响。例如，两位小说家与启蒙时代的传统及这一传统的俄罗斯追随者们之间，有着十分明

① ［俄］B. Г. 别林斯基．文学论文选［M］. 满涛，等，译．上海：上海译文出版社，1999：748.

显的联系。”①

此外，2012 年，克拉斯纳谢科娃在其再版的《冈察洛夫的创作世界》中指出，奥勃洛摩夫与奥涅金、毕巧林、罗亭、别里托夫等“多余人”典型之间的区别在于，奥勃洛摩夫只是俄罗斯普通贵族的代表人物，“多余人”则是一些特殊的、有着非凡经历的贵族，奥勃洛摩夫与其他“多余人”分别属于不同的意义范畴，而《谁之罪?》对这两种不同类型的人都进行了描写和刻画。为此，她援引了洛特曼的一段话来加以证明。洛特曼认为，在长篇小说《谁之罪?》中“赫尔岑将持不同思想的两类主人公进行了对比，他们是现代精神发展的两种代表类型，赫尔岑还让他们互为‘比照’”。②

我们认为，克拉斯纳谢科娃对别林斯基的评论原则以及对奥勃洛摩夫与“多余人”关系的分析，特别是她对《谁之罪?》人物刻画的分析，对于我们分析奥勃洛摩夫的形象及其奥勃洛摩夫性格的民族文化属性具有一定的参考意义。事实上，包括别林斯基就《平凡的故事》与《谁之罪?》进行对照后提出的观点，对于我们分析《奥勃洛摩夫》与《谁之罪?》同样具有参考价值，因为冈察洛夫在《平凡的故事》中所表现出来的创作特点在《奥勃洛摩夫》中也表现得十分明显。比如，杜勃罗留波夫在分析《奥勃洛摩夫》的艺术手法时也曾经指出，冈察洛夫对阐明描写对象的本质“是完全漠不关心的”。③

虽然冈察洛夫与赫尔岑是两种完全不同类型的作家，且《奥勃洛摩夫》发表于 1859 年，《谁之罪?》发表于 1847 年，前后相差 12 年之久，但这两部小说所描写的主题却有相似之处。这其中的原因除了《奥勃洛摩夫》构思于 1847 年之外，应该说 19 世纪中期俄罗斯社会现实也决定了当时的作家们不约而同地将目光聚焦在时代的代表人物——贵族青年身上。只不过，他们关注的角度有所不同而已。因此，将《奥勃洛摩夫》与《谁之罪?》放在一起进行对比，对于进一步说明奥勃洛摩夫与“多余人”之间的关系，对于进一步分析奥勃洛摩夫性格的民族文化属性具有很重要的参照作用。

《谁之罪?》中的两位男主人公分别是德米特里·克鲁采弗尔斯基

① Краснощекова Е. А. И. А. Гончаров и А. И. Герцен（к проблематике《лишнего человека》）［A］. Материалы Международной научной конференции, посвященной 185-летию со дня рождения И. А. Гончарова: Сборник русских и зарубежных авторов［C］. Ульяновск, 1998: 134.

② Лотман Л. М. Натуральная школа и проза начала 1850-х гг［A］. История русской литературы. В 4 т. Т 2［M］. Л., 1981: 630.

③ ［俄］Н. А. 杜勃罗留波夫. 文学论文选［M］. 辛未艾，译. 上海：上海译文出版社，1984: 4.

（Дмитрий Круцефирский）和弗拉基米尔·别里托夫（Владимир Бельтов）。对于这两类主人公到底代表什么样的思想，克拉斯纳谢科娃在《冈察洛夫的创作世界》以文本细读的方式，对《谁之罪?》中的两位主要人物的性格特征进行了梳理和比较。很明显，克拉斯纳谢科娃将克鲁采弗尔斯基视为与奥勃洛摩夫接近的人物，而别里托夫却是另外一类人。因此，很有必要将奥勃洛摩夫与克鲁采弗尔斯基、别里托夫进行对比，从不同的角度来进一步说明奥勃洛摩夫与“多余人”之间的关系。

首先是性格上的相似。对于克鲁采弗尔斯基，赫尔岑是这样描写的：

> 克鲁采弗尔斯基的性情很难确定，可说是一种极端温文可爱的谦和的女性的性格，他是这样的淳朴纯洁，使任何人都不能不爱他，虽然这种纯洁，有些儿像不知世故、天真烂漫的孩子。像他这样不知道现实生活的人是难得看见的；他所知道的一切，都是从书本得来的，所以很不可靠，带有罗曼蒂克的、外表华丽的色彩。而且他彻底相信茹科夫斯基在诗中所歌咏的世界的真实性和漂浮在太空中的理想。①

从上面的描写可以看出，克鲁采弗尔斯基的性格如“女性”一般，其基本特征是“温文可爱”“谦和”，此外还“淳朴纯洁”“不知世故”“喜欢幻想”。而奥勃洛摩夫呢?从他的“面颊上看不出他有什么固定的思想和专一的东西”“他脸上占优势的表情是温和——这种温和不只是脸上的，也是整个心灵的”“从其脖子、胖胖的小手和软绵绵的肩膀的无光泽的过于苍白的肤色来看，他的身体作为一个男人来说显得过于柔弱了”。② 奥勃洛摩夫的“不懂世故”，我们可以从他首次造访奥丽加时的糟糕表现，以及他被普舍尼琴娜的哥哥及塔郎吉耶夫联手“坑害”这两件事情看出来。此外，我们从《谁之罪?》和《奥勃洛摩夫》这两部小说中还可以得知，无论是克鲁采弗尔斯基，还是奥勃洛摩夫，他们都比较喜欢“哭”。比如当克鲁采弗尔斯基听女友柳波尼加朗颂诗歌时，奥勃洛摩夫听奥丽加唱咏叹调时，他们俩都流下了感动的泪水。

其次是爱情经历的相似。爱是人类永恒的主旋律，爱情则是文学不变的

---

① ［俄］А. И. 赫尔岑．谁之罪?［M］．楼适夷，译．上海：上海译文出版社，1979：163.

② Гончаров И. А. Обломов. Роман в четырех частях // Гончаров И. А. Полное собрание сочинений и писем в 20 т. Т. 4［Z］. СПб.，2004：5.

主题。无论时代如何发展、变迁，爱情和文学，都会保持着一种不变的联系穿梭于时空之间。在巴赫金看来，爱情的体验最能深入揭示人物的性格。所以，在这样的体验中，人物性格的一切特征“在恋爱的最初阶段就能得到体现，并且在整个恋爱期间得到考察和检验”，① 因为“考验这一观念本身缺乏通向人成长的途径，该观念在某种形式上能感受到危机、堕落，但却无法感知人的发展、成长和渐进形成过程。……该观念来源于已经定型的人，并且迫使他从已经成型的理想角度去经受考验”。② 在巴赫金看来，体验型长篇小说的情节总是建立在“对主人公生活常规进程的违背之基础之上的，建立在一些特殊的事件和环境之基础之上的，这些事件和环境在人普通的、典型的、常规的经历中是没有的”，长篇小说一般“在生活又重新进入正轨之处得以结束”。③

《奥勃洛摩夫》和《谁之罪?》中男女主人公之间的爱情基本上也是按照巴赫金所描述的路径来进行的，而且在某些方面比较相似。克鲁采弗尔斯基因为家庭贫穷，去退职将军纳格洛夫家里当家庭老师，他和将军的私生女柳波尼加相遇并结合。然而，羞怯、正直但耽于幻想，而且对生活现实缺乏认识的克鲁采弗尔斯基在面对过着屈辱而痛苦的生活但精神上却迫切需要成长和发展的柳波尼加时，的确有些无所适从。为此，介绍克鲁采弗尔斯基到将军家做家庭教师的克鲁波夫医生对克鲁采弗尔斯基说：“你所要的，只不过是那眼睛，那花一般的脸容，那有时掠过她的脸上的战栗——那女孩子好比一匹还没有觉到自己力量的小老虎。但你是什么呢？你恰巧相反，是一个新娘。你老实得像一个德国女子，你倒反要尽女人的职分。这难道合算么?”④

对于克鲁采弗尔斯基的爱情，别林斯基是这样评价的：

> 克鲁采弗尔斯基的确没有娶到妻子，而是出了嫁。他的妻子比他高得多，因此跟他太不相称。他因为有了她而感到最充分的幸福，这是自然的，然而要她也安于这种幸福，不做惊惶不安的梦，醒着时不想入非非，这却是不自然的。她的丈夫作为一个赤子般纯洁高贵的人，而且，他还把她从父母的家庭地狱里救出来，她可能是尊敬、甚至也爱自己的丈夫的；但是，这样的爱情能够满足这样的女人，能够去充实她的天性上

① 详见：Бахтин М. М. Эстетика словесного творчества [M]. М., 1979: 188-190.

② Бахтин М. М. Вопросы литературы и эстетики [M]. М., 1975: 204.

③ Бахтин М. М. Эстетика словесного творчества [M]. М., 1979: 192-193.

④ [俄] А. И. 赫尔岑. 谁之罪? [M]. 楼适夷，译. 上海：上海译文出版社，1979: 65-66.

的越是模糊不定的、越是不自觉，就越是痛苦的那些要求、那些希望吗？①

通过上面的两段文字我们可以看出，柳波尼加是个在精神上有所追求的女子，对于安逸的婚姻生活，她是不满足的。所以，当她遇见能给她带来新思想和感受的别里托夫时才认识到，除自己丈夫以外，世界上还有更能与自己心灵相通的人。因为在她眼里，别里托夫是一个心中向往实干精神的人，是一个敢于揭示一切现代问题的人，还是一个百科全书式的人物，天生勇敢且思维清晰。然而，良心和社会伦理使得柳波尼加无法同时去爱两个人，这种三角恋终于造成身处其中的人的悲剧。别里托夫离家出走，四处漂流，柳波尼卡则抑郁而死，克鲁采弗尔斯基借酒浇愁，了此残生。赫尔岑在讲完这个悲惨的爱情故事之后，提出了俄罗斯文学，或者是俄罗斯社会发展中的一个问题："这到底是谁之罪？"在小说作者赫尔岑看来，克鲁采弗尔斯基、柳波尼加和别里托夫之间的悲剧性爱情是俄罗斯社会的缩影，他将这个罪名加在了俄罗斯农奴制的教育制度身上。

如果说克鲁采弗尔斯基面对有思想追求的柳波尼卡时，自我感觉到要比柳波尼加在思想上矮了一大截的话，那奥勃洛摩夫在奥丽加面前也同样如此。这一点，我们完全可以从冈察洛夫对两位主人公的肖像描写中看出来。奥勃洛摩夫的形象，我们在前面已经分析过，下面我们看看冈察洛夫对奥丽加形象的描写：

> 她的稍稍凸起的鼻子构成一种优美的线条；两片薄薄的嘴唇，多半是紧闭着，表示她在不断地思考着什么。她那双灰蓝色的眼睛闪烁着一种富有朝气的、什么也不会放过的锐利的目光，而且含有会说话的思想；两道眉毛则为眼睛增添了特殊的美，它们不是弯月形的，也没有人工地用两根细线拔毛的办法加以修饰过。这是两道淡褐色的、毛茸茸的、几乎是平直的粗眉，而且也不对称，一道比另一道高，致使高的一道眉毛上面形成了一条小小的褶纹，这褶纹里好像也藏着某种思想。②

冈察洛夫在这里将奥丽加比作了一座高傲的雕像，是优美与和谐之作。

---

① ［俄］В. Г. 别林斯基．文学论文选［M］．满涛，等，译．上海：上海译文出版社，1999：717.

② Гончаров И. А. Обломов. Роман в четырех частях // Гончаров И. А. Полное собрание сочинений и писем в 20 т. Т. 4 ［Z］. СПб.，2004：192.

然而，只要看看他对奥勃洛摩夫的肖像描写，我们不难得出这样的结论，那就是奥勃洛摩夫只是一个心地善良的懒汉而已，思想漂浮不定，甚至可以说他有的只是幻想，毫无价值可言。但奥丽加的思想是什么呢？作者在这里没有做任何说明，但如果我们综合她的肖像来看，就可以看出，这是一个思想深邃，有追求的姑娘，在精神层面她要远远高于奥勃洛摩夫。面对这样的姑娘，奥勃洛摩夫只能望而却步，主动离开了奥丽加。最后，奥勃洛摩夫“移居”普舍尼琴娜家，并最终“嫁给”了后者。在普舍尼琴娜家，奥勃洛摩夫受到了最精心的照顾，最终因为营养过剩，中风而亡，成为懒惰的牺牲品。

三、《谁之罪?》与《奥勃洛摩夫》：别里托夫与奥勃洛摩夫比较分析

克拉斯纳谢科娃和洛特曼都认为克鲁采弗尔斯基、别里托夫代表不同的思想类型，如果我们承认奥勃洛摩夫与克鲁采弗尔斯基属于同一类型的人物，那么他与“多余人”之代表别里托夫自然分属不同阵营。

克拉斯纳谢科娃认为，“弗拉基米尔・别里托夫是另一类型的人物，他的故事并不局限于日常家庭生活范畴，而是哲学—历史范畴。人物的特殊性——在于他在精神和意志能力方面有着巨大潜能，这是他从天性和教育过程中得到的”。[①] 但是，别里托夫身上的潜能暂时还未得到开发，社会环境注定他要浪费掉自身蕴含的惊人的精神力量和观念。为此，读者有可能会产生这样的疑问，为什么赫尔岑给了别里托夫如此之大的精神力量，却没有给他用武之地？这似乎是一个没有答案的问题，也许，这就是给主人公的命运带来“万般苦恼”的农奴制。别里托夫在爱情、事业上的失意，说明赫尔岑赋予了人物以真正的悲剧色彩。

关于别里托夫在事业上的无所事事，赫尔岑通过主人公十年的衙门工作经历进行了说明。他在小说里写道：“这十年别里托夫做了些什么事呢？什么事都做过，或者可以说几乎什么事都做过。那么，他成就了一些什么呢？一事无成，或者可以说几乎是一事无成。”[②] 赫尔岑感叹道，为什么天赋极高的别里托夫成年后会一事无成呢？为此，他写道：

这是个难问题。我不能解决这个问题，也不想来解决这个问题，但

---

① Красношекова Е. А. Иван Александрович Гончаров: Мир творчества [M]. СПб.，2012：301.

② [俄] А. И. 赫尔岑. 谁之罪? [M]. 楼适夷，译. 上海：上海译文出版社，1979：104.

我想，要解释这个问题时，如果求之于人的复杂的心理构造，还不如求之于人所处的氛围、环境及其与外部世界的接触、影响等。这对于别里托夫身上总算是很适合的。别里托夫以青年人的急躁情绪和梦想家的轻飘浮泛，不满社会状态，内心虽觉不安，其实是自安在那奥西普·叶夫塞伊契巧妙道着的“工作是工役的事”的状态。①

从小说中别里托夫的描写来看，他与奥勃洛摩夫的确有相似之处。例如，耽于幻想、对现实不满、认为工作是下等人干的事情等等，是这两个人物共同的特征。但有一点又决定了别里托夫与奥勃洛摩夫有着本质上的区别，那就是前者面对自己的一事无成“内心觉得不安”，而奥勃洛摩夫从来没有过这种感觉。别里托夫尽管一事无成，但他还是坚持在政府部门干了十年，并且尝试了很多事情，最后，因为他与领导（股长）闹翻了而被解雇。而奥勃洛摩夫呢？“人生的主要舞台——公务从一开始便使他感到困惑而不快。”② 只干了两年差事，因为工作出了差错，担心受到上司的批评而装病辞职。对此，冈察洛夫写道：“他摒弃了公务和社交界，开始用另一种方式解决生存任务。他仔细考虑了自己的使命，终于发现，他生活和活动的领域就在他本身。”③ 更为奇怪的是，奥勃洛摩夫从来都认为自己的生活都是必然的，从未感到过不安。例如，有一次他对扎哈尔说：“难道说我也要到处漂泊，要去做工？没有饭吃？我也枯瘦如柴，一副可怜相吗？我什么没有呢？好像也有人可以使唤！谢天谢地！我活着还没有自己动手穿过袜子！我麻烦过自己吗？有这种必要吗？”④ 在奥勃洛摩夫眼里，扎哈尔的伺候，普舍尼琴娜对他无微不至的照顾，都是应该的，是义务。

别林斯基则从“多余人”最根深蒂固的毛病（空有一番理想却不扎实工作）的角度出发，对别里托夫的悲剧性命运进行了分析：

他的天性是十分丰富的，而且是多面性的，然而这种丰富性和多面

---

① ［俄］А. И. 赫尔岑．谁之罪？［M］．楼适夷，译．上海：上海译文出版社，1979：105.

② Гончаров И. А. Обломов. Роман в четырех частях // Гончаров И. А. Полное собрание сочинений и писем в 20 т. Т. 4 ［Z］. СПб.，2004：55.

③ Гончаров И. А. Обломов. Роман в четырех частях // Гончаров И. А. Полное собрание сочинений и писем в 20 т. Т. 4 ［Z］. СПб.，2004：63.

④ Гончаров И. А. Обломов. Роман в четырех частях // Гончаров И. А. Полное собрание сочинений и писем в 20 т. Т. 4 ［Z］. СПб.，2004：92.

性并没有什么扎得很深的根。他有许多智慧，但这种智慧是静观的、理论性的，它们不能深入到对象的内部去，而是从对象身上滑过去。他能够理解很多东西，几乎包括一切，但是这种同情和理解的多面性却妨碍了这样的人把所有的力量都集中在一个对象之上，把他的全部意志都倾注在这个对象之上。这样的人永远竭力想要活动，尝试寻找自己的出路，但当然，永远找不到它。①

我们认为，别林斯基的上述分析是十分中肯和精辟的。首先，他指出了别里托夫性格的多面性和丰富性，也肯定了别里托夫的聪明和理解力，而且，"别里托夫外表上很闲散，内心中却起伏着思想，燃烧着热情"。② 然而，由于小说主人公的天性离开了俄罗斯的传统，而且，虽然他天生聪慧，但由于很难专注做一件事情，凡事浅尝辄止，所以无法找到自己的人生出路。至于其中的原因，我们认为赫尔岑已经说得十分清楚："他缺乏一种实际的理解力，这种理解力能教人分析许多纷纭繁复的事件的来踪去迹。他和周围世界隔离得太远了。这种隔离的原因是很容易明白的，因为他的家庭教师乔塞夫把他培养成与卢骚笔下的爱弥儿一样的人了。大学又继续使他沿着这条路发展下去。"③ 从这一点来看，我们认为，赫尔岑针对小说三位主人公的悲剧性命运所提出的"谁之罪"的问题，其实指的就是教育之罪，是俄罗斯的教育戕害了正常人的精神和心灵。但是如何解决这个问题，赫尔岑并未找到，这正如以赛亚·伯林在《俄国思想家》中分析《谁之罪?》的特点时所说的那样，"这部小说并非佳作，情节也不值得重述，不过，此中要旨，亦即最显出赫尔岑本色的一点是，这情况原则上无可解决"。④

关于别里托夫与克鲁采弗尔斯基之间的比较，别林斯基是这样认为的："在那种时候，他站在不幸的克鲁采弗尔斯基一旁就像是一个站在侏儒旁边的巨人。他是一个成年人，是一个完全成熟的男人，至少在智力上，在对生活的看法上。可是克鲁采弗尔斯基，由于他以高贵的幻想取代了对人们和生活的真正理解，他就是在从前的别里托夫的一旁也无非是个由于患病而抑制了

---

① ［俄］В. Г. 别林斯基．文学论文选［M］．满涛，等，译．上海：上海译文出版社，1999：718.

② ［俄］В. Г. 别林斯基．文学论文选［M］．满涛，等，译．上海：上海译文出版社，1999：123.

③ ［俄］А. И. 赫尔岑．谁之罪？［M］．楼适夷，译．上海：上海译文出版社，1979：122.

④ ［英］以赛亚·伯林．俄国思想家［M］．彭淮栋，译．南京：译林出版社，2011：238.

他的发育的儿童而已。”[①]但在赫尔岑眼里，尽管别里托夫要比克鲁采弗尔斯基要成熟，但他依然是俄罗斯农奴制和欧洲式教育共同催生的畸形儿。

我们从小说中可以得知，别里托夫深受一位来自日内瓦的家庭教师的影响。对于这位家庭教师，赫尔岑花了差不多一页的篇幅来进行描写：

> 他受过相当的教育，拉丁文很好，对于植物学特别有深的造诣。这位梦想家对于教育事业具有青年人的热诚和完成自己义务的强烈的责任感。他研究过从爱弥儿和裴斯泰洛齐到柏塞陀夫和尼古拉的一切教育学文献。不过他虽然读了这些书，却不能把握一点：那便是教育事业最重要的一点，在于使青年的智能适应环境，教育应该像观测气象一样，换句话说，便是不同的时代，不同的国家，尤其是不同的阶级与不同的家庭，必须各有不同的教育方法。但日内瓦人不能明白这一点。他依照蒲盧泰格的说法研究人心，又从马德—勃雷因及统计学家那里了解现代生活。[②]

在日内瓦人的教育下，别里托夫实际上变成了一个不切实际的“欧洲人”，他虽然天分较高，却对俄罗斯的现实并不了解。而什么是俄罗斯的现实，那就是小说中描写的官场及地主家的奢侈、无聊的生活方式。当空想主义者别里托夫碰到俄罗斯农奴制现实时，最终会一事无成，且无法摆脱“多余人”最终流浪天涯的命运。

同样，冈察洛夫在《奥勃洛摩夫》里也塑造了一个俄罗斯的“欧洲人”——施托尔茨。施托尔茨虽然有一半的德国血统，在家庭中受到了欧洲式的教育。但是，“他信奉东正教，母语是俄语，这是他从母亲那里，从书本，从大学的课堂里，在与乡下孩子们的游戏中，与孩子们的父母的交谈中，以及在莫斯科的市场中学来的。而德语则是从父亲那里继承的和在书中学到的”。[③] 我们常说，语言是文化的载体，是任何人精神栖息的家园。那么，从这一点来看，施托尔茨虽有德国血统，但他受到的教育是纯俄罗斯的，因此他是俄罗斯化了的“欧洲人”。但别里托夫不是，他虽为俄罗斯人，但受的教

---

① ［俄］В. Г. 别林斯基．文学论文选［M］．满涛，等，译．上海：上海译文出版社，1999：719.

② ［俄］А. И. 赫尔岑．谁之罪？［M］．楼适夷，译．上海：上海译文出版社，1979：89-90.

③ Гончаров И. А. Обломов. Роман в четырех частях // Гончаров И. А. Полное собрание сочинений и писем в 20 т. Т. 4 ［Z］. СПб.，2004：152.

育是欧洲式的。

这正如克拉斯纳谢科娃所说的那样，“使俄罗斯的欧洲人与自己的国家隔绝的现象几个世纪以来总是紧紧地吸引着作家们的注意力，这些都是他们用自己的命运体验过的”。[①] 显然，奥勃洛摩夫并不属于俄罗斯式的“欧洲人”之列，因为他在地主家庭长大，继承了父母的产业，受到的是纯俄罗斯式的教育，长大后过着俄罗斯地主的寄生生活。当然，包括他的死亡也是俄罗斯式的——如果我们回想一下果戈理《旧式地主》中的那对夫妇的生活，我们对此深信不疑。为此，我们认为，与赫尔岑不同的是，冈察洛夫在刻画俄罗斯地主形象方面，他选择了一条属于自己的、独一无二的道路，因为他关注的不再是俄罗斯贵族中的那些特例，而是他们的全体本身，其目的是为了揭示滋生奥勃洛摩夫性格的俄罗斯土壤，而不是像别里托夫那样的特例。因为，在他的眼里，俄罗斯式的“欧洲人”完全是另一类人。所以，在回答有些人提出的“为什么让一个德国人而不是俄罗斯人做奥勃洛摩夫的对立面”这一问题时，他指出：“既然我把普遍存在和根深蒂固的慵懒和冷漠作为天生的俄罗斯特点来描写，如果我又把一个俄罗斯人作为毅力、知识、劳动，总之，把他作为一切力量的典范安排在旁边，仅仅由于这一点，我就陷入某些自我矛盾的境地，与我的任务——表现停滞、酣睡、僵化——相矛盾。”[②] 接着，冈察洛夫补充道：

> 同时我又觉得，不管我的意愿如何，如果注意到德国因素和德国人在俄罗斯生活中所起到过的和至今仍在起的作用，那么这里并没有什么了不起的错误，他们至今在我们这里所有的部门担任教师、教授、机械师、工程师、技术人员等。工业、商业和其他企业中优秀的、富裕的部门都掌握在他们的手里。[③]

由此可见，德国人在冈察洛夫眼里是积极进取者的代表，是作家所喜欢的人物之一。然而，“赫尔岑所有讽刺与侮辱几乎都针对他痛恨的德国人而发

---

① Краснощекова Е. А. Иван Александрович Гончаров: Мир творчества [М]. СПб. , 2012: 305.

② Гончаров И. А. Лучше поздно, чем никогда [А]. Гончаров И. А. Собрание сочинений в 8 томах. Т. 8 [Z]. М. , 1980: 115.

③ Гончаров И. А. Лучше поздно, чем никогда [А]. Гончаров И. А. Собрание сочинений в 8 томах. Т. 8 [Z]. М. , 1980: 116.

——尽管他自己就是半个德国人”。①

奥勃洛摩夫与别里托夫分别是两种不同类型的人物代表，前者代表的是俄罗斯本土地主的普遍特征。后者代表的则是“欧化”了的俄罗斯人，他不过是俄罗斯贵族中的特例，同时，也是俄罗斯“多余人”中的特例。因此，虽然俄罗斯的“土壤”催生了奥勃洛摩夫与别里托夫这两类畸形物，但他们在本质上是互为区别的。

总之，奥勃洛摩夫与俄罗斯文学中的恰茨基、奥涅金、毕巧林、别里托夫、罗亭和拉夫列茨基不是同一类人物。他们是真正意义上的“永恒的流浪者”，是俄罗斯农奴制改革前夕的代表人物，终生都在寻找心灵的避难所，但却从未找到过。但奥勃洛摩夫呢，他所有想法都是“世俗的”，其内心一直是安宁的，他的理想虽然不切现实，但却让他满足于现状。因此，奥勃洛摩夫所体现的奥勃洛摩夫性格更多的是心理上的，是超时间的，在新的历史条件和制度下也会存在。也许，这就是奥勃洛摩夫性格复杂性、多面性和概括性的最好解释，同时也是这一性格特征永恒性的最好解释。

---

① [英] 以赛亚·伯林．俄国思想家 [M]．彭淮栋，译．南京：译林出版社，2011：226.

第六章 奥勃洛摩夫性格中的俄罗斯民族宗教意识

第一节　冈察洛夫的宗教观及《奥勃洛摩夫》宗教主题概述

与陀思妥耶夫斯基笔下的梅什金、卡拉马佐夫，托尔斯泰笔下的列文、聂赫留朵夫等人物形象相比，冈察洛夫长篇小说中的主人公对宗教问题的思考也并不深刻，内心的忏悔意识也要淡薄许多。这似乎给读者这样一种印象，即冈察洛夫是一位无神论者，他对宗教问题并不关注。然而，冈察洛夫作为一名在东正教环境中成长起来的作家，其文学作品总是以一种“不经意的方式”展现其宗教观。

一、陀思妥耶夫斯基与冈察洛夫宗教观的比较分析

对于陀思妥耶夫斯基的宗教观，A. C. 格林卡（A. C. Глинка）在1905年发表的《陀思妥耶夫斯基的宗教道德问题》一文中曾经指出：“对于陀思妥耶夫斯基来说，认识上帝这个问题是至高无上的问题，是最大最折磨人的问题。就好比一个缠绕不清的绳结，其中交织着他无比丰富多彩的艺术、哲理创作的所有基本线索。陀思妥耶夫斯基终其一生，在自己所有的长篇小说中，都在为上帝而苦恼；他笔下的几乎所有主人公一直在议论上帝。简直可以说，上帝问题无处不在地陪伴着他。”① 格林卡似乎是要向我们证明，对陀思妥耶夫斯基来说，宗教问题是一个令人困惑、纠结的问题。何云波在其专著《陀思妥耶夫斯基与俄罗斯文化精神》中则从另一个角度谈到了陀思妥耶夫斯基

① ［俄］B. C. 索洛维约夫．精神领袖：俄罗斯思想家论陀思妥耶夫斯基［C］．徐振亚，等，译．上海：上海译文出版社，2009：153.

宗教观的矛盾性，他认为："陀思妥耶夫斯基不一定信仰上帝，但他需要上帝。他需要以俄罗斯的基督来拯救人、拯救世界，他需要通过信仰来实现自身人格的完美与统一，实现自我的超越，他需要在基督的慈祥的抚爱下逃避现实的痛苦，享受到宗教的快感。"①

然而，评论界又是如何看待冈察洛夫的宗教意识的呢？梅列日科夫斯基早在1890年就曾尝试确定作家冈察洛夫的宗教特征。他说："冈察洛夫笔下的宗教，是这样一种宗教，它没有因为对上帝的极度渴望去折磨人，而是抚慰和温暖人的心灵，仿佛是对童年的温和的回忆。"②

熟悉《奥勃洛摩夫》的读者一定可以感觉到，小说中的人物对待宗教的态度并不明确，人物的日常生活中的田园色彩远远浓于宗教氛围。人物思考的问题，与宗教相差甚远，而不是像陀思妥耶夫斯基笔下的人物，他们的困惑始于上帝且并最终由上帝来结束。总体来看，《奥勃洛摩夫》中的人物不是生活在宗教的氛围之中，而是生活在文化氛围，准确地说是被奥勃洛摩夫田庄的那种氛围包裹其中。

由于冈察洛夫在宗教信仰的问题上态度极其隐秘，甚至因为他在作品中很少亮出自己观点的做法，最后导致人们对他的宗教观点及其演变过程感受并不明显，从而影响研究者们对其宗教问题进行研究的兴趣。1913年，Н. А. 列米佐夫（Николай Ремизов）神甫发表了一篇题为"伊万·亚历山大德洛维奇·冈察洛夫在自己作品中的宗教—道德和社会—阶层观"的长文，文章作者以最概括的方式简要描述了冈察洛夫的宗教倾向：

> 伊万·亚历山大德洛维奇·冈察洛夫属于这样一类人，他们从来不会专门描写宗教，不会提出宗教问题也不会思考这些问题，虽然如此，可是他们在本质上，在自己的内心深处一直是信仰宗教的。从这一意义上来看，伊万·亚历山大德洛维奇从孩提时代到去世一直是个虔诚的基督教信徒，他凡事谦虚谨慎，与我们所有作家相比，也许，他是最不在乎荣誉和声望的人了。伊万·亚历山大德洛维奇很不乐意通过宗教来哗众取宠。可是，他自身有着特别的宗教本源，有时候，这一本源在其所有作品中以宗教信仰的形式表现出来。虽然他的宗教主题及其描写出现

① 何云波．陀思妥耶夫斯基与俄罗斯文化精神［M］．长沙：湖南教育出版社，1997：58-59.

② Мережковский Д. С. Акрополь：Избранные литературно-критические статьи［С］．М.，1991：129.

> 频率并不高，然而它们却如此突出和有力……伊万·亚历山大德洛维奇的信仰是真实的、积极的，他领悟了人的生命及其思想整个世界。也许，从表面上看这一信仰是"旧式真理"，是几个世纪以来通过宗教思维和行为形成的宗教体系，可它在自身内涵和内在本质上是一种生气勃勃的力量，是这一力量塑造了人的刚毅性格。①

成长于同一宗教环境、氛围下的陀思妥耶夫斯基与冈察洛夫，为何在对待宗教的问题上有如此之大的差异呢？我们认为，这与两位作家在处理信仰与文明之关系的态度不同有着直接的关系。

冈察洛夫笃信宗教，他曾经在克拉姆斯科依的画作《荒野中的基督》中写道："破坏分子、怀疑论者、哲学家们无论怎么做，都无法消灭人类的宗教以及与此相关的对理想的追求，而比基督教还更为纯洁和高尚的宗教是没有的：勒南本人，即基督神性的反对者是承认这一点的。除了基督教文明之外，没有另外的文明，所有其他宗教不会为人类提供任何东西，除了黑暗、愚昧、无知和混乱。我们要重复一点的是，只有在这类强有力的刺激的影响下，比如信仰，画家的想象力才能够创作出《西斯廷圣母》和其他艺术杰作。当然，同时也需要具备卓越的才能。"② 此外，冈察洛夫骨子里是一位坚定的西方主义者，其社会主张的思想源头就来源于П. Я. 恰达耶夫（П. Я. Чаадаев），而恰达耶夫就是一名典型的唯基督教文明论者。虽然谨小慎微的个性及政府官员身份决定了他不可能公开宣称恰达耶夫对自己的影响，但这种影响实际上是存在的。例如，梅利尼克指出："在冈察洛夫将基督教理解成文明之创造力量的尝试中可以找到其与恰达耶夫思想的重合之处。"③ 因此，冈察洛夫的宗教性总是通过文明、文化和社会问题折射出来，他并非游离于宗教与文明、文化关系之外，而是尝试通过文明和文化问题去思考宗教。

而陀思妥耶夫斯基是如何看待自己的宗教观的呢？他在一篇笔记中写道：

① Ремизов Н. А. Иван Александрович Гончаров в религиозно-этических и социально-общественных воззрениях своих произведений: По поводу истекшего столетия со дня его рождения. (1812—1912) [M]. Харьков. 1913: 3.

② Гончаров И. А.《Христос в пустыне》Картина Г. Крамского [A]. Гончаров И. А. Собрание сочинений в 8 томах. Т. 8 [Z]. М., 1980: 71. 勒南（Joseph Ernest Renan 1823—1892），法国研究中东古代语言文明的专家、哲学家、作家，他以创作有关早期基督教的作品著名。

③ Мельник В. И. Гончаров [M]. М., 2012: 102.

“上帝存在的问题，有意无意地折磨了我一生。”① 在作家看来，关于上帝存在的问题，是其一生在致力于解决的“根本问题”。Г. Б. 波诺马廖娃（Г. Б. Пономарёва）以作家的这个问题为出发点，分析了他对待文明与宗教的冲突问题的态度。例如，她在专著《陀思妥耶夫斯基：我探索人生的奥秘》中指出：

> 作为人和作为作家的陀思妥耶夫斯基同样是天才，他的精神品格和艺术才华同样杰出。至少他所塑造的梅什金、阿廖沙·卡拉马佐夫以及伊万这些人物，都源于作者的宗教精神体验，在作者那里，“根本问题”同时以肯定和否定的方式展开，二者也许不相上下。陀思妥耶夫斯基表现了灾难动荡的时代，在对上帝的信仰中对尘世的否定因与日俱增的毁灭性经验成为可能，且鲜明地表现出来，其强烈程度前所未有。②

波诺马廖娃认为，信仰和文明在陀思妥耶夫斯基那里几乎成为对立的两面，文明带来的物质化和人类存在的目的的终结，在他那里总是遭到排斥。因为，“陀思妥耶夫斯基认为，进步和技术至上排挤了欧洲人崇高的精神文化，昔日‘神圣奇迹’的国家以历史终结的开始而著称。……陀思妥耶夫斯基比任何人都更强烈地具有末世感，特别是在生命的最后的十年，文明世界以其所有可见的未来前景唤起了他的末世感”。③

了解了这一点，我们就比较容易理解冈察洛夫与陀思妥耶夫斯基在人物宗教精神刻画方面的差异性之原因所在：在信仰和文明之间，准确地说是宗教精神和尘世生活之间，冈察洛夫走的是中间路线，他寻找的是一种平衡和结合。因此作家本人及其笔下人物在宗教感悟上是顺从的、接受性的，也正因为如此，作家的宗教意识总是那么悄无声息地融入人物的日常生活之中，给读者一种雾里看花的感觉。

二、奥勃洛摩夫日常生活中的宗教色彩

《奥勃洛摩夫》里的人物，没有像陀思妥耶夫斯基笔下的人物，经历紧张

① 引自：[俄] Г. Б. 波诺马廖娃．陀思妥耶夫斯基：我探索人生的奥秘 [M]. 张变革，等，译．北京：商务印书馆，2011：5.

② [俄] Г. Б. 波诺马廖娃．陀思妥耶夫斯基：我探索人生的奥秘 [M]. 张变革，等，译．北京：商务印书馆，2011：26.

③ [俄] Г. Б. 波诺马廖娃．陀思妥耶夫斯基：我探索人生的奥秘 [M]. 张变革，等，译．北京：商务印书馆，2011：27.

的宗教体验。他们不去公开探讨上帝是否存在的问题；在自己经历精神“堕落”和“撕裂”时不会引用《福音书》里的话，更不会去热烈探讨宗教问题。他们的很多宗教联想和主题基本上都是日常生活中的现象，与日常生活紧密相关。例如，普舍尼琴娜和当时还是房客的奥勃洛摩夫之间的对话就带有这一特点：

“你老是忙个不停。”有一次他对她说。

她微微一笑，仍旧专心致志地摇着咖啡磨的手把。她的胳膊肘如此灵活迅速地转着圈子，让奥勃洛摩夫看得眼花缭乱。

“这会把您累坏的。”他接着说。

“不，我已经习惯了。”她一边磨咖啡，一边说。

“没有活的时候，您又做什么呢？”

“怎么会没有活呢？活永远都是有的，”她说，“上午做午饭，午饭后缝衣服，然后就做晚饭了。”

“难道你们还吃晚饭？”

“哪能不吃晚饭呢？我们是吃晚饭的。逢节日我们都做彻夜祈祷。”

“这很好，”奥勃洛摩夫称赞道，“在哪个教堂？”

“在圣诞教堂，那是我们教区的教堂。”①

表面上看，这是一段十分随意的对话，但其实从上下文来看，这段话的重点主题之一是宗教问题。上面的引文十分准确地反映了冈察洛夫文学创作的常用手法——喜欢将主题隐藏于一些琐碎的细节之中，进而给人的感觉是他的主题是不经意之间流露出来似的。如果我们仔细分析这段对话，对教堂的讨论其实与前半部分的对话毫无关系，普舍尼琴娜那句“逢节日我们都做彻夜祈祷”其实也是答非所问。但是作者这样处理，似乎女主人的话是不经意的随口一说，但奥勃洛摩夫的回答“这很好”“在哪个教堂”却涵义深刻。这其实表明了奥勃洛摩夫对待宗教的态度——他关心日常生活中的宗教，如果不是这样，他的回答几乎是多余的。

又如，冈察洛夫在形容奥勃洛摩夫田庄居民的闭塞程度时写道：

---

① Гончаров И. А. Обломов. Роман в четырех частях // Гончаров И. А. Полное собрание сочинений и писем в 20 т. Т. 4 [Z]. СПб.，2004：314-315.

> 他们的利益止于他们自身，跟什么人都不相交，不相干。他们知道离他们八十俄里之外的“省”，就是省城，但很少有人到省城去。然后他们也知道，再远一点便是萨拉托夫或尼日尼城，也听说过有莫斯科和彼得堡，彼得堡后面住着法国人或德国人。再过去，对他们来说，就像对古人一样，是不可解的世界、不可知的国家了，住在那里的都是些怪物，双头人、巨人，那儿是一片漆黑。最后一切都以那条驮着大地的鱼告终。[①]

在基督教艺术中经常用“鱼”代表基督，这个标志源于希腊文“鱼”一词（ΙΧΘΥΣ），是希腊文“耶稣、基督、天主、儿子、救世主”五个词的缩写，其中“I”代表耶稣、“X”代表基督、“Θ”代表天主、“γ”代表儿子、“∑”代表救世主。因而，教会早期便以“鱼”象征基督。[②]

俄罗斯学者 T. C. 格奥尔吉耶娃（T. C. Георгиева）在她的著作《文化与信仰：俄罗斯文化与东正教》中也谈到了这一点：

> 随时被监视的基督徒冒着“被驱逐”的危险，几乎在所有的墙壁上都画上了鱼纹图形，以此表示耶稣基督的追随者坚不可摧的意志，同时也是基督教本身的标志。那么为什么一定要画鱼呢？这是因为在希腊语中，“鱼”字（Ichthys）的前两个字母恰好代表耶稣基督的名字。[③]

而在斯拉夫神话中，“鱼”是大地的支柱。之所以出现这样的认识，那是因为斯拉夫人将天与水界视为同一。在俄罗斯民间俗语当中存在这样一种古老的观念，即天空即“汪洋大海”。乌云就像鱼儿在天上的汪洋中游弋，天上的苍穹犹如海洋包裹着大地，因此大地就坐落在大鱼的背上。[④]

总之，作者看似不经意的“最后一切都以那条驮着大地的鱼告终”这句话，除了用来形容奥勃洛摩夫田庄居民生活的闭塞之外，同时也在不自觉中

---

① Гончаров И. А. Обломов. Роман в четырех частях // Гончаров И. А. Полное собрание сочинений и писем в 20 т. Т. 4 [Z]. СПб.，2004：104.

② 东正教 [EB/OL]. 百度百科．[2018-06-30] https：//baike. baidu. com/item/%E4%B8%9C%E6%AD%A3%E6%95%99/110819? fr=aladdin.

③ [俄] T. C. 格奥尔吉耶娃．文化与信仰：俄罗斯文化与东正教 [M]. 焦东建，等，译．北京：华夏出版社，2012：19.

④ Рыба：славянских народов мифология [EB/OL]. Мифология [2016-02-17]. http：//www. a700. ru/animals/fish/87-ryba-slavyanskikh-narodov-mifologiya. html.

赋予他们的生活以宗教色彩。

在19世纪以前，由于对冈察洛夫生平资料搜集不够，再加上其作品宗教色彩不浓厚，人物的宗教意识不强烈，导致早期的冈察洛夫研究者们对作家的宗教意识及其观点兴趣不够。在20世纪初至十月革命之前，以梅列日科夫斯基、列米佐夫等为代表的研究人员在自己的研究中曾经涉及冈察洛夫的宗教问题。但是，十月革命以后，人们对冈察洛夫的认识发生了巨大变化。很长一段时间以来，有这样一种观点在文学研究界占据主导地位，那就是冈察洛夫对于宗教问题十分冷淡。关于冈察洛夫对基督教、东正教教会及其教会人士的态度，关于他在作品中所表现出来的宗教观、他的宗教教育及其环境、他的作品的宗教意义等问题在很长时间内没有得到研究。而这些问题得不到研究，不可避免地导致作家的思想、精神气质、艺术追求的范围和深度被一定程度地歪曲。比如，在他的同代人及其后人的眼里，冈察洛夫绝对不属于宗教真理的探寻者之列，后者的代表人物是陀思妥耶夫斯基和托尔斯泰。冈察洛夫作为艺术和美的崇拜者、生活自由观的捍卫者和舒适生活的眷恋者，作为一名缺乏乌托邦思想、向往而以贺拉斯的“适宜原则”和“中庸之道”为代表的古希腊罗马文化的艺术家，他在同时代人眼里是一位远离宗教探索的人。人们在评价作家的这一个性时，有一些明显的否定性意见占据了上风。

比如，托尔斯泰有一次将冈察洛夫与陀思妥耶夫斯基进行了特有的对比后指出，“当然，这是一位真正的，真心进行宗教探索的作家，而不是像某个冈察洛夫”。[①] 又如，采依特林在《冈察洛夫传》中指出：“在冈察洛夫的作品中缺乏……某种宗教激情，即那种少了它就无法认识陀思妥耶夫斯基和晚年时期列夫·托尔斯泰的激情。无论如何都不能将冈察洛夫固有的外在笃信上帝与真正意义的宗教情感混为一谈。冈察洛夫笔下的人物也不信仰上帝。”[②] 还有研究者认为，“在冈察洛夫的作品中，本质上是缺乏宗教主题的”，而且，“冈察洛夫是从唯物主义的角度来理解人的”。[③]

对于研究冈察洛夫宗教思想的难度，М.Ф. 苏别兰斯基（М. Ф. Суперанский）在1913年就曾指出：“一旦涉及他内心的宗教信仰，我

---

① Толстой Л. Н. Собрание сочинений. В 22-х томах. Т. 15 [Z]. М., 1983: 93.

② Цейтлин А. Г. И. А. Гончаров [M]. М., 1950: 325.

③ Осмоловский О. Н. Этико-философские взгляды И. А. Гончарова (концепция личности) [A]. Литература и время. Вопросы русского языка и литературы: Межвузовский сборник [C]. Кишинев. 1987: 72-73.

们对此知之甚少。他并没有用好奇的目光去关注自己心灵中那些神圣的东西。他不喜欢同那些对宗教漠不关心的人谈论宗教……或者说他用一些无关紧要的话应付别人……在这一方面，他不善于表达自己内心深处的思想，如果偶尔说漏了嘴，那么他就立即极力克制自己，并马上对此加以自嘲。”① 20 世纪末期，特别是随着苏联的解体，俄罗斯民族在度过短暂的阵痛期后，冈察洛夫的宗教思想问题再次被研究者们所关注。例如，1998 年，在“纪念冈察洛夫 185 周年诞辰国际学术研讨会”出版的论文集中，出现了 3 篇研究冈察洛夫宗教观的文章。进入 21 世纪之后，随着冈察洛夫研究的深入和拓展，作家生平及其家庭情况的材料变得丰富，这为学者研究他的宗教观提供了新的资料。在冈察洛夫长篇小说的宗教因素的研究领域，成果最为丰硕、研究最为深入的是梅利尼克，其中他的著作《冈察洛夫和东正教：作家的精神世界》（2008 年出版）是俄罗斯研究冈察洛夫宗教思想的集大成之作。

1996 年，《冈察洛夫家史》公开出版，再加上已有的冈察洛夫本人及其亲朋好友的回忆、日记、自传等材料，我们可以看到，冈察洛夫家族的生活，有着浓厚的宗教氛围。

例如，1732 年，冈察洛夫的爷爷伊万·伊万诺维奇·冈察洛夫（Иван Иванович Гончаров）开始写作家史，然后历经其家族后辈的多次补充才完成。1917 年前，该书存放于辛比尔斯克档案委员会博物馆，现存放在乌里扬诺夫斯克市的冈察洛夫博物馆，2014 年和 2017 年，笔者曾两次有机会近距离浏览本书。冈察洛夫的爷爷是军官，曾在奥伦堡边疆区服过军役，官至上尉。根据《冈察洛夫家史》的内容我们可以看出他的爷爷“是一个热衷于社会生活、信教和在宗教文学方面修养极高的人”。② 他在家史中这样记载妻子瓦夏·斯婕潘诺芙娜（Васа Степановна）的去世和安葬经过：“1759 年 12 月 4 日……她离开了这个世界去了永恒的天国，在尼古拉耶夫日被埋葬在辛比尔斯克圣三一教堂旁。”③ 甚至在描写天气情况时，言辞中也充满着浓厚的宗教色彩：“1764 年 8 月 15 日，即圣母马利亚安息日的前一天，整个晚上是风雨交加、电闪雷鸣。”④ 可以看出，“尼古拉耶夫日”“圣母马利亚安息日”都是宗教节日，家史记述人不用日期而是用宗教节日来记录事情发生的时间，

---

① Суперанский М. Ф. Болезнь Гончарова [А]. И. А. Гончаров. Новые материалы и исследования. Литературное наследство. Т. 102 [С]. М., 2000：619-620.

② Ляцкий Е. А. Гончаров：Жизнь，личность，творчество [М]. СПб.，1912：58.

③ Летописец семьи Гончаровых [Z]. Ульяновск. 1996：286.

④ Летописец семьи Гончаровых [Z]. Ульяновск. 1996：286.

充分体现了家史的作者有着浓厚的宗教意识。也正因为如此，梅利尼克对奥勃洛摩夫家族的《家史》做了一番宗教上的解读之后指出，《冈察洛夫家史》"为我们了解伊万·亚历山大德罗维奇·冈察洛夫家里的宗教氛围，提供了最早的第一手文献资料"。[①]

冈察洛夫的父亲亚历山大·伊万诺维奇·冈察洛夫（Александр Иванович Гончаров）是虔诚的信教者，还是半疯半癫的"老古董"。关于 А. И. 冈察洛夫旧教派信徒身份这一点，冈察洛夫传记作家苏别兰斯基研究了一些辛比尔斯克人的口述材料后指出："关于他存在着这样一个传闻，即他是一个不正常的人，忧郁症患者，经常语无伦次，他还是一个虔诚的信教者，以'老派旧教徒'而闻名。"[②] 同时，冈察洛夫一家还以乐善好施而被人们称道，一些基督教苦修者们可以在他们家找到落脚的地方，在这里流传和补充着很多描写圣地、奇闻趣事和治病救人方面的故事。据记载，冈察洛夫的母亲阿芙多季娅·马特维耶夫娜·冈察洛娃是一名虔诚的教徒，她的房间里常年摆着一个大的神龛，神龛前总是点着小神灯。据冈察洛夫的侄儿安德烈·尼古拉耶维奇·冈察洛夫（Александр Николаевич Гончаров）回忆，"从老冈察洛夫家的遗产中，我们所有人都得到了两个，或者三个圣像。我得到了两个圣像，其中一个是穿着厚厚的镀金法衣的救世主圣像。在彼得堡莫霍沃伊街伊万·亚历山德罗维奇的家中，后室也摆放了几件从冈察洛夫老家带来的圣像"。[③] 可以这样说，冈察洛夫早在年少时期就接受了一种朴素但却十分严格的宗教教育。这正如梅利尼克在《冈察洛夫传》中所说："冈察洛夫的精神纲领主要是从先辈们那些清晰且严格的东正教信仰原则中繁衍出来的。"[④]

当然，在影响冈察洛夫宗教观形成的众多因素中，他的求学、工作及其环球旅行等生活经历也发挥了极为重要的作用，限于篇幅，本书对这些问题不再进行详细讨论，而是将注意力主要集中在对《奥勃洛摩夫》宗教主题的分析上。如果说前面几章从社会性、民族性的角度来分析奥勃洛摩夫性格，我们更多的是看见其社会心理层面的东西，那么从宗教层面来探讨它，我们看到的则是其精神层面的内容，而这对于我们从新的角度揭示人物性格的内涵是十分必要的。

---

① Мельник В. И. Гончаров и Православие. Духовный мир писателя［M］. M.，2008：12.

② Суперанский М. Ф. Болезнь Гончарова ［А］. И. А. Гончаров. Новые материалы и исследования. Литературное наследство. Т. 102［С］. М.，2000：577.

③ Ляцкий Е. А. Гончаров：Жизнь，личность，творчество［M］. СПб.，1912：63-64.

④ Мельник В. И. Гончаров［M］. M.，2012：16.

《奥勃洛摩夫》宗教思想的隐秘、人物宗教意识的淡薄并不代表其宗教主题的弱化。实际上，《奥勃洛摩夫》是一部具有东正教特点的长篇小说，它描写的是人的精神沉睡，如何试图苏醒，到最后又是如何陷入“死亡之梦”的过程。可以这样说，为了能从东正教精神的角度来解释他的“奥勃洛摩夫性格”的实质，冈察洛夫对人物的精神生活是给予了高度关注的。《奥勃洛摩夫》主要是在思考和描写人的生活的问题，从东正教的意义上来看，这个问题就是人的精神死亡、净化和复活问题，就是向福音书中所描写的理想靠拢的问题。

三、奥勃洛摩夫性格的宗教蕴涵

我们在前面的章节中，已经分析过奥勃洛摩夫性格的基本特征是“梦”和“沉睡”。那从宗教层面来看，冈察洛夫又是用什么方式来展示这一点的呢？冈察洛夫描写了一个与东正教观念格格不入的奥勃洛摩夫田庄，在这里长大的人是很难被唤醒的。因此，从宗教的角度来看待这个“梦”，也许可以帮助我们更为清楚和全面地理解奥勃洛摩夫性格。

《奥勃洛摩夫》中的“梦”这个词，自然，具有多面性，其自身包含不同的意思。这个“梦”应该是这样的：奥勃洛摩夫在沙发上的躺卧是“俄式惰性”的象征符号。这也是幻想之梦、想象之梦、乌托邦之梦，在这个梦的框架下长篇小说中的诗性内省得到发展。但这只不过是“死亡之梦”、精神之梦、忧郁之梦、爱、灵与肉的表现形式而已。最后一个梦，这是罪过之梦、堕落之梦，它夺取了人们对不朽灵魂进行救赎的希望。与“梦”相对立的概念是“精力充沛”“清醒冷静”。冈察洛夫在描写在“懒惰中”一睡不起，在沙发上“不动身”和“变懒后的”奥勃洛摩夫时，自然，这不止是说原始的日常生活上的懒惰，也不仅仅是心灵上的懒惰，而是指精神上的懒惰。精神上的懒惰，最后导致无人可以唤醒奥勃洛摩夫。

在冈察洛夫的笔下，奥勃洛摩夫田庄是一个多神教盛行但东正教影响无处不在的闭塞之地。奥勃洛摩夫田庄的居民，对东正教真理的接受是朴素、原始和无知的，他们对东正教的接受几乎都是从各种节日和仪式层面来进行的。对这一点，冈察洛夫在小说中做了十分详细的描写。奥勃洛摩夫们按照东正教日历的典礼层面过日子，他们不会提到几月几号，但却说东正教的圣诞节日、以利亚日、洗礼宴、酬客宴等等。对此，小说中写道：“他们计算时间都是根据节日，根据年度的季节，根据各种不同的家庭事件，从不按着月份和日期，这也许是因为，除了老奥勃洛摩夫本人之外，其他人都弄不清楚月份的名称和日子的顺序。”①

面对各种各样的节日，这里的人们都是充满激情和期待的。“他们怀着激动的心情期待着各种典礼、宴会、仪式。而当一个人洗过礼、结了婚或举行了葬礼之后，他们就把这个人及其命运全部忘掉，重新陷入平常的冷漠心态中，直到下一个新的命名日、婚庆以及诸如此类的事件再把他们从冷漠的心态中拉出来。”②

奥勃洛摩夫田庄人的这一生活方式，对奥勃洛摩夫产生了重大而深远的影响，以至于在他成年后还念念不忘儿时的节日。“瞧，睡梦中的伊里亚·伊里奇的想象也开始有序地展示生动的景象，首先是发生在他的家里或者亲戚家里的三幕人生大戏：出生、婚嫁、安葬。然后是一个接一个五花八门的欢乐的或悲伤的小剧目：洗礼、命名日、家庆、斋前日、斋后日、盛宴、亲人聚会、问候、祝贺、礼节性的眼泪和微笑。”③

虽然奥勃洛摩夫田庄的日常生活富有东正教色彩，同时也极具生活气息，但我们可以发现，这里的宗教触及的仅仅是人的肉体和内心，而不是他们的灵魂。冈察洛夫也从来没有提到过这个“极乐世界”的精神追求问题。在这些人的生活中，处在第一位的是人的基本需要因素：“饮食是奥勃洛摩夫田庄生活中的头等大事。”④

不过，最为明显的是迷信在他们的生活中占据了十分重要的位置。“奥勃洛摩夫性格”始于迷信，但迷信可以引发恐惧，这种恐惧是尘世的，而非来自上帝。上帝的恐惧是纯洁的，其中并没有世俗的东西，没有血和肉，它是建立在对上帝、亲人甚至敌人真爱的基础之上的，是建立在对上帝而非其他什么东西的信仰的基础之上的。世俗的恐惧会麻痹人的灵魂和肉体。冈察洛夫在小说中，向我们展示一个带有东正教色彩的奥勃洛摩夫田庄的同时，也向我们展示了一个极为迷信的奥勃洛摩夫田庄。小说中写道：

---

① Гончаров И. А. Обломов. Роман в четырех частях // Гончаров И. А. Полное собрание сочинений и писем в 20 т. Т. 4 [Z]. СПб.，2004：128.

② Гончаров И. А. Обломов. Роман в четырех частях // Гончаров И. А. Полное собрание сочинений и писем в 20 т. Т. 4 [Z]. СПб.，2004：123.

③ Гончаров И. А. Обломов. Роман в четырех частях // Гончаров И. А. Полное собрание сочинений и писем в 20 т. Т. 4 [Z]. СПб.，2004：122.

④ Гончаров И. А. Обломов. Роман в четырех частях // Гончаров И. А. Полное собрание сочинений и писем в 20 т. Т. 4 [Z]. СПб.，2004：110.

奥勃洛摩夫田庄的人对什么都信，既相信有变形的妖精，也相信有死鬼。若是有人对他们说，地里有一垛麦秸在走动，他们也会不假思索地信以为真。若是有人放风说，这绵羊不是一只绵羊，而是别的什么东西，或者说某某马尔法或斯捷潘尼达是妖妇，他们就会害怕起来。他们从不想过去问问，为什么这绵羊不是绵羊，为什么马尔法会变成妖妇；更有甚者，他们会群起而攻击那些对此产生怀疑的人。奥勃洛摩夫田庄的人就是这样深信神奇的事情。①

而且，奥勃洛摩夫田庄的居民还特别喜欢解梦："若是一个可怕的梦，大家就闷闷不乐，真的害怕起来。如果是预兆性的梦，或吉或凶，大家的心情就会为之或喜或悲，都不是假装的。如果梦要求遵循什么征兆，那他们就会立即采取积极措施。"②

从东正教的角度来看，迷信是真正的罪过。格奥尔吉耶娃认为："在古罗斯接受基督教之后，官方和教会将多神教的一切习俗和礼仪统统看做是一种罪孽，尽管如此，若想从人们的灵魂深处彻底摒弃根深蒂固的古老习俗，其结果最终都是徒劳。"③ 所以，在这里迷信似乎融入了奥勃洛摩夫田庄居民的血液里，是那么自然，给人的感觉就像是这些就是他们生活的一部分，几乎意识不到这还是迷信。在奥勃洛摩夫田庄，迷信与东正教是如此的和谐相处、相安无事，它们共同培育了奥勃洛摩夫性格，共同营造了一种田园诗式的生活。

然而，奥勃洛摩夫田庄的人们的问题还不仅仅是过于迷信，有些时候，他们的一些想法还是与基督教教义不一致。在《创世纪》第一章中，上帝训示亚当说："你既听从妻子的话，吃了我吩咐你不可吃的那树上的果子，'地必为你的缘故受诅咒；你必终身劳苦，才能从地里得到吃的……你必汗流满面才得糊口，直到你归了土，因为你是从土而出的。'"④ 然而，奥勃洛摩夫田庄的人"把劳动看做是上天对人类祖先的惩罚来接受，所以他们不爱劳动，

---

① Гончаров И. А. Обломов. Роман в четырех частях // Гончаров И. А. Полное собрание сочинений и писем в 20 т. Т. 4 [Z]. СПб., 2004: 119.

② Гончаров И. А. Обломов. Роман в четырех частях // Гончаров И. А. Полное собрание сочинений и писем в 20 т. Т. 4 [Z]. СПб., 2004: 132.

③ [俄] Т. С. 格奥尔吉耶娃. 文化与信仰：俄罗斯文化与东正教 [M]. 焦东建，等，译. 北京：华夏出版社，2012: 88.

④ 本书对《圣经》的引用，主要引自中国基督教三自爱国运动委员会、中国基督教协会影印本《圣经》，部分内容作者还根据英、俄文版《圣经》电子版进行了重译，因此本书在脚注、参考书目中未标明引文的出处，特此说明。

一有机会就逃避劳动，认为人可以不劳动，也不应该劳动”。[①]

而且，愚昧和闭塞导致奥勃洛摩夫田庄的人与人之间缺乏基督教意义上的爱。最有代表性的一个情节是一个外地农夫路过奥勃洛摩夫田庄，估计是生病掉进了村口的渠沟里。村里的小孩发现后，立即向大人报告。一些人想去村口看看，村里的老人阻止他们说：“你们不要脑袋了啦？你们想干什么？别去惹事，没人逼你们。”[②] 当村民们发现病倒的外地人时，他们并未进行救助，甚至将他当成坏人或者瘟神而弃他而去。村民回去后将此事告知村里的老人，老人们说：“既然是外地人，你们就不要去管他！……随他去吧！你们就没有必要走这一趟。”[③]

在《奥勃洛摩夫》中，只有两次提到了奥勃洛摩夫本人对宗教的感受。第一次是奥勃洛摩夫在梦中与母亲一起祈祷，小说中写道：

> 母亲在圣像面前跪下，用一只手挽着他，提示他，让他念祈祷词。
>
> 小孩子望着窗外，漫不经心地跟着念，一股凉气和丁香花的香味从窗户涌进了屋里。
>
> “妈妈，今天我们出去散步吗？”在祈祷中他突然问道。
>
> “我们去，心肝宝贝！”她急忙地说，眼睛没有离开圣像，赶忙把祈祷词念完。
>
> 孩子没精打采地跟着念祈祷词，但母亲却是一心一意的。[④]

从这里的描写可以看出，奥勃洛摩夫的母亲应该是这里的特例，是真正在向上帝祈祷，诚心诚意。我们十分感兴趣的是，母亲到底在祈祷什么呢？根据这一段描写的上下文我们可以做大胆的猜测，她应该是为小奥勃洛摩夫的健康、前程祈祷。因为母亲让他念祈祷词之前，已经反复向保姆打听了小奥勃洛摩夫的身体健康问题。而小奥勃洛摩夫，当时还是小孩子的他，自然无法理解祈祷的意义。在这一方面，他的母亲对他是宽容的。而施托尔茨与

---

① Гончаров И. А. Обломов. Роман в четырех частях // Гончаров И. А. Полное собрание сочинений и писем в 20 т. Т. 4 [Z]. СПб., 2004: 121.

② Гончаров И. А. Обломов. Роман в четырех частях // Гончаров И. А. Полное собрание сочинений и писем в 20 т. Т. 4 [Z]. СПб., 2004: 105.

③ Гончаров И. А. Обломов. Роман в четырех частях // Гончаров И. А. Полное собрание сочинений и писем в 20 т. Т. 4 [Z]. СПб., 2004: 105.

④ Гончаров И. А. Обломов. Роман в четырех частях // Гончаров И. А. Полное собрание сочинений и писем в 20 т. Т. 4 [Z]. СПб., 2004: 106.

奥勃洛摩夫不一样，前者不仅信奉东正教，而且还经常“和母亲一起读圣经故事”。①

当然，小说也描写了奥勃洛摩夫本人对上帝的诚心诚意的祈祷，应该是说，这是他的第一次也是唯一的一次祈祷：“在痛苦的时候，他为一些琐碎的事情而烦恼，辗转反侧，俯卧在床，有时甚至完全茫然。这时他从床上起来，跪下祈祷，热烈而又诚心诚意地乞求上天制止那险恶的暴风雨。”② 在他的祈祷中，没有任何忏悔，为的也是自己，而且是在为自己那些莫须有的、带有迷信色彩的内心焦虑而祈祷。

奥勃洛摩夫是多神教和基督教兼具的奥勃洛摩夫田庄的产物，因此他不可避免地继承了田庄一些违背上帝戒律的特征。比如，我们可以看见奥勃洛摩夫在精神上是纯洁的，憨直、善良。可是，奥勃洛摩夫从来不会考虑上帝是否存在的问题，他很少去忏悔自己的寄生生活，从来不会去反思自己的懒惰。说到底，奥勃洛摩夫是个“自然之子”，是奥勃洛摩夫田庄培养了他的上述习气，但却没有教会他追求宗教上的自我完善，他对此也一无所知。正因为如此，我们在他身上看不到宗教追求，也许冈察洛夫正是想借此证明，精神和宗教还不是一回事。

在小说的结尾，也有一段文字谈到了奥勃洛摩夫与神的信仰。这里虽然没有直接指明他的信仰，但通过将他与“偏僻修道院的长老们”的对比来影射他的信仰：“随着年岁的不断增加，激动和悔恨也越来越少了，他渐渐地静静地躺进了为他的余生亲手制作的简便而又宽敞的棺材里，就像荒漠中的长老们辞世时给自己挖掘坟墓一样。”③

我们可以看到，冈察洛夫在这里用了一个词组“старецы пустынные”翻译成中文是“荒漠中的长老们”。这个隐喻一方面说明奥勃洛摩夫的死亡是他自己造成的，可以说是咎由自取。同时，冈察洛夫在这里也对人物的去世表示了深深的同情，因为对于一个宗教信仰不坚定、不愿自我救赎的人，上帝会抛弃他，所以他是孤独的，除了他自己，没有谁可以拯救他。

哪怕是在自然环境描写中，也可以看出《奥勃洛摩夫》中蕴含着比较深

---

① Гончаров И. А. Обломов. Роман в четырех частях // Гончаров И. А. Полное собрание сочинений и писем в 20 т. Т. 4 [Z]. СПб.，2004：152.

② Гончаров И. А. Обломов. Роман в четырех частях // Гончаров И. А. Полное собрание сочинений и писем в 20 т. Т. 4 [Z]. СПб.，2004：66.

③ Гончаров И. А. Обломов. Роман в четырех частях // Гончаров И. А. Полное собрание сочинений и писем в 20 т. Т. 4 [Z]. СПб.，2004：474.

刻的宗教反思。哈利泽夫认为，“在 19—20 世纪每一个大作家的笔下，都有一个独具一格的大自然的世界，主要以风景描写的形式而被展现出来的世界。在 И. С. 屠格涅夫等人的作品中，大自然是在它对于作者与其主人公的那种个性鲜明的价值意义上被把握的。这里所论及的，与其说是大自然世界的那种普适性的、稳定的本质，不如说是它的那些独一无二的单个现象：恰恰是此时此地的所见、所闻、所感，——是大自然中的那种对人的当下心灵活动和心理状态做出回应的东西，或者是它所引发的东西”。① 由此可见，文学作品中的风景描写并非为单纯的景物展示，而是具有独特个性的自然之物。哈利泽夫接着指出：

> 大自然的形象（不论是风景的，还是所有其他的）具有深刻而完全独一无二的内涵意义。人与自然融为一体是有益而不可或缺的观念，人与自然的关联是深刻而不可分割的观念，已植根于千百年来的人类文化之中。这种观念以各种不同的方式得到了艺术的体现。花园——这一由人培育和修饰出来的自然，作为一个主题几乎在所有时代所有国家的文学中都存在。花园常常在象征着整个世界。“花园，”——Д. С. 利哈乔夫指出，“总是在表达着某种哲学、关于世界的观念、人对大自然的态度，这是存在于其理想的表达之中的微型世界”。让我们回忆一下圣经中的伊甸园，或者荷马的《奥德赛》中的阿尔基诺伊的那些花园，或者《俄罗斯大地覆亡记》中那些使大地生色的“修道院的葡萄园”（也就是修道院的花园）的描写。没有花园和公园，И. С. 屠格涅夫的那些长篇小说、А. П. 契诃夫的作品（《樱桃园》中有这样的话：“……整个俄罗斯就是我们的花园”）、И. А. 布宁的诗歌和散文、А. А. 阿赫马托娃的那些令她倍感亲切的皇村题材的诗歌，均是不可想象的。②

众所周知，《圣经》中的天堂形象就是花园，上帝和第一批人类就住在那里。例如《旧约全书》第二章对此进行了描写：“耶和华神在东方的伊甸立了一个园子，把所造的人安置在那里。耶和华神使各种各样的树从地里长出来，可以悦人的眼目，其上的果子好做食物。园子当中又有生命树和分别善恶的

---

① ［俄］В. Е. 哈利泽夫．文学学导论［М］．周启超，等，译．北京：北京大学出版社，2006：266-267.

② ［俄］В. Е. 哈利泽夫．文学学导论［М］．周启超，等，译．北京：北京大学出版社，2006：268.

树。”也就是说，从上帝创造人类开始，花园就是天堂的象征。当然，基督教中的这一传说只不过是人们认识花园之天堂意义的一种途径，千余年来，很多不同的民族对它有着自己的认识，这其中当然也包括斯拉夫民族。

俄罗斯斯拉夫民族宗教文化学家 A. H. 阿法纳西耶夫（A. H. Афанасьев）在其著作《斯拉夫民族对自然的诗意认识》中指出，天堂——是“永远夏天的王国”①，同时天堂还是“永远的春天和永不枯竭的光和快乐的王国”。② 他还指出：“天堂——无论在什么地方，它的标志就是花园，在德国人和斯拉夫民族的土地上，风景如画、鲜花盛开的地方就被称之为花园或者乐园。斯洛伐克人和霍尔瓦特人说，天堂就是四季常春的神奇花园，地处被上帝掌管的世界之中，在那里严守教规的人将享受无尽的快乐……”③ 阿法纳西耶夫认为，斯拉夫民族对天堂观念的认识具有双重性：“首先，在过去那些世纪十分幸福的地方可以被称之为天堂，那些早期的、无罪的人们曾经在这个国度居住过，他们不知道任何困难和灾难，但在魔鬼邪恶力量（冬天）的影响下会失去这一地方；其次，这个地方——是未来的幸福王国，它一直与宇宙同在……在这个复兴了的王国里，遍地是永不凋谢的繁花，到处是食之不尽的果实，（根据《埃达经》的传说）众神在这里找到了自己的金桌并随后过上了共同的无忧无虑的生活。”④

同样，在冈察洛夫的《奥勃洛摩夫》中，如果少了花园，小说情节的铺展也是无法想象的。比如，奥勃洛摩夫与奥丽加的爱情情节，几乎都是在花园（或者公园）中发生的。然而，如果我们对小说中的天堂进行仔细解读，可以发现这里的天堂都是物质的、世俗和肉欲的，很少有精神层面的东西。

我们在讨论《奥勃洛摩夫》的文化空间书写时，曾提到过多曼斯基对小说中 7 种“公园”形象的分析。在分析小说的空间功能时，多曼斯基分别提到了“花园”的“文化—历史功能”“家庭—族群功能”“审美功能”“情感暗示功能”“象征—隐喻功能”。⑤ 我们认为，《奥勃洛摩夫》中的“花园”形象除了上述几种功能之外，它还具有“宗教再现功能”。因为，在小说情节的铺展中，人物的命运、性格，甚至情节的安排都与宗教有着不可分割的联系。

---

① Афанасьев А. И. Поэтические воззрения славян на природу. В 3 т. Т. 2 [M]. M.，1993：71.

② Афанасьев А. И. Поэтические воззрения славян на природу. В 3 т. Т. 2 [M]. M.，1993：93.

③ Афанасьев А. И. Поэтические воззрения славян на природу. В 3 т. Т. 2 [M]. M.，1993：73.

④ Афанасьев А. И. Поэтические воззрения славян на природу. В 3 т. Т. 2. М.，1993. С. 78-79.

⑤ Доманский В. А. Функции топоса сада в романах И. А. Гончарова [A]. Обломов：константы и переменные [C]. СПб.，2011：160.

厌倦了彼得堡的都市生活，一心向往悠闲生活的奥勃洛摩夫在想象中也为自己设计了一个花园，我们来看看他心目中的“未来花园”是什么样的：这个花园要“花果满园”，花园的主人“手里拿着烟袋，懒洋洋地吸着烟，若有所思地欣赏着浓枝密叶后面展现出来的美景，享受着它的阴凉和静谧”。在花园中生活的人们，他们在弹琴、做游戏。“奥勃洛摩夫周围也有自己的孩子在嬉戏，他们爬到他的膝头上，挂在他的脖子上，而在茶炊后面则坐着……统治一切的女皇，他崇拜的对象……一个女人！他的妻子！这时装饰的优雅简朴的餐室里，点着明亮而亲切的烛光。”在“这里永远是夏天，永远是欢乐，美滋滋的美食，美滋滋的懒散……”在“那里你只管躺在草地上，自有那脸颊红晕的女仆把早饭送上来，那女仆有一双裸露的圆圆的软软的胳膊肘，晒黑的脖子。这个狐狸精低下头，眉来眼去，微笑着……”①

在后来与施托尔茨的一次谈话中，奥勃洛摩夫再次向自己的朋友描绘了在花园中的生活：清晨起床后，搂着美丽的妻子的腰在花园中散步，坐上小船轻轻地摇起双桨。一日三餐都是丰盛的美食，宾客成群。在这里，奥勃洛摩夫想象了这样一个花园中与农妇偶遇的场景：“一群赤足的农妇手里拿着镰刀大声地说话……突然，她们看见了老爷和太太，便立即静了下来，弯腰鞠躬，其中一个脖子晒得很黑、露出两条胳膊肘的村姑羞怯地低下了眼帘，做出要回避老爷的爱抚的样子，其狡黠的眼睛却流露出她的喜悦之情……嘘……可别让太太看见了，上帝保佑！”②

我们在奥勃洛摩夫勾勒的花园形象中，看到的是秀丽的景色、美丽的妻子、丰盛的美食、可以供老爷挑逗的村姑，看不到任何宗教的因素，包括冈察洛夫花费了众多笔墨描写的奥勃洛摩夫在彼得堡的家，我们连东正教最常见的圣像和神龛都看不到。

综上所述，我们可以看出，尽管小说人物的日常生活充满了浓厚的宗教色彩，但他们的内心生活并无宗教上的激情和敬畏。在以奥勃洛摩夫为代表的宗法制地主老爷的内心世界中，他们追求的是世俗和肉欲生活。作家冈察洛夫似乎有意将奥勃洛摩夫的花园与宗教中的花园区别开来，其目的就是要告诉读者，缺乏对上帝的信仰和敬畏的一切理想，都是空中楼阁水中月，是无法实现的。当然，奥勃洛摩夫也曾经想过要摆脱奥勃洛摩夫性格，他也认

---

① Гончаров И. А. Обломов. Роман в четырех частях // Гончаров И. А. Полное собрание сочинений и писем в 20 т. Т. 4 [Z]. СПб.，2004：152.

② Гончаров И. А. Обломов. Роман в четырех частях // Гончаров И. А. Полное собрание сочинений и писем в 20 т. Т. 4 [Z]. СПб.，2004：179.

为这对其十分重要。对此，有研究者写道："奥勃洛摩夫能够迈出向上帝靠近的第一步：他已经意识到，他的命运仅靠自身是无法驾驭的。可上帝期待的是靠勤劳开拓天地，自愿参与生活运动，而不是灰心丧气的宿命论。奥勃洛摩夫似乎无法实现在灵魂上自愿参与，而是游手好闲地过日子。这样的话，毫无疑问，作为一个人，他的信仰是不够的，而这又是其奥勃洛摩夫性格形成的根本原因。他身上那些善良的品质白白地消失了。事实上，他也埋没了上帝赐予他的才能。"① 因此可以这样说，长篇小说中的所有精神问题，在关键时刻，作者都是用宗教这把钥匙为我们打开了一扇了解奥勃洛摩夫性格的大门。

第二节 《奥勃洛摩夫》爱情情节中的宗教象征

韦勒克在分析"象征"与"意象"和"隐喻"的关系时曾指出："'象征'具有重复与持续的意义。一个'意象'可以被一次转换成一个隐喻，但如果它作为呈现与再现不断重复，那就是变成了一个象征，甚至是一个象征（或者神话）系统的一部分。"② 如果我们以韦勒克的观点来分析一下《奥勃洛摩夫》中出现的一些物件，就可以发现，奥勃洛摩夫的长袍、拖鞋、沙发，小说中出现的动物"狗"等，就极具象征意义。例如，哈里逊曾对长袍的象征意义做出了精辟的分析，她说："阿白洛莫夫就是俄国人所谓 Khalatnost 底化身，Khalatnost 者，穿便服（Dressing gown）那种事情的情质也。阿白洛莫夫底便衣是大的、柔软的、宽博的、亚细亚式的便衣，很容易穿进去的，可是要脱下来却差不多做不到的。这件便衣如易卜生所用的象征一般在书中出没。它可以代表那件要在身体上或心智上'打扮得好'的不可能的事情。"③

一、《奥勃洛摩夫》中的爱情主题及象征物

从宗教的角度来，《奥勃洛摩夫》中还有一些独具特色的象征物，其中奥

---

① Дунаев М. М. Обломовщина духовная, душевная и телесная［A］. И. А. Гончаров: Материалы Международной конференции, посвященной 185-летию со дня рождения И. А. Гончарова［C］. Ульяновск, 1998: 121.

② ［美］R. 韦勒克，A. 沃伦．文学理论［M］. 刘象愚，等，译．南京：江苏教育出版社，2005：214-215.

③ 方璧．西洋文学讲座［M］. 上海：上海书店，1990：32. "阿白洛莫夫"即"奥勃洛摩夫"，"便服"即上文所提到的"长袍"。

勃洛摩夫与奥丽加恋爱过程中反复出现的那枝“丁香”和“蛇”就是最典型的例子。我们认为，爱的主题（主要是爱情主题）在奥勃洛摩夫性格刻画、情节铺展中发挥了极为重要的作用，而且这一主题对于揭示作家本人的宗教思想也具有重要意义。例如，涅德兹维茨基在分析冈察洛夫长篇小说中的爱情主题时指出：“冈察洛夫的爱情哲学有着深刻的文化和历史基础。它不仅折射出西欧文学的浪漫主义……而且也反映了基督教《福音书》中的教义，即爱情在暴力和社会对抗中的净化和救赎使命。”① Ю. 洛施茨（Ю. Лощиц）也坚持认为在冈察洛夫的长篇小说中有对爱情进行东正教式的阐释的观点，在他看来，冈察洛夫的爱情观有着更为深刻的涵义：

> 在这里有必要弄清楚，冈察洛夫在“爱情”概念中植入的到底是什么意义。正如我们在后来的信件中所看到的那样，该意义完全来自客观化理想主义的、能够总结作家垂暮之年时世界观的观念。而且，冈察洛夫的理想主义并非来自某种现代欧洲的哲学思想体系（康德主义、黑格尔主义等等），而是指向东正教基督学说的教理和伦理。众所周知，根据这一伦理，小说中的“爱情”既不是一人对另一人的自然的原始眷恋（这在某种程度上是自私的），也不是利他的、慈善的行为，而是一种客观的、独立于人的意识之外的存在规则（“上帝就是爱”），这一规则遍及整个上帝创造的大自然，其中当然也包括人类的自然。②

冈察洛夫长篇小说三部曲始终对爱情的本质进行着宗教学意义上的阐释，而其阐释的理据依然来自基督教教义，这一点我们可以在使徒保罗那里找到：“我若有先知讲道之能，也明白各样的奥秘、各样的知识，而且有全备的信，叫我能够移山，却没有爱，我就算不得什么。”“如今常存的有信，有望，有爱，这三样，其中最大的是爱。”

但冈察洛夫笔下的男主人公们，没有一个能拥有如此高标准的爱，他们只不过是在爱情中努力实现完善而已。但是无论是“能干、忠于信仰”的施托尔茨，还是心灵善良、“不嫉妒、不自夸、不张狂”的奥勃洛摩夫，他们都“没有爱”，之所以没有拥有爱情，原因当然也各有不同。只有奥丽加·伊琳斯卡娅属于拥有爱情的人物之列，也正是因为如此，奥勃洛摩夫认为她要超

---

① Недзвецкий В. А. И. А. Гончаров-романист и художник [M]. M.，1992：46.

② Лощиц Ю. И. А. Гончаров [M]. M.，1986：343.

过活在世俗中的阿加菲娅·马特维耶夫娜，因为后者只知道为了奥勃洛摩夫去祈求上帝并托付上帝保佑自己全家、她自己和自己的孩子。

例如，在对奥勃洛摩夫与奥丽加的爱情经历的描写中，丁香花具有十分重要的象征作用。关于丁香出现的来源，有两种不同的传说。比如，在斯堪的纳维亚地区，有这样一个关于丁香花来源的传说：斯堪的纳维亚人坚信，丁香花是由太阳和彩虹创造出来的。春天女神唤醒了太阳神及他忠实的伴侣伊利斯（彩虹），女神将太阳光和彩虹色彩斑斓的光混合在一起，开始慷慨地将它们撒向新开垦的沟垄、草地和树枝，于是到处都出现了花朵，整个大地为这一神赐而欢呼。它们就这样来到了斯堪的纳维亚，可是彩虹只剩下了淡紫色。这里很快就出现了很多丁香花，太阳神决定在调色板上将色彩与彩虹神的颜色调和在一起，于是出现了白色的光，淡紫色的丁香花与白色的丁香花汇合在一起。① 在古希腊，人们传说丁香花的出现是因为山林女神绪任克斯（Syrinx）。森林之神的儿子潘（Pan）十分喜欢她，可她并不爱他。有一次，潘追赶上了绪任克斯，虽然他抓住了美人，但很快就发现，手里抓的是一根叫不出名字的灌木枝（芦苇），枝条上长满了一串串的馥郁的花朵。伤心的潘折断了树枝，而树枝则发出了他十分喜欢听的声音。他将这种灌木取了个名字“丁香”（Syrinx 的谐音），以此来纪念绪任克斯。他还用这些树枝做成了芦笛，并终生带着它们。

在斯拉夫民族中有这样一种迷信，即如果找到五瓣的丁香花，那么就可以提出一个愿望，而且这个愿望一定会实现。栽在屋边的丁香，被认为可以抵御黑暗势力和邪恶。它的香味可以用来吓跑一切不良的东西并保持空间的和谐。芳香剂疗法专家认为，丁香花的香味可以帮助人们做出决定并变得平静；它的芳香甚至可以保存人的精力和恢复元气。丁香可以帮助人们看见预示性的梦。在卧室的窗台上摆上一束新鲜的丁香花，就可以想象向月亮女神祈求预示性的梦。以前可以用丁香制作爱情护身符。用这种植物做的护身符可以帮助人们找到自己的另一半，而将干丁香花瓣放进麻袋中，可以帮助人们得到家庭幸福、爱情和平安。②

如果我们仔细分析小说中的一些细节就可以发现，传说及其关于丁香花的一些迷信基本上在作品中都得到了反映：首先，斯堪的纳维亚关于丁香来

---

① Легенда о сирени［EB/OL］. Домашнее растение. ［2017-11-06］ http：//domashnee-rastenie. ru/legendy-o-tsvetah/legenda-o-sireni-legenda-o-proishozhdenii-sireni. html

② Сирень：приметы и магические войства［EB/OL］. Econet. ［2017-12-14］ https：//econet. ru/articles/104331-siren-primety-i-magicheskie-svoystva.

源的传说，预示了奥丽加是春天的女神，丁香花代表了慷慨与光明（所以她将自己比喻为“指路星”）。因为此时的奥丽加承担了拯救奥勃洛摩夫的任务，是她将爱的阳光撒向他。也许，这也就是奥勃洛摩夫多次称她为女神的原因。其次，第二个传说则预示了奥勃洛摩夫与奥丽加的爱情悲剧。懒惰的奥勃洛摩夫配不上奥丽加圣洁的爱情，就像山林之神绪任克斯宁愿变成芦苇，也不愿接受粗俗的牧神潘的爱情一样，奥丽加最后选择了离开。再次，迷信里的丁香花的特征在小说中也得到了体现。比如，人们认为丁香花栽在屋边可以避邪，但奥勃洛摩夫不信这一点，最终被《圣经》所唾弃的七桩原罪中的两种罪（暴死和懒惰）所“戕害”。丁香可以保存人的精力和恢复元气（奥丽加称之为“生命之花”），所以奥勃洛摩夫的生命中出现过短暂的“机体苏醒”，而且还脱下了那件象征着奥勃洛摩夫性格的“长袍”。遗憾的是，他身上苏醒的仅仅是肉体，而精神依然处于沉睡之中。在奥丽加送给奥勃洛摩夫丁香之后，在她眼里，“树林里也还是那些树木，但它们的喧嚣声却有了特殊的意义，在它们与她之间建立了一种有灵气的和谐”。她经常做梦，“梦中也出现了她的生活，里面有各种各样的幻影和形象，她有时跟它们大声谈话……它们在向她诉说些什么，但很不清楚，她听不懂；她跟它们说话，问它们问题，也很吃力，听不明白”。[①] “而奥勃洛摩夫呢？脑子里出现的第一个形象就是奥丽加，她笔直地站在那里，双手捧着丁香花。”[②] 在他的生活中，不论白天、黑夜，早晨还是夜晚，始终“出现彩虹般的光彩”。因为奥勃洛摩夫以为，“那说了三遍的‘我爱’，那丁香花、那表白——都应该是毕生幸福的保证，在一个纯洁的女子那里是不再重复的”。[③]

关于丁香花的象征意义，普鲁茨科夫写道，在奥丽加与奥勃洛摩夫的恋爱开始时，“音乐和歌唱，苏醒的大自然和丁香花枝是他们相爱的语言”。[④]

可是在天堂的“情节原型”语境下，这个细节也许可以与神话的、圣经中的世界之树（мировое дерево）进行对比。正如“斯拉夫神话词典”所指出的那样，“世界之树就是生命之树，在斯拉夫神话中就是世界的中轴，世界的

---

① Гончаров И. А. Обломов. Роман в четырех частях // Гончаров И. А. Полное собрание сочинений и писем в 20 т. Т. 4 [Z]. СПб.，2004：236.

② Гончаров И. А. Обломов. Роман в четырех частях // Гончаров И. А. Полное собрание сочинений и писем в 20 т. Т. 4 [Z]. СПб.，2004：237.

③ Гончаров И. А. Обломов. Роман в четырех частях // Гончаров И. А. Полное собрание сочинений и писем в 20 т. Т. 4 [Z]. СПб.，2004：276.

④ Пруцков Н. И. Мастерство Гончарова-романиста. [M]. М.；Л.，1962：105.

中心和整个宇宙的化身”。① 英国人类学家、民族学家、宗教史学家詹姆斯·G·弗雷泽在他著名的著作《金枝》中展示和深入分析了大量的跟世界树的神话形象及与之相关的观念方面的材料。② 在很多斯拉夫历书和结婚仪式上使用树枝也是以智慧树的观念为前提的。这一推测的间接证据就是亚当和夏娃的图画研究。他们在画中基本上都是站在树旁（世界树），手里经常拿着树枝。

二、丁香：奥勃洛摩夫的爱情见证物

丁香花第一次在小说中出现，是在第一部分中的《奥勃洛摩夫的梦》中，当时是奥勃洛摩夫在梦中见到了自己的母亲。“母亲在圣像面前跪下，用一只手挽着他，提示他，让他念祈祷词。小孩子望着窗外，漫不经心地跟着念，一股凉气和丁香花的香味从窗户涌进了屋里。”③ 从这里我们可以得知，在奥勃洛摩夫的故乡老家，屋边栽种了丁香花。

当然，我们在冈察洛夫的第一部长篇小说《平凡的故事》的开头，在亚历山大·阿杜耶夫的家里，也可以看得到丁香：“一股清新气息从阳台飘进房屋。从屋前直到远处是一座面积挺大的花园，里面长着好多古老的椴树、茂密的野蔷薇和丁香丛。”④ 由此可见，至少在冈察洛夫眼里，或者说在俄罗斯人眼里，丁香是屋前常栽种的植物之一。

奥勃洛摩夫第二次在奥丽加家做客时，奥丽加演唱的歌曲深深打动了他。他流着眼泪说，从奥丽加的歌声中感受到了爱情，这是奥勃洛摩夫第一次向女性表白爱情。过了一段比较长的时间后，自信心不足的奥勃洛摩夫觉得自己的表白只是一时冲动，并未经过深思熟虑。一次早晨，当他在公园偶遇了奥丽加时，他说道：“我不知为什么感到痛苦，不自在，心里烧得慌。”而奥丽加“没有吭声，折了一枝丁香花（сирень），闻了闻，用花掩住了自己的脸和鼻子”。⑤ 然而，当奥丽加让他闻闻丁香花时，奥勃洛摩夫却为她采了一束

---

① Петрухин В. Я. Мировое дерево［A］. Славянская мифология：Энциклопедический словарь［Z］. М.，1995：261.

② Фрезер Д. Д. Золотая ветвь：Исследование магии и религии（2-е изд.）［M］. М.，1983

③ Гончаров И. А. Обломов. Роман в четырех частях // Гончаров И. А. Полное собрание сочинений и писем в 20 т. Т. 4［Z］. СПб.，2004：106.

④ Гончаров И. А. Обыкновенная история // Гончаров И. А. Собрание сочинений. В 8-ми томах. Т. 1［Z］. М.，1977：39.

⑤ Гончаров И. А. Обломов. Роман в четырех частях // Гончаров И. А. Полное собрание сочинений и писем в 20 т. Т. 4［Z］. СПб.，2004：208.

铃兰花（ландыш），并回答说他更喜欢的是铃兰花，“这些花更香，长在田野山间，有更多的大自然气息。而丁香花总是种在房前屋后，树枝爬进窗户里，香得腻人”。[①] 他同时也告诉奥丽加，凡是香气过浓的花，诸如丁香花、木樨草花、玫瑰花等，他都不喜欢。然后，他对前段时间的爱情表白感到后悔，并提出收回以前说过的话。奥勃洛摩夫此举让奥丽加十分生气，一个人离开了公园。“他静静地沿着那条林荫道走去，走到半道上看见了奥丽加掉在地上的铃兰花和她生气时扯下来又扔掉的那支丁香花。”[②]

中午，奥勃洛摩夫去奥丽加家吃午饭，见面时，他们之间有这样一段对话：

> “你手上拿的是什么？”她问道。
> “一枝花。”
> “什么花？”
> “您看，是丁香花枝。”
> “你哪儿弄来的？这儿没有丁香，您上哪儿去了呢？”
> “这是你不久前折下又扔掉的。”
> “您干吗把它找回来？”
> “没什么，我喜欢，它是您……懊丧时扔掉的。”
> “你喜欢懊丧，这倒是新鲜事！为什么？”
> “我不说。”[③]

其实，这段对话的涵义深刻。首先，奥丽加生气时丢掉的不仅有丁香，还有铃兰，奥勃洛摩夫唯独捡回了丁香花，说明他有讨好奥丽加的意思。其次，奥勃洛摩夫并不喜欢丁香，他此举还有将就奥丽加的意思。第三，当奥丽加问他为何将丁香花拾回时，奥勃洛摩夫说自己喜欢丁香花是因为这是奥丽加懊丧时丢掉的。奥丽加几次催问他为什么“为什么喜欢懊丧”，他都没有回答。这其实反映了奥勃洛摩夫的一种心理，即自尊心极强的他从奥丽加的

---

① Гончаров И. А. Обломов. Роман в четырех частях // Гончаров И. А. Полное собрание сочинений и писем в 20 т. Т. 4 [Z]. СПб.，2004：208.

② Гончаров И. А. Обломов. Роман в четырех частях // Гончаров И. А. Полное собрание сочинений и писем в 20 т. Т. 4 [Z]. СПб.，2004：211-212.

③ Гончаров И. А. Обломов. Роман в четырех частях // Гончаров И. А. Полное собрание сочинений и писем в 20 т. Т. 4 [Z]. СПб.，2004：218.

懊丧中找到了的自己“存在感”，同时也从中看到了奥丽加对自己的爱。不过，奥丽加已经猜到了他的心思，这也就是连续几天奥丽加不再理他的原因。奥勃洛摩夫自然无法明白奥丽加的心理发生了什么变化，事实上“这种变化说明她已经步入了自我认知的领域。这一步是如此的轻易，没有付出很高的代价”。[①] 也就是说，是奥勃洛摩夫此举在某种意义上促成了奥丽加的“成熟”。小说后来的情节表明（小说第二部分的结尾），奥勃洛摩夫此次送的那枝丁香花在奥丽加的生命中具有何等重要的意义。例如，热恋中的奥勃洛摩夫一次与奥丽加独处时，激情迸发，打算与她云雨一番。但他发现奥丽加十分沉静，没有他想象的那么激动。小说中写道：

> “你无动于衷，你很平静吗?”他问道，尽量将她的手往自己面前拽。
> “不是无动于衷，而是很平静。”
> “为什么?”
> “因为我早就预料到会有这事，思想上有准备了。”
> “早就!”他惊讶地说。
> “是的，自从你给我丁香枝的那一刻起……我心里就称呼你为……”她没有把话说完。[②]

也就是说，奥勃洛摩夫仅凭这枝丁香花（而且是唯一的一次）就攻破了奥丽加的孤傲，并在那时就决定委身于他。一方面，说明奥丽加的纯洁和不设防，同时这也从某种意义上将奥勃洛摩夫比喻成伊甸园里引诱夏娃偷吃禁果的“蛇”。

六天后，奥丽加约奥勃洛摩夫到公园见面，奥勃洛摩夫一开始并未找到奥丽加，然后他却下意识地“沿着他曾在那里吐露过心曲的小径走去，发现她正坐在一张长凳子上，离她上次折了丁香花又扔掉的地方不远”。当奥勃洛摩夫说他找了她很久时，奥丽加回答说：“我知道您会找的，我是有意坐在这儿的，我想，您一定会从这里经过的。”[③] 应该说，这是奥勃洛摩夫与奥丽加

---

① Гончаров И. А. Обломов. Роман в четырех частях // Гончаров И. А. Полное собрание сочинений и писем в 20 т. Т. 4 [Z]. СПб.，2004：227.

② Гончаров И. А. Обломов. Роман в четырех частях // Гончаров И. А. Полное собрание сочинений и писем в 20 т. Т. 4 [Z]. СПб.，2004：285.

③ Гончаров И. А. Обломов. Роман в четырех частях // Гончаров И. А. Полное собрание сочинений и писем в 20 т. Т. 4 [Z]. СПб.，2004：230.

在情场“角斗”的转折点：奥丽加已经长大成人，已经具备控制奥勃洛摩夫的能力。也正因为如此，奥勃洛摩夫已经意识到，“已不能再跟她玩那种谜语、暗示的游戏了，不能再向她提那些天真的问题了，那种童稚的快乐时期已经过去了”。① 事实上，奥丽加已经意识到，“她很快就估摸到自己对他有多大的支配力，她很乐意发挥指路星的作用，将星星的光亮撒到湖面上，再由它反射出来。她用各种不同的方式庆祝自己在这场角逐中占领领先地位”。②

在俄语中，“Путеводная звезда”（指路星）是一个固定词组。有这样一个基督教神话，根据这个神话，有三个魔法占星师根据星座得知，“上帝的儿子”耶稣出生在地球的什么地方。据说他们上了路，目的是朝拜耶稣，以获得神赐。一路上，有一颗神秘的移动的星星在指引他们前行。③ 在《圣经》中，也有这样的记载：

> 当希律王的时候，耶稣生在犹太的伯利恒。有几个博士从东方来到耶路撒冷，说：“那生下来作犹太人之王的人在哪里？我们在东方看见他的星，特来拜他。”
>
> ……
>
> 当下，希律暗暗地召了博士来，细问那星是什么时候出现的，就差他们到伯利恒去，说：“你们去仔细寻访那小孩子，寻到了，就来报信，我也好去拜他。”
>
> 他们听见王的话就去了。在东方说看见的那星，忽然在他们前头行，直行到小孩子的地方，就在上头停住了。他们看见那星，就大大地欢喜。进了房子，看见小孩子和他母亲马利亚，就伏拜那小孩子，揭开宝盒，拿黄金、乳香、抹药为礼物想给他。

在这里，奥丽加将自己比喻为“指路星”，的确很具基督教色彩。这就意味着，她将行使施托尔茨交给她的使命，引导奥勃洛摩夫走出泥淖。这里还

---

① Гончаров И. А. Обломов. Роман в четырех частях // Гончаров И. А. Полное собрание сочинений и писем в 20 т. Т. 4 [Z]. СПб.，2004：231.

② Гончаров И. А. Обломов. Роман в четырех частях // Гончаров И. А. Полное собрание сочинений и писем в 20 т. Т. 4 [Z]. СПб.，2004：232.

③ Фразеологизмы-толкование，иллюстрации：[EB/OL]. Путеводная звезда. [2017-08-22] http：//frazbook.ru/2011/08/25/putevodnaya-zvezda/.

有一个小小的暗示，即奥丽加与奥勃洛摩夫谈话时，一直在绣十字绣，准备做一个拉铃套，送给男爵，她的表哥。奥勃洛摩夫问，她绣的图案“是一枝丁香花吗”？奥丽加回答说：

“好像……是的，”她漫不经心地回答道，“我随便选了个图案……于是就绣成这样了……”她的脸红了，于是便卷起了十字绣。①

很明显，丁香花的图案不是随便选的。十字绣也不是送给男爵的，而是送给奥勃洛摩夫的。接下来，他们俩沿着他们经常走的那条林荫道散步，讨论人的生活目的的问题。当奥勃洛摩夫说他的生活失去了目的，生命之花已经凋谢时，小说作者写道：

> 他们静静地走着。奥丽加无精打采地听着，顺手折了一枝丁香给他，眼睛却没看他。
>
> “这是什么？”他受宠若惊地问道。
>
> “你看嘛！一枝花。”
>
> “什么花？”他睁大眼睛问道。
>
> “我知道是丁香花，不过它意味什么呢？”
>
> “生命之花和……”
>
> 他站住了，她也站住了。
>
> “和什么……”他疑惑地重复了一遍。
>
> “和我的懊丧。”她说，目光专注地直视着他，她的微笑说明了她的用意。②

奥丽加为何不折奥勃洛摩夫喜欢的铃兰，而是要送他丁香花呢？很明显，奥丽加将丁香看成是他们爱情的象征，暗示了她对奥勃洛摩夫的爱，因为奥勃洛摩夫说过，他喜欢她懊丧时丢弃的丁香。同时奥丽加此举也充分表明了她的坚持，即她不会因为爱情而改变自己的立场。

不过，奥丽加在谈话中借助丁香花帮助奥勃洛摩夫找到了生活的目的，但是她也暗示奥勃洛摩夫，这不是生活的全部，而是一半。另一半在哪里？奥丽加没有告诉他，很明显，她眼中的另一半是自己对奥勃洛摩夫的爱。然

---

① Гончаров И. А. Обломов. Роман в четырех частях // Гончаров И. А. Полное собрание сочинений и писем в 20 т. Т. 4 [Z]. СПб., 2004: 233.

② Гончаров И. А. Обломов. Роман в четырех частях // Гончаров И. А. Полное собрание сочинений и писем в 20 т. Т. 4 [Z]. СПб., 2004: 234.

而，她在这一点上似乎没有信心。事实证明，她的爱是柏拉图式的，而普舍尼琴娜的爱则是物质的，最终是物质战胜了精神，吃食俘获了奥勃洛摩夫的心。还有一个有趣的情节可以印证这一点，即奥丽加虽然在冬天约婶婶去斯莫尔尼教堂为奥勃洛摩夫祈祷，但却未成行。而普舍尼琴娜却一直坚持去圣诞教堂，在奥勃洛摩夫完全不知情的情况下为他祈祷。甚至，在奥勃洛摩夫死后，她还经常到他的墓地祈祷他能进入天国。因此，冈察洛夫让奥勃洛摩夫走向了真正信仰基督的普舍尼琴娜，严格说来，后者靠物质和精神（信仰和真心）的结合俘获了奥勃洛摩夫。

然而，天性多疑而不自信的奥勃洛摩夫并不相信奥丽加对他的爱，为了测试奥丽加的爱是否真实，同时为了表现自己的精神高尚和对奥丽加负责任，他像奥涅金给塔吉亚娜写了一封断交信一样，给奥丽加回了一封信，信中当然没有忘记提到那枝丁香。“当我们的爱情表现为一个飘忽的微笑的幻影的时候，当爱情通过‘圣洁的女神’传达出来，并在丁香枝的芬芳中、在没有流露的同感和羞涩的目光中翻飞的时候，我并不相信它，而是把它当做一种游戏和自尊心的私语。”① 他在信中表示，他们之间的爱情来得太突然，自己已经深陷其中不能自拔，因此决定止步。信写完后，他如释重负，甚至开心地大吃了一顿。信送到奥丽加手上后，奥勃洛摩夫尾随她来到了公园，亲眼见到了她读信后掉下了眼泪。这次，奥勃洛摩夫十分清晰地向奥丽加解释了自己的猜测和恐惧，承认自己犯了错误。奥丽加对他的想法进行了驳斥，奥勃洛摩夫顿时涨红了脸，他开始反悔自己的过错。

“奥丽加，就让一切还像昨天一样吧，”他央求道，“我不再害怕‘错误’了。”

她没有吭声。

“好吗?”他胆怯地问道。

“如果不想说话，您就做个暗示……一枝丁香花……”

“丁香花……已经凋谢了，晚了！”她答道，“你看那边，都剩下什么了？全都蔫了！”

“都谢了，蔫了！”他看着丁香花重复说，“那封信也过时了！”他忽然说道。

---

① Гончаров И. А. Обломов. Роман в четырех частях // Гончаров И. А. Полное собрание сочинений и писем в 20 т. Т. 4 [Z]. СПб.，2004：250.

> 她摇了摇头，表示反对。他走在她的后面，暗自思考着那封信、昨天的幸福和蔫了的丁香花。①

其实奥勃洛摩夫已经意识到，无论奥丽加如何肯定他的善良、柔情、谨慎、纯洁，以及他为奥丽加的担忧、关心，但过去的那种美好的感觉已经一去不返了。天真的奥勃洛摩夫居然请求奥丽加吻她，而奥丽加的回答是“绝不!”

“全都搞砸了！这才是真正的错误呢！‘绝不！’我的天哪！丁香花蔫了，”奥勃洛摩夫一边望着干枯了的丁香花，一边在想，“昨天就褪色了，信也褪色了；当一位女子第一次对我说我身上有好的东西（有如从天而降的声音）时，这是我生命中最好的瞬间，如今这瞬间也褪色了……”② 奥勃洛摩夫的认识没有错，因为此后尽管他们的爱情走向热恋，但冈察洛夫再也没有描写过春天里怒放的丁香。当爱情的火焰逐渐冷却时，当两位恋人要为现世生活中的点点滴滴忙碌时，双方都有些失落。特别是，奥勃洛摩夫在奥丽加的朋友圈里得不到他认为的应有尊敬之后，而此时的普舍尼琴娜却让他找到了做老爷的感觉。这样，奥勃洛摩夫再次怀疑奥丽加的爱情，自己的爱情之火逐渐熄灭，奥丽加也无心再去扇起熊熊大火。他们决定分手，分手时，奥丽加痛哭起来，面对劝她别哭的奥勃洛摩夫，她说道：“不，你就让我哭吧！我不是为将来而哭，而是为了过去而哭……”她困难地说道，“过去‘褪色了，凋谢了’……不是我在哭，而是回忆在哭……夏天……公园……还记得吗？我惋惜我们的林荫道、丁香花……这一切都长在我的心上了，要割舍它们真叫人痛苦……”③ 在这里，可以看出丁香花在奥丽加心目中就是爱情的象征，它已深入到她的内心，难以割舍。

小说中最后一次写到丁香花，那是在奥勃洛摩夫去世以后，小说中写道：“一位朋友亲手栽种的丁香树树枝默默地垂在他的墓头。”④

这是整部小说最后一次提到丁香花，应该说，丁香花在奥丽加和奥勃洛

---

① Гончаров И. А. Обломов. Роман в четырех частях // Гончаров И. А. Полное собрание сочинений и писем в 20 т. Т. 4 [Z]. СПб.，2004：261.

② Гончаров И. А. Обломов. Роман в четырех частях // Гончаров И. А. Полное собрание сочинений и писем в 20 т. Т. 4 [Z]. СПб.，2004：264.

③ Гончаров И. А. Обломов. Роман в четырех частях // Гончаров И. А. Полное собрание сочинений и писем в 20 т. Т. 4 [Z]. СПб.，2004：370.

④ Гончаров И. А. Обломов. Роман в четырех частях // Гончаров И. А. Полное собрание сочинений и писем в 20 т. Т. 4 [Z]. СПб.，2004：485.

摩夫的爱情经历中扮演了象征物的角色。它的开放与凋谢，代表了主人公们爱情起落过程。其实，在小说中，“丁香花”虽然代表了两位主人公爱情的曲折过程，但它出现的首尾具有对应关系：在《奥勃洛摩夫的梦》中，奥勃洛摩夫的屋前屋后栽种着丁香。奥勃洛摩夫去世后，在他的墓旁也栽着丁香，而且是一位朋友亲手栽种的，这位朋友是谁？很显然，应该是奥丽加。奥勃洛摩夫田庄培育了“奥勃洛摩夫性格”，是孩提时代的奥勃洛摩夫的栖身地。奥勃洛摩夫性格之所以如此顺利地形成，其中就包括丁香花所发挥的“驱邪作用”。小说结尾在奥勃洛摩夫墓地出现的丁香，的确是作者精心设计的。小说作者之所以如此安排，想必一来是以此来表示奥丽加对他们之间爱情的纪念。同时，奥勃洛摩夫的墓作为奥勃洛摩夫性格的寿终正寝之地，既有“天使本人在静静地守护着他的梦”①，也有普舍尼琴娜到墓地的祷告，还有奥丽加栽种的丁香的“驱邪”，奥勃洛摩夫完全可以在这里安息了。也许，这就是作家冈察洛夫对奥勃洛摩夫性格态度的最好解释。

如果我们将奥勃洛摩夫老家房屋前出现的丁香花也计算在内，从小说第一部分到第四部分都出现了“丁香花”（或者“丁香花色”），总共有 32 次，已经超过“奥勃洛摩夫性格”出现的次数（16 次）。由此可见，丁香花作为奥勃洛摩夫与奥丽加爱情的见证物，在整部长篇小说的构思中还有着更为丰富的意义与内涵。②

三、奥勃洛摩夫爱情中的宗教道德主题

在《奥勃洛摩夫》中，圣经中的违背道德（道德堕落）主题与爱情冲突有着更为紧密的联系。首先，我们还得要提及一些研究者们已经指出了的细节，比如人物姓名的比较。③ 奥丽加的姓是奥勃洛摩夫全名的部分，因为她的姓“Ильинская”这个词的词根“Иль”包含在奥勃洛摩夫名字“Илья”和父称“Ильич”之中。我们可以确切认为，是她“决定了他”。

长篇小说中的女性角色最典型的特征就是崇尚牺牲精神。例如，奥丽加与其说是奥勃洛摩夫的意中人，还不如说是他的拯救者。奥丽加对奥勃洛摩

---

① Гончаров И. А. Обломов. Роман в четырех частях // Гончаров И. А. Полное собрание сочинений и писем в 20 т. Т. 4 [Z]. СПб., 2004：485.

② “丁香花”在小说中出现的次数为：第一部 1 次，第二部 24 次，第三部 1 次，第四部 6 次。

③ 比较有代表性的两篇文章是：（1）Тирген П. Обломов как человек-обломок（к постановке проблемы “Гончаров и Шиллер”）[J]. Русская литература. 1990（3）：18-33.（2）Орнатская Т. И. “Обломок” ли Илья Ильич Обломов? [J]. Русская литература. 1992（1）：230.

夫的感情是从希望拯救迷途之人，从热爱启蒙者—教育者的角色中生发出来的。但是，指引奥丽加的不仅仅是教育的传统，也有基督教传统。长篇小说《奥勃洛摩夫》中的每一位女性人物对奥勃洛摩夫的感情都与对上帝的信仰联系在一起，尽管有不同之处。奥丽加的爱是自觉的、个人的，她的爱贯穿了宗教精神。在她看来，“人生就是义务、职责，因此，爱情也是义务，它好像是上帝派给我的”，她说完后便举目望天，“然后叫我去爱”。① 这些可以让我们得出结论，即奥丽加是通过上帝本身来评判奥勃洛摩夫的，就像夏娃评判亚当一样。在这一语境下奥勃洛摩夫谈论奥丽加的一句话就具有多层含义了：“奥丽加！……您……比所有的女人都要优秀，您是世间的第一女子！”② 在奥勃洛摩夫眼里，奥丽加是神圣的天使，她的形象要远远超过阿加菲娅·马特维耶夫娜，这一点我们可以从奥丽加第一次造访阿加菲娅·马特维耶夫娜的家时奥勃洛摩夫的自白中看出来：“这里真叫人恶心！”他看看四周说，“这个天使来到这个泥沼中，用她的光临使这个地方变得圣洁！”③

奥丽加在奥勃洛摩夫的生命中是个什么角色呢？冈察洛夫早有设想：“要创造这个奇迹的就是她，奥丽加——一个还没有开始生活的、胆怯的、寡言少语的、从未指挥过别人的少女！她就是奥勃洛摩夫转变的促成者！”④ 将奥勃洛摩夫改造成什么样的人呢？“他要去生活、行动，去赞美生命、赞美她。”做到了这一点，对于奥丽加来说是一件十分光荣的事情，“如果一位医生让一个垂死的病人起死回生，这是极大的荣誉，那么挽救一个精神上濒临于毁灭的人的灵魂，又该是何等的荣誉呢……”⑤ 奥丽加甚至认为，这是天降大任于斯人也，但事与愿违，她失败了，因此决定离开奥勃洛摩夫。因为，一个灵魂已经昏睡的病人，是无法挽救的。

在奥勃洛摩夫的生活中，他的妻子阿加菲娅·马特维耶夫娜扮演了一个与奥丽加完全不同的角色。尽管阿加菲娅·马特维耶夫娜所做的一切表面上

---

① Гончаров И. А. Обломов. Роман в четырех частях // Гончаров И. А. Полное собрание сочинений и писем в 20 т. Т. 4 [Z]. СПб.，2004：243.

② Гончаров И. А. Обломов. Роман в четырех частях // Гончаров И. А. Полное собрание сочинений и писем в 20 т. Т. 4 [Z]. СПб.，2004：263.

③ Гончаров И. А. Обломов. Роман в четырех частях // Гончаров И. А. Полное собрание сочинений и писем в 20 т. Т. 4 [Z]. СПб.，2004：353.

④ Гончаров И. А. Обломов. Роман в четырех частях // Гончаров И. А. Полное собрание сочинений и писем в 20 т. Т. 4 [Z]. СПб.，2004：205.

⑤ Гончаров И. А. Обломов. Роман в четырех частях // Гончаров И. А. Полное собрание сочинений и писем в 20 т. Т. 4 [Z]. СПб.，2004：205.

看起来缺乏浪漫色彩，但其形象却被福音之爱的氛围包裹着。但是，阿加菲娅·马特维耶夫娜的宗教信仰与冈察洛夫的母亲阿芙多季娅·马特维耶夫娜的信仰是不一样的，后者特别注重宗教仪式。利亚茨基认为，“当然，阿芙多季娅·马特维耶夫娜在摆有圣像的房间里祈祷，是不可能考虑基督教的哲学意义的：像这样一些相信自己的灵魂很单纯的人们，他们只是按照自己情感的方式向成千上万的普通老百姓的信仰靠拢，这些人对耶稣意义的理解，并不是通过分析，而是凭借本能来进行的，这种本能对超出生活范围之外的、超出能力之外的、超出想象之外、超出目标之外和需要宽容的东西的认识比较模糊。冈察洛夫的宗教情感就是在这一心理基础上成长并得以巩固的”。①

尽管如此，我们仍然认为，阿加菲娅·马特维耶夫娜的举动体现了欧洲文学十分倡导的崇高精神。对于这一精神的宗教特点，格奥尔吉耶娃指出：“精神崇高是19世纪古典艺术的显著特点。在屠格涅夫、列夫·托尔斯泰、陀思妥耶夫斯基等俄罗斯作家的长篇小说里，基督教宏大的博爱和宽容不仅不互相矛盾，而且还以女人和男人独特的爱情方式产生了积极的作用，这种爱情准则就是基督教之博爱、宽容和善待他人、为了他人的幸福而牺牲个人利益。”②

只有阿加菲娅·马特维耶夫娜可以做到这一点，奥丽加是无法做到的。奥勃洛摩夫一次与奥丽加约会时，他向她提出了一条通往爱情的途径，他一心只想乞求奥丽加为爱做出牺牲来满足自己的自尊心。奥勃洛摩夫说：

> “这途径就是女人牺牲一切，包括她的平静、别人对她的议论和尊敬，而在爱情中找到回报……用爱情去换取一切。”
>
> ……
>
> “绝不会，无论如何都不会！”她坚决地说。③

在《奥勃洛摩夫》中，除了丁香之外，《圣经》中另外一些意象在小说中也具有一定的象征意义。例如，“蛇”“撒旦”“旋风”在刻画人物性格方面发挥了重要作用。众所周知，蛇的希伯来语发音是“нахаш”，按照Д.В.谢德

① Ляцкий Е. А. Гончаров：Жизнь，личность，творчество［M］. СПб.，1912：296.

② ［俄］Т.С. 格奥尔吉耶娃．文化与信仰：俄罗斯文化与东正教［M］．焦东建，等，译．北京：华夏出版社，2012：400.

③ Гончаров И. А. Обломов. Роман в четырех частях // Гончаров И. А. Полное собрание сочинений и писем в 20 т. Т. 4［Z］. СПб.，2004：286.

洛维茨基（Д. В. Щедровицкий）的说法，这个发音与动词“нахаш”有关，意思是“低声说话”“发出呲呲声”。[①] 例如，奥勃洛摩夫在得知奥丽加爱自己的信息后，高兴了好几天。然而，在奥丽加差人来请他做客的路上，出于怀疑，他却走走停停，对奥丽加的爱提出了质疑：

“万一这是口蜜腹剑、密谋串通……我根据什么断定她爱我呢。她并未说过：这是自尊心魔鬼般的私语，一定是安德烈搞的鬼！莫非真的如此？……不可能：她就是这样的人，就是这样的人！那迎面走过来的人就是这样的人！”他突然高兴地说，因为他发现奥丽加正迎面向他走来。[②]

又如，当奥勃洛摩夫遭到奥丽加朋友的嘲笑时，觉得十分自卑，决定不再与奥丽加幽会，当他向奥丽加说明这是最后一次见面后，“后来他就一直沉浸在梦幻里了，他幻想着她那羞答答的应允、微笑和眼泪，默默伸出的手，还有那长久的、秘密的私语和众人面前的长吻”。[③] 而奥丽加似乎已经听到了他的引诱的“秘密私语”，并最终屈服于他。事实上，奥勃洛摩夫在一次自我反省中也说道：“我是一个勾引女人的人！”[④] 而且，小说中还多次描写到奥勃洛摩夫与奥丽加在一起时，基本上都是小声说话。例如，小说是这样描写他与奥丽加约会时的场景的：

“奥丽加，奥丽加！”有一回奥勃洛摩夫在山下小心翼翼地、几乎是悄悄地（почти шепотом）呼唤奥丽加，他们本来约定在这里汇合后一起去散步的。[⑤]

当奥丽加去思考奥勃洛摩夫的举止时，“她就会坠入痛苦的沉思之中，一

---

① Щедровицкий Д. В. Введение в Ветхий Завет. I Книга Бытия [Z]. М., 1994：92-93.

② Гончаров И. А. Обломов. Роман в четырех частях // Гончаров И. А. Полное собрание сочинений и писем в 20 т. Т. 4 [Z]. СПб., 2004：218.

③ Гончаров И. А. Обломов. Роман в четырех частях // Гончаров И. А. Полное собрание сочинений и писем в 20 т. Т. 4 [Z]. СПб., 2004：277.

④ Гончаров И. А. Обломов. Роман в четырех частях // Гончаров И. А. Полное собрание сочинений и писем в 20 т. Т. 4 [Z]. СПб., 2004：276.

⑤ Гончаров И. А. Обломов. Роман в четырех частях // Гончаров И. А. Полное собрание сочинений и писем в 20 т. Т. 4 [Z]. СПб., 2004：238.

种蛇一样的冷冰冰的东西就会爬进她的心里，使她从梦幻中清醒过来，而那个温馨的神话般的爱的世界就会变成秋天，那时所有的东西似乎变成了灰色”。①

“蛇”这一形象有2次进入了小说的情节之中。例如，当奥丽加问奥勃洛摩夫为什么不愿与她继续约会时，奥勃洛摩夫说：“我良心上不安，像被蛇咬了一样……我们单独约会时间那么长，我很躁动，心都要停止跳动了，你也很难平静……我害怕……”② 至于怕什么，他用一种告诫的方式对奥丽加说：“奥丽加，你还年轻，不知道所有的危险。人有时会控制不住自己，他身上会出现一种恶魔般的力量，黑暗会钻进心里，眼里电闪雷鸣。理智的光辉变得昏暗：对纯洁和贞洁的尊重，会被旋风吹得灰飞烟灭。人忘乎所以，情欲将占据他，他会控制不住自己，到那时脚下就会出现万丈深渊。”③

这种担心十分清晰地在如下短语、句子中得以体现，如“恶魔般的力量”“黑暗会钻进心里”“对纯洁和贞洁的尊重，会被旋风吹得灰飞烟灭”“人忘乎所以”“情欲将占据他”。在斯拉夫神话中，旋风“对于人类来说，这是肮脏和可怕的风，是魔鬼的化身及其恶行的结果。……对人类来说，旋风最为可怕。遇见旋风的后果就是死亡、重病和残废。旋风被认为是心理疾病的原因。‘被旋风吹翻’的人，智力受损，鬼魂附体，会未卜先知。旋风本身和被旋风吹倒的人，会给他人带来灾难和不幸”。④

道德堕落作为主题之一也发生在主人公之间，这种情景可以在对他们第二次夜间约会的描写中看得到。在奥勃洛摩夫与奥丽加进入热恋状态之后，双方处于十分幸福的状态中，同时也变得小心谨慎了。特别是奥丽加，她身上似乎出现了某种新的病症，渐渐地变得焦躁不安，心事重重，甚至连她自己都不知道是怎么回事。特别是有一天晚上，她陷入了这种不安的状态，患上恋爱期的梦游症，变得连奥勃洛摩夫都不认识了。于是，奥丽加提出让奥勃洛摩夫陪她到花园里去走走。

---

① Гончаров И. А. Обломов. Роман в четырех частях // Гончаров И. А. Полное собрание сочинений и писем в 20 т. Т. 4 [Z]. СПб.，2004：273-274.

② Гончаров И. А. Обломов. Роман в четырех частях // Гончаров И. А. Полное собрание сочинений и писем в 20 т. Т. 4 [Z]. СПб.，2004：280-281.

③ Гончаров И. А. Обломов. Роман в четырех частях // Гончаров И. А. Полное собрание сочинений и писем в 20 т. Т. 4 [Z]. СПб.，2004：281.

④ Левкиевская Е. Вихрь [A]. Слявянская мифология：Энциклопедический словарь [Z]. М.，1995：92-93.

他们手挽手在林荫道上默默地走了许久。他的手又湿润又柔软。后来他们走进了公园。

树木和灌木丛混合成了一个黑团，两步之外便什么都看不见，只有弯曲的沙石小路像一条白色的带子向前延伸。

奥丽加注视着黑夜，紧紧地依偎着奥勃洛摩夫。他们默默地漫无目的地走着。

“我害怕！”当他们几乎摸索着在犹如两面不透光的森林墙之间穿行的时候，奥丽加忽然颤颤巍巍地说。

“怕什么?”他问道，“别害怕，奥丽加，我跟您在一起呢。”

“我连你也害怕！”她小声地说，“不过好像害怕得很舒服！好像心都要停止跳动了。把手伸过来，摸摸我的心，看它跳得多么厉害！”

她战栗着向四周张望。

“你看见了吗，看见了吗?”她颤抖了一下小声说，紧紧地用双手抓住他的肩膀，“你没看见黑暗中有一个人在晃动吗?”

她贴他更紧了。

“什么人都没有……”他说道，也感到后背毛骨悚然。

“快把我的眼睛蒙上……蒙紧点！”她小声地说，“好了，现在没事了……这是神经作用，”她激动地补充说，“瞧，又来了，你看，这是谁?我们找张凳子坐下来吧……”①

当奥丽加向奥勃洛摩夫表示，自己是因为信任他而与他成天待在一起，并打算委身于他时，而奥勃洛摩夫的反应是：“疑惑之蛇在他的心里苏醒并蠢蠢欲动了……”②

在总结奥丽加说经历的感受时，冈察洛夫使用了有特别含义的表述：“为什么一想到昨晚的事情及其神经失调，她就觉得被什么东西吞噬和灼痛?”③“她因为某件事而感到害羞，而且在抱怨某个人，就是不知道在抱怨自己还是在抱怨其他人。有时她又觉得奥勃洛摩夫变得更加可爱、亲切了，她感到自

---

① Гончаров И. А. Обломов. Роман в четырех частях // Гончаров И. А. Полное собрание сочинений и писем в 20 т. Т. 4 [Z]. СПб.，2004：269-270.

② Гончаров И. А. Обломов. Роман в четырех частях // Гончаров И. А. Полное собрание сочинений и писем в 20 т. Т. 4 [Z]. СПб.，2004：286.

③ Гончаров И. А. Обломов. Роман в четырех частях // Гончаров И. А. Полное собрание сочинений и писем в 20 т. Т. 4 [Z]. СПб.，2004：271.

己对他的爱慕让她感动得流泪，似乎从昨天晚上起，他们已经建立了一种亲属关系……”①

“爱慕到流泪”这句话，与圣经中关于道德沦落的故事的描写有着极为明显的对应关系。在将亚当和夏娃赶出伊甸园时，上帝明确表示将用一些东西来惩罚夏娃：“我必多多加增你怀胎的苦楚，你生产儿女时必多受苦楚。你必恋慕你的丈夫，你丈夫必管辖你。”而事实上，在奥勃洛摩夫和奥丽加之间，似乎是后者在管辖前者。所以洛施茨认为：“奥勃洛摩夫和奥丽加之间关系的发展是从两个层面进行的：由爱情生发并达到高潮的优美史诗实际上同时又是一个老套的‘引诱’故事，引诱的武器由伊里亚·伊里奇的恋人来掌控着。”② 因为他们第一次品尝禁果时，奥勃洛摩夫是小心翼翼的，相反，奥丽加要更为主动，在面对奥勃洛摩夫的诱惑时，奥丽加说自己十分平静，“因为我早就预料到会有这事，思想上有准备了”。③

还有一个细节与圣经描写的天堂形象及其堕落主题相对应，那就是象征物形象——苹果。事实上，“苹果”并不是伊甸园那只引诱亚当和夏娃的罪恶之果，而是智慧和认知的象征。在基督教文明中正是苹果后来成为了认知和学识的象征。④ 比如，奥勃洛摩夫在认识到自身在智力发展上的无能时，就借用了“苹果”这一意象来形容自己的无能：“于是他沉默了，因为没有别人的帮助他的思想或意图就不会成熟，就像一个没有熟透的苹果一样，永远不会自己掉下来，而必须有人去摘它。”⑤ 这一借用，很好地反映了奥勃洛摩夫意志力的薄弱，在他看来，自己的思想和意图单靠自己是无法完成的，只有借助外力，才能获得成果。但是，除了上帝，施托尔茨、奥丽加、普舍尼琴娜，包括那些常到他家做客的那些朋友，都无法做到这一点。

总之，在《奥勃洛摩夫》中，宗教意象的借用是十分常见的。在奥勃洛摩夫梦中的奥勃洛摩夫田庄、维堡区的生活中、梦想的计划中，经常可以见到它们的影子。因此，象征，或者说是宗教象征，并非是长篇小说艺术世界

---

① Гончаров И. А. Обломов. Роман в четырех частях // Гончаров И. А. Полное собрание сочинений и писем в 20 т. Т. 4 [Z]. СПб.，2004：272.

② Лощиц Ю. И. А. Гончаров [M]. М.，1986：191.

③ Гончаров И. А. Обломов. Роман в четырех частях // Гончаров И. А. Полное собрание сочинений и писем в 20 т. Т. 4 [Z]. СПб.，2004：285.

④ 详见词条：Грехопадение [A]. Мифы народов мира：Энциклопедия. В 2-х т. Т. 1 [M]. М.，1992：318-321.

⑤ Гончаров И. А. Обломов. Роман в четырех частях // Гончаров И. А. Полное собрание сочинений и писем в 20 т. Т. 4 [Z]. СПб.，2004：283.

的偶然和局部的特征，而是根本性的、基础性的和本质性的东西。这正如柯罗连科在《冈察洛夫与“青年一代”》中分析了冈察洛夫的细节描写后指出的那样：“冈察洛夫是果戈理派最鲜明的现实主义者之一，然而他的创作中常常跳出一大堆象征主义。有时是故意为之，因而并不特别成功；有时是艺术上无意识的表现，就像上面提到的这一细节中的一样。”① 我们认为，柯罗连科对《奥勃洛摩夫》中的象征主义的论述是准确的，同时我们也要看到，这句话是针对冈察洛夫琐碎的细节描写而说的。不过，如果将他的观点放到作家的宗教象征这一大背景下来看，“有时是故意为之，因而并不特别成功”这句话却不一定准确。

第三节 《奥勃洛摩夫》对《圣经》文本的阐释

宗教对文学的影响是显而易见的，特别是对于浸润在宗教氛围中的作家而言，这一点尤为明显。俄罗斯文学的发展，从一开始就与宗教结下了不解之缘，早期的俄罗斯文学就是由教会人员用教会斯拉夫语写成的，在远古时代的民间文学中的壮士歌和勇士歌谣中，宗教精神就得到了充分的反映，并对后世文学和作家产生了深远的影响。东正教作为基督教中的重要分支，在俄罗斯的社会生活和精神文化中起着非常重要的作用，对文学有着不可估量的重要影响。正因为如此，有学者指出：“俄罗斯东正教文化土壤影响到18—19世纪大部分俄罗斯作家的精神倾向和世界观，因而在其创作中表现出极强的宗教意识，《圣经》中的故事和情节成为俄罗斯作家创作的母题。同时，作家们创作的文学作品成为俄罗斯文化的宝贵财富，又进一步促进了宗教思想在俄罗斯文化中的积淀和结晶。”② 甚至还有学者指出：“俄罗斯文学之所以成为世界文学中的一个不可小觑的伟大分支，宗教主题的宏达深邃是一个重要因素。”③

---

① Короленко В. Г. И. А. Гончаров и《Молодое поколение》(К 100-летней годовщине рождения)[A]. Отрадин М. В. Роман И. А. Гончарова《Обломов》в русской критике (Сборник статей)[C]. Л., 1991: 272.

② 乐峰．俄国宗教史（上、下卷）[M]. 北京：社会科学文献出版社，2008：508.

③ 金亚娜，刘锟，张鹤．充盈的虚无：俄罗斯文学中的宗教意识[M]. 北京：人民文学出版社，2003：30-31.

一、奥勃洛摩夫性格与《福音书》教义

冈察洛夫通过小说主人公的行为或者性格特征来阐释东正教精神（教义），是我们理解奥勃洛摩夫性格、认识宗教与文学的相互关系的重要途径之一。例如，格奥尔吉耶娃在将东正教教义与《圣经》进行对比后指出："东正教教义同样含有创世说、世界存在的意义、末日论、人及其罪恶的天性和上帝的恩赐等内容。教会将这种教义宣布为绝对权威的、不容怀疑的和颠扑不破的真理。换句话说，这种真理是不可能进一步发展或完善的，接受这种真理依靠的并不是人的理智，而是人的信仰和真心。不过，按照教会的观点，理智有助于人们揭示和理解这种真理。"① 而在东正教的教义中，《福音书》又起着十分重要的作用，因为"东正教的重要支柱是译自希腊语的《福音书》《普世教会决议》《礼拜祷文》和其他一系列被奉为经典的教规和律法"。②

梅利尼克在谈到《奥勃洛摩夫》中的宗教性时曾经指出："《奥勃洛摩夫》有着丰富的基督教题材、主题和借用。其中最主要的《福音书》主题，即爱的主题，这无论是对于作为普通人的冈察洛夫来说，还是对于作为作家的冈察洛夫来说，都是十分明确的。"③

首先，对作为作家的冈察洛夫来说，他是爱奥勃洛摩夫的。因为，这个人物与他有着同样的根，在某种意义上还是自身生活经历和世界观的体现。虽然奥勃洛摩夫英年早逝，但从宗教的角度来看，在人世间，奥勃洛摩夫是幸福的，因为有那么多的人深爱和尊敬他，在天堂，他也是幸福的，因为他达到了上帝眼中的幸福。其实，这也是冈察洛夫从更崇高的层面表示了他对人物的好感和同情，同时也很好地体现了他对基督教精神的阐释。

例如，在《马太福音》第五章，耶稣训示自己的门徒，告诉他们天国里有八福：

> 虚心的人有福了，
> 因为天国是他们的。
> 哀恸的人有福了，

---

① ［俄］T. C. 格奥尔吉耶娃．文化与信仰：俄罗斯文化与东正教［M］. 焦东建，等，译．北京：华夏出版社，2012：30.

② ［俄］T. C. 格奥尔吉耶娃．文化与信仰：俄罗斯文化与东正教［M］. 焦东建，等，译．北京：华夏出版社，2012：44.

③ Мельник В. И. О религиозности И. А. Гончарова［J］. Русская литература，1995（1）：204.

因为他们必得安慰。
温柔的人有福了，
因为他们必承受地土。
饥渴慕义的人有福了，
因为他们必得饱足。
怜恤的人有福了，
因为他们必蒙怜恤。
清心的人有福了，
因为他们必得见神。
使人和睦的人有福了，因为他们必称为神的儿子。
为义受逼的人有福了，因为天国是他们的。

我们在小说第一部，就可以得知，奥勃洛摩夫是一个清心寡欲的人。他除了需要保证基本的生活水平之外，似乎没有更多的需求。既不愿意参加那些无聊的社交活动，也不想参与职场的尔虞我诈。因此，“清心的人有福了，因为他们必得见神”。同时，奥勃洛摩夫不仅心灵纯洁，而且还很温和（奥丽加在和奥勃洛摩夫分手时说过：“你很温和……伊里亚。”）。因此，“温柔的人有福了，因为他们必承受地土”。激动时，奥勃洛摩夫喜欢哭泣。比如，他欣赏崇高的思想，也并非对普通人的疾苦一无所知。他在心灵身处有时也会为人类的灾难而恸哭，感受到莫名的痛苦和烦恼，渴望到遥远的地方去，到或许是施托尔茨引他去的那个世界里去……①我们可以发现，奥勃洛摩夫的眼泪，不是自私主义恼恨的眼泪，也不是自尊心受到损害的眼泪。看得出，冈察洛夫如此详细、细致地描写了奥勃洛摩夫是如何哭泣的，这并非偶然。例如，在与奥丽加分手的那个场景中，面对奥丽加那句残酷的话——“而温柔……何处没有温柔呢?”奥勃洛摩夫几乎不相信自己的耳朵，因为连自己心爱的姑娘都将他自己视为珍宝的“温柔”看得一钱不值。他流下了伤心的眼泪，这不仅仅是即将永远失去爱情的后悔的眼泪，也是对自己的人生观进行忏悔的眼泪。

对伊里亚·伊里奇在回忆母亲时留下的眼泪的描写也是很有意义的：“奥勃洛摩夫看见了早已去世的母亲，虽然在梦中，却也高兴得全身颤动，因为

---

① Гончаров И. А. Обломов. Роман в четырех частях // Гончаров И. А. Полное собрание сочинений и писем в 20 т. Т. 4 [Z]. СПб., 2004：65.

他热爱母亲。在睡梦中他的睫毛底下慢慢地涌出两大滴眼泪，并久久地停在那里。”① 我们认为，冈察洛夫的作品中出现这一行为不是偶然的，正如耶稣的训示那样，“哀恸的人有福了，因为他们必得安慰”。

奥丽加与奥勃洛摩夫分手的场景，是长篇小说基督教观的最高潮。在这里，尝试克服“奥勃洛摩夫性格”的奥勃洛摩夫，最终抛弃了期望，走向自己的绝望。奥丽加对他进行了指责，表达了自己的不满，即指责奥勃洛摩夫像一只温柔的鸽子。为了给奥丽加的话进行注解，冈察洛夫多次提到了奥勃洛摩夫的颓丧。他写道：“她说的话很残酷，深深地刺痛了奥勃洛摩夫，就像从内部烧他五脏，从外部灌他寒风。他不能回答，只好可怜巴巴地、病态而又羞愧地笑一笑，就像一个乞丐，因赤身裸体而受到指责一样。他带着这种无奈的微笑，由于激动和委屈而变得全身无力。他那极度疲惫的眼神明明是在说：‘是的，我无能，我可怜，我是个乞丐……打吧，打我吧……’”② 事实上奥丽加指责的是奥勃洛摩夫在灵魂上的颓丧。因为奥丽加是高傲的，聪慧的。奥勃洛摩夫接受了指责，可用不着去做什么，因为上帝说过，“虚心的人有福了，因为天国是他们的”。

在分析伊里亚·奥勃洛摩夫的宗教特征时，还有一种幸福类型应该要指出来。要知道我们的主人公逃离了世俗生活，成了离群索居的人（隐士），这其中的原因除了他身上最原始的懒惰之外，还有另外一个原因，那就是他在担任公职期间根本没有找到真理和意义。他特别抨击了人与人之间关系的不真诚性：“在前天的一次宴会上，他们竟无端地贬损了没有出席宴会的人，说这个愚蠢，那个下贱；这是个小偷，那是个小丑，真是污蔑陷害！……他们说这些话时，也互相打量着，流露出这么一种思想：瞧，等你一出门，人家也会这样说你的……他们既然都是这样的人，为什么还要聚在一起呢？为什么还要紧紧握手呢？”③ 奥勃洛摩夫的内心渴望真诚和真理，这印证了耶稣的训示——“饥渴慕义的人有福了，因为他们必得足饱”。

上帝赐给奥勃洛摩夫的还有一福，那就是“怜恤人的人有福了，因为他们必蒙怜恤”。自从奥勃洛摩夫来到普舍尼琴娜家后，给这一家带来了多大的

① Гончаров И. А. Обломов. Роман в четырех частях // Гончаров И. А. Полное собрание сочинений и писем в 20 т. Т. 4 [Z]. СПб.，2004：106.

② Гончаров И. А. Обломов. Роман в четырех частях // Гончаров И. А. Полное собрание сочинений и писем в 20 т. Т. 4 [Z]. СПб.，2004：371.

③ Гончаров И. А. Обломов. Роман в четырех частях // Гончаров И. А. Полное собрание сочинений и писем в 20 т. Т. 4 [Z]. СПб.，2004：173-174.

幸福。“伊里亚·伊里奇明白自己对这块小天地，从她的哥哥直到被链子拴着的狗，具有什么样的意义。自从他来了之后，那只狗得到了比从前多出两倍的骨头，但他却不知这种意义有多么深远，以及他多么意外地征服了房东太太的心。”① 在《福音书》中，耶稣也是如此尚待众生的。在“耶稣给五千人吃饱”中是这样描写耶稣赐予人类食物的：“于是吩咐众人坐在草地上，就拿着这五个饼、两条鱼，望着天祝福，擘开饼，递给门徒，门徒又递给众人。他们都吃，并且吃饱了，把剩下的零碎收拾起来，装满了十二个篮子。吃的人，除了妇女和孩子，约有五千人。”其次，奥勃洛摩夫还为这一家带来了阳光。在这里，“从早到晚都有欢快的阳光从窗户照进来，半天照在这边，半天照在那边，因为两边都是菜园，所以阳光不会被挡住”。② 而奥勃洛摩夫去世“五年以后，维堡区发生了许多变化。通往普舍尼琴娜家的那条荒凉的大街上，盖起了一座座别墅。别墅中间耸立着一幢幢长长的砖砌的官家楼房，致使欢快的阳光再也照不到那所慵懒而平静的居室的窗玻璃上了”。③ 看得出，奥勃洛摩夫死后，连阳光也不再邂逅那所充满仁慈的小楼。当然，虽然其中的原因十分明确，但作者却将它加罪于一栋栋的别墅。这也预示着，奥勃洛摩夫在普舍尼琴娜家所享受过的那份宁静和惬意，在现实发展大潮中将不复存在。

此外，奥勃洛摩夫还十分关心普舍尼琴娜和前夫所生的两个孩子，可以说奥勃洛摩夫几近将他们视为已出。当他得知普舍尼琴娜的女儿玛莎也学会了编织了后，为了奖励小女孩，他告诉普舍尼琴娜：“我要给她买几件绸子衣裳，把她打扮得像洋娃娃那样漂亮。”要知道，此时的奥勃洛摩夫经济并不宽裕。当他看到万尼亚衣服破旧了之后，他说：“等我收到乡下送来的钱，就给他缝两套新衣服，”奥勃洛摩夫插话说，“一件蓝色短上衣，再一套是明年穿的制服，他明年就要上中学了。”④

同时，奥勃洛摩夫还是一个追求“义”的人。小说第一章，塔兰季耶夫第一次出现在读者面前时骂施托尔茨是“该死的德国佬”和“狡猾的骗子”。

---

① Гончаров И. А. Обломов. Роман в четырех частях // Гончаров И. А. Полное собрание сочинений и писем в 20 т. Т. 4 [Z]. СПб., 2004：382.

② Гончаров И. А. Обломов. Роман в четырех частях // Гончаров И. А. Полное собрание сочинений и писем в 20 т. Т. 4 [Z]. СПб., 2004：471.

③ Гончаров И. А. Обломов. Роман в четырех частях // Гончаров И. А. Полное собрание сочинений и писем в 20 т. Т. 4 [Z]. СПб., 2004：484.

④ Гончаров И. А. Обломов. Роман в четырех частях // Гончаров И. А. Полное собрание сочинений и писем в 20 т. Т. 4 [Z]. СПб., 2004：429.

奥勃洛摩夫对他有些不高兴，他为此说道："你听着，米哈依·安德烈依奇，我曾多次请求过你，让你说话节制一点，尤其是提到与我亲近的人的时候。"[①] 而自从与奥丽加认识以后，奥勃洛摩夫精神层次得到提升，对塔兰季耶夫的粗野和无赖的行为由麻木和姑息变成了厌恶。所以，在小说的结尾，当塔兰季耶夫骂施托尔茨为"德国佬"，威胁说要将他和施托尔茨"一起吊死在一棵白杨树上"，[②] 特别是塔兰季耶夫说"让那个德国骗子把你剥光，他已经与你的情人勾搭上了……"时，奥勃洛摩夫毫不犹豫地给他一个响亮的耳光，并说："滚出去，恶棍！马上滚，别让我在这里再看见你，不然我要像打一条狗一样打死你！"[③] 奥勃洛摩夫的愤怒，说明他十分珍惜自己与施托尔茨、奥丽加之间的感情与友谊，是个讲义气的人。所以一反常态，动手打了塔兰季耶夫这个无赖和流氓。

塔兰季耶夫是因为施托尔茨揭穿了他的阴谋而对后者恨之入骨，将他比作犹大，并说要将他吊死在白杨树上。要知道，在基督教中，出卖耶稣的犹大就是吊死在白杨树上的。[④] 奥勃洛摩夫之所以称塔兰季耶夫为"狗"，表达他对塔兰季耶夫的恼恨，是因为在《圣经》中，"狗"是不干净的动物。例如，耶稣提醒人们："不要把圣物给狗，也不要把你们的珍珠丢在猪前，恐怕它践踏了珍珠，转过来咬你们。"又如，他回答说："不好拿女儿的饼丢给狗吃。"妇人说："主啊，不错！但是狗也吃它主人桌子上掉下来的碎渣儿。"我们从小说中得知，塔兰季耶夫经常到奥勃洛摩夫家混吃混喝，还经常顺手拿走他们家的物品，但他却联合他人共同欺骗奥勃洛摩夫。奥勃洛摩夫称塔兰

---

① Гончаров И. А. Обломов. Роман в четырех частях // Гончаров И. А. Полное собрание сочинений и писем в 20 т. Т. 4 [Z]. СПб., 2004: 51.

② Гончаров И. А. Обломов. Роман в четырех частях // Гончаров И. А. Полное собрание сочинений и писем в 20 т. Т. 4 [Z]. СПб., 2004: 444.

③ Гончаров И. А. Обломов. Роман в четырех частях // Гончаров И. А. Полное собрание сочинений и писем в 20 т. Т. 4 [Z]. СПб., 2004: 445-446.

④ 《马太福音》是这样记载犹大之死的。"犹大就把那银钱丢在殿里，出去吊死了。"在古俄语中有这样一种说法："Каждый Иуда найдет свою осину."直译成中文是"每个犹大都可以找得到自己的白杨树。"意即"所有犹大之类的人迟早会遭报应。"根据传说，犹大就是在杨树上上吊自尽的。在古罗斯，有一种迷信的说法，认为杨树棒可以驱魔。杨树棒成为了袪邪物，被放置在房间的各个角落里。例如，如果巫师将杨树树干放进墓穴，有时还将它插入尸体心脏位置，那么就可以避邪。现在，这句话与俄罗斯谚语"Сколько верёвочки не виться，а конец будет..."意思比较接近，直译成中文是"不管你缠多少绳子，结果都是一样"，意即"只要你做了恶事，惩罚（你的杨树棒）或早或晚都会来到你的身边"。引自：Как можно понять выражение《Каждый Иуда найдет свою осину》? [EB/OL]. Большой вопрос. [2016-05-02] http://www.bolshoyvopros.ru/questions/2794516-kak-mozhno-ponjat-vyrazhenie-kazhdyj-iuda-najdet-svoju-osinu.html.

季耶夫为“狗”，倒也比较符合《圣经》对“狗”这一动物的描述。

应该要指出的是，奥勃洛摩夫的幸福是相对的和有条件的。因为冈察洛夫赋予奥勃洛摩夫福音方面的优点，都是在脱离了对耶稣信仰的情况下提出的。耶稣在训示门徒时，十分清楚地说出了这两条最为基本的诫命：“你要尽心、尽性、尽意爱你的神。这是诫命中的第一，且是最大的。其次也相仿，就是爱人如己。这两条诫命是律法和先知一切道理的总纲。”而奥勃洛摩夫虽然有很多基督教的优点，但实际上却没有完成这两条最重要的诫命，甚至离实现这一诫命还差十万八千里：他很少去教堂做礼拜，也不在家祈祷，甚至连必要的精神忏悔都很少，家里也从来不挂圣像。通观整部小说，奥勃洛摩夫只有一个地方谈到了上帝的审判。他对扎哈尔说：“也许，你有时看见我用被子蒙着头，就以为，我像傻瓜一样躺在那里，睡大觉。不，我没有睡，我一直在冥思苦想，农民不遭受贫困，不去羡慕别人，不在可怕的审判中向上帝抱怨我，而是为我的善心祈祷。你们这些忘恩负义的东西！”① 奥勃洛摩夫作为 19 世纪俄罗斯的典型的地主，终生都过着剥削农奴的寄生生活，他博爱、仁慈，但他爱的只是自己圈子里的那些人。虽然他没有像普柳什金、科罗博奇卡、诺兹德廖夫等那样虐待农民，农民在他眼里依然是下等人。他为什么担心农民在可怕的审判中向上帝抱怨他？这是因为他没有完成上帝训示的第二条诫命——爱人如己。

二、奥勃洛摩夫性格与《圣经》主题

奥勃洛摩夫出身于多神教和基督教各占半边天的奥勃洛摩夫田庄，然后他将田庄的不良习气加附到自己身上。B. H. 克里沃拉波夫（В. Н. Криволапов）在其《再议“奥勃洛摩夫性格”》一文中曾经指出：“奥勃洛摩夫的心灵并未受自四世纪开始的基督教中我们熟知的那些欲望中的任何一种影响（贪吃、纵欲、贪财、暴怒、忧伤、苦闷、虚荣、傲慢）。”② 我们认为，奥勃洛摩夫在欲望这一点上的确是没有违背耶稣的训示，但是，他因为懒惰而躺在沙发上不起身的习惯（事实上，懒惰本身就是耶稣认定的罪恶之一），却违背了上帝训诫。因为，这会导致灵魂的昏睡。教堂的神父们多次谈起过灵魂的沉睡，特别是在《基督教训诫教程》中，我们可以读到如下的话：“应当要刺激和触

① Гончаров И. А. Обломов. Роман в четырех частях // Гончаров И. А. Полное собрание сочинений и писем в 20 т. Т. 4 [Z]. СПб.，2004：92-93.

② Криволапов В. Н. Еще раз об “обломовщине” [J]. Русская литература，1994（2）：36.

动自己的内心，以防睡着。处于睡梦状态，参孙都会被人捆起来，手脚被剁掉，力量会被人夺去。”①

我们可以回想一下，在俄罗斯文学中，灵魂昏睡的主题一直是作家们关注的焦点问题之一，而这一主题又是基督教中梦的主题的发展。例如，上帝在客西马尼花园曾经对弟子教导：

耶稣同门徒来到一个地方，名叫客西马尼，就对他们说：“你们坐在这里，等我到那边去祷告。”

来到门徒那里，见他们睡着了，就对彼得说：“怎么样，你们不能同我警醒片时吗？总要警醒祷告，免得入了迷惑。你们心灵固然愿意，肉体却软弱了。”

又来见他们睡着了，因为他们的眼睛困倦。

于是来到门徒那里，对他们说：“现在你们仍然睡觉安歇吧！时候到了，人子被卖到罪人手里了。”

梦还会让我们想起基督耶稣说的一句箴言：“天国好像人撒种在田里，及至人睡觉的时候，有仇敌过来，将稗子撒在麦子里就走了。到长苗吐穗的时候，稗子也显现出来了。”

奥勃洛摩夫有罪孽，他自己也感觉到了这一点：“我的生命却是从熄灭开始的。说来奇怪，可事实就是如此。从我意识到自己存在的那一刻起，我就感觉到自己的生命在熄灭下去。”②

在长篇小说中，奥勃洛摩夫生活中的重要时刻得到了凸显：尝试站起来，要从“死一般睡梦”中觉醒。从基督教的角度来看，这是有罪的人意识到了自己的罪孽甚至别人对他的议论，转而尝试采取实际行动来拯救自己的灵魂。《基督教训诫教程》对懒惰的界定可以直接套到奥勃洛摩夫身上：“有必要严格辨别两个事物：一是意愿，即有拯救自己心灵或者改正自己生活的需要，再就是着手去做拯救和自我矫正的事情。靠自己是有可能做到第一点的……只要我们足够认真地去思考这一点并发誓进行自我矫正。恩赐——从罪恶的梦中醒来的刺激剂——暂未到来，那么内心本身无论怎样与自己和其他东西愉快和广泛地高谈阔论，只要触及到事情本身，它立马就会后退，因为它束手束脚。它像个懒汉，坐在一个安静的地方。这个懒汉乐此不疲地和自己讨

① Творения иже во святых Отца нашего Феофана Затворника. Т. 1 [Z]. Изд. Свято-Успенского Псково-Печерского монастыря и издательства “Паломник”. 1994：5.

② Гончаров И. А. Обломов. Роман в четырех частях // Гончаров И. А. Полное собрание сочинений и писем в 20 т. Т. 4 [Z]. СПб.，2004：183.

论，然后告诉其他人，他不得不去做些什么，可是只要临到行动时，一切都不知拖到什么时候了。”① 根据东正教的教义，个人的努力是不可能将自己从罪恶中解救出来的。改造的源头，就是上帝的恩赐。如何得到上帝的恩赐，按照《基督教训诫教程》的规定，“在家里要祷告，要经常去教堂，不躲避所有圣洁的行为，要诵读和谈论圣经……不要隐没上帝的任何神圣的火花，也不要心生嫉妒……上帝如果看到了这种努力和内心的呼唤，就会怜悯他的心灵并给他恩赐”。②

在与施托尔茨进行了一次谈话后，关于自己的心灵死亡的问题，奥勃洛摩夫自言自语道：“要么现在站起来，要么就永远不起来！”③ 他打算从说转向做，转向“内心的劳动和呼唤”。这个决定是如此的严肃，以至于奥勃洛摩夫十分清醒地对自己的情况进行了一番评估：“他一方面要倾听这种理性和力量的拼命的呼吁，另一方面也要认清并掂量一下自己还剩下多少毅力，把剩下的这点毅力用到哪里去才好。”④ 可笑的是，他的行动又是那么的幼稚：“经过痛苦的思索之后，他拿起了笔，抽出一本搁在一边的书，恨不得把十年没看、没写、没考虑过的一切，在一个小时之内全部读完、写完、思考完。”⑤ 其实，他的这一举动也暗示了读者，他只是一时冲动而已，很难坚持下去。此外，在作出了人生最重要的决定之时，奥勃洛摩夫还是犹豫不决，并为自己的决定预设了很多困难：“这第一步该怎么走？从什么做起？我不知道，我不行……不……这不是实话，我知道，而且……施托尔茨也在这里，就在我身边，他会立刻告诉我。”⑥

奥勃洛摩夫在设想，施托尔茨告诉他草拟一份农庄管理计划，交给村长去实施，然后到国外去旅游，减肥、脱掉长大褂，回国后亲自去经营农庄，平时还要读书看报，关心世界上发生的事情。然而，奥勃洛摩夫马上就感到

① Творения иже во святых Отца нашего Феофана Затворника. Т. 1 [Z]. Изд. Свято-Успенского Псково-Печерского монастыря и издательства “Паломник”. 1994：106.

② Творения иже во святых Отца нашего Феофана Затворника. Т. 1 [Z]. Изд. Свято-Успенского Псково-Печерского монастыря и издательства “Паломник”. 1994：106.

③ Гончаров И. А. Обломов. Роман в четырех частях // Гончаров И. А. Полное собрание сочинений и писем в 20 т. Т. 4 [Z]. СПб.，2004：185.

④ Гончаров И. А. Обломов. Роман в четырех частях // Гончаров И. А. Полное собрание сочинений и писем в 20 т. Т. 4 [Z]. СПб.，2004：186.

⑤ Гончаров И. А. Обломов. Роман в четырех частях // Гончаров И. А. Полное собрание сочинений и писем в 20 т. Т. 4 [Z]. СПб.，2004：186.

⑥ Гончаров И. А. Обломов. Роман в четырех частях // Гончаров И. А. Полное собрание сочинений и писем в 20 т. Т. 4 [Z]. СПб.，2004：186.

犹豫了：因为“这就意味着前进……而且一辈子都这样过！充满诗意的理想生活，再见了！这是某种打铁场，而不是生活，这里将永远是炉火熊熊、叮当的敲击声、高温、喧嚣……什么时候才有生活呢？维持现状不更好吗？”①

事实上，维持现状的后果那是十分清楚的：“维持现状——就意味着反穿衬衣，听扎哈尔从炉炕上跳下来的声音，和塔兰季耶夫一起吃饭，任何事情都少去想，永远读不完那本《非洲旅行记》，在塔兰季耶夫干亲家母出租的房子里平平静静地衰老下去……”② 很有意思的是，如果不是笔误，那么“在塔兰季耶夫干亲家母出租的房子里平平静静地衰老下去”这句话就足以证明，冈察洛夫已经为奥勃洛摩夫设计好了后半生的路，同时，这也是奥勃洛摩夫为自己的后半生设计好的方案之一。通过分析小说情节我们可以得知，久住戈罗霍夫大街的奥勃洛摩夫一开始就为搬家的事情烦恼，为此求助塔兰季耶夫。塔兰季耶夫为他推荐了自己干亲家母在维堡区的房子，并介绍了那里的好处：那里有几个很大的菜园子，女房东（即普舍尼琴娜）是贵族、寡妇，环境安静、干净，女主人有两个小孩可以逗玩，房租低廉，女主人能干、善于持家，节约下来的房租可以改善伙食。更为重要的是，女房东“早就想找个文静、规矩的房客了”。③ 此时的奥勃洛摩夫并不同意搬到维堡区去，他对塔兰季耶夫说道：“你以为你是谁，”奥勃洛摩夫说，“竟突然想要我搬到维堡区去……这主意并不高明。不行，你得想办法让我留在这里，我已经住八年了，我不想换地方。”④

通过上面的描写，我们可以进行大胆猜测，一是奥勃洛摩夫已经被塔兰季耶夫说动心了，毕竟，维堡区的生活其实就是奥勃洛摩夫田庄生活的翻版，这是他从小就习惯了的地方。其次，奥勃洛摩夫就像是一位先知，他心里十分明白，奥勃洛摩夫性格就像是一个摆脱不掉的魔鬼，永远附在他的身上，他最后的归宿，就是回归“奥勃洛摩夫田庄”，并在那里平平静静地衰老下去，直至死亡。这正如耶稣告诫那些熟睡的门徒所说的那样，“你们心灵固然愿意，肉体却软弱了”。

---

① Гончаров И. А. Обломов. Роман в четырех частях // Гончаров И. А. Полное собрание сочинений и писем в 20 т. Т. 4 [Z]. СПб.，2004：186.

② Гончаров И. А. Обломов. Роман в четырех частях // Гончаров И. А. Полное собрание сочинений и писем в 20 т. Т. 4 [Z]. СПб.，2004：186-187.

③ Гончаров И. А. Обломов. Роман в четырех частях // Гончаров И. А. Полное собрание сочинений и писем в 20 т. Т. 4 [Z]. СПб.，2004：46.

④ Гончаров И. А. Обломов. Роман в четырех частях // Гончаров И. А. Полное собрание сочинений и писем в 20 т. Т. 4 [Z]. СПб.，2004：47.

奥勃洛摩夫只是表面上离开了世俗世界，但并未获得真正的自由。因为没有信仰，他不可能获得灵魂的安宁，也不可能在自己的内心构建天堂。在基督教教徒看来，心中没有上帝，是不可能从内心远离尘世、战胜自身欲望的。内心的斗争需要灵魂的力量和毅力。为了战胜破坏任何完整性的邪气，就必须要成为基督的战士，在灵魂上要与基督一样保持充沛的精力。

奥勃洛摩夫离开了尘世，离开了彼得堡式的生活（仕途上功成名就，然后光荣退休），他离开的那个世界，人的灵魂毫无原则，没有任何神圣的东西。对于奥勃洛摩夫来说，“他暗自庆幸自己避开了来自生活的使人烦恼的、折磨人的要求和威胁，避开了闪着巨大欢乐的电光和发出突如其来的充满巨大痛苦的雷击的地方，在那里，虚假的希望和幸福的美好幻影在戏弄人；在那里，人被自己的思想啃吃着、煎熬着，被激情折磨着；在那里，理智时而失落，时而胜利；在那里，人在进行不断的搏斗，遍体鳞伤地退出战场，却仍不满意，仍不餍足”。① 奥勃洛摩夫害怕过这样的生活，他将这样的生活看成是毫无意义的争斗，不仅无法体验这样的生活所带来的快乐，同时在内心也抗拒这样的快乐。为此，他在向施托尔茨抱怨世俗生活时也十分形象地对之进行了描述：“生活，生活真美好！能从生活中找到什么呢？头脑和心灵的需要吗？你看看，有让这一切围着转的中心吗？根本没有。没有任何深刻和切中要害的东西。这些世界和社会成员都是死人，处于休眠状态的人，比我还要糟糕。生活中引导他们的是什么呢？瞧，他们虽然没有躺着，却像苍蝇似的飞来飞去，又有啥用呢？”② 在这一理论支撑下，奥勃洛摩夫自然选择了静寂和躺卧，选择了沉睡。

尽管奥勃洛摩夫的心灵纯洁、诚恳、单纯，但他依然无法凭借一己之力去羡慕“他人”，无法成功找到“影响他正常生活的敌对源头”，无法克服“神经质的恐惧”。这种恐惧经常袭击他，带给他痛苦和失望，迫使他的灵魂昏睡。所以，无人可以叫醒奥勃洛摩夫。

小说开头描写的那些从现实世界来到奥勃洛摩夫家里，身上带着“寒气”的客人，在施托尔茨出现之前，只不过是打扰他的美梦的人而已。只有两个人，即“面相无法确定的”奥勃洛摩夫的老乡阿列克谢耶夫，“思维敏捷和滑头”塔兰季耶夫，“这两个俄罗斯无产者”经常到奥勃洛摩夫家里“吃喝和抽

---

① Гончаров И. А. Обломов. Роман в четырех частях // Гончаров И. А. Полное собрание сочинений и писем в 20 т. Т. 4 [Z]. СПб., 2004: 474.

② Гончаров И. А. Обломов. Роман в четырех частях // Гончаров И. А. Полное собрание сочинений и писем в 20 т. Т. 4 [Z]. СПб., 2004: 173.

上等烟草”，让我们感兴趣的地方在于，他们倒是希望奥勃洛摩夫的梦不要再继续。拜访奥勃洛摩夫的医生建议他出国，到“生活的漩涡里”去开心一番，“别让大脑太紧张”，“那里有音乐和女人”。施托尔茨就是试图通过这些方法来唤醒奥勃洛摩夫。在出国之前，他介绍奥勃洛摩夫与奥丽加认识。奥丽加的歌声使得奥勃洛摩夫感受到了一种朝气和力量：“似乎，这一力量从内心深处涌出，准备去建立功勋。”再后来，自尊心、激情、自豪在奥勃洛摩夫的内心沸腾。“他心中涌现一种自豪感，生活及其迷人的前景大放异彩，这些色彩和光线不久前还不存在。他仿佛看见，他和她已经到了国外，在瑞士的湖上泛舟，在意大利罗马的废墟上漫步，乘坐威尼斯的小游艇，后来又出没在巴黎和伦敦街头的人群中，然后……然后回到自己的家乡——奥勃洛摩夫田庄。”① “身体苏醒了！”他因为兴奋而幻想并对整个世界呼喊，他想向整个世界说：“奥勃洛摩夫是幸福的，奥勃洛摩夫结婚了。”奥勃洛摩夫苏醒后只是走出了“诗意的”第一步，而奥丽加与施托尔茨却期待他继续走下去，做一些实际性的工作：恢复奥勃洛摩夫田庄的经济，建设学校等等，但他并未打算去做。苏醒并未实现，而且它不可能会实现，一方面，因为这是以人的自觉和理性为基础，另一方面，这也需要“激情澎湃”。而这些，奥勃洛摩夫都不具备。

三、奥勃洛摩夫与上帝的训示

在对宗教主题，即心灵拯救主题进行了描写之后，冈察洛夫并未超越世俗语义的条框：“出现了十分自觉的一刻，这是奥勃洛摩夫生命中众多自觉时刻中的一刻。他突然生动而又明白地想到了人类的命运和使命，并拿这种使命同自己的个人生活对比了一下，脑子里有许多不同的生活问题一个接一个地、像一群栖息在寂静的废墟上的鸟儿，被突如其来的阳光惊醒而仓皇地到处乱飞，这时他感到非常害怕。”②可不时又有宗教的概念突入进来：“不知什么东西妨碍了他登上人生的大舞台，不能在一切智慧和意志的风帆上驰骋。好像有一个暗藏的敌人在他刚踏上人生旅程时便把魔爪伸向了他，使他远离了人的使命和正道……这种暗自的忏悔使他感到痛苦。对往事毫无结果的懊恼、灼人的良心责备，像针一样刺痛了他。他竭尽全力要抛开这些责备的重

---

① Гончаров И. А. Обломов. Роман в четырех частях // Гончаров И. А. Полное собрание сочинений и писем в 20 т. Т. 4 [Z]. СПб., 2004: 216.

② Гончаров И. А. Обломов. Роман в четырех частях // Гончаров И. А. Полное собрание сочинений и писем в 20 т. Т. 4 [Z]. СПб., 2004: 96.

负，在自己身外去寻找罪人，让责备的锋芒对准他们。”①

不但如此，在奥勃洛摩夫的言语中还经常有一些论断，似乎取自“向善”。

“要按上帝的意旨生活，不要自作主张，这是条英明的准则，不过……”于是他陷入了沉思。

“对，不能自作主张地生活，这是很清楚的，”他内心有个忧郁的固执的声音在说，“你会坠入矛盾的混乱之中，而这种矛盾靠一个人的智慧是弄不清楚的，不论它有多么深刻、多么果敢。你昨天说出了愿望，今天竭尽全力去促其实现，后天却为此感到脸红，接着你就诅咒人生，不该去实现这个愿望——这就是人生道路上自作主张和胆大妄为的结果。应该摸索着走路，对许多事情都闭上眼睛，别胡诌什么幸福，别抱怨它溜走了——这才是生活！谁妄说生活是幸福，是享乐？简直就是疯子。奥丽加说：‘生活就是生活，是职责，而职责有时是很沉重的，我们在尽义务’……”他叹了一口气。②

我们认为，对于主人公来说，这一部分的典型特征是展示了两种不对称的状态（情绪）。第一种是后悔的短暂爆发，这是很难见的。但是，这种后悔不是积极的，比如他和奥丽加在一起时的后悔就是如此，而是无所作为的，因此又是沮丧和绝望的。为此，冈察洛夫写道：“如果他的想象力又沸腾起来，如果被遗忘了的记忆和没有完成的梦想又重新活跃起来，如果良心起来责备他这样而不是那样地生活过，他就会睡不好觉，经常惊醒，跳下床去，为光明的、但已永远熄灭了的生活理想而哭泣，流下绝望的、冰凉的眼泪，就像人们痛苦地意识到亲爱的故人在世时，他们为他做得很不够而哭泣一样。”③ 第二种不安的状态被冈察洛夫称之为“内心的喜悦”。这就是完全拒绝所有的忏悔，尽可能为自己的罪过进行辩护和安慰。冈察洛夫是这样来描写奥勃洛摩夫的：

> 就其天性和所接受的教育而言，他都不是一位演技场上的斗士，而是一名心平气和的旁观者。他那怯懦的懒惰的灵魂既受不了幸福的惊扰，

---

① Гончаров И. А. Обломов. Роман в четырех частях // Гончаров И. А. Полное собрание сочинений и писем в 20 т. Т. 4 [Z]. СПб.，2004：97.

② Гончаров И. А. Обломов. Роман в четырех частях // Гончаров И. А. Полное собрание сочинений и писем в 20 т. Т. 4 [Z]. СПб.，2004：247.

③ Гончаров И. А. Обломов. Роман в четырех частях // Гончаров И. А. Полное собрание сочинений и писем в 20 т. Т. 4 [Z]. СПб.，2004：474.

也受不了生活的打击，所以他自身所表现的是只是生活的一部分，不需要在生活中获得什么，改变什么，或者追悔什么。①

自我辩护还在于，奥勃洛摩夫为自己的罪过和状态找到了一套哲学根据：

然后他瞧瞧自己的周围，享受着短暂的幸福并平静下来，若有所思地望着夕阳怎样缓缓地、平静地沉没在晚霞的火焰里。他终于认定，他的生活不仅是凑巧那么简单，甚至天生命中注定就是那么简单，毫不复杂，为的是可以表现人类生活理想的平静的一面。

他也认定，另一些人则是注定要去表现生活的不安定的方面。这是由创造力和破坏力所推动的，因为所有的人都有自己的使命！

这就是奥勃洛摩夫田庄上这位柏拉图所炮制的哲学。不论有什么问题，不论职责和使命有多么严格的要求，这种哲学都能使他昏昏欲睡！……②

奥勃洛摩夫生命的结局让人心生怜悯。他在与施托尔茨的最后一次谈话中就表达了这一情绪："我一切都能感觉到，一切都明白，我早就羞于活在这个世界上了！可是我不能跟你走你走过的路，就算我有这个想法……也许，上一次还有可能……而现在……（他低下了头沉默了片刻）现在晚了……你走吧，不要在我身上浪费时间了。我配得上有你的友谊，上帝看得见，却配不上你的帮助。"③ 施托尔茨面对奥勃洛摩夫的无可救药，只能遗憾地说道："你完了，伊里亚！……再见了，老朽的奥勃洛摩夫田庄！你的时代已经过去了！"④

奥勃洛摩夫悄无声息地死亡而不是幸福地死去。整个小说第四部分是描写主人公灵魂和机体的死亡。所以这里最主要的主题思想是——奥勃洛摩夫灵魂的损毁，这种损毁看起来好像是陷入了新的、如今已无法改变的"死一

① Гончаров И. А. Обломов. Роман в четырех частях // Гончаров И. А. Полное собрание сочинений и писем в 20 т. Т. 4 [Z]. СПб.，2004：474.

② Гончаров И. А. Обломов. Роман в четырех частях // Гончаров И. А. Полное собрание сочинений и писем в 20 т. Т. 4 [Z]. СПб.，2004：474.

③ Гончаров И. А. Обломов. Роман в четырех частях // Гончаров И. А. Полное собрание сочинений и писем в 20 т. Т. 4 [Z]. СПб.，2004：482.

④ Гончаров И. А. Обломов. Роман в четырех частях // Гончаров И. А. Полное собрание сочинений и писем в 20 т. Т. 4 [Z]. СПб.，2004：484.

般的睡梦”。站在我们面前的是一具活着的死尸，他从来不会去考虑，明天等待他的将是什么（怪不得冈察洛夫写道：“他已经预感到即将到来的死亡并害怕死去。”①），而是满足于现在还用不着为自己的一生做最后的总结，用不着为没有忏悔感到担忧。他生命中的关键词是“安逸”“静谧”“绝望”“无忧无虑”“睡梦”“慵懒”。

在《奥勃洛摩夫》中，还有一位人物很好地阐释了《福音书》中一些教义，她使得小说的宗教氛围达到了最高潮。这个人物就是普舍尼琴娜。她用自己对上帝的无比虔诚、对他人无私的爱，反衬了其他角色宗教意识的不足，这其中也包括奥勃洛摩夫。普舍尼琴娜在长篇小说中扮演了一个对上帝和自己亲近的人充满大爱的角色，正是她履行了上帝训示的两道最重要的诫命，在这一方面，连奥丽加都无法望其项背。

普舍尼琴娜这一形象在外表上看起来毫不起眼，但她全身被《福音书》倡导的博爱（包括母爱）之气氛笼罩着，特别是当奥勃洛摩夫搬到她家后，她盲目地爱上了这位善良、温和的老爷。冈察洛夫是这样描写她生活中所发生的变化以及她对自己责任和义务的认识的：

> 她好像突然改信了另一种宗教并开始信奉它，没有去考虑这是什么样的宗教，它的教义是什么，而是盲目地服从它的教条。
>
> 这似乎轻易地落到了她自己的肩上，她冒险前行，既没有退缩也没有迎头而上。而爱上奥勃洛摩夫却是如此的简单，就像一个人得了感冒后变得忽冷忽热一样。
>
> 她默默地承担了对奥勃洛摩夫的义务……她好像是已经这样做了一辈子，也不问问自己为什么这样做，奥勃洛摩夫是她的什么人，为什么要如此地为他奔忙。②

与奥勃洛摩夫心中的女神奥丽加相比，普舍尼琴娜对自己的生活和行为缺乏反省和反思，但她对别人的爱却十分热烈、丰富。所以，面对自己的博爱，“她自己完全没有料到这一点：如果别人向她说起这一点，她会将此当做

---

① Гончаров И. А. Обломов. Роман в четырех частях // Гончаров И. А. Полное собрание сочинений и писем в 20 т. Т. 4 [Z]. СПб.，2004：485.

② Гончаров И. А. Обломов. Роман в четырех частях // Гончаров И. А. Полное собрание сочинений и писем в 20 т. Т. 4 [Z]. СПб.，2004：380.

一条新闻，她往往会笑一笑然后脸红了起来”。①

在整部小说中，只有普舍尼琴娜是真正按照基督教的，准确地说是按照东正教的爱情观去爱其他人。小说中写道：

> 奥勃洛摩夫并未注意到她对他的态度的真正本质，仍然认为她的天性就是如此。她的感情是那么的正常、自然、无私，这对奥勃洛摩夫，对她周围的人乃至对她自己来说，至今都仍然是个谜。
>
> 这样的感情的确是无私的，因为她在教堂里点一支蜡烛为奥勃洛摩夫的健康祈祷，目的仅仅是为了要他健康，而他对此毫无所知。她整夜守在他的床头直到天亮时才离开，事后也从未提起过此事。②

需要特别指出的是，在所有的主要人物中，只有阿加菲娅·马特维耶夫娜经常去教堂，也只有她真爱他人，而不是老去讨论和反省爱情。而且，也只有她“祈祷上帝保佑伊里亚·伊里奇长寿，免除一些‘不幸、愤怒和贫困’，而把自己、孩子和全家都交给上帝安排”。③

在整部小说中，也只有阿加菲娅·马特维耶夫娜“现在知道她为什么活着，并且没有白活”，这其中的原因正在于“她爱得那么充实，那么多”。④在这里，冈察洛夫写道：“她明白，她的生活曾经失败过也辉煌过，上帝曾经将灵魂注入过她的生命然后又将它取走了；阳光曾经照亮过她的生命然后又永远暗淡了……真的，永远暗淡了；不过她也永远领悟了生活的意义：现在她知道了她为什么活着，她没有白活。”⑤ 阿加菲娅·普舍尼琴娜更加深化了其他人物形象的宗教意义，使得冈察洛夫的东正教思想变得更为丰满。按照基督的训示，爱上帝和周围的人，只有这个女性人物信奉了这一点。而其他人物呢，他们爱自己胜过爱任何人。

---

① Гончаров И. А. Обломов. Роман в четырех частях // Гончаров И. А. Полное собрание сочинений и писем в 20 т. Т. 4 [Z]. СПб.，2004：380.

② Гончаров И. А. Обломов. Роман в четырех частях // Гончаров И. А. Полное собрание сочинений и писем в 20 т. Т. 4 [Z]. СПб.，2004：382.

③ Гончаров И. А. Обломов. Роман в четырех частях // Гончаров И. А. Полное собрание сочинений и писем в 20 т. Т. 4 [Z]. СПб.，2004：472.

④ Гончаров И. А. Обломов. Роман в четырех частях // Гончаров И. А. Полное собрание сочинений и писем в 20 т. Т. 4 [Z]. СПб.，2004：488.

⑤ Гончаров И. А. Обломов. Роман в четырех частях // Гончаров И. А. Полное собрание сочинений и писем в 20 т. Т. 4 [Z]. СПб.，2004：488.

在小说中有一个很小的细节，从中可以看出普舍尼琴娜与奥丽加在对待奥勃洛摩夫态度上的差异，而这一差异也带有浓厚的宗教色彩。奥勃洛摩夫与奥丽加在涅瓦河上游览时，奥丽加问船夫远处的教堂叫什么名字。奥勃洛摩夫答道："那是斯莫尔尼！"冬天，热恋中的奥丽加已经有一周没有见到奥勃洛摩夫，当她得知涅瓦河上的桥已经修好，很快就可以见到心爱的男友时，她十分兴奋。为此，奥丽加请求婶婶一道去斯莫尔尼教堂去做礼拜。由于斯莫尔尼教堂离市中心很远，而且又是冬天，婶婶对奥丽加的提议感到十分奇怪。对于奥丽加的想法，小说中写道："奥丽加想上那儿去，只是因为奥勃洛摩夫从河上指给她看过这座教堂，她想上那儿去……为他祈祷，希望他健康，希望他爱她，希望他幸福，希望……目前这种迟疑不决和前途未卜的状况能早点结束。"① 不过，到斯莫尔尼为奥勃洛摩夫祈祷仅仅是奥丽加的想法而已，是热恋的女人情感冲动的表现，因为她最终并未实现自己的想法。

倒是普舍尼琴娜，在奥勃洛摩夫生病期间亲自去了教堂祈祷。小说中写道："为什么她对扎哈尔、阿尼西娅都不放心，要亲自通宵达旦地守护在他的床边，目不转睛地看着他？直到午前祈祷时才披上大衣，用一张纸写上'奥勃洛摩夫'几个大字，跑到教堂里，把写上字的纸条放在祭坛上，为病人祝福，接着又退到角落里，跪下，长久地伏在地上祈祷……"② 她对奥勃洛摩夫的感情，奥勃洛摩夫和其他人，甚至包括普舍尼琴娜自己都不清楚，因为在她眼里，这种情感是"正常的、自然的和无私的"。对普舍尼琴娜来说，"这样的感情是无私的，因为她在教堂里点一支蜡烛为奥勃洛摩夫的健康祈祷，目的仅仅是为了要他康复，而他对此一无所知"。③ 其实，在冈察洛夫看来，普舍尼琴娜的行为是十分高尚的，因为"奥勃洛摩夫并没有注意到她对他的态度的真正实质，仍然认为她的性格就是如此。她的感情是那么正常、自然、无私，这对奥勃洛摩夫，对她周围的人乃至对她自己来说，至今仍然是个谜"。④

需要指出的，普舍尼琴娜对上帝的虔诚、对奥勃洛摩夫的爱，是朴素和

① Гончаров И. А. Обломов. Роман в четырех частях // Гончаров И. А. Полное собрание сочинений и писем в 20 т. Т. 4 [Z]. СПб.，2004：342.

② Гончаров И. А. Обломов. Роман в четырех частях // Гончаров И. А. Полное собрание сочинений и писем в 20 т. Т. 4 [Z]. СПб.，2004：378-379.

③ Гончаров И. А. Обломов. Роман в четырех частях // Гончаров И. А. Полное собрание сочинений и писем в 20 т. Т. 4 [Z]. СПб.，2004：382.

④ Гончаров И. А. Обломов. Роман в четырех частях // Гончаров И. А. Полное собрание сочинений и писем в 20 т. Т. 4 [Z]. СПб.，2004：382.

原始的，而且更多的是物质层面的，它无法促使奥勃洛摩夫觉醒，甚至她也无法采取人为手段迫使后者“身体”的苏醒。对于奥勃洛摩夫来说，普舍尼琴娜的功劳就在于她没有让奥勃洛摩夫的灵魂彻底、永远沉睡下去，而是以最原始的、带有强烈母爱色彩的方式为奥勃洛摩夫提供了走向上帝的机会。

寡妇普舍尼琴娜的信仰和纯洁、无私的爱，本可以将奥勃洛摩夫从永恒的死亡中拯救出来。然而，奥勃洛摩夫并不信上帝，他必死无疑。例如《新约全书》中写到过一个故事：伯达尼有一位名为拉沙鲁的患者死了，耶稣准备去救他。但他到达伯达尼时，拉沙鲁的姐姐马大听见耶稣来了，就去迎接他。

> 马大对耶稣说：“主啊，你若早在这里，我兄弟必不死！就是现在，我也知道，你无论向神求什么，神也必赐给你。”耶稣说：“你兄弟必然复活。”马大说：“我知道在末日复活的时候，他必复活。”耶稣对他说：“复活在我，生命也在我！信我的人，虽然死了，也必复活。凡活着信我的人必永远不死。你信这话吗？”

冈察洛夫本人并不具备这种宗教信仰，但却意识到了这是一种缺陷。他在 1886 年 6 月 30 日给科尼的信中写道：

> 我十分感动地看着那些被灵魂击溃和被生活压抑的老头和老太太们，他们是如何寄居在教堂的墙下，或者在自己的小房间中圣像前的长明油灯前，默默而顺从地戴着自己的枷锁——但他们看到是生活和仅仅凌驾于生活之上的十字架和《福音书》，他们只相信这一点，信仰这一点。
>
> 为什么我们不是这样的人呢？“这是一些傻瓜和糊涂虫。”——思想家中的智者们说。事实并非如此——这些人，有些东西为他们打开，但却对聪明人和智者关闭。这个东西就是天国，于是他们便自名为上帝的子孙。①

冈察洛夫本人的宗教信仰的确还未达到如此虔诚的程度，可是他却意识

---

① 引自：Мельник В. И. “Обломов” как православный роман［A］. И. А. Гончаров：Материалы Международной конференции，посвященной 185-летию со дня рождения И. А. Гончарова［C］. Ульяновск，1998：157. 原文载 Рукописный отдел ИРЛИ. Ф. 163，Оп. 1，№ 125.

到了这一不足。虽然到了即将寿终正寝的时候，他依然在重复使徒保罗的话："我靠着那加给我力量的人，万事都能做。"

科尼的回忆录也可以证实这一点："对另一种生活的信仰伴随他终生。我在他去世前的两天去看望他，我祝愿他，希望他能再次康复。他用那只尚未失明的眼睛看着我，在他的眼中，依然闪烁和散发着生命力，他用坚定的语气说：'不可能了！我马上要死了！今天凌晨我看到了耶稣，而他已经饶恕我了……'"① 这句话，其实既是他作为一个有个性的人，也是作为艺术家的灵魂总结。因为在东正教教义中，远离"现世"就是远离世界现存的所有罪孽。但远离并非仅仅是外在的，而是有其内在的东西，即与上帝在一起，向上帝靠拢。

《奥勃洛摩夫》是饱含福音精神的。甚至是主人公的死亡，也只不过是肉体的消失而已，而他的灵魂还留存于世，作者还为他留下了得到上帝之爱的希望。作者对上帝之爱的期盼，是通过守护奥勃洛摩夫陵墓的天使来暗示的，他写道："他的遗体就安葬在附近的墓地里，在灌木丛中一处幽静的地方，在朴素的瓶形墓饰下面。一位朋友亲手栽种的丁香树树枝默默地垂在他的墓头，苦艾静静地散发着苦味。似乎，天使本人在静静地守护着他的梦。"② 这种期盼还在于，很多人还在怀念奥勃洛摩夫。普舍尼琴娜每周都去教堂为他祷告。扎哈尔还为此说了一通好话："上帝居然夺走了这样的老爷！他活着让人们高兴，他应该活一百岁才好……上帝呐，让他的灵魂在天国里安息吧！"③

奥勃洛摩夫死了，尽管他没做什么善事，但也没做什么坏事。但从基督教的角度来看，上帝赋予了他这样一些礼物，比如纯洁的心灵、温柔、精神上的单纯、悲悯（尽管这些以日常生活而不是精神形式加以体现）。奥勃洛摩夫无法用忏悔的力量、悔罪和悔过的觉醒来克服"死一般的睡梦"和精神上的"忧郁"。可是作者也并未对他进行审判，而是将"上帝仁慈的可能性"作为最终的结局推到了首要位置。

我们在前面的相关章节中，提到了冈察洛夫想塑造一个天性善良的空想

---

① Кони А. Ф. Воспоминания о писателях. М.，1989. С. 76.

② 详见：Гончаров И. А. Обломов. Роман в четырех частях // Гончаров И. А. Полное собрание сочинений и писем в 20 т. Т. 4 [Z]. СПб.，2004：485.

③ Гончаров И. А. Обломов. Роман в четырех частях // Гончаров И. А. Полное собрание сочинений и писем в 20 т. Т. 4 [Z]. СПб.，2004：492.

家，最后由于意识到自己和社会的缺陷而变得软弱无力，放弃了这个想法。① A. B. 罗曼诺娃（A. B. Романова）针对冈察洛夫的这一“理想”而指出：

在这一理想中从未谈及上帝、东正教，谈及如何通过克服人间的苦难向基督教靠拢进而摆脱他所刻画的“性格”的可能性。冈察洛夫笔下理想人物所深陷其中的“冷漠”，暂时还只是人的自我感觉，而并非作家要揭露的罪孽。冈察洛夫（从基督教意义上）对罪孽，而不是对某一行为的错误（从人的角度）的思考那是后来的事，即在创作《悬崖》的时候。②

我们认为，罗曼诺娃的观点对于我们分析作家冈察洛夫在《奥勃洛摩夫》中所表现出来的隐秘态度的原因十分重要。其实，《奥勃洛摩夫》的主题更多的是要展示人的“错误”，当然这种错误有很大一部分是因为不信仰上帝造成的，但这仅仅是部分原因而已。而《奥勃洛摩夫》所展示出来的福音色彩，恰恰是冈察洛夫本人骨子里的东正教情结决定的。

总之，《奥勃洛摩夫》的宗教因素和氛围无疑向读者们表明，冈察洛夫创作了一部带有悲剧力量的长篇小说，它描写的是人心灵的拯救及其死亡。冈察洛夫十分清晰地展示了奥勃洛摩夫身上的符合福音的幸福，但是小说中伊里亚的善良品质似乎是灵魂之外的，是耶稣之外的，这只不过是主人公内心的美德而已，还很难上升到宗教的层面。这一点很好地体现了冈察洛夫文学创作的特点，那就是客观化。他没有因为对人物有好感就一味地将他的形象拔高，而是客观理性地将其优缺点展现出来，并不做最后判断，让人物自我剖析，或者将评判的权力交给读者。同时，作家也为我们塑造了一个立体的、有血有肉的奥勃洛摩夫。借助于这一形象的宗教化特征，我们可以更进一步地了解到奥勃洛摩夫性格的特质。

---

① Гончаров И. А. Письма // Гончаров И. А. Собрание сочинений в 8 томах. Т. 8 [Z]. М.，1980：318.

② Романова А. В. “Обломов” с акцентом [A]. Обломов：константы и переменные [C]. СПб.，2011：252.

参考文献

(一) 著作类

[1] [俄] M. M. 巴赫金．巴赫金全集（第三卷）[M]. 白春仁，等，译．石家庄：河北教育出版社，1998.

[2] [俄] Г. Б. 波诺马廖娃．陀思妥耶夫斯基：我探索人生的奥秘 [M]. 张变革，等，译．北京：商务印书馆，2011.

[3] [俄] В. Г. 别林斯基．文学论文选 [M]. 满涛，等，译．上海：上海译文出版社，1999.

[4] 曹靖华．俄国文学史（上卷）[M]. 北京：北京大学出版社，2007.

[5] 陈建华．20 世纪中俄文学关系 [M]. 上海：学林出版社，1998.

[6] [俄] Н. А. 杜勃罗留波夫．文学论文选 [M]. 辛未艾，译．上海：上海译文出版社，1984.

[7] 方璧．西洋文学讲座 [M]. 上海：上海书店，1990.

[8] [俄] Т. С. 格奥尔吉耶娃．文化与信仰：俄罗斯文化与东正教 [M]. 焦东建，等，译．北京：华夏出版社，2012.

[9] [俄] В. Е. 哈利泽夫．文学学导论 [M]. 周启超，等，译．北京：北京大学出版社，2006.

[10] [俄] А. И. 赫尔岑．谁之罪？[M]. 楼适夷，译．上海：上海译文出版社，1979.

[11] 何云波．陀思妥耶夫斯基与俄罗斯文化精神 [M]. 长沙：湖南教育出版社，1997.

[12] 姜德明．巴金书话 [M]. 北京：北京出版社，1997.

[13] 蒋光慈．俄国文学 [M]. 上海：创造社出版部，1927.

[14] 金亚娜，刘锟，张鹤．充盈的虚无：俄罗斯文学中的宗教意识 [M]. 北京：人民文学出版社，2003.

[15] [俄] В. Г. 柯罗连科．文学回忆录 [M]. 丰一吟，译．北京：人民文学出版社，

1985.
[16] 乐峰．俄国宗教史（上、下卷）[M]．北京：社会科学文献出版社，2008.
[17] [俄] В. И. 列宁．列宁全集（第 43 卷）[M]．北京：人民文学出版社，1987.
[18] 刘宁．俄国文学批评史 [M]．上海：上海译文出版社，1999.
[19] [英] 马尔科姆·布雷德伯里，詹姆斯·麦克法兰．现代主义 [M]．胡家峦，等，译．上海：上海外语教育出版社，1992.
[20] [俄] Д. С. 米尔斯基．俄国文学史（上卷）[M]．刘文飞，译．北京：人民出版社，2013.
[21] 彭克巽．陀思妥耶夫斯基小说艺术研究 [M]．北京：北京大学出版社，2006.
[22] 平万．俄国的文学 [M]．上海：亚东图书馆，1933.
[23] [俄] М. А. 普罗托波波夫．别林斯基，杜勃罗留波夫，皮萨列夫，冈察洛夫 [C]．翁本泽，译．郑州：海燕出版社，2005.
[24] [日] 山本利喜雄．俄罗斯史（卷下）[M]．麦鼎华，译．上海：广智书局，1903.
[25] [俄] В. С. 索洛维约夫．精神领袖：俄罗斯思想家论陀思妥耶夫斯基 [C]．徐振亚，等，译．上海：上海译文出版社，2009.
[26] 童庆炳．文学理论教程 [M]．北京：高等教育出版社，1998.
[27] [俄] Л. Н. 托尔斯泰．托尔斯泰和俄罗斯作家通信选 [C]．甘雨泽，译．上海：上海译文出版社，1986.
[28] 汪剑钊．中俄文字之交——俄苏文学与 20 世纪中国新文学 [M]．桂林：漓江出版社，1999.
[29] 王志耕．圣愚之维：俄罗斯文学经典的一种文化阐释 [M]．北京：北京大学出版社，2013.
[30] [美] R. 韦勒克，A. 沃伦．文学理论 [M]．刘象愚，等，译．南京：江苏教育出版社，2005.
[31] 吴中杰．文艺学导论 [M]．上海：复旦大学出版社，2002.
[32] [英] 以赛亚·伯林．俄国思想家 [M]．彭淮栋，译．南京：译林出版社，2011.
[33] 易漱泉，雷成德，王远泽．俄国文学史 [M]．长沙：湖南文艺出版社，1986.
[34] 张洪榛．冈察洛夫和他的长篇小说 [M]．北京：北京出版社，1986.
[35] 张伟．多余人论纲：一种世界性文学现象探讨 [M]．北京：东方出版社，1998.
[36] 毛泽东早期文稿 [M]．2 版．长沙：湖南人民出版社，2008.
[37] 智量．论 19 世纪俄罗斯文学 [M]．上海：复旦大学出版社，2009.
[38] 郑振铎．俄国文学史略 [M]．上海：商务印书馆，1933.

（二）论文类

［1］高荣国．误读与过度诠释：再论奥勃洛摩夫与“多余人”［J］．湖南科技学院学报，2008（9）．

［2］田汉．俄罗斯文学思潮之一瞥［J］．民铎，1919（1）．

［3］徐玉琴．“奥勃洛摩夫性格”及其他［J］．俄罗斯文艺，1982（3）．

（三）外文类

［1］Анненский И. Ф. Гончаров и его Обломов［A］．Отрадин М. В. Роман И. А. Гончарова《Обломов》в русской критике（Сборник статей）［C］．Л．，1991．

［2］Азбукин В. А. И. А. Гончаров в русской критике．（1847—1912）［C］．М．，2014．

［3］Александров М. А. Федор Михайлович Достоевский в воспоминаниях типографского наборщика в 1872—1881 годах［A］．Григоренко В. В. Ф. М. Достоевский в воспоминаниях современников. В 2 т. Т. 2［C］．М．，1964．

［4］Афанасьев А. И. Поэтические воззрения славян на природу. В 3 т. Т. 2［M］．М．，1993．

［5］Ахшарумов Н. Д. Обломов роман И. Гончарова. 1859［A］．Отрадин М. В. Роман И. А. Гончарова《Обломов》в русской критике（Сборник статей）［C］．Л．，1991．

［6］Бахтин М. М. Вопросы литературы и эстетики［M］．М．，1975．

［7］Бахтин М. М. Литературно-критические статьи［M］．М．，1986．

［8］Бахтин М. М. Эстетика словесного творчества［M］．М．，1979．

［9］Бердяев Н. А. Истоки и смысл русского коммунизма［J］．Юность，1989（11）．

［10］Введенская Л. А．，Колесников Н. П. От названий к именам［M］．Ростов на Дону，1995．

［11］Волынский А. Гончаров［J］．Северный вестник，1891（10）．

［12］Волынский А. Литературные заметки［J］．Северный вестник，1894（3）．

［13］Глухов В. И. Образ Обломова и его литературная предыстория［A］．И. А. Гончаров：Материалы Международной конференции，посвященной 185-летию со дня рождения И. А. Гончарова［C］．Ульяновск，1998．

［14］Говоруха-Отрок Ю. Н. И. А. Гончаров（В сокращении）［A］．Отрадин М. В. Роман И. А. Гончарова《Обломов》в русской критике（Сборник статей）［C］．Л．，1991．

［15］Гончаров И. А. Полное собрание сочинений и писем в двадцати томах. Том. 1［Z］．СПб．，1997．

［16］Гончаров И. А. Лучше поздно，чем никогда［A］．Гончаров И. А. Собрание сочинений в 8 томах. Т. 8［Z］．М．，1980．

［17］Гончаров И. А. Материалы，заготовляемые для критической статьи об Островском

[A]. Гончаров И. А. Собрание сочинений в 8 томах. Т. 8 [Z]. М., 1980.

[18] Гончаров И. А. 《Мильон терзаний》 [A]. Гончаров И. А. Собрание сочинений в 8 томах. Т. 8 [Z]. М., 1980.

[19] Гончаров И. А. Намерения, задачи, и идеи романа 《Обрыв》 [A]. Гончаров И. А. Собрание сочинений в 8 томах. Т. 6 [Z]. М., 1980.

[20] Гончаров И. А. На родине // Гончаров И. А. Собрание сочинений в 8 томах. Т. 7 [Z]. М., 1980.

[21] Гончаров И. А. Необыкновенная история // Гончаров И. А. Собрание сочинений в 8 томах. Т. 7 [Z]. М., 1980.

[22] Гончаров И. А. Обломов. Роман в четырех частях [Z]. Л., 1987.

[23] Гончаров И. А. Обломов. Роман в четырех частях // Гончаров И. А. Полное собрание сочинений и писем в 20 т. Т. 4 [Z]. СПб., 2004.

[24] Гончаров И. А. Обрыв. Роман в пяти частях // Гончаров И. А. Собрание сочинений. В 8-ми томах. Т. 5 [Z]. М., 1979.

[25] Гончаров И. А. Обыкновенная история // Гончаров И. А. Собрание сочинений. В 8-ми томах. Т. 1 [Z]. М., 1977.

[26] Гончаров И. А. Письма // Гончаров И. А. Собрание сочинений в 8 томах. Т. 8 [Z]. М., 1952.

[27] Гончаров И. А. Письма // Гончаров И. А. Собрание сочинений в 8 томах. Т. 8 [Z]. М., 1980.

[28] Гончаров И. А. Предисловие к роману 《Обрыв》 [A]. Гончаров И. А. Собрание сочинений в 8 томах. Т. 6 [Z]. М., 1980.

[29] Гончаров И. А. Фрегат "Паллада" // Гончаров И. А. Собрание сочинений в 8 томах. Т. 2 [Z]. М., 1978.

[30] Гончаров И. А. 《Христос в пустыне》 Картина Г. Крамского [A]. Гончаров И. А. Собрание сочинений в 8 томах. Т. 8 [Z]. М., 1980.

[31] Грехопадение [A]. Мифы народов мира: Энциклопедия. В 2-х т. Т. 1 [M]. М., 1992.

[32] Доманский В. А. Функции топоса сада в романах И. А. Гончарова [A]. Обломов: константы и переменные [C]. СПб., 2011.

[33] Достоевский Ф. М. Статьи и заметки. 1862—1865: публицистика и письма [A]. Достоевский Ф. М. Полное собрание сочинений. В 30-ми томах. Т. 20 [Z]. Л., 1980.

[34] Дружнин А. В. 《Обломов》. Роман И. А. Гончарова. Два тома. СПб., 1859 [A]. Отрадин М. В. Роман И. А. Гончарова 《Обломов》 в русской критике (Сборник

статей）[Z]. Л.，1991.

[35] Дружинин А. В. Повести. Дневник [Z]. М.，1986.

[36] Дунаев М. М. Обломовщина духовная，душевная и телесная [A]. И. А. Гончаров: Материалы Международной конференции，посвященной 185-летию со дня рождения И. А. Гончарова [C]. Ульяновск，1998.

[37] Иванов-Разумник Р. В. Роман И. А. Гончарова《Обломов》[A]. Отрадин М. В. Роман И. А. Гончарова《Обломов》в русской критике（Сборник статей）[C]. Л.，1991.

[38] Измайлов Н. В.，Коплан-Шахматова С. А.，Зисерман П. И.，Мотовилова М. Н.，Пыпин Н. А.，Населенко Е. П.，Цявловский М. А.，Чебышева Н. А. Н. В. Тургенев и круг “Современника” [A]. Тургенев и круг “Современника”：Неизданные материалы，1847—1861 [C]. М.：，Л.，1930.

[39] Икуо Ониси. Об одной стилистической особенности в романе《Обломов》：Деталь и образ героя [A]. Leben，Werk und Wirkung. 1991.

[40] Кантор В. Долгий навык ко сну：Размышления о романе И. А. Гончарова “Обломов” [J]. Вопросы литературы，1989（1）.

[41] Кантор В. В поисках личности：опыт русской классики [M]. М.，1994.

[42] Кирмалов М. В. Воспоминания об И. А. Гончарове [A]. И. А. Гончаров в воспоминаниях современников [M]. Л.，1969.

[43] Ключевский В. О. Неопубликованные произведения. [Z]. М.，1983.

[44] Кони А. Ф. Воспоминания о писателях [M]. М.，1989.

[45] Короленко В. Г. И. А. Гончаров и《Молодое поколение》（К 100-летней годовщине рождения）[A]. Отрадин М. В. Роман И. А. Гончарова《Обломов》в русской критике（Сборник статей）[C]. Л.，1991.

[46] Котельников В. А. Кто такой Обломов?：К 175-летию со дня рождения И. А. Гончарова [J]. Деская литература，1987（7）.

[47] Котельников В. А.《Покой》в религиозно-философских и художественных контекстах [J]. Русская Литература，1994（1）.

[48] Краснова Е. В.《Материнская сфера》в романах И. А. Гончарова [A]. Материалы Международной научной конференции，посвященной 190-летию со дня рождения И. А. Гончарова：Сборник русских и зарубежных авторов [C]. Ульяновск，2003.

[49] Краснощекова Е. А. Иван Александрович Гончаров：Мир творчества [M]. СПб.，2012.

[50] Краснощекова Е. А. И. А. Гончаров и А. И. Герцен（к проблематике《лишнего человека》）[A]. Материалы Международной научной конференции，посвященной

185-летию со дня рождения И. А. Гончарова: Сборник русских и зарубежных авторов [C]. Ульяновск, 1998.

[51] Краснощекова Е. А. Критическое наследие И. А. Гончарова [A]. И. А. Гончаров-критик [C]. М. , 1981.

[52] Криволапов В. Н. Еще раз об "обломовщине" [J]. Русская литература, 1994 (2).

[53] Кропоткин П. А. Идеалы и действительность в русской литературе [A]. Азбукин В. А. И. А. Гончаров в русской критике. (1847—1912) [C]. М. , 2014.

[54] Круглов, Ю. Г. Библиотека русского фольклора. Сказки. Кн. 2 [Z]. 1987.

[55] Крылов И. А. Полное собрание сочинений в 3 томах. Т. 2 [Z]. 1946.

[56] Лаврецкий А. Лишние люди [A]. Литературная энциклопедия. В 11 т. Т. 6 [M]. М. , 1932.

[57] Левкиевская Е. Вихрь [A]. Слявянская мифология: Энциклопедический словарь [Z]. М. , 1995.

[58] Летописец семьи Гончаровых [Z]. Ульяновск. 1996.

[59] Лосский Н. О. Характер русского народа (1949) [A]. Лосский Н. О. Условия абсолютного добра; Основы этики; Характер русского народа. [M]. М. , 1991.

[60] Лотман Л. М. Натуральная школа и проза начала 1850-х гг [A]. История русской литературы. В 4 т. Т 2 [M]. Л. , 1981.

[61] Лощиц Ю. И. А. Гончаров [M]. М. , 1986.

[62] Ляцкий Е. А. Гончаров: Жизнь, личность, творчество [M]. СПб. , 1912.

[63] Манн Ю. В. Лишний человек [A]. Краткая литературная энциклопедия. В 9 т. Т. 4 [Z]. М. , 1967.

[64] Мельник В. И. Гончаров [M]. М. , 2012.

[65] Мельник В. И. И. А. Гончаров: духовные и литературные истоки [M]. М. , 2002.

[66] Мельник В. И. "Обломов" как православный роман [A]. И. А. Гончаров: Материалы Международной конференции, посвященной 185-летию со дня рождения И. А. Гончарова [C]. Ульяновск, 1998.

[67] Мельник В. И. Реализм И. А. Гончарова [M]. Владивосток, 1985.

[68] Мельник В. И. О религиозности И. А. Гончарова [J]. Русская литература, 1995 (1).

[69] Мельник В. И. Гончаров и Православие. Духовный мир писателя [M]. М. , 2008.

[70] Мережковский Д. С. И. А. Гончаров [A]. Отрадин М. В. Роман И. А. Гончарова 《Обломов》 в русской критике (Сборник статей) [C]. Л. , 1991.

[71] Мережковский Д. С. Акрополь：Избранные литературно-критические статьи [C]. М.，1991.

[72] Милюков А. П. Русская апатия и немецкая деятельность（《Обломов》，роман Гончарова）[A]. Отрадин М. В. Роман И. А. Гончарова《Обломов》в русской критике（Сборник статей）[C]. Л.，1991.

[73] Михайлова М. В. И. А. Гончаров и идеи феминнизма（роман《Обломов》）[A]. Материалы Международной научной конференции，посвященной 190-летию со дня рождения И. А. Гончарова：Сборник русских и зарубежных авторов [C]. Ульяновск，2003.

[74] Недзвецкий В. А. И. А. Гончаров-романист и художник [M]. М.，1992.

[75] Недзвецкий В. А. Романы И. А. Гончарова（2-е издание）[M]. М.，2000.

[76] Недзвецкий В. А. Иван Александрович Гончаров [A]. Аношкина В. Н.，Громова Л. Д. История русской литературы XIX века. 40-60-е гг.（2-е издание）[M]. М.，2001.

[77] Некрасов Н. А.《Сон Обломова》[A]. Отрадин М. В. Роман И. А. Гончарова《Обломов》в русской критике（Сборник статей）[C]. Л.，1991.

[78] Овсянико-Куликовский Д. Н. Илья Ильич Обломов [A]. Отрадин М. В. Роман И. А. Гончарова《Обломов》в русской критике（Сборник статей）[C]. Л.，1991.

[79] Ожегов С. И.《Словарь русского языка》[Z]. М.，1982.

[80] Орнатская Т. И. Трилогия И. А. Гончаров и《Фрегат "Паллада"》[A]. Leben，Werk und Wirkung. 1991.

[81] Осипов Н. Е. Обломов и обломовщина [A]. Мастер русского романа И. А. Гончаров в литературной критике русского зарубежья：сборник документов и материалов [C]. М.，2012.

[82] Осмоловский О. Н. Этико-философские взгляды И. А. Гончарова（концепция личности）[A]. Литература и время. Вопросы русского языка и литературы：Межвузовский сборник [C]. Кишинев. 1987.

[83] Панаева А. Я. Воспоминания（1824—1870）[Z]. М.，1956.

[84] Переверзев В. Ф. Социальный генезис обломовщины [J]. Печать и революция，1925（2）.

[85] Петрухин В. Я. Мировое дерево [A]. Славянская мифология：Энциклопедический словарь [Z]. М.，1995.

[86] Пиксанов. Н. К. Белинский в борьбе за Гончарова [A].《Ученые записки Ленинградского государственного университета》，№ 76，вып. 11 [Z]. 1941.

[87] Писарев Д. И.《Обломов》. Роман И. А. Гончарова [A]. Отрадин М. В. Роман

И. А. Гончарова《Обломов》в русской критике (Сборник статей) [C]. Л., 1991.
[88] Писарев Д. И. Писемский, Тургенев, Гончаров: (Сочинения А. Ф. Писемского, т. I и II. Сочинения. И. С. Тургенева) [A]. Отрадин М. В. Роман И. А. Гончарова《Обломов》в русской критике (Сборник статей) [C]. Л., 1991.
[89] П-ов А. В. Гончаров и обломовщина [N]. Оренбурский край. № 123. 6 июня 1912.
[90] Поляков М. Я. Гончаров в оценке русской критики [A]. Гончаров И. А. в русской критике: Сборник статей [C]. М., 1958.
[91] Постнов О. Г. Эстетика И. А. Гончарова [M]. Новосибирск, 1997.
[92] Потанин Г. Н. Воспоминания об И. А. Гончарове [A]. И. А. Гончаров в воспоминаниях современников [Z]. Л., 1969.
[93] Прийма Ф. Я., Пруцков Н. И. История русской литературы в 4 томах. Т. 3 [M]. Л., 1982.
[94] Пришвин М. М. Незабудки [Z]. М., 1969.
[95] Протопопов М. А. Гончаров (В сокращении) [A]. Отрадин М. В. Роман И. А. Гончарова《Обломов》в русской критике (Сборник статей) [C]. Л., 1991.
[96] Пруцков Н. И. Романы Гончарова [A]. История русского романа в двух томах. Т. 1 [M]. М.; Л., 1962.
[97] Пруцков Н. И. Мастерство Гончарова-романиста. [M]. М.; Л., 1962.
[98] Пырков И. В. Тема сиротства в романах И. А. Гончарова [A]. Материалы Международной научной конференции, посвященной 190-летию со дня рождения И. А. Гончарова: Сборник русских и зарубежных авторов [C]. Ульяновск, 2003.
[99] Ремизов Н. А. Иван Александрович Гончаров в религиозно-этических и социально-общественных воззрениях своих произведений: По поводу истекшего столетия со дня его рождения. (1812—1912) [M]. Харьков. 1913.
[100] Розанов В. В. К 25-летию кончины Ив. Алекс. Гончарова (15 сентября 1891 г. -15 сентября 1916 г.) [A]. Розанов В. В. О писательстве и писателях [M]. М., 1995.
[101] Розанов В. В. Мысли о литературе [M]. М., 1989.
[102] Романова А. В. "Обломов" с акцентом [A]. Обломов: константы и переменные [C]. СПб., 2011.
[103] Рыбасов А. П. И. А. Гончаров [M]. М., 1957.
[104] Сердюкова О. И. Гочаров-романист (Учебно-методическое пособие для студентов пединститутов и учителей-словесников) [M]. Самара, 1994.
[105] Сердюкова О. И. Обломов и Пшеницына: структурный параллелизм ипрезентации героев [A]. Материалы Международной научной конференции, посвященной 195-

летию со дня рождения И. А. Гончарова: Сборник русских и зарубежных авторов [C]. Ульяновск, 2008.

[106] Соловьев В. С. Сочинения в 2-х томах. Т. 1 [Z]. 1989.

[107] Суперанский М. Ф. Болезнь Гончарова [A]. И. А. Гончаров. Новые материалы и исследования. Литературное наследство. Т. 102 [C]. М., 2000.

[108] Творения иже во святых Отца нашего Феофана Затворника. Т. 1 [Z]. Изд. Свято-Успенского Псково-Печерского монастыря и издательства "Паломник", 1994.

[109] Тихомиров В. Н. Проблема《отцов》и《детей》в интерпретации И. А. Гончарова [A]. Гончаровские чтения 1994 [M]. Ульяновск, 1995.

[110] Толстой Л. Н. Собрание сочинений. В 22-х томах. Т. 15 [Z]. М., 1983.

[111] Тополянский А. В., Бородулин В. И. Синдромы и симптомы в клинической практике: эпонимический словарь справочник [Z]. М., 2010.

[112] Тунималов В. А. Понятие《обломовщина》в критике XIX-XX вв [A]. Гончаров И. А. Полное собрание сочинений и писем в 20 т. Т. 6 [M]. СПб., 2004.

[113] Фрезер Д. Д. Золотая ветвь: Исследование магии и религии (2-е изд.) [M]. М., 1983.

[114] Цейтлин А. Г. И. А. Гончаров [M]. М., 1950.

[115] Шевчугова Е. И. Образ матери в романной трилогии И. А. Гончарова [A]. Материалы Международной научной конференции, посвященной 205-летию со дня рождения И. А. Гончарова: Сборник русских и зарубежных авторов [C]. Ульяновск, 2017.

[116] Штейнгольд А. М. Из истории русской критики: (Возможность и границы полемики) [J]. Русская литература, 1994 (1).

[117] Щеблыкина Л. И. А. В. Дружнин о романе И. А. Гончаров《Обломов》(методологический аспект) [A]. И. А. Гончаров. Материалы Международной конференции, посвященной 185-летию со дня рождения И. А. Гончарова: Сборник русских и зарубежных авторов [C]. Ульяновск, 1998.

[118] Щеблыкина Л. И. Не три романа, а один (О типологической общности романов И. А. Гончарова) [M]. Пенза, 1997.

[119] Щедровицкий Д. В. Введение в Ветхий Завет. I Книга Бытия [Z]. М., 1994.

[120] Lyngstad A., Lyngstad S. Ivan Goncharov [M]. N. Y., Twayne, 1971.

[121] Poggioli R. The Phoenix and Spider [A]. A Book of Essays about some Russian Writers and their View of the Self [C]. Cambridge: Harvard University Press, 1957.

[122] Reeve F. D. Oblomovism Revisited [A]. The American Slavic and East European

Review [C]. Vol. 15. 1956.

[123] Setchkarev Vs. Ivan Gonchalov. His Life and His Works [M]. Würzburg, 1974.

[124] Stilman L. Oblomovka Revisited [A]. The American Slavic and East European Review [C]. Vol. 7. 1948.

[125] Рыба: славянских народов мифология [EB/OL]. Мифология. [2016-02-17] http: //www. a700. ru/animals/fish/87-ryba-slavyanskikh-narodov-mifologiya. html.

[126] Легенда о сирени [EB/OL]. Домашнее растение. [2017-11-06] http: //domashnee-rastenie. ru/legendy-o-tsvetah/legenda-o-sireni-legenda-o-proishozhdenii-sireni. html.

[127] Сирень: приметы и магические войства [EB/OL]. Econet. [2017-12-14] https: //econet. ru/articles/104331-siren-primety-i-magicheskie-svoystva.

[128] Как можно понять выражение "Каждый Иуда найдет свою осину"? [EB/OL]. Большой вопрос. [2016-05-02] http: //www. bolshoyvopros. ru/questions/2794516-kak-mozhno-ponjat-vyrazhenie-kazhdyj-iuda-najdet-svoju-osinu. html.

[129] Обломов жив! [EB/OL]. Дыхание земли. [2018-04-07] https: //www. dyhanie. ru/content/view/2464/64/.

[130] Илья муромец [EB/OL]. Википедия. [2018-08-16] https: //ru. wikipedia. org/wiki/%D0%98%D0%BB%D1%8C%D1%8F_%D0%9C%D1%83%D1%80%D0%BE%D0%BC%D0%B5%D1%86.

[131] Емеля-дурак [EB/OL]. Хранитель сказок. [2018-09-11] http: //hobbitaniya. ru/rusnarod/rusnarod185. php.

[132] Фразеологизмы - толкование, иллюстрации: [EB/OL]. Путеводная звезда. [2017-08-22] http: //frazbook. ru/2011/08/25/putevodnaya-zvezda/.

附　录
冈察洛夫生平与创作年鉴[①]

1812 年：6 月 6 日，生于伏尔加河畔辛比尔斯克市一个不太富有的粮商之家，6 月 11 日，接受洗礼。

1819 年 9 月 10 日：作家父亲去世，冈察洛夫及其兄妹的教育工作由他们的教父，一个退职海军军官 H. H. 特列古博夫负责。

1820 年夏天至 1822 年：进入由神甫 Ф. С. 特罗伊茨基任教的私立寄宿学校读书。

1822 年 8 月 6 日：入莫斯科商业学校求学，开始被普希金的诗歌所吸引，向往自由和文学创作。

1830 年 6 月 26 日：因家庭经济条件转坏，离开商业学校回家，准备大学入学考试。

1831 年 8 月 27 日：考入莫斯科大学。

1832 年：9 月 27 日，普希金来到莫斯科大学，听 И. И. 达维多夫和 М. Т. 卡切诺夫斯基的讲座，冈察洛夫在课堂上亲自听到了普希金和卡切诺夫斯基之间关于《伊戈尔远征记》的真实性的争论。10 月初，《望远镜》杂志第 15 期登载了冈察洛夫翻译的法国作家欧仁·苏的长篇小说《阿达·居勒》的第五卷中的两章，标志着他文学活动的开始。

1834 年 7 月 5 日：获得莫斯科大学文学专业毕业证书，然后回到故乡辛姆比尔斯克，该年秋天至 1835 年 4 月，任辛姆比尔斯克省省长办公室秘书。

1835 年：5 月初，离开故乡去到彼得堡，5 月 18 日进入财经部外贸局当翻译。夏天，被文化界名人 Н. А. 迈科夫聘为家庭教师，开始出入他家的“文学沙龙”，结识的作家有 В. Г. 别涅季克托夫、И. И. 巴纳耶夫，还有政论家 А. П. 扎布罗茨基—捷夏托夫斯基、《阅览室》杂志的合作主编 В. А. 索罗

① 年鉴中的日期均为俄罗斯旧历。

尼琴、评论家 С.С. 杜迪什金。经常光顾这个沙龙的还有 Д.В. 格里戈罗维奇、Ф.М. 陀思妥耶夫斯基、И.С. 屠格涅夫、Н.А. 涅克拉索夫、Я.П. 波隆斯基。也就是在这里，冈察洛夫得到了“懒散王子”的外号。

1835—1836 年间：在“迈科夫沙龙”主办的手抄本杂志《雪花》1835 年第 2 期发表了《致友人的信之片断》（*Отрывок из письма к другу*），第 3 期发表了《悲伤与欢乐》（*Тоска и радость*），第 4 期发表了《抒情曲》（*Романс*）、《宁静不再》（*Утраченный покой*）。除此之外，他创作了《爱情不再》（*Утраченная любовь*）、《愁眉苦脸的受苦人》（*Страдалец с пасмурным челом*）、《爱情令人迷醉的一刹那》（*Волшебный миг любви*）、《炽烈的激情（*Пламенная страсть*）、《不怀好意的缄默》（*Коварное молчание*）、《恶魔 》（*Демон злой*）、《呼啸的深渊》（*Диговающая пучина*）等7首诗歌。

1836 年：冈察洛夫创作了他的第一部中篇小说《尼姆佛多拉·伊万诺娃》（*Нимфодора Ивановна*）。

1838 年 4 月 2 日：在迈科夫“文学沙龙”主办的手抄本杂志《雪花》第 12 期上发表中篇小说《癫痫》（*Лихая болесть*）。

1839 年 7 月 4 日：在迈科夫“文学沙龙”主办的手抄本丛刊《月夜》上发表中篇小说《因祸得福》（*Счстливая ошибка*）。

1840 年 9 月 10 日：因“工作出色”被提升为九等文官。

1841 年：写成《活在世上是好还是坏？》（*Хорошо или дурно жить на свете?*）。

1842 年：完成特写《伊凡·萨维奇·波德扎布林》（*Иван Савич Поджабрин*），并写作了《留校女生》（*Пепиньерка*）。

1843 年：开始写作长篇小说《老人们》（*Старики*），并已写出部分章节，后认为自己的小说与果戈理的《旧式地主》题材相似而毅然放弃了这部小说的写作。

1844 年：构思并开始长篇小说《平凡的故事》（*Обыкновенная история*）的创作。

1846 年：3 月结识别林斯基。4 月在别林斯基文学小组上朗读《平凡的故事》的第一部，别林斯基决定将《平凡的故事》推荐给《现代人》杂志社。10 月，涅克拉索夫告知别林斯基，《现代人》杂志已经收到《平凡的故事》手稿，并决定出版。

1847 年：年初，经 И.И. 帕纳耶夫（И.И. Панаев）的介绍，结识赫尔岑。3 月 2 日，《现代人》杂志第 3 期刊登长篇小说《平凡的故事》的第一部，4 月 8 日，《现代人》杂志第 4 期刊登长篇小说《平凡的故事》的第二部。同年，《平凡的故事》单行本出版。

1848 年：9 月，在 A. A. 科马洛夫（A. A. Комаров）家结识果戈理。同年的《现代人》杂志第 11、12 期发表了冈察洛夫的匿名小品文《京城朋友致外省求婚者的信》（*Письма столичного друга к провинциальному жениху*）。

1849 年：3 月 28 日《现代人》杂志登载了《奥勃洛摩夫的梦》（*Сон Обломова*）。春天，教父特列古博夫去世。夏天，回乡途中在莫斯科逗留一周，结识年轻的戏剧作家 A. H. 奥斯特洛夫斯基，阅读了奥斯特洛夫斯基的《自家人好算账》的第一稿。回到故乡后，产生写作《艺术家》（后改名《悬崖》）的意图。

1850 年：完成长篇小说《奥勃洛摩夫》（*Обломов*）第一部。

1851 年：4 月 11 日，冈察洛夫的母亲去世。11 月 14 日，因服务期满一定年限而被提升为八等文官。

1852 年：9 月 9 日，在迈科夫的引荐下，冈察洛夫作为海军上将 E. B. 普将金的秘书搭乘战舰“巴拉达号”环游世界。9 月 25 日，战舰“巴拉达号”驶出母港，到达彼得堡喀琅施塔得港，整装待发。10 月 7 日军舰从彼得堡出发，经大西洋，绕好望角，经印度洋、太平洋，开赴日本。

1853 年：8 月，战舰抵达日本，11 月，军舰折回，访问中国，冈察洛夫在上海停留 20 多天，目睹小刀会起义。12 月，军舰又去日本。

1854 年：1 月，军舰离开日本，南下访问后又重新北上，5 月抵达俄罗斯远东。8 月，冈察洛夫离舰，改陆路穿越西伯利亚回彼得堡，期间曾拜访被流放在西伯利亚的十二月党人。

1855 年：2 月 16 日，被提升为七等文官。2 月 25 日返抵彼得堡，重新回到外贸局的工作。4 月，开始发表旅途中的见闻特写，受到读者欢迎。7 月 17 日，因服务期满一定年限而被提升为六等文官。11 月 24 日，出席屠格涅夫家的晚宴，结识 Л. Н. 托尔斯泰。12 月 25 日，根据民事局发布《因在担任侍从将官普将金伯爵秘书期间做出特殊贡献而破格提升冈察洛夫为五等文官》的最高指示，他被提升为五等文官。也就是在这一年冈察洛夫着手写作《悬崖》（*Обрыв*）。

1856 年：2 月 19 日，任彼得堡书刊检查委员会审查官。12 月 4 日，Л. Н. 托尔斯泰在自己的日记里写道：“我正在读美妙的《平凡的故事》。”

1857 年：春天，《平凡的故事》再版，游记特写《战舰“巴拉达号”》单行本出版，6 月 7 日，出国，到过华沙，马利恩巴特，并在此从事《奥勃洛摩夫》的写作。然后途径科隆来到巴黎，在此见到了屠格涅夫、鲍特金、费特，冈察洛夫为他们朗读了《奥勃洛摩夫》。9 月，长篇小说《奥勃洛摩夫》全部脱稿，10 月 8 日，回到彼得堡，开始创作《悬崖》。12 月 21 日，被指定为王位继承者尼古拉·亚历山大的俄语语言和文学教师，保留书刊检察官的职务。

1858 年：5 月 10 日，特写《战舰“巴拉达号”》（*Фрегат《Паллада》*）单行本 2 卷本出版。

1859 年：1 月 14 日，《祖国纪事》创刊号出版，第 1～4 期连续登载了长篇小说《奥勃洛摩夫》。2 月 2 号，俄罗斯作家学者贫穷救济协会（文学基金会）成立，年底，冈察洛夫成为协会的成员之一。5 月，杜勃罗留波夫发表《什么是奥勃洛摩夫性格?》一文，该文给予《奥勃洛摩夫》以高度评价。

1860 年：2 月 1 日，俄罗斯人民教育部根据冈察洛夫的申请，免去其图书审查官职务。《别洛沃多娃》（《赖斯基生活片断》）在《现代人》上发表。11 月 24 日，同屠格涅夫一道当选为俄罗斯科学院语言文学研究所通讯院士。

1861 年：《祖母》《肖像》（《赖斯基生活片断》）分别在《祖国纪事》第 1、2 期发表。年底，长篇小说《悬崖》（当时名为《艺术家》）的前三部已经完成。

1862 年：9 月 29 日，任内务部官方报纸《北方邮报》编辑。

1863 年：6 月 21 日，辞去《北方邮报》编辑，被俄罗斯内务部任命为俄罗斯内务部出版事业委员会委员，负责书籍的印刷和出版事务，并升为四等文官。在此期间，对进步刊物《现代人》，特别是对《俄国言论》严加挑剔。

1864 年：8 月 19 日，冈察洛夫的家在辛比尔斯克大火中被烧毁。

1865 年：夏天，重新拾起搁置已久的长篇小说创作，书名由《艺术家》改为《薇拉》。

1866 年：11 月 23 日，为纪念卡拉姆津诞辰 300 周年，在《呼声报》发表《纪念卡拉姆津》。

1867 年：1 月 1 日，由于“工作业绩突出”被授予弗拉基米尔三级勋章。6 月 25 日，在巴登—巴登与陀思妥耶夫斯基见面，并和他一道在车站玩轮盘赌。12 月 29 日，由于对俄罗斯书刊检查制度的不满，以健康原因申请退休，得到批准，年俸 1750 卢布，从此，专心从事未完成的长篇小说写作。

1868 年：3 月 28 日，为 A. K. 托尔斯泰朗读长篇小说《悬崖》（当时名为《薇拉》）。7 月，将自己的长篇小说定名为《悬崖》，9 月，小说全部脱稿。

1869 年：1 月 1 日至 5 月 1 日，《欧洲导报》1869 年第 1 期至第 5 期刊登《悬崖》。5 月 10 日，冈察洛夫拜访 П. M. 特列季亚科夫，后者表达了希望得到冈察洛夫肖像的愿望。8 月 9 日，《俄罗斯名人肖像展》第二卷出版，里面刊登了冈察洛夫传记。11 月，冈察洛夫撰写《长篇小说〈悬崖〉的序言》（*Предисловие к роману《Обрыв》*）。

1870 年：2 月 19 日，《悬崖》单行本出版。

1871 年：11 月，出席在亚历山大剧院上演的格里鲍耶陀夫的《智慧的痛苦》，恰茨基由俄罗斯著名演员莫纳霍夫扮演，并对此剧发表了看法，在朋友的劝说下，产生了将自己对该剧的评论改写成《万般痛苦》（*Мильон терзаний*）的意图。

1872 年：3 月 1 日，《欧洲导报》第三期刊登了冈察洛夫评论格里鲍耶陀夫的《智慧的痛苦》的文章《万般苦恼》。

1873 年：任《赈灾》文集编委，该文集为救济沙马拉饥民而编。该年应文艺学家贝平的请求开始创作回忆别林斯基的文章，当时写了一篇书信体文章《我是怎样认识别林斯基的》，由于自己不满意而没有发表。当年曾开始写作随笔《伏尔加之行》（未完成）。

1874 年：3 月 6 日，俄罗斯著名画家 И. Н. 克拉姆斯科伊（И. Н. Крамской）开始为冈察洛夫画肖像。该年写过论述奥斯特洛夫斯基的长文《为评论奥斯特洛夫斯基的文章而准备的材料》（*Материалы, заготовляемые для критической статьи об Островском*）和关于克拉姆斯科伊绘画的评论《评克拉姆斯科伊的〈荒原中的耶稣〉》（*《Христос》 в пустыне. Картина г. Крамского*），在《呼声报》上发表了一篇评论维列夏庚绘画的文章，完成回忆性文章《记别林斯基的为人》（*Заметки о личности Белинского*）。

1875 年：冈察洛夫在亚历山大剧院观看莎士比亚的《哈姆雷特》（哈姆雷特一角由悲剧演员尼利斯基扮演）后，撰写《〈哈姆雷特〉又在俄罗斯舞台上公演》（*Опять《Гамлет》на русской сцене*）一文。

1876 年：发表《长篇小说〈悬崖〉的意图、任务和思想》（*Намерения, задачи и идеи романа《Обрыв》*），12 月 23 日，当选莫斯科大学俄罗斯语言文学爱好者协会正式会员。

1877 年：完成文学随笔《文学晚会》（*Литературный вечер*）。

1878 年：旧日的仆人去世，开始抚养旧仆留下的三个孩子。该年完成自传体回忆录《不平凡的故事》（*Необыкновенная история*），该文于 1924 年发表。

1879 年：《迟做总比不做好》（*Лучше позно, чем никогда*）发表。

1880 年：7 月 12 日，当选法国作家协会成员。这一年，冈察洛夫再次当选俄罗斯科学院语言文学研究所通讯院士。随笔《文学晚会》在《俄罗斯语言》杂志上发表。

1881 年：9 月 9 日，冈察洛夫和托尔斯泰、奥斯特洛夫斯基一同当选为基辅大学的名誉委员。这一年，他把藏书捐献给辛比尔斯克市图书馆。该年，冈察洛夫准备出版《四篇随笔》文集，其中收入了已经发表过的《文学晚会》《万般痛苦》《迟做总比不做好》三篇文章，并第一次将《记别林斯基的为人》收入其中。

1882 年：11 月，将自己的全部著作权出售。同意出版个人全集。12 月初，右眼失明。12 月 31 日，冈察洛夫文学创作 50 周年庆祝会召开。

1883 年：5 月 22 日，冈察洛夫写出遗嘱，对自己的存款和财产做出安排。

1884 年：《冈察洛夫全集》8 卷本出版，这套全集一直被认为是后来所有全集的母本。

1885 年：2 月 19 日，当选莫斯科大学俄罗斯语言文学爱好者协会荣誉会员。

1886 年：6 月 2 日，俄罗斯戏剧之父奥斯特洛夫斯基去世，冈察洛夫悲痛不已。

1887 年：回忆特写《大学生活回忆》(*Из универстетских воспоминаний*) 在《欧洲导报》第 4 期发表。

1888 年：1 月 28 日，И. Е. 列宾（И. Е. Репин）为冈察洛夫画了素描画像。这一年，特写《在故乡》（*На родине*）在《欧洲导报》第 1—2 期发表。《旧时的仆人》（*Слуги старого века*）在《大地》杂志第 1、2 和 18 期上发表。

1889 年：9 月 30 日，《20 位俄罗斯经典作家传记》出版，该书收入了冈察洛夫的传记。这一年，《意志的毁灭》（*Нарушерие воли*）发表。彼得堡出版社从 1886 年计划出版的 9 卷本的冈察洛夫全集全部出版。

1891 年：1 月，《在东西伯利亚》（*По Восточной Сибири*）在《俄罗斯评论》杂志第 1 期发表。7 月，冈察洛夫卧病在床，仍口授随笔《鱼汤》（*Уха*）《彼得堡的五月》（*Май месяц в Петербурге*）、《变化无常的命运》（*Превратность судьбы*）。8 月底，患肺炎，9 月 15 日，冈察洛夫于中午 11 点去世，9 月 19 日，葬于亚历山大—涅夫斯基大修道院的新尼可里斯基墓地。1956 年 8 月 27 日，由于亚历山大—涅夫斯基大修道院的新尼可里斯基墓地被拆除，冈察洛夫的骨灰移葬至沃尔科夫的文学家墓地。

后　记

长篇小说《奥勃洛摩夫》是俄罗斯作家冈察洛夫的代表作之一，它一直深受俄罗斯读者的喜爱。据不完全统计，从1859年小说问世到2018年，俄罗斯出版社共155次出版这部作品。文学评论家德鲁日宁曾经在小说出版的当年指出："可以毫不夸张地说，今天，在整个俄国，哪怕是最偏远的、最不起眼的城镇都在阅读、赞扬和讨论《奥勃洛摩夫》。"作家屠格涅夫甚至不无夸张地说："即使只剩下最后一个俄国人，他都会记得《奥勃洛摩夫》。"长篇小说同名主人公奥勃洛摩夫身上所体现出的"奥勃洛摩夫性格"，也引发了俄罗斯评论界的广泛关注。1859年，评论家杜勃罗留波夫在小说出版当年发表的《什么是奥勃洛摩夫性格?》一文，对奥勃洛摩夫性格的特点及其成因进行了深入分析。

"初识"冈察洛夫，是在大学三年级。因为要学俄罗斯文学史，所以读过上海译文出版社1982年版的《奥勃洛摩夫》(译者为齐蜀夫)。也许是小说的情节不太吸引我，也许是年少幼稚理解不了小说的主题思想，总之我对这部作品基本上是一知半解，没留下多少印象。2005年9月，我考取上海师范大学比较文学与世界文学专业的博士生，师从著名屠格涅夫研究专家朱宪生教授。在与导师商议今后博士论文的研究对象时，导师建议我选冈察洛夫。当时我之所以选冈察洛夫的长篇小说艺术作为博士论文题目，主要是为了保险起见。因为研究小说艺术，做起来相对方便和得心应手一些。我在博士论文写作过程中发现，国内外学界在奥勃洛摩夫性格特征本身研究方面已经发表了很多成果，但对于奥勃洛摩夫性格的文化阐释的成果还不是很多。从2006年起，我在撰写博士论文的同时，也开始了奥勃洛摩夫性格文化阐释方面资料的收集。

2008年6月，我完成了博士学位论文《冈察洛夫长篇小说艺术研究》，并顺利通过论文答辩。11月，我被国家汉办派往湖南师范大学与俄罗斯喀山大学合办的喀山大学孔子学院担任中方院长，一干就是 2 年。繁忙的行政事务和繁重的教学任务，让刚刚开始的奥勃洛摩夫性格文化阐释研究不得不停下来。回国后，先是整理博士论文并出版，后来抱着试一试的想法去申报国家社科基金项目“冈察洛夫研究：奥勃洛摩夫性格的文化阐释”，没想到意外获批。从那时起，我不得不重新开始耽搁了近 4 年的研究。就在拿到国家社科基金项目 2 个月后，学校任命我为学院副院长。在高校干过管理工作的教师应该都知道，“双肩挑”人员要想按期完成国家课题有多么艰难。再加上本人能力有限，前后花了差不多 6 年的时间才完成，似乎，我在项目研究过程中也感染上了“奥勃洛摩夫习气”。

本书的意图是，从俄罗斯文化的角度对奥勃洛摩夫性格的“形成过程”“空间书写”“民族特质”“民族宗教意识”等方面进行研究。总体来看，本书以奥勃洛摩夫性格的刻画为经线，以奥勃洛摩夫性格的特征为纬线，以俄罗斯文学和世界文学为背景，运用比较文学的研究方法，较为全面地对奥勃洛摩夫性格的文化特征进行了阐释。在具体的研究过程中，侧重对奥勃洛摩夫性格的民族特质和宗教意识进行分析，旨在阐明这一性格与俄罗斯民族文化的关系。其中，我对冈察洛夫文学创作中的矛盾性、消极因素也做了实事求是的论述。现在回过头来看，相比于课题申报时的设计，虽然我付出了很多精力，但由于受很多因素的制约，结果还是与当初的设想相差甚远。同时，我吸取了国内外研究者的学术成果，也对他们的一些观点提出了不同的看法。此外，写作过程中，我还十分注重文学文本细读，力求通过作品本身来揭示作家赋予人物的价值取向和创作意图。

冈察洛夫的长篇小说三部曲和《巴拉达号三桅战舰》在我国均有不同的译本。我在写作过程中参考了如下译本：《平凡的故事》《奥勃洛摩夫》主要参考了北京燕山出版社出版的《冈察洛夫精选集》（2005 年版，译者分别是张耳、李辉凡）中的译文，《悬崖》主要参考了译林出版社出版的《悬崖》（2005 年版，译者为严永兴）中的译文，《巴拉达号三桅战舰》主要参考了黑龙江人民出版社出版的《巴拉达号三桅战舰》（1982 年版，译者为叶予）中的译文。在此，特对上述译者的辛勤劳动表示感谢。不过，在引用过程中，我在个别地方根据自己的理解在文字上做了改动、改译，还有部分文字系本人自译。

本书的写作，得到了很多同事朋友的关心与支持。湖南师范大学外国语学院院长曾艳钰教授在我项目研究的最后冲刺阶段，不仅为我加油、打气，而且还替我承担了很多管理工作，以便我安心进行研究。天津师范大学的曾思艺师兄、苏州大学的朱建刚教授、湘潭大学的何云波教授、南开大学的阎国栋教授等学界朋友，为本书的写作提出了很多好的建议。我的弟子刘雅仪、别俊在俄罗斯留学期间，为我收集俄文资料也费了不少力气，左美玲、刘优兰帮我做了仔细的校对工作。最后，还要感谢我的妻子和女儿，她们不仅要为我提供生活保障和研究条件，我忙不过来的时候她们还要为我校对书稿。

本书的出版，获得了湖南师范大学世界一流建设学科——外国语言文学学科出版基金资助。

由于时间仓促，学识不足，书中的缺点、错误在所难免，希望得到专家、读者的批评与指正。

高荣国

2019 年 11 月 6 日于湖南师范大学